ΤΟ ΒΙΒΛΙΟ ΤΗΣ ΚΑΤΑΝΟΗΣΗΣ

Σειρά: Ευ Ζην
Τίτλος πρωτοτύπου: The Book of Understanding
Συγγραφέας: Osho
Μετάφραση: Νίκος Ζαχαράκης
Επιμέλεια: Ελένη Κεκροπούλου
Θεώρηση δοκιμίων: Εύη Ζωγράφου

Δημιουργική επιμέλεια-Εξώφυλλο: Έλενα Ματθαίου

Copyright ©2006: Osho International Foundation, Switzerland
©2011: ΕΚΔΟΣΕΙΣ ΕΝΑΛΙΟΣ
Σόλωνος 136, Αθήνα 106 77
Τηλ.: 210 3829339, Φαξ: 210 3829659
e-mail: sales@enalios.gr
www.enalios.gr

ISBN: 978-960-536-476-2

Δημιουργήστε
το δικό σας μονοπάτι
προς την ελευθερία

OSHO
ΤΟ ΒΙΒΛΙΟ
ΤΗΣ ΚΑΤΑΝΟΗΣΗΣ

ΜΕΤΑΦΡΑΣΗ ΑΠΟ ΤΑ ΑΓΓΛΙΚΑ:
Νίκος Ζαχαράκης

ΕΚΔΟΣΕΙΣ ΕΝΑΛΙΟΣ
ΒΙβλία εκ των ων ουκ άνευ

ΠΕΡΙΕΧΟΜΕΝΑ

Δεν πιστεύω στις δογματικές πίστεις.
Ο σκοπός μου είναι να γνωρίσω, και η γνώση είναι
μια εντελώς διαφορετική διάσταση. Ξεκινά με την αμφιβολία,
δεν ξεκινά από τη θρησκευτική δογματική πίστη.
Από τη στιγμή που πιστεύεις σε ένα δόγμα, έχεις πάψει
να σκέπτεσαι και να αναρωτιέσαι για τούτο και για εκείνο.
Η πίστη σε θρησκευτικά δόγματα είναι το πιο δηλητηριώδες
όπλο, εξολοθρεύει την ανθρώπινη ευφυΐα.
Όλες οι θρησκείες είναι βασισμένες στην δογματική πίστη.
Μόνον η επιστήμη βασίζεται στην αμφιβολία. Και εγώ θα ήθελα
η θρησκευτική αναζήτηση να είναι επιστημονική, βασισμένη
στην αμφιβολία, έτσι ώστε να μη χρειάζεται να πιστεύουμε εις
έναν Θεό πατέρα Παντοκράτορα, σε έναν Αλλάχ,
αλλά να μπορέσουμε μια ημέρα των ημερών να γνωρίσουμε
την αλήθεια της ύπαρξής μας και την αλήθεια που διέπει
ολόκληρο το σύμπαν.

ΠΡΟΛΟΓΟΣ

Μια Νέα Πνευματικότητα για τον εικοστό πρώτο αιώνα
Όχι μια πολιτική επανάσταση
αλλά μια ατομική εξέγερση

Ένας επαναστάτης συνιστά μέρος του πολιτικού κόσμου. Η προσέγγισή του εδράζεται στην πολιτική. Η βασική του αντίληψη είναι ότι η αλλαγή της κοινωνικής δομής επαρκεί προκειμένου να αλλάξουν οι άνθρωποι.

Ένας επαναστάτης, με την έννοια που χρησιμοποιώ τον όρο, είναι ένα πνευματικό φαινόμενο. Η προσέγγισή του είναι εξ ολοκλήρου εξατομικευμένη. Η άποψή του είναι πως αν θέλουμε να αλλάξουμε την κοινωνία θα πρέπει να αλλάξουμε και το άτομο. Η κοινωνία από μόνη της δεν υφίσταται, δεν είναι παρά μια λέξη, όπως «πλήθος» —αν το αναζητήσετε ως κάτι ενιαίο δεν θα το βρείτε πουθενά. Όπου συναντήσετε κάποιον θα συναντήσετε ένα μεμονωμένο άτομο. Η «κοινωνία» δεν είναι παρά ένα συλλογικό όνομα —απλά ένα όνομα και όχι μια ενιαία οντότητα— χωρίς κάποιο περιεχόμενο.

Το άτομο έχει μια ψυχή, έχει μια προοπτική εξέλιξης, μεταβολής, μεταμόρφωσης. Ως εκ τούτου, η διαφορά είναι τεράστια.

Ο επαναστάτης είναι η ίδια η ουσία της θρησκείας. Φέρει στον κόσμο μια αλλαγή της συνείδησης —και αν η συνείδηση αλλάξει, τότε η δομή της κοινωνίας τείνει να την ακολουθήσει. Το αντίστροφο όμως δεν ισχύει, και έχει αποδειχθεί από όλες τις επαναστάσεις αφού όλες απέτυχαν. Καμμία επανάσταση μέχρι σήμερα δεν κατόρθωσε να αλλάξει τα ανθρώπινα όντα· φαίνεται, όμως, πως δεν το έχουμε συνειδητοποιήσει.

Εξακολουθούμε να σκεπτόμαστε με όρους επανάστασης, αλλαγής της κοινωνίας, αλλαγής της κυβέρνησης, αλλαγής της γραφειοκρατίας, αλλαγής των νόμων και των πολιτικών συστημάτων. Φεουδαλισμός, καπιταλισμός, κομμουνισμός, σοσιαλισμός, φασισμός, ήταν όλα με τον δικό τους τρόπο επαναστατικά. Απέτυχαν όλα, και απέτυχαν εξολοκλήρου για τον λόγο ότι ο άνθρωπος παρέμεινε ο ίδιος.

Ο Γκαουτάμα Βούδας, ο Ζαρατούστρας, ο Ιησούς —αυτοί οι άνθρωποι ήταν αντάρτες. Η πίστη τους αναφερόταν στο άτομο. Απέτυχαν και αυτοί, αλλά η αποτυχία τους είναι εντελώς διαφορετική από την αποτυχία ενός επαναστάτη. Οι επαναστάτες εφήρμοσαν την τακτική τους σε πολλές χώρες και με διάφορους τρόπους, και απέτυχαν. Η προσέγγιση, όμως, ενός Γκαουτάμα Βούδα δεν επέτυχε, απλά επειδή δεν δοκιμάστηκε. Ένας Ιησούς δεν επέτυχε τελικά, επειδή οι Εβραίοι τον σταύρωσαν και οι Χριστιανοί τον έθαψαν. Δεν δοκιμάστηκε, δεν του δόθηκε καν ποτέ η ευκαιρία. Ο αντάρτης εξακολουθεί να αποτελεί μια ανεξερεύνητη διάσταση.

Θα πρέπει να είμαστε αντάρτες, όχι επαναστάτες. Ο επαναστάτης ανήκει σε μια πιο κοινότοπη σφαίρα. Ο αντάρτης και η ανταρσία του είναι έννοιες ιερές. Ο επαναστάτης δεν μπορεί να σταθεί μόνος του, χρειάζεται ένα πλήθος, ένα πολιτικό κόμμα, μια κυβέρνηση. Χρειάζεται εξουσία, και η εξουσία φθείρει και διαφθείρει, και η απόλυτη εξουσία οδηγεί στην απόλυτη διαφθορά, στη σήψη.

Όλοι οι επαναστάτες οι οποίοι κατόρθωσαν να καταλάβουν την εξουσία, διεφθάρησαν στη συνέχεια από αυτήν. Δεν μπόρεσαν να αλλάξουν τον χαρακτήρα και τους θεσμούς της εξουσίας. Η εξουσία μετέβαλε αυτούς και τη νοοτροπία τους, και τους διέφθειρε. Μόνο τα ονόματα άλλαξαν, αλλά η κοινωνία εξακολούθησε να είναι η ίδια. Η ανθρώπινη συνείδηση δεν άλλαξε επί αιώνες. Αραιά και που μόνο κάποιος ανθοφορεί, αλλά στα εκατομμύρια των ανθρώπων η άνθιση ενός πνεύματος δεν συνιστά τον κανόνα, αλλά την εξαίρεση. Και επειδή ο άνθρωπος αυτός είναι μόνος του, το πλήθος δεν μπορεί να τον ανεχθεί. Το ίδιο το γεγονός της ύπαρξής του συνιστά ένα είδος ταπείνωσης· η παρουσία του και μόνο είναι προσβλητική επειδή σου ανοίγει τα μάτια και σε κάνει να συνειδητοποιήσεις τις δυνατότητες και το μέλλον σου. Και είναι πλήγμα για τον εγωισμό σου το γεγονός ότι δεν έκανες τίποτε για να εξελιχθείς, να γίνεις περισσότερο συνειδητοποιημένος, πιο αγαπητικός, πιο εκστατικός, πιο δημιουργικός, πιο γαλήνιος, να δημιουργήσεις ένα όμορφο περιβάλλον γύρω σου. Δεν συνεισέφερες κάτι στον κόσμο, η ύπαρξη σου δεν υπήρξε μια ευλογία, αλλά μια κατάρα. Εισήγαγες στον κόσμο την οργή σου, τη βιαιότητα σου, τη ζήλια και τον ανταγωνισμό, τον πόθο σου για εξουσία. Μετέβαλες τον κόσμο σε πεδίο μάχης, είσαι αιμοδιψής, και κάνεις και τους άλλους να γίνουν το ίδιο. Στέρησες την ανθρωπότητα από την ανθρώπινη ιδιότητά της. Συνέβαλες ώστε ο άνθρωπος να πέσει κάτω από το επίπεδο της ανθρωπιάς, και μερικές φορές μάλιστα και κάτω κι από το επίπεδο του ζώου.

Ως εκ τούτου ένας Γκαουτάμα Βούδας ή ένας Χουάνγκ Τσου σε πληγώνουν για τον λόγο ότι το πνεύμα τους άνθισε και εσύ είσαι ακόμη στο ίδιο σημείο. Η άνοιξη έρχεται και φεύγει και τίποτε δεν ανθίζει μέσα σου. Τα πουλιά δεν έρχονται για να φτιάξουν τη φωλιά τους κοντά σου και να τιτιβίσουν γύρω σου. Είναι προτιμότερο να σταυρώσεις έναν Ιησού και να δηλητηριάσεις έναν Σωκράτη, απλά για να τους βγάλεις από τη μέση, ώστε να μην χρειάζεται να νιώθεις σε καμμία περίπτωση πνευματικά κατώτερος.

Ο κόσμος γνώρισε λίγους μόνο αντάρτες. Τώρα, όμως, είναι η κατάλληλη ώρα: εάν η ανθρωπότητα αποδειχθεί ανίκανη να γεννήσει ένα μεγάλο αριθμό ανταρτών, ένα πνεύμα εξέγερσης, τότε οι ημέρες μας σε αυτή τη γη είναι μετρημένες. Τότε οι επερχόμενες δεκαετίες μπορεί να γίνουν ο τάφος μας. Είμαστε πολύ κοντά στο σημείο αυτό.

Θα πρέπει να αλλάξουμε τη συνείδηση μας, να δημιουργήσουμε περισσότερη πνευματική ενέργεια στον κόσμο, περισσότερη στοργή. Θα πρέπει να καταστρέψουμε το παλαιό, την ασχήμια του, τη σάπια ιδεολογία του, τις βλακώδεις διακρίσεις, τις ηλίθιες προλήψεις, και να δημιουργήσουμε ένα νέο ανθρώπινο όν με καινούργιο βλέμμα και νέες αξίες. Η διακοπή και η ρήξη με το παρελθόν, αυτό είναι το νόημα της σύγχρονης εξέγερσης.

Αυτές οι τρεις λέξεις θα σας βοηθήσουν να καταλάβετε: *μεταρρύθμιση, επανάσταση* και *εξέγερση*.

Μεταρρύθμιση σημαίνει τροποποίηση. Το παλαιό παραμένει, αλλά του δίνεις μια νέα μορφή, ένα νέο σχήμα· είναι κάτι παρόμοιο με μια ανακαίνιση που γίνεται σε ένα παλαιό κτήριο. Η αρχική δομή παραμένει. Το ασβεστώνεις, το καθαρίζεις, ανοίγεις μερικά νέα παράθυρα και μερικές νέες πόρτες.

Η επανάσταση προχωρά βαθύτερα από τη μεταρρύθμιση. Το παλαιό παραμένει, αλλά εισάγονται περισσότερες αλλαγές, αλλαγές που έχουν να κάνουν ακόμη και με τη βασική δομή του. Δεν αλλάζεις απλά το χρώμα του, και δεν ανοίγεις μερικά νέα παράθυρα και πόρτες, αλλά κτίζεις μερικούς νέους ορόφους φτάνοντάς το πιο ψηλά στον ουρανό. Το παλαιό εντούτοις δεν καταστρέφεται, παραμένει κρυμμένο πίσω από το νέο. Στην πραγματικότητα αποτελεί το θεμέλιο του καινούργιου. Η επανάσταση είναι μια συνέχεια του παλαιού καθεστώτος...

Η εξέγερση είναι μια ασυνέχεια. Δεν είναι μια μεταρρύθμιση, δεν είναι επανάσταση, ισοδυναμεί με αποσύνδεση του εαυτού από καθετί το παλαιό. Οι παλιές θρησκείες, οι παλαιές πολιτικές ιδεολογίες και ο παλαιός άνθρωπος, καθετί που είναι παλαιό αποκόπτεται, θα πρέπει να διαχωρίσεις τον εαυτό σου από αυτό. Ξεκινάς τη ζωή σου από την αρχή, από το μηδέν.

Ο επαναστάτης προσπαθεί απλώς να αλλάξει το παλιό. Ο αντάρτης προβάλλει μέσα από το παλαιό, ακριβώς όπως το φίδι προβάλλει μέσα από το παλαιό δέρμα του, φεύγει, και δεν κοιτά ποτέ πίσω του.

Εάν δεν δημιουργήσουμε τέτοιου είδους εξεγερμένους σε όλη τη γη, η ανθρωπότητα δεν έχει κανένα μέλλον. Ο παλαιός άνθρωπος ήταν που μας οδήγησε στον απόλυτο θάνατο. Είναι η παλαιά νοοτροπία, οι παλαιές ιδεολογίες, οι παλαιές θρησκείες· όλες συνεργάστηκαν από κοινού προκειμένου να οδηγήσουν σε αυτήν την κατάσταση της πλανητικής αυτοκτονίας. Μόνο ένα ανθρώπινο όν μπορεί να σώσει την ανθρωπότητα και αυτόν τον πλανήτη, και την όμορφη ζωή αυτού του πλανήτη. Ο αντάρτης.

Κηρύσσω, λοιπόν, την ανταρσία, όχι την επανάσταση. Για εμένα η ανταρσία είναι το δομικό χαρακτηριστικό ενός αληθώς θρησκευόμενου. Είναι η πνευματικότητα στην πιο αγνή έκφανσή της.

Οι ημέρες της επανάστασης τελείωσαν. Η Γαλλική Επανάσταση απέτυχε, η Ρωσική Επανάσταση απέτυχε, η Κινέζικη Επανάσταση απέτυχε. Στην Ινδία, ακόμη και αυτή η επανάσταση του Γκάντι απέτυχε, και απέτυχε ενώπιον του ίδιου του Γκάντι. Δίδασκε τη μη βία καθ' όλη τη διάρκεια της ζωής του, και όμως μπροστά στα μάτια του η χώρα διαιρέθηκε, εκατομμύρια άνθρωποι σκοτώθηκαν και κάηκαν ζωντανοί. Εκατομμύρια γυναίκες βιάστηκαν. Ο ίδιος ο Γκάντι δολοφονήθηκε. Είναι ένα αρκετά παράξενο τέλος για έναν άγιο που ήταν ενάντια στη βία.

Και στην πορεία, ο ίδιος λησμόνησε όλα τα διδάγματα του. Προτού η επανάστασή του παγιωθεί, ο Γκάντι ερωτήθηκε από έναν Αμερικανό διανοούμενο τον Λούις Φίσερ: «Τί θα κάνετε με τα όπλα, τους στρατούς και τον κάθε είδους εξοπλισμό, όταν η Ινδία θα γίνει ανεξάρτητο κράτος;»

Ο Γκάντι είπε: «Θα πετάξω όλα τα όπλα στον ωκεανό και θα στείλω όλους τους στρατιώτες να δουλέψουν στα χωράφια και στους κήπους».

Και ο Λούις Φίσερ του είπε: «Ξεχνάτε, όμως, ότι υπάρχει η πιθανότητα κάποιος να εισβάλει στη χώρα σας».

Ο Γκάντι είπε: «Θα τους καλωσορίσουμε. Εάν κάποιος εισβάλλει, θα τον δεχτούμε σαν φιλοξενούμενο και θα του πούμε:

"Μπορείς και εσύ να ζήσεις εδώ, ακριβώς όπως ζούμε και εμείς. Δεν υπάρχει λόγος να πολεμήσουμε"». Λησμόνησε, όμως, όλη τη φιλοσοφία του. Κάπως έτσι αποτυγχάνουν οι επαναστάσεις. Είναι πολύ ωραίο να μιλάμε γι' αυτά τα πράγματα, όταν όμως η εξουσία περιέρχεται στα χέρια σου, όλα αλλάζουν... Αρχικά ο Μαχάτμα Γκάντι δεν αποδέχθηκε καμμία κυβερνητική θέση.

Αυτό έγινε από φόβο, γιατί διαπίστωσε τελικά ότι δεν γινόταν να πετάξει τα όπλα στον ωκεανό· Και τί έγινε με τους στρατιώτες που θα τους έστελνε να δουλέψουν στα χωράφια; Αρνήθηκε, εν τέλει, αυτό για το οποίο αγωνιζόταν ολόκληρη τη ζωή του, διαβλέποντας ότι επρόκειτο να του προκαλέσει πολλά προβλήματα. Εάν είχε αποδεχθεί μια κυβερνητική θέση θα είχε αναγκαστεί να έρθει σε σύγκρουση με την ίδια του τη φιλοσοφία.

Η κυβέρνηση όμως συγκροτήθηκε από τους μαθητές του, από ανθρώπους που είχαν επιλεγεί από τον ίδιο. Δεν τους ζήτησε να διαλύσουν το στράτευμα. Όταν το Πακιστάν επιτέθηκε στην Ινδία, δεν είπε στα μέλη της Ινδικής κυβέρνησης: «Τώρα πηγαίνετε στα σύνορα και υποδεχτείτε τους εισβολείς σαν φιλοξενούμενους». Αντιθέτως ευλόγησε τα τρία πρώτα αεροπλάνα τα οποία επρόκειτο να βομβαρδίσουν το Πακιστάν. Αυτά τα αεροπλάνα πέταξαν πάνω από την έπαυλη όπου ζούσε στο Νέο Δελχί, και εκείνος βγήκε στον κήπο για να τα ευλογήσει. Με τις ευλογίες του προχώρησαν για να καταστρέψουν τον λαό του, ο οποίος πριν από λίγες ημέρες απαρτιζόταν από τους "αδελφούς και τις αδελφές μας". Ανερυθρίαστα, χωρίς ποτέ να συνειδητοποιεί το αντικρουόμενο των λόγων του....

Η Ρωσική Επανάσταση απέτυχε μπροστά στα μάτια του ίδιου του Λένιν. Δίδασκε σύμφωνα με τον Καρλ Μαρξ, πως «όταν έλθει η επανάσταση, θα καταργήσουμε τον θεσμό του γάμου, επειδή ο γάμος είναι μορφή ατομικής ιδιοκτησίας. Καθώς η ατομική ιδιοκτησία εξαφανίζεται, κι ο γάμος θα πρέπει επίσης να εξαφανιστεί. Οι άνθρωποι μπορούν να είναι εραστές, μπορούν να ζούνε μαζί, η κοινωνία θα είναι εκείνη που θα αναλάβει τη φροντίδα των παιδιών». Όταν, όμως, τα πράγματα πήραν τέτοια τροπή ώστε η εξουσία να περιέλθει στα χέρια του Κομμουνιστικού Κόμματος και του αρχηγού του, δηλαδή του Λένιν, τα πάντα άλλαξαν μεμιάς. Από τη στιγμή που η εξουσία θα περιέλθει στα χέρια τους, οι άνθρωποι αρχίζουν να σκέπτονται διαφορετικά. Τώρα η άποψη του Λένιν ήταν ότι το να καταστήσει κάποιος τους ανθρώπους άμοιρους ευθυνών ενείχε κινδύνους· θα γίνονταν πολύ ατομικιστές. Οπότε ήταν προτιμότερο να επιβαρυνθούν με τα οικογενειακά βάρη. Ξέχασε καθετί που έλεγε αναφορικά με την κατάλυση του θεσμού της οικογένειας. Είναι παράξενο το πώς οι επαναστάσεις απέτυχαν. Απέτυχαν στα χέρια των ίδιων των επαναστατών, επειδή από τη στιγμή που η εξουσία θα περιέλθει στα χέρια τους αρχίζουν να σκέπτονται εντελώς διαφορετικά! Γαντζώνονται στην εξουσία τους. Κάνουν τα πάντα προκειμένου να κρατήσουν την εξουσία στα χέρια τους, και να έχουν τον λαό υπό τον έλεγχο τους.

Το μέλλον δεν χρειάζεται άλλες επαναστάσεις. Το μέλλον χρειάζεται ένα νέο πείραμα το οποίο δεν έχει δοκιμαστεί ακόμη. Αν και επί χιλιάδες χρόνια υπήρχαν αντάρτες, παρέμεναν μόνοι –μεμονωμένες προσωπικότητες. Ίσως οι συνθήκες να μην είχαν ακόμη ωριμάσει. Αλλά τώρα δεν είναι απλά ώριμες. Αν δεν βιαστούμε, ο χρόνος θα τελειώσει. Στις επερχόμενες δεκαετίες το ανθρώπινο είδος είτε θα εξαφανιστεί, είτε ένα νέο ανθρώπινο όν με ένα νέο όραμα θα κάνει την εμφάνιση του στη Γη. Αυτό το ανθρώπινο όν θα είναι ένας αντάρτης.

ΕΓΚΟΣΜΙΟ ΕΝΑΝΤΙ ΥΠΕΡΚΟΣΜΙΟΥ

Αντιλαμβανόμενοι τη Μεγάλη Διάκριση

Εισηγούμαι μια νέα θρησκευτικότητα. Δεν θα είναι Χριστιανισμός, δεν θα είναι Ιουδαϊσμός ή Μωαμεθανισμός, ούτε και Ινδουισμός. Αυτή η θρησκευτικότητα δεν θα φέρει κάποιο επίθετο. Θα αναφέρεται εξ ολοκλήρου στην ιδιότητα του να είσαι πλήρης. Η θρησκεία απέτυχε. Η επιστήμη απέτυχε. Η Ανατολή απέτυχε και η Δύση απέτυχε. Χρειάζεται μια ανώτερη σύνθεση στα πλαίσια της οποίας Ανατολή και Δύση να μπορούν να συναντηθούν, όπου η θρησκεία και η επιστήμη θα μπορούν να συναντηθούν.

Το ανθρώπινο ον είναι όμοιο με ένα δένδρο, με τις ρίζες του στη γη και με τη δυνατότητα να ανθίσει. Η θρησκεία απέτυχε επειδή μιλούσε μόνο για τα λουλούδια –και τα λουλούδια εκείνα παρέμειναν φιλοσοφικά και αφηρημένα, δεν πήραν ποτέ υλική μορφή. Δεν μπορούν να πάρουν υλική μορφή επειδή δεν μπορούν να υποστηριχθούν από τη γη. Και η επιστήμη απέτυχε επειδή αυτή ενδιαφέρθηκε μόνο για τις ρίζες. Οι ρίζες είναι άσχημες και φαίνεται πως δεν θα υπάρξει καμμία ανθοφορία. Η θρησκεία απέτυχε επειδή ήταν πέραν του κόσμου τούτου, και αγνόησε αυτόν τον κόσμο. Και δεν μπορείς να αγνοήσεις τον κόσμο αυτόν. Το να αγνοείς τον κόσμο αυτόν είναι σαν να αγνοείς τις ίδιες τις ρίζες σου. Η επιστήμη απέτυχε, επειδή αγνόησε τον άλλο κόσμο, τον εσωτερικό, και δεν μπορείς να αγνοήσεις τα λουλούδια. Από τη στιγμή που θα αγνοήσεις τα λουλούδια, δηλαδή τον εσώτατο πυρήνα της ύπαρξης, η ζωή χάνει κάθε νόημα. Ακριβώς όπως το δένδρο χρειάζεται ρίζες, έτσι και το ανθρώπινο όν χρειάζεται ρίζες. Και οι ρίζες αυτές δεν μπορεί παρά να είναι στη γη. Το δένδρο χρειάζεται έναν ανοικτό ουρανό για να μεγαλώσει, για να πετάξει φύλλωμα και να βγάλει χιλιάδες λουλούδια. Μόνο τότε είναι το δένδρο πλήρες, μόνο τότε το δένδρο αποκτά σημασία και νόημα, και η ζωή γίνεται ουσιώδης.

Η Δύση υποφέρει από την υπερβολική επιστήμη και η Ανατολή υπέφερε και υποφέρει από την υπερβολική θρησκεία. Τώρα χρειαζόμαστε μια νέα ανθρωπότητα όπου η θρησκεία και η επιστήμη θα αποτελέσουν τις δυο πλευρές μιας ανθρωπότητας. Και από τη στιγμή που η νέα αυτή ανθρωπότητα θα έλθει στο φως, η γη θα μπορέσει για πρώτη φορά να γίνει αυτό που έπρεπε. Θα μπορέσει να γίνει ένας παράδεισος: θα γίνει αυτό το ιδιαίτερο σώμα του Βούδα, αυτή η γη θα γίνει ο ίδιος ο παράδεισος.

ΖΟΡΜΠΑΣ Ο ΒΟΥΔΑΣ: ΜΙΑ ΣΥΝΑΝΤΗΣΗ ΓΗΣ ΚΑΙ ΟΥΡΑΝΟΥ

Η ιδέα που έχω αναφορικά με το καινούργιο ανθρώπινο όν είναι ότι θα πρέπει να είναι ένας Ζορμπάς ο Έλληνας και ταυτόχρονα ένας Γκαουτάμα Βούδας: το νέο ανθρώπινο όν θα είναι ο "Ζορμπάς ο Βούδας", αισθησιακός και πνευματικός μαζί. Σωματικός, εξολοκλήρου σωματικός –στο σώμα, στις αισθήσεις, απολαμβάνοντας το σώμα και καθετί που προσφέρει αυτό– και εντούτοις μια έντονη ενσυνείδηση, μια μεγάλη μαρτυρία θα κάνει την εμφάνιση της. Ζορμπάς ο Βούδας. Δεν έχει ξαναγίνει ποτέ...

Αυτό εννοώ όταν μιλάω για μια συνάντηση Ανατολής και Δύσης, τη συνάντηση του υλισμού και της πνευματικότητας. Αυτή είναι η ιδέα αναφορικά με τον Ζορμπά τον Βούδα: η γη κι ο ουρανός ενώνονται.

Δεν θέλω να υπάρχει καμμία σχιζοφρένεια, καμμία διαίρεση ανάμεσα στην ύλη και στο πνεύμα, ανάμεσα στο κοινό και στο ιερό, ανάμεσα στα εγκόσμια και στα υπερκόσμια. Δεν επιθυμώ κάποια διαίρεση, επειδή κάθε διαίρεση συντελείται εντός μας. Και κάθε πρόσωπο, κάθε ανθρώπινο όν το οποίο είναι διαιρεμένο εσωτερικά σύντομα θα παραφρονήσει. Ζούμε σε έναν τρελό και παράφρονα κόσμο. Θα μπορέσει να επανέλθει μόνο αν αυτό το χάσμα γεφυρωθεί.

Το ανθρώπινο γένος έζησε πιστεύοντας είτε στην πραγματικότητα της ψυχής και στην απατηλότητα του υλικού κόσμου, ή στην αλήθεια του υλικού κόσμου και στην απατηλότητα της ψυχής. Μπορεί να διακρίνει κάποιος τους ανθρώπους του παρελθόντος σε εκείνους που ήταν υλιστές και σε εκείνους που ήταν πνευματικοί. Κανείς, όμως, δεν ασχολήθηκε με το να εξετάσει την πραγματικότητα της ανθρώπινης ύπαρξης. Είμαστε και τα δυο μαζί. Δεν είμαστε απλά μόνο πνευματικότητα, ούτε απλά αίσθηση, ούτε μόνον ύλη είμαστε. Συνθέτουμε μια καταπληκτική αρμονία μεταξύ ύλης και αίσθησης. Ή ίσως η ύλη και η αίσθηση να μην είναι δύο πράγματα αλλά δυο οπτικές μιας πραγματικότητας: Η ύλη είναι το περίβλημα της αίσθησης και η αίσθηση είναι η εσωτερικότητα της ύλης. Αλλά δεν υπήρξε ούτε ένας φιλόσοφος, σοφός ή θρησκευτικός μύστης στο παρελθόν ο οποίος να κήρυξε την ενότητα αυτή. Αρέσκονταν όλοι στο να διαιρούν την ανθρώπινη ύπαρξη χαρακτηρίζοντας τη μια πλευρά της ρεαλιστική και την άλλη όχι. Η τάση αυτή δημιούργησε μια ατμόσφαιρα σχιζοφρένειας σε όλη τη γη.

Δεν μπορεί κάποιος να ζήσει μόνο ως σώμα. Αυτό εννοούσε ο Ιησούς όταν έλεγε: «Ούκ επ' άρτω μόνον ζήσεται άνθρωπος». Αλλά αυτή δεν είναι παρά η μισή αλήθεια. Χρειάζεσαι συνείδηση, είναι αλήθεια ότι δεν μπορείς να ζήσεις μόνο με ψωμί, αλλά δεν μπορείς να ζήσεις και χωρίς ψωμί. Η ύπαρξή σου έχει δυο διαστάσεις, και οι δυο διαστάσεις θα πρέπει να είναι ολοκληρωμένες, θα πρέπει να τους δίνονται οι ίδιες δυνατότητες για να αναπτυχθούν. Αλλά το παρελθόν ευνοούσε το ένα έναντι του άλλου. Ο άνθρωπος ως σύνολο δεν έγινε ποτέ αποδεκτός.

Αυτό προκάλεσε δυστυχία, θλίψη, κατάθλιψη, και έναν φοβερό σκοταδισμό, μια νύχτα η οποία διήρκεσε επί χιλιάδες χρόνια, και φαίνεται πως δεν έχει τέλος. Εάν υπακούσεις στις ανάγκες του σώματος σου μόνο, τότε καταδικάζεις τον εαυτό σου σε μια ανούσια ύπαρξη. Και αν δεν ακούσεις το σώμα σου, τότε υποφέρεις, πεινάς, είσαι φτωχός, είσαι διψασμένος. Εάν ακούσεις μόνο τη συνείδηση σου, θα αναπτυχθείς μόνο κατά το ήμισυ. Ο εσωτερικός σου κόσμος θα προοδεύσει, αλλά το σώμα σου θα ζαρώσει και η ισορροπία θα χαθεί. Και επί της ισορροπίας αυτής στηρίζεται η υγεία σου· στην ισορροπία είναι η πληρότητα, στην ισορροπία είναι η χαρά, το τραγούδι και ο χορός.

Ο υλιστής έχει επιλέξει να ακούει μόνο τις ανάγκες του σώματος, και κωφεύει ολοκληρωτικά απέναντι σε ό,τι αφορά τις ανάγκες του εσωτερικού του κόσμου. Το τελικό αποτέλεσμα είναι αξιόλογη επιστήμη, προηγμένη τεχνολογία, κοντολογίς μια ευημερούσα κοινωνία, μια αφθονία υλικών και εγκόσμιων αγαθών. Και εν τω μέσω αυτής της αφθονίας βρίσκεται ένα φτωχό ανθρώπινο πλάσμα, χωρίς ψυχή, εντελώς χαμένο, χωρίς να ξέρει ποιός είναι, έχοντας την αίσθηση ότι αποτελεί ένα λάθος ή ένα έκτρωμα της Φύσης.

Αν η ανάπτυξη του εσωτερικού κόσμου δεν συμβαδίζει από κοινού με τον πλούτο του υλικού κόσμου, το σώμα γίνεται βαρύ και η ψυχή εξασθενεί. Επιβαρύνεσαι από τις ίδιες τις επινοήσεις σου, από τις ίδιες τις ανακαλύψεις σου. Αντί να δημιουργούν μια όμορφη ζωή για εσένα, δημιουργούν το πλαίσιο μιας ζωής η οποία ως τέτοια κρίνεται ανάξια εκ μέρους των έξυπνων ανθρώπων.

Η Ανατολή κατά το παρελθόν επέλεξε την πνευματικότητα και καταδίκασε την ύλη και καθετί το υλικό, συμπεριλαμβανομένου του σώματος, το οποίο θεωρούσε ως κάτι το απατηλό. Το χαρακτήρισαν ψευδαίσθηση, οφθαλμαπάτη στην έρημο που φαίνεται πως υπάρχει, ενώ στην πραγματικότητα ισχύει το αντίθετο. Η Ανατολή δημιούργησε έναν Γκαουτάμα Βούδα, έναν Μαχαβίρα, έναν Παταντζάλι, έναν Καμπίρ, έναν Φαρίντ, έναν Ραϊντάς, δηλαδή μια ακολουθία ανθρώπων με μεγάλη εσωτερική ενσυναίσθηση, με έντονη πνευματικότητα. Δημιούργησε, όμως, και εκατομμύρια φτωχών ανθρώπων, πεινασμένων, λιμοκτονούντων, οι οποίοι πεθαίνουν σαν τα σκυλιά, χωρίς να διαθέτουν αρκετό φαγητό, χωρίς καθαρό πόσιμο νερό, χωρίς ρούχα και χωρίς στέγη.

Παράξενη κατάσταση. Στις ανεπτυγμένες χώρες αναγκάζονται κάθε έξι μήνες να πετούν τρόφιμα αξίας εκατομμυρίων δολαρίων στον ωκεανό, απλά επειδή περισσεύουν. Δεν θέλουν να παραφορτώσουν τις αποθήκες τους, δεν θέλουν να μειώσουν τις τιμές τους και να καταστρέψουν την οικονομική τους δομή. Από τη μια, στην Αιθιοπία χίλιοι άνθρωποι πεθαίνουν κάθε ημέρα, και από την άλλη, η Ευρωπαϊκή Ένωση καταστρέφει πολύ μεγάλες ποσότητες φαγητού, το κόστος των οποίων ανέρχεται σε εκατομμύρια δολάρια. Αυτό δεν είναι το κόστος του φαγητού, αλλά το κόστος της μεταφοράς και της ρίψης στον ωκεανό. Ποιός ευθύνεται γι' αυτήν την κατάσταση;

Ο πλουσιότερος άνθρωπος στη Δύση αναζητά την ψυχή του και διαπιστώνει ότι μέσα του είναι κενός, χωρίς αγάπη, χωρίς πόθο, χωρίς κάποια προσευχή πέρα από τις παπαγαλίες που διδάχτηκε στο Κατηχητικό. Δεν έχει αίσθηση πνευματικότητας, κανένα αίσθημα για τους άλλους ανθρώπους, κανένα σεβασμό για τη ζωή, για τα πουλιά, για τα δένδρα, για τα ζώα. Η καταστροφή είναι γι' αυτόν τόσο εύκολη! Η Χιροσίμα και το Ναγκασάκι δεν θα συνέβαιναν ποτέ εάν οι άνθρωποι δεν εκλαμβάνονταν απλά ως αντικείμενα. Τόσα πολλά πυρηνικά όπλα δεν θα είχαν σωρευτεί εάν ο άνθρωπος εκλαμβανόταν ως ένας κρυμμένος θεός, ως ένα κρυμμένο μεγαλείο, το οποίο δεν έπρεπε να καταστραφεί, αλλά να ανακαλυφθεί· όχι να καταστραφεί, αλλά να οδηγηθεί στο φως, με το σώμα να αποτελεί έναν ναό του πνεύματος. Αν, όμως, ένα ανθρώπινο ον εκληφθεί αποκλειστικά ως ύλη, ως φυσική, ως χημεία, σαν ένας σκελετός καλυμμένος με δέρμα, τότε με τον θάνατο πεθαίνουν τα πάντα και δεν μένει τίποτε. Κάπως έτσι είναι δυνατόν για έναν Αδόλφο Χίτλερ να σκοτώσει έξι εκατομμύρια ανθρώπους, εάν οι άνθρωποι δεν είναι παρά ύλη, δεν τίθεται καν το ερώτημα να το σκεφθούμε δεύτερη φορά. Η Δύση στην πορεία προς αναζήτηση της υλικής αφθονίας, έχασε την ψυχή της, την εσωτερικότητα της. Περιστοιχιζόμενη από την έλλειψη νοήματος, την ανία, τη μελαγχολία, δεν μπορεί να βρει την ανθρωπιά της. Όλη η επιτυχία την οποία έχει σημειώσει η επιστήμη αποδεικνύεται άχρηστη, επειδή το σπίτι είναι γεμάτο πράγματα, αλλά το αφεντικό του σπιτιού λείπει. Στην Ανατολή, το τελικό αποτέλεσμα αιώνων θεώρησης του υλικού κόσμου ως ψευδαίσθησης και του εσωτερικού κόσμου ως πραγματικότητας, ο κύριος του σπιτιού είναι ζωντανός, αλλά το σπίτι είναι άδειο. Είναι δύσκολο να χαρείς με πεινασμένα στομάχια γύρω σου, με άρρωστα σώματα, με τον θάνατο να σε περιστοιχίζει, είναι αδύνατον να διαλογιστείς. Οπότε είναι χαμένοι.

Όλοι οι άγιοι και όλοι οι φιλόσοφοι, τόσο οι υλιστές όσο και οι πνευματικοί, ευθύνονται γι' αυτό το τεράστιο έγκλημα ενάντια στην ανθρωπότητα.

Ο Ζορμπάς ο Βούδας είναι η απάντηση. Αποτελεί τη σύνθεση σώματος και ψυχής. Συνιστά μια διακήρυξη ότι δεν υπάρχει σύγκρουση μεταξύ ύλης και πνεύματος, ότι μπορούμε να είμαστε εξίσου πλήρεις. Μπορούμε να έχουμε καθετί που μπορεί να μας προσφέρει ο κόσμος, καθετί το οποίο μπορεί να παραγάγει η επιστήμη και η τεχνολογία, και μπορούμε ακόμη να έχουμε καθετί που ένας Βούδας, ένας Καμπίρ, ένας Νανάκ βρίσκει στο εσωτερικό του: τα άνθη της έκστασης, την ευωδία της ευσέβειας, τα φτερά της απόλυτης ελευθερίας.

Ο Ζορμπάς ο Βούδας είναι το νέο ανθρώπινο όν, είναι ο αντάρτης. Η ανταρσία έγκειται στην καταστροφή της σχιζοφρένειας της ανθρωπότητας, στην καταστροφή της διαίρεσης, στην καταστροφή της αντίληψης ότι η πνευματικότητα είναι ενάντια στην ύλη και ότι η ύλη είναι ενάντια στο πνεύμα. Είναι μια διακήρυξη ότι το πνεύμα και το σώμα αποτελούν μια ενότητα. Η ύπαρξη είναι πλήρης πνευματικότητας. Ακόμη και τα όρη είναι ζωντανά, ακόμη και τα δένδρα αισθάνονται. Είναι μια διακήρυξη ότι το σύνολο της ύπαρξης είναι τόσο υλικό όσο και πνευματικό, ή ίσως μια ενέργεια η οποία εκφράζεται με δυο τρόπους: ως ύλη και ως πνευματικότητα. Όταν η ενέργεια εξαγνιστεί, εκφράζεται ως συνείδηση, όταν η ενέργεια είναι ακατέργαστη, μη εξαγνισμένη, πυκνή, εμφανίζεται ως ύλη. Το σύνολο, όμως, της ύπαρξης δεν είναι παρά ένα ενεργειακό πεδίο. Αυτή είναι η εμπειρία μου, δεν είναι η φιλοσοφία μου. Και υποστηρίζεται από τη σύγχρονη φυσική και από την έρευνα: η Ύλη είναι Ενέργεια.

Μπορούμε να επιτρέψουμε στον εαυτό μας να συνδυάσει από κοινού τους δυο κόσμους. Δεν χρειάζεται να αποκηρύξουμε τον κόσμο αυτόν για να αποκτήσουμε τον άλλον, ούτε θα πρέπει να αρνηθούμε τον άλλο κόσμο προκειμένου να χαρούμε αυτόν. Στην πραγματικότητα το να έχεις μόνο τον ένα κόσμο, ενώ μπορείς να έχεις και τους δύο, ισοδυναμεί με το να είσαι αδικαιολόγητα φτωχός.

Ο Ζορμπάς ο Βούδας είναι η καλύτερη δυνατότητα. Θα ζήσουμε τη φύση μας στο έπακρο και θα τραγουδήσουμε τα τραγούδια αυτής της γης. Δεν θα προδώσουμε τη γη, και δεν θα προδώσουμε ούτε τον ουρανό. Θα διεκδικήσουμε όλα όσα έχει αυτή η γη, όλα τα άνθη και όλες τις χαρές, και θα διεκδικήσουμε ακόμη και τα άστρα του ουρανού. Θα διεκδικήσουμε για κατοικία μας όλη την πλάση.

Καθετί που υπάρχει στην πλάση προορίζεται για εμάς, και θα πρέπει να το χρησιμοποιήσουμε με κάθε δυνατό τρόπο, χωρίς ενοχή, χωρίς διαμάχη και χωρίς επιλογή. Απόλαυσε χωρίς διλήμματα όλα όσα μπορεί να σου χαρίσει η Φύση και απόλαυσε όλα όσα μπορεί να σου χαρίσει το Πνεύμα..

Υπάρχει μια αρχαία ιστορία που λέει:

Σε ένα δάσος κοντά σε μια πόλη ζούσαν δυο ζητιάνοι. Φυσικά εχθρεύονταν ο ένας τον άλλο, όπως συμβαίνει πάντοτε με δυο επαγγελματίες, με δυο γιατρούς, με δυο επιστήμονες, ή δύο αγίους. Ο ένας ζητιάνος ήταν τυφλός και ο άλλος κουτσός και ήταν ιδιαίτερα ανταγωνιστικοί, όλη την ημέρα ανταγωνίζονταν ο ένας τον άλλο στην πόλη.

Ένα βράδυ όμως οι καλύβες τους άρπαξαν φωτιά, επειδή όλο το δάσος είχε αρπάξει φωτιά. Ο τυφλός μπορούσε να τρέξει, αλλά δεν έβλεπε πού να πάει. Δεν μπορούσε να ξεχωρίσει τα μέρη όπου η φωτιά δεν είχε ακόμη εξαπλωθεί. Ο κουτσός μπορούσε ακόμη να διακρίνει τις διεξόδους διαφυγής από τη φωτιά, αλλά δεν μπορούσε να τρέξει. Η φωτιά εξαπλωνόταν γρήγορα και ο κουτσός έβλεπε τον θάνατο να πλησιάζει.

Αντελήφθησαν ότι χρειάζονταν ο ένας τον άλλο. Ο κουτσός είχε μια ξαφνική επιφοίτηση. Σκέφθηκε: «Ο άλλος μπορεί να τρέξει, κι εγώ μπορώ να δω». Λησμόνησαν, λοιπόν, τον ανταγωνισμό τους μπροστά στην ανάγκη. Σε μια τόσο κρίσιμη στιγμή όπου και οι δυο αντιμετώπιζαν τον θάνατο, ο καθένας τους ξέχασε αναγκαστικά όλες τις ανόητες έχθρες. Συμφώνησαν ο τυφλός να μεταφέρει τον κουτσό στους ώμους του, και οι δυο μαζί να λειτουργήσουν σαν ένας άνθρωπος· ο κουτσός μπορούσε να δει και να καθοδηγήσει τον τυφλό προς τα πού να τρέξει. Με αυτόν ακριβώς τον τρόπο έσωσαν τη ζωή τους. Και εξαιτίας του γεγονότος ότι έσωσαν ο ένας τη ζωή του άλλου, έγιναν φίλοι και εγκατέλειψαν τον ανταγωνισμό τους.

Ο Ζορμπάς είναι τυφλός· δεν μπορεί να δει, αλλά μπορεί να χορέψει, μπορεί να τραγουδήσει μπορεί να χαρεί. Ο Βούδας μπορεί να δει, αλλά μπορεί μονάχα να δει. Έχει αγνό βλέμμα, με σαφήνεια και αντίληψη, αλλά δεν μπορεί να χορέψει. Είναι σακάτης, δεν μπορεί να τραγουδήσει, δεν μπορεί να χαρεί.

Είναι πια καιρός. Ο κόσμος φλέγεται και η ζωή του καθενός διατρέχει κίνδυνο. Η συνάντηση του Ζορμπά και του Βούδα μπορεί να σώσει όλη την ανθρωπότητα. Η συνάντησή τους είναι η μόνη ελπίδα. Ο Βούδας μπορεί να προσφέρει την ενσυνείδηση, τη σαφήνεια, τα μάτια για να δει κανείς πιο πέρα, τα μάτια για να διακρίνει κανείς αυτό που είναι αόρατο. Ο Ζορμπάς μπορεί να δώσει όλο του το είναι στον οραματισμό του Βούδα, και η συμμετοχή του θα εγγυηθεί ότι αυτό δεν πρόκειται να παραμείνει ένα στεγνό όραμα, αλλά ένας χαρούμενος, εκστατικός τρόπος ζωής.

● **Είναι άραγε η συνάντηση του Ζορμπά και του**
 Βούδα πράγματι εφικτή; Αν ναι, τότε γιατί οι άλλοι
🙎 **θρησκευτικοί ηγέτες δεν τη σκέφθηκαν ποτέ;**

Το πρώτο πράγμα που θέλω να γίνει κατανοητό είναι το εξής: Δεν είμαι ένας θρησκευτικός ηγέτης. Ένας θρησκευτικός ηγέτης δεν μπορεί να σκεφθεί τα πράγματα, δεν μπορεί να δει τα πράγματα όπως τα βλέπω εγώ, για τον απλό λόγο ότι τρέφει απέραντη εμπιστοσύνη στη θρησκεία. Εγώ δεν τρέφω καμμία.

Οι θρησκείες, εκ των πραγμάτων, διαιρούν τους ανθρώπους, προκαλώντας έναν δυϊσμό στη σκέψη του ανθρώπου. Αυτός είναι ο τρόπος με τον οποίο σε εκμεταλλεύονται. Εάν σε χαρακτηρίζει η ενότητα, δεν μπορούν να σε ελέγξουν. Εάν κοπείς σε κομμάτια, τότε όλη η δύναμή σου καταστρέφεται, όλη η ισχύς σου, η αξιοπρέπειά σου καταλύονται. Τότε μπορείς να είσαι Χριστιανός, Ινδουιστής, Ιουδαίος, Μωαμεθανός. Εάν μείνεις ακριβώς όπως γεννήθηκες, χωρίς την ανάμειξη των αποκαλούμενων θρησκευτικών ηγετών, θα σε χαρακτηρίζει, η ελευθερία, η ανεξαρτησία, η ηθική ακεραιότητα. Δεν μπορείς να σκλαβωθείς. Και όλες οι παλαιές θρησκείες δεν κάνουν τίποτε άλλο παρά να σε σκλαβώνουν.

Προκειμένου να σε σκλαβώσουν, θα πρέπει να δημιουργήσουν ένα ρήγμα στο εσωτερικό σου ώστε να αρχίσεις να αντιμάχεσαι τον ίδιο τον εαυτό σου. Όταν αντιμάχεσαι τον ίδιο τον εαυτό σου, δυο πράγματα είναι πιθανόν να συμβούν. Πρώτον, θα είσαι δυστυχισμένος, επειδή κανένα μέρος του εαυτού σου δεν θα μπορέσει ποτέ να υπερισχύσει. Θα νιώθεις πάντοτε ηττημένος. Δεύτερον, ένα αίσθημα ενοχής γεννιέται μέσα σου ότι δεν αξίζεις να ονομάζεσαι πραγματικός, αυθεντικός άνθρωπος. Αυτό είναι που θέλουν οι θρησκευτικοί ηγέτες. Το βαθύ συναίσθημα αναξιότητας μέσα σου είναι εκείνο που τους καθιστά ηγέτες. Δεν μπορείς να βασιστείς στον εαυτό σου, επειδή ξέρεις ότι δεν μπορείς να κάνεις τίποτε. Δεν μπορείς να κάνεις εκείνο που θέλει η φύση σου, επειδή η θρησκεία σε αποτρέπει από κάτι τέτοιο, δεν μπορείς να κάνεις εκείνο που επιτάσσει η θρησκεία, επειδή η φύση σου είναι ενάντια σε αυτό. Βρίσκεσαι σε μια κατάσταση που δεν μπορείς να κάνεις τίποτε, κάποιος άλλος θα πρέπει να αναλάβει την ευθύνη για λογαριασμό σου.

Η σωματική σου ηλικία μεγαλώνει, αλλά η διανοητική σου ηλικία παραμένει καθυστερημένη, εκεί γύρω στα δεκατρία. Αυτού του είδους οι καθυστερημένοι άνθρωποι χρειάζονται κάποιον για να τους καθοδηγεί, κάποιον ο οποίος θα τους υποδείξει τον σκοπό της ζωής, το νόημα της ζωής. Αυτοί από μόνοι τους είναι ανίκανοι για κάτι τέτοιο. Οι θρησκευτικοί ηγέτες δεν θα μπορούσαν να είχαν σκεφθεί τη συνάντηση του Ζορμπά και του Βούδα επειδή κάτι τέτοιο θα ισοδυναμούσε με το τέλος της ηγεσίας τους και το τέλος των αποκαλούμενων θρησκειών.

Ο Ζορμπάς ο Βούδας είναι το τέλος όλων των θρησκειών. Συνιστά την απαρχή ενός νέου είδους θρησκευτικότητας, η οποία δεν χρειάζεται ταμπέλες, δεν χρειάζεται κανέναν Χριστιανισμό, Ιουδαϊσμό, Μωαμεθανισμό, Βουδισμό. Απλά κάποιος απολαμβάνει τη ζωή του, απολαμβάνει το απέραντο Σύμπαν, χορεύει με τα δένδρα, παίζει στην παραλία με τα κύματα, μαζεύει κογχύλια, όχι για κάποιον άλλον σκοπό παρά για την απλή απόλαυση του να κάνει κάτι τέτοιο. Ο αλμυρός αέρας, η δροσερή αμμουδιά, ο ανατέλλων ήλιος, ένα καλό τρέξιμο, τί παραπάνω μπορεί να θέλει κάποιος; Για εμένα αυτό είναι η θρησκεία, το να απολαμβάνεις τον αέρα, το να απολαμβάνεις τη θάλασσα, το να απολαμβάνεις την αμμουδιά, να απολαμβάνεις τον ήλιο, επειδή δεν υπάρχει άλλος Θεός κανένας από την ίδια την Ύπαρξη αυτή καθαυτήν.

Ο Ζορμπάς ο Βούδας από τη μία, είναι το τέλος της παλαιάς ανθρωπότητας, των παλαιών θρησκειών, της πολιτικής, των εθνών, των φυλετικών διακρίσεων και κάθε είδους ανοησίας. Από την άλλη, ο Ζορμπάς ο Βούδας είναι η απαρχή μιας νέας ανθρωπότητας, που μας δίνει τη δυνατότητα να είμαστε ο εαυτός μας, επιτρέποντας στη φύση να ανθήσει. Δεν υπάρχει κάποια αντιπαράθεση ανάμεσα στον Ζορμπά και στον Βούδα. Η αντιπαράθεση προήλθε από τις αποκαλούμενες θρησκείες. Υπάρχει κάποια αντιπαράθεση ανάμεσα στο σώμα και στην ψυχή σου; Υπάρχει κάποια αντιπαράθεση ανάμεσα στη ζωή και στη συνείδηση σου; Υπάρχει κάποια αντιπαράθεση ανάμεσα στο δεξί και στο αριστερό σου χέρι; Όλα συνυπάρχουν από κοινού σε μια οργανική ενότητα.

Το σώμα σου δεν είναι κάτι το οποίο πρέπει να καταδικαστεί, αλλά κάτι για το οποίο πρέπει να αισθάνεσαι ευγνώμων, επειδή είναι το μεγαλύτερο πράγμα στην Φύση, το πιο θαυμαστό· οι λειτουργίες τις οποίες επιτελεί είναι απλά απίστευτες. Όλα τα μέρη του σώματός σου λειτουργούν από κοινού σαν μια ορχήστρα. Τα μάτια σου, τα χέρια σου, τα πόδια σου χαρακτηρίζονται από μια εσωτερική ενότητα. Δεν γίνεται τα μάτια σου να θέλουν να πάνε ανατολικά και τα πόδια σου να πηγαίνουν δυτικά, να πεινάς και το στόμα σου να αρνείται να φάει. «Η πείνα έχει να κάνει με το στομάχι σου, τί δουλειά έχει το στόμα;» Το στόμα απεργεί. Όχι, το σώμα σου δεν χαρακτηρίζεται από κάποια σύγκρουση. Λειτουργεί με έναν εσωτερικό συγχρονισμό, με όλα τα μέλη να λειτουργούν από κοινού. Και η ψυχή σου δεν είναι κάτι το οποίο αντιτίθεται στο σώμα σου. Εάν το σώμα σου είναι η κατοικία, η ψυχή είναι ο φιλοξενούμενος και δεν υπάρχει λόγος ο φιλοξενούμενος και ο οικοδεσπότης να βρίσκονται σε σύγκρουση. Αλλά η θρησκεία δεν μπορεί να υπάρξει χωρίς αυτού του είδους την εσωτερική σύγκρουση.

Η επιμονή μου αναφορικά με την οργανική ενότητα ώστε ο υλισμός να μην αντιτίθεται πλέον στην πνευματικότητα, έγκειται κατά βάσιν στην κατάλυση όλων αυτών των οργανωμένων θρησκειών από προσώπου γης. Από τη στιγμή που το σώμα σου και η ψυχή σου θα αρχίσουν να κινούνται χέρι-χέρι, να χορεύουν μαζί, έχεις γίνει ο Ζορμπάς ο Βούδας. Τότε μπορείς να απολαύσεις καθετί σε αυτή τη ζωή, καθετί το οποίο είναι γύρω σου, και καθετί το οποίο είναι μέσα σου.

Στην πραγματικότητα, το μέσα και το έξω λειτουργούν σε εντελώς διαφορετικές διαστάσεις, δεν έρχονται ποτέ σε σύγκρουση μεταξύ τους. Χιλιάδες, όμως, χρόνια εθισμού – ότι αν θέλεις να προσεγγίσεις το εσωτερικό μέρος του εαυτού σου, πρέπει να αποκηρύξεις τον εξωτερικό κόσμο– ρίζωσαν βαθιά μέσα σου. Διαφορετικά όλο αυτό είναι μια εντελώς παράλογη ιδέα! Έχεις την άδεια να χαρείς το μέσα. Ποιό είναι το πρόβλημα με το να χαρείς, όμως, και το έξω; Η ευχαρίστηση είναι η ίδια. Αυτή η ευχαρίστηση είναι ο συνδετικός κρίκος ανάμεσα στο μέσα και στο έξω.

Το να ακούς μια ευχάριστη μουσική, ή να βλέπεις έναν ωραίο πίνακα, ή να παρακολουθείς ένα χορευτή σαν τον Νιζίνσκι, είναι κάτι έξω από σένα, αλλά δεν αποτελεί εμπόδιο για την εσωτερική ευχαρίστησή σου. Αντιθέτως είναι ιδιαίτερα βοηθητικό. Ο χορός του Νιζίνσκι μπορεί να βγάλει προς τα έξω τα αδρανή χαρακτηριστικά της ψυχής σου ώστε να μπορέσει να χορέψει. Η μουσική ενός Ραβί Σανκάρ μπορεί να κινήσει τις ευαίσθητες χορδές της καρδιάς σου. Το μέσα και το έξω δεν είναι χωρισμένα. Είναι μια ενέργεια, δυο όψεις της ίδιας ύπαρξης.

Ο Ζορμπάς μπορεί να γίνει Βούδας πιο εύκολα από οποιονδήποτε πάπα. Δεν υπάρχει καμμία πιθανότητα για ένα πάπα, καμμία απολύτως πιθανότητα για τους αποκαλούμενους αγίους να εξελιχθούν σε όντως πνευματικούς ανθρώπους. Δεν γνωρίζουν καν τις χαρές του σώματος. Πώς μπορείτε να πιστεύετε ότι θα είναι σε θέση να γνωρίζουν τις λεπτές χαρές του πνεύματος; Το σώμα είναι το σχολείο στο οποίο μαθαίνεις να κολυμπάς σε ρηχά νερά. Και από τη στιγμή που θα μάθεις να κολυμπάς, τότε δεν έχει σημασία πόσο βαθιά είναι τα νερά. Μπορείς πλέον να πας στο βαθύτερο μέρος της λίμνης, είναι όλα πλέον το ίδιο για σένα.

Θα πρέπει να θυμηθείς τη ζωή του Βούδα. Μέχρι τα είκοσι εννιά του χρόνια ήταν ένας γνήσιος Ζορμπάς. Είχε στη διάθεση του τα πιο όμορφα κορίτσια του βασιλείου του με τη ντουζίνα. Σε όλο το παλάτι του ακούγονταν μουσικές και χοροί. Είχε το καλύτερο φαγητό, τα καλύτερα ρούχα, όμορφα παλάτια για να μένει, απέραντους κήπους. Ζούσε πολύ πιο έντονα από τον φτωχό Ζορμπά τον Έλληνα.

Ο Ζορμπάς ο Έλληνας είχε μόνο μια φιλενάδα –μια μεγάλη, ταλαιπωρημένη γυναίκα, μια πόρνη που είχε χάσει όλους τους πελάτες της. Είχε ψεύτικα δόντια, ψεύτικα μαλλιά, και ο Ζορμπάς ήταν ο πελάτης της επειδή δεν είχε τη δυνατότητα να πληρώσει κάπου αλλού που ήταν πιο ακριβά. Τον χαρακτηρίζεις ως υλιστή, ηδονιστή, και λησμονείς εντελώς τα πρώτα είκοσι εννέα χρόνια της ζωής του Βούδα που ήταν πολύ πιο πολυτελή. Καθώς οι ημέρες περνούσαν, ο πρίγκιπας αυτός που έφερε την ονομασία Σιντάρτα ζούσε απλά στην πολυτέλεια, περιβαλλόμενος από καθετί που μπορούσε να φανταστεί. Ζούσε σε μια παραμυθένια χώρα. Ήταν αυτή η εμπειρία ακριβώς που τον μεταμόρφωσε σε Βούδα.

Η ανάλυση της ιστορίας συνήθως δεν γίνεται κατ' αυτόν τον τρόπο. Κανείς δεν ασχολείται με την πρώτη περίοδο της ζωής του που αποτελεί και τη βάση της εξέλιξής του. Βαρέθηκε. Δοκίμασε κάθε απόλαυση του κόσμου που τον περιέβαλλε, και τώρα ήθελε κάτι περισσότερο, κάτι βαθύτερο το οποίο δεν ήταν σε θέση να του το προσφέρει ο έξω κόσμος. Για το βαθύτερο πρέπει να μπεις βαθιά. Σε ηλικία είκοσι εννέα ετών εγκατέλειψε μέσα στη νύχτα το παλάτι αναζητώντας τον μέσα του κόσμο. Ήταν ένας Ζορμπάς ο οποίος έβγαινε προς αναζήτησιν του Βούδα.

Ο Ζορμπάς ο Έλληνας δεν έγινε ποτέ Βούδας για τον απλό λόγο ότι το κάλυμμα του Ζορμπά ήταν ημιτελές. Ήταν ένας όμορφος άνδρας, γεμάτος πάθος, αλλά φτωχός. Ήθελε να ζήσει τη ζωή με όλη την έντασή της, αλλά δεν είχε την ευκαιρία να τη ζήσει. Τραγουδούσε, χόρευε, αλλά δεν γνώριζε τις ανώτερες αποχρώσεις της μουσικής. Δεν γνώριζε τον χορό εκείνο κατά τη διάρκεια του οποίου ο χορευτής εξαφανίζεται.

Ο Ζορμπάς στον Βούδα γνώριζε το ανώτερο και το βαθύτερο μέρος του έξω κόσμου. Γνωρίζοντάς τον εξ ολοκλήρου ήταν έτοιμος να προχωρήσει σε μια εσωτερική αναζήτηση. Ο κόσμος ήταν καλός, αλλά όχι αρκετά καλός· χρειαζόταν κάτι

32 TO BIBΛIO THΣ KATANOHΣHΣ

περισσότερο. Αυτό που ζούσε του έδινε μια φευγαλέα όψη και ο Βούδας ήθελε κάτι αιώνιο. Ο θάνατος θα έδινε ένα τέλος σε όλες αυτές τις χαρές, και επιθυμούσε να γνωρίσει κάτι που δεν θα τελείωνε με τον θάνατο. Εάν επρόκειτο να γράψω τη ζωή του Γκαουτάμα Βούδα, θα ξεκινούσα από τον Ζορμπά. Όταν έχει πλέον εξοικειωθεί απόλυτα με τον έξω κόσμο και με καθετί που αυτός μπορεί να του προσφέρει, και εξακολουθεί να θεωρεί ότι δεν έχει βρει ακόμη το νόημα, βγαίνει σε αναζήτηση, επειδή αυτή είναι η μόνη κατεύθυνση προς την οποία δεν έχει ακόμη κινηθεί. Δεν κοιτάζει ποτέ πίσω, δεν υπάρχει κανένας λόγος να κοιτάξει πίσω, τα έχει ζήσει όλα! Δεν είναι απλά ένας "θρησκευτικός αναζητητής" που δεν έχει γνωρίσει καν τον έξω κόσμο. Είναι ένας Ζορμπάς και κατευθύνεται προς το εσωτερικό με τον ίδιο ζήλο, με την ίδια ισχύ, με την ίδια δυναμική. Και προφανώς βρίσκει εντός του, την ικανοποίηση, την ολοκλήρωση, το νόημα, την ευλογία την οποία αναζητούσε.

Είναι πιθανό να είσαι ένας Ζορμπάς και να σταματήσεις εκεί. Είναι δυνατό να μην είσαι ένας Ζορμπάς και να αρχίσεις να αναζητάς τον Βούδα· δεν θα τον βρεις. Μόνο ένας Ζορμπάς μπορεί να βρει τον Βούδα, διαφορετικά δεν έχεις τη δύναμη: δεν έχεις ζήσει τον έξω κόσμο, τον έχεις αποφύγει. Είσαι ένας δραπέτης.

Για μένα, το να είσαι ένας Ζορμπάς ισοδυναμεί με το να ξεκινάς το ταξίδι, και το να γίνεσαι ένας Βούδας ισοδυναμεί με το να επιτυγχάνεις τον στόχο σου. Και μπορεί αυτό να συμβεί στο ίδιο πρόσωπο, δεν μπορεί να συμβεί παρά μόνο στο ίδιο πρόσωπο. Αυτός είναι ο λόγος για τον οποίο επιμένω συνεχώς. Μην προξενείτε μια διάκριση στη ζωή σας, μην καταδικάζετε κάποιο μέρος του σώματός σας. Ζήστε το. Όχι απρόθυμα. Ζήστε το ολοκληρωτικά και με ένταση. Αυτή η εμπειρία θα σας δώσει τη δυνατότητα μιας περαιτέρω έρευνας. Δεν χρειάζεται να γίνετε ασκητές, δεν χρειάζεται να εγκαταλείψετε τις συζύγους, τους γονείς, τα παιδιά σας. Όλες αυτές οι ανοησίες διδάσκονταν επί αιώνες και πόσοι άνθρωποι άραγε –από τα εκατομμύρια των μοναχών και των καλογριών –πόσοι άνθρωποι ανθοφόρησαν; Ούτε ένας. Ζήσε τη ζωή ως κάτι ενιαίο. Και, βεβαίως, πρώτα έρχεται το σώμα, πρώτα έρχεται ο έξω κόσμος. Τη στιγμή που το παιδί γεννιέται ανοίγει τα μάτια του και το πρώτο πράγμα το οποίο αντικρίζει είναι το πανόραμα της δημιουργίας γύρω του. Βλέπει τα πάντα εκτός από τον εαυτό του· αυτό είναι για τους περισσότερο πεπειραμένους ανθρώπους. Αυτό είναι για εκείνους που έχουν δει κάθε οπτική του έξω κόσμου, την έχουν ζήσει και έχουν απελευθερωθεί από αυτήν. Η φυγή από το έξω δεν έρχεται με την απόδραση. Η ελευθερία από τον έξω κόσμο έρχεται με το να τον βιώνεις καθημερινά και να μην έχεις πού αλλού να πας. Μόνο μια διάσταση μένει, και είναι φυσικό να θες να διερευνήσεις αυτήν την εναπομείνασα διάσταση. Και στο σημείο αυτό λαμβάνει χώρα η διαφώτισή σου.

Σου γεννάται το ερώτημα: «Είναι πιθανό ο Ζορμπάς και ο Βούδας να συναντηθούν;» Αυτή είναι η μόνη πιθανότητα. Χωρίς τον Ζορμπά δεν υπάρχει Βούδας. Ο Ζορμπάς φυσικά δεν είναι το τέλος. Είναι το προπαρασκευαστικό στάδιο για τον Βούδα. Αυτός είναι οι ρίζες και ο Βούδας είναι η ανθοφορία. Μην καταστρέφετε τις ρίζες, διαφορετικά δεν πρόκειται να υπάρξει ανθοφορία. Αυτές οι ρίζες τροφοδοτούν διαρκώς τα λουλούδια με χυμό. Όλο το χρώμα στα λουλούδια προέρχεται από τις ρίζες, και όλο το άρωμα στα λουλούδια προέρχεται από τις ρίζες. Κάθε κίνηση των λουλουδιών στον άνεμο προέρχεται από τις ρίζες.

Μην το διαχωρίζετε. Οι ρίζες και τα άνθη είναι τα δυο άκρα του ίδιου φαινομένου.

● **Φαίνεται τόσο δύσκολο να συνδυαστούν από κοι-**
νού αυτές οι δυο όψεις της ζωής, επειδή είναι
ενάντια στο σκεπτικό μας. Από πού ξεκινάμε;

Κάντε τα πάντα με όλη σας την καρδιά, με όσο περισσότερο πάθος και ένταση μπορείτε.

Καθετί που γίνεται με μισή καρδιά δεν φέρνει ποτέ χαρά στη ζωή. Φέρνει μόνο δυστυχία, στενοχώρια, βάσανα και ένταση επειδή κάθε φορά που κάνεις κάτι με μισή καρδιά χωρίζεις τον εαυτό σου στα δυο και αυτή είναι μια από τις χειρότερες δυστυχίες που έχουν συμβεί ποτέ στους ανθρώπους. Είναι όλοι μοιρασμένοι.

Η δυστυχία στον κόσμο δεν προκαλεί έκπληξη, είναι το φυσικό επακόλουθο του να ζεις με μισή καρδιά, του να κάνεις τα πάντα με ένα μέρος μόνο της ύπαρξης σου, ενώ το άλλο ανθίσταται, αντιτίθεται, αντιμάχεται τη βούλησή σου.

Και καθετί το οποίο θα κάνεις με μισή καρδιά θα σου προκαλέσει αισθήματα μετάνοιας, δυστυχίας και μια αίσθηση ότι ίσως το άλλο μισό μέρος το οποίο δεν συμμετείχε πιθανόν να είχε δίκαιο –επειδή ακολουθώντας το μέρος αυτό δεν κέρδισες τίποτε άλλο παρά να περιέλθεις σε μια δυστυχισμένη κατάσταση. Εγώ όμως σου λέω: Εάν είχες ακολουθήσει τις προτροπές του άλλου μισού, το αποτέλεσμα θα ήταν το ίδιο. Το ερώτημα δεν είναι ποιό μέρος θα ακολουθήσεις· το ερώτημα που τίθεται είναι, αν πρόκειται να συμμετάσχεις ολοκληρωτικά σε αυτό ή όχι. Το να είσαι πλήρης στις πράξεις σου είναι κάτι που φέρνει χαρά. Ακόμη και μια συνηθισμένη, τετριμμένη ενέργεια όταν γίνεται με ένταση φέρνει μια λάμψη στο είναι σου, μια ικανοποίηση, μια πληρότητα, μια βαθιά ευχαρίστηση. Και καθετί που γίνεται με μισή καρδιά, όσο καλό και αν είναι, δεν πρόκειται να σου φέρει παρά δυστυχία.

Η δυστυχία δεν προέρχεται από τις πράξεις σου ούτε η χαρά πηγάζει από τον τρόπο που ενεργείς. Η χαρά έρχεται όταν νιώθεις πλήρης. Δεν έχει σημασία με τι ασχολείσαι, η δυστυχία έρχεται όταν μετέχεις σε αυτό κατά το ήμισυ. Και το να ζεις μια ζωή με μισή καρδιά ισοδυναμεί με το να δημιουργείς μια κόλαση για τον εαυτό σου κάθε στιγμή, και αυτή η κόλαση αρχίζει να γίνεται όλο και πιο μεγάλη.

Οι άνθρωποι ρωτούν αν υπάρχει κάπου η Κόλαση ή αν υπάρχει κάπου ο Παράδεισος, επειδή όλες οι θρησκείες κάνουν λόγο για τον παράδεισο και για την κόλαση, σαν να αποτελούσαν μέρος της γεωγραφίας του Σύμπαντος. Δεν είναι γεωγραφικά φαινόμενα, συνιστούν μέρος της ψυχολογίας σου.

Όταν η σκέψη σου, όταν η καρδιά σου, όταν το είναι σου ωθείται ταυτόχρονα προς δύο κατευθύνσεις, τότε δημιουργείς την κόλαση. Και όταν είσαι πλήρης, ένας, μια οργανική ενότητα, σε αυτήν την ιδιαίτερη οργανική ενότητα, τα λουλούδια του Παραδείσου αρχίζουν να ανθίζουν μέσα σου.

Οι άνθρωποι ανησυχούν για τις πράξεις τους: ποιά πράξη είναι ορθή και ποιά είναι εσφαλμένη; Ποιό είναι το καλό και ποιό είναι το κακό; Η δική μου άποψη είναι ότι δεν είναι μια ερώτηση που έχει να κάνει με μια συγκεκριμένη πράξη. Η ερώτηση έχει να κάνει με την ψυχολογία σου.

Όταν είσαι πλήρης αυτό είναι καλό, και όταν είσαι διχασμένος, αυτό είναι κακό. Διχασμένος υποφέρεις· πλήρης, χορεύεις, τραγουδάς, γιορτάζεις.

Μπορείτε να πείτε κάτι περισσότερο αναφορικά με την τέχνη της εξισορρόπησης αυτών των αντιθέσεων; Η ζωή μου συχνά κινείται στα άκρα και φαίνεται δύσκολο να ακολουθήσω τη μέση οδό για μεγάλο διάστημα.

Η ζωή συνίσταται σε ακραίες καταστάσεις. Η ζωή είναι μια ένταση μεταξύ των αντιθέτων. Το να είσαι για πάντα στη μέση ισοδυναμεί με το να είσαι νεκρός. Το μέσο δεν είναι παρά μόνο μια θεωρητική πιθανότητα. Αραιά και που μόνο μπορείς να είσαι στη μέση, ως ένα είδος μεταβατικής φάσης. Είναι σαν να περπατάς σε τεντωμένο σχοινί, δεν μπορεί να είσαι ακριβώς στη μέση για μεγάλο διάστημα. Εάν το προσπαθήσεις, θα πέσεις.

Το να είσαι στη μέση δεν είναι μια στατική κατάσταση είναι ένα δυναμικό φαινόμενο. Είναι ισορροπία. Εκείνος που βαδίζει σε τεντωμένο σχοινί κινείται συνεχώς από τα αριστερά προς τα δεξιά, και από τα δεξιά προς τα αριστερά. Όταν νιώθει ότι έχει μετακινηθεί πολύ προς τη μια πλευρά και υπάρχει κίνδυνος να πέσει, ισορροπεί αυτόματα κινούμενος προς την αντίθετη κατεύθυνση. Κατά το πέρασμα του από τα αριστερά προς τα δεξιά, ναι υπάρχει κάποια στιγμή που ο σχοινοβάτης βρίσκεται στο μέσον.

Και πάλι όταν έχει μετακινηθεί πολύ προς τα δεξιά και υπάρχει φόβος να πέσει, και χάνει την ισορροπία του, αρχίζει να μετακινείται προς τα αριστερά, και πάλι περνά για μια στιγμή από το μέσον. Η εξισορρόπηση είναι μια δυναμική διαδικασία. Δεν μπορείς να βρίσκεσαι μόνο στο κέντρο. Μπορείς να συνεχίσεις να κινείσαι από τα δεξιά προς τα αριστερά και το αντίθετο. Αυτός είναι ο μόνος τρόπος για να παραμείνεις στο μέσον.

Μην αποφεύγετε τα άκρα και μην επιλέγετε το ένα άκρο και μόνο. Παραμείνετε διαθέσιμοι μεταξύ των δυο πόλων. Αυτή είναι η τέχνη, το μυστικό της εξισορρόπησης. Ωστόσο μερικές φορές, ας είσαι απόλυτα ευτυχής και μερικές φορές απόλυτα δυστυχισμένος· και τα δυο έχουν τη δική τους ομορφιά.

Το μυαλό είναι ένας επιλογέας, αυτός είναι ο λόγος για τον οποίο προκύπτει ένα πρόβλημα. Παράμεινε αναποφάσιστος. Ό,τι και αν συμβεί, και όπου και αν είσαι, δεξιά ή αριστερά, στη μέση ή όχι, απόλαυσε τη στιγμή στην πληρότητά της. Όταν είσαι χαρούμενος, χόρεψε, τραγούδα, παίξε μουσική, νιώσε χαρά! Και όταν έλθει η δυστυχία, που πρόκειται να έρθει, που πρέπει να έρθει, που είναι αναπόφευκτο να έρθει, δεν μπορείς να την αποφύγεις...

Εάν προσπαθήσεις να την αποφύγεις θα πρέπει να καταστρέψεις κάθε ενδεχόμενο ευτυχίας. Η ημέρα δεν μπορεί να υπάρξει χωρίς τη νύχτα, και το καλοκαίρι δεν μπορεί να υπάρξει χωρίς τον χειμώνα. Η ζωή δεν μπορεί να υπάρξει χωρίς τον θάνατο. Άσε αυτό το ενδεχόμενο να εγκολπωθεί βαθιά μέσα σου, δεν υπάρχει τρόπος να το αποφύγεις. Ο μόνος τρόπος είναι να αδρανήσεις, να νεκρωθείς. Μόνο ένας νεκρός μπορεί να υπάρξει σε ένα στατικό μέσον. Ο ζωντανός άνθρωπος θα κινείται συνεχώς από τον θυμό στη συμπόνια, από τη συμπόνια στον θυμό, αποδεχόμενος και τα δυο, χωρίς να ταυτίζεται με κανένα από αυτά, αλλά παραμένοντας αμέτοχος συνάμα και εμπλεκόμενος, απόμακρος και συνάμα συμμετέχων. Ο ζωντανός άνθρωπος απολαμβάνει και ωστόσο παραμένει σαν το άνθος του λωτού μέσα στο νερό, και όμως το νερό δεν μπορεί να τον αγγίξει.

Η ιδιαίτερη προσπάθεια την οποία καταβάλλεις ώστε να είσαι στο μέσον, και να είσαι στο μέσον πάντοτε, είναι μια προσπάθεια που σου προκαλεί αδικαιολόγητο άγχος και ανησυχία. Στην πραγματικότητα η επιθυμία του να είναι κάποιος πάντοτε στο μέσον είναι ακόμη μια υπερβολή, ίσως το χειρότερο είδος υπερβολής, επειδή είναι κάτι αδύνατον. Δεν μπορεί να επιτευχθεί. Σκεφθείτε απλά ένα ρολόι του παλιού καιρού: Εάν κρατήσετε το εκκρεμές ακριβώς στη μέση, το ρολόι θα σταματήσει. Το ρολόι λειτουργεί ακριβώς για τον λόγο ότι το εκκρεμές εξακολουθεί να κινείται από τα δεξιά προς τα αριστερά, και από τα αριστερά προς τα δεξιά. Ναι, όντως κάθε φορά περνά από το μέσον, υπάρχει μια στιγμή, αλλά μόνο μια στιγμή.

Και είναι όμορφο! Όταν περνάς από τη χαρά στη λύπη και από τη λύπη στη χαρά, υπάρχει μια στιγμή απόλυτης σιωπής, ακριβώς στο μέσον. Απολαύστε την και αυτήν επίσης.

Η ζωή πρέπει να βιώνεται σε όλες της τις διαστάσεις· μόνο τότε είναι πλούσια. Ο αριστερός είναι φτωχός, ο δεξιός είναι φτωχός, και ο μέσος είναι νεκρός! Όταν είσαι ζωντανός δεν είσαι ούτε δεξιός, ούτε αριστερός, ούτε καν ενδιάμεσος. Είσαι σε συνεχή κίνηση, σε διαρκή ροή.

Ποιός είναι ο λόγος που επιθυμούμε να είμαστε στην ενδιάμεση κατάσταση; Φοβόμαστε τη σκοτεινή πλευρά της ζωής, δεν θέλουμε να είμαστε λυπημένοι, δεν θέλουμε να είμαστε σε κατάσταση αγωνίας. Αλλά κάτι τέτοιο είναι πιθανό μόνο αν είσαι έτοιμος να απορρίψεις την πιθανότητα να είσαι σε έκσταση. Υπάρχουν μερικοί που έχουν επιλέξει κάτι τέτοιο. Αυτή είναι η οδός του μοναχού. Επί αιώνες αυτή ήταν η οδός που ακολουθούσαν οι μοναχοί, έτοιμοι να θυσιάσουν κάθε προοπτική έκστασης απλά και μόνο για να αποφύγουν την αγωνία. Ο μοναχός είναι έτοιμος να καταστρέψει όλα τα τριαντάφυλλα απλά και μόνο για να αποφύγει τα αγκάθια. Η ζωή του όμως τότε είναι πεζή. Είναι μια ατέλειωτη βαρεμάρα, ένα τέλμα και μια παρωχημένη κατάσταση. Στην πραγματικότητα δεν ζει. Φοβάται να ζήσει. Η ζωή περιλαμβάνει και τα δυο. Φέρνει μεγάλο πόνο, αλλά φέρνει και μεγάλη ευχαρίστηση. Ο πόνος και η χαρά είναι οι δυο όψεις του ίδιου νομίσματος. Αν αποκλείσεις το ένα, θα πρέπει να αποκλείσεις και το άλλο.

Αυτή υπήρξε μια από τις μεγαλύτερες παρανοήσεις όλων των εποχών, ότι μπορείς δηλαδή να απαλλαγείς από τον πόνο και να κρατήσεις την ευχαρίστηση, ότι μπορείς να αποφύγεις την κόλαση και να κρατήσεις τον ουρανό, ότι μπορείς να αποφύγεις το αρνητικό και να κρατήσεις μόνο το θετικό. Αυτή είναι μια μεγάλη πλάνη. Η ίδια η φύση των πραγμάτων καθιστά κάτι τέτοιο ανέφικτο. Το θετικό και το αρνητικό είναι μαζί, αναπόφευκτα μαζί. Είναι οι δυο όψεις της ίδιας ενέργειας. Θα πρέπει να τις αποδεχτούμε και τις δυο.

Συμπερίλαβε τα πάντα, γίνε τα πάντα. Όταν βρίσκεσαι στα αριστερά μην χάσεις τίποτε, απόλαυσε το! Το να είσαι στα αριστερά έχει τη δική του ομορφιά, μια ομορφιά που δεν θα τη βρεις όταν θα είσαι στα δεξιά. Θα είναι ένα διαφορετικό σκηνικό. Και ναι, το να είσαι στο ενδιάμεσο διάστημα χαρακτηρίζεται από μια σιωπή, μια ειρήνη την οποία δεν πρόκειται να βρεις σε κανένα άκρο. Οπότε απόλαυσέ τα όλα. Συνέχισε και πλούτισε τη ζωή σου.

Μπορείς να διακρίνεις κάποια ομορφιά στη λύπη; Αναλογίσου το λίγο. Την επόμενη φορά που θα είσαι λυπημένος μην προσπαθήσεις να το πολεμήσεις. Μην αναλώνεσαι στην προσπάθεια να το καταπολεμήσεις, αποδέξου το, καλωσόρισέ το, δέξου τη λύπη σαν φιλοξενούμενή σου. Περίβαλέ την με αγάπη, με φροντίδα, να είσαι σωστός οικοδεσπότης! Και θα εκπλαγείς, θα εκπλαγείς περισσότερο απ' ό,τι νομίζεις. Η λύπη έχει κάποιες ομορφιές που δεν τις έχει η χαρά. Η λύπη έχει βάθος και η χαρά είναι ρηχή. Η λύπη έχει δάκρυα, και τα δάκρυα μπορεί να εισχωρήσουν πιο βαθιά από κάθε γέλιο. Η λύπη έχει μια σιωπή από μόνη της, μια μελωδία την οποία η χαρά δεν μπορεί να έχει ποτέ. Η χαρά θα έχει το δικό της τραγούδι, αλλά θα είναι πιο θορυβώδες και όχι τόσο σιωπηλό. Εκείνο που λέω δεν είναι ότι πρέπει να επιλέξουμε τη λύπη. Λέω απλά ότι θα πρέπει να την αποδεχτούμε και να την αφομοιώσουμε κι αυτήν. Όταν είσαι χαρούμενος, απόλαυσε τη χαρά. Κολύμπα στην επιφάνεια, και μερικές φορές βούτηξε βαθιά μέσα στο ποτάμι. Είναι το ίδιο ποτάμι. Στην επιφάνεια συναντάς το παιχνίδισμα των κυμάτων, και τις αχτίδες του ηλίου και τον άνεμο. Η επιφάνεια έχει τη δική της ομορφιά. Το να βουτάς βαθιά μέσα στο νερό έχει κι αυτό τη δική του χάρη, τη δική του περιπέτεια, τους δικούς του κινδύνους.

Και μην προσκολλάσαι υπερβολικά σε τίποτε. Υπάρχουν άνθρωποι οι οποίοι έχουν προσκολληθεί υπερβολικά στη στενοχώρια, οι ψυχολόγοι τους γνωρίζουν, είναι οι λεγόμενοι μαζοχιστές. Δημιουργούν συνεχώς καταστάσεις στο πλαίσιο των οποίων τους δίνεται η δυνατότητα να παραμένουν δυστυχισμένοι για πάντα. Η δυστυχία είναι το μόνο πράγμα που απολαμβάνουν. Φοβούνται την ευτυχία. Με τη δυστυχία νιώθουν οικεία. Πολλοί μαζοχιστές γίνονται θρησκευόμενοι, επειδή στο μυαλό του μαζοχιστή η θρησκεία λειτουργεί ιδιαίτερα προστατευτικά. Η θρησκεία παρέχει έναν εύσχημο εξορθολογισμό του μαζοχισμού.

Το να είσαι μαζοχιστής, χωρίς να είσαι θρησκευόμενος είναι κάτι που θα σε κάνει να νιώσεις καταδικασμένος και άρρωστος, και θα ξέρεις ότι είσαι αφύσικος. Θα νιώθεις ενοχές για καθετί που κάνεις στη ζωή σου, και θα προσπαθείς να το κρύψεις. Εάν ένας μαζοχιστής, όμως, γίνει θρησκευόμενος, τότε είναι σε θέση να προβάλλει τον μαζοχισμό του με μεγάλη υπερηφάνεια, επειδή δεν είναι πλέον μαζοχισμός, είναι ασκητισμός, είναι ηθική αυστηρότητα. Είναι ένα είδος "αυτοπειθαρχίας" και όχι ένα μαρτύριο. Μόνο οι ετικέτες αλλάζουν. Κανείς δεν μπορεί πλέον να τον χαρακτηρίσει αφύσικο, αφού τώρα είναι άγιος! Κανείς δεν μπορεί να του αποδώσει κάποια παθολογία· είναι ευσεβής και είναι άγιος. Οι μαζοχιστές πάντοτε κινούνται προς τον χώρο της θρησκείας, ακριβώς επειδή τους ελκύει ιδιαιτέρως. Στην πραγματικότητα πάρα πολλοί μαζοχιστές κινήθηκαν στο διάβα του χρόνου προς τον χώρο της θρησκείας, και πρόκειται για κάτι αναμενόμενο, ασφαλώς, το ότι η θρησκεία κατέληξε να κυριαρχείται από ακραίους μαζοχιστές. Έτσι εξηγείται το γεγονός γιατί οι περισσότερες θρησκείες επιμένουν να είναι αρνητικές απέναντι στη ζωή και συνάμα καταστρεπτικές. Δεν είναι για τη ζωή, δεν είναι για την αγάπη, δεν είναι για τη χαρά! Επιμένουν εξακολουθητικά ότι η ζωή είναι μια δυστυχία. Ισχυριζόμενη ότι η ζωή είναι μια δυστυχία, ερμηνεύει ορθολογικά τη δική της προσκόλληση στη δυστυχία.

Άκουσα μια ωραία ιστορία, δεν ξέρω κατά πόσον είναι αληθινή, δεν μπορώ να επιβεβαιώσω κάτι τέτοιο. Να τι λέει:

Ένα απόγευμα στον Παράδεισο, στο πιο γνωστό απ' όλα τα καφέ, ο Λάο Τσε, ο Κομφούκιος και ο Βούδας κάθονται και συζητούν. Ο σερβιτόρος έρχεται με έναν δίσκο με τρία ποτήρια χυμό που τον ονομάζει "Ζωή" και τους τον προσφέρει. Ο Βούδας κλείνει αμέσως τα μάτια του και αρνείται λέγοντας: «Η ζωή είναι δυστυχία».

Ο Κομφούκιος μισοκλείνει τα μάτια του· είναι οπαδός της μέσης οδού, συνήθιζε να κηρύττει τη χρυσή τομή, και ζητά από τον σερβιτόρο να του δώσει το ποτήρι. Θα ήθελε να πιει μια γουλιά, αλλά μόνο μια γουλιά, αφού χωρίς να τη δοκιμάσει πώς μπορεί κάποιος να πει ότι η ζωή είναι μια δυστυχία ή όχι; Ο Κομφούκιος είχε επιστημονική σκέψη, δεν ήταν ιδιαίτερα μυστικιστής, είχε περισσότερο έναν ορθολογιστικό, γήινο τρόπο σκέψεως. Ήταν ο πρώτος συμπεριφοριστής τον οποίο γνώρισε ο κόσμος, ιδιαίτερα λογικός. Και η στάση του είναι απόλυτα ορθή καθώς λέει: «Πρώτα θα δοκιμάσω μια γουλιά και έπειτα θα πω τη γνώμη μου». Δοκιμάζει μια γουλιά και ύστερα λέει: «Ο Βούδας έχει δίκιο· η ζωή είναι μια δυστυχία».

Ο Λάο Τσε παίρνει και τα τρία ποτήρια και λέει: «Αν κάποιος δεν πιει όλο το ποτήρι, πώς μπορεί να πει οτιδήποτε;» Κατεβάζει, λοιπόν, καί τα τρία ποτήρια και αρχίζει να χορεύει!

Ο Βούδας και ο Κομφούκιος τον ρωτούν: «Δεν θα πεις κάτι;» Και ο Λάο Τσε λέει: «Αυτό είναι που έχω να πω: το τραγούδι μου και ο χορός μου μιλούν για μένα». Αν δεν δοκιμάσεις μέχρι το τέλος, δεν μπορείς να πεις κάτι. Και όταν δοκιμάσεις ολοκληρωτικά, και πάλι δεν μπορείς να πεις κάτι, επειδή αυτό που ξέρεις είναι κάτι που τα λόγια δεν επαρκούν για να το περιγράψουν. Ο Βούδας βρίσκεται στο ένα άκρο, ο Κομφούκιος είναι στο μέσον. Ο Λάο Τσε έχει πιει και τα τρία ποτήρια –εκείνο που έφεραν για τον Βούδα, εκείνο που έφεραν για τον Κομφούκιο και εκείνο που έφεραν γι' αυτόν. Τα ήπιε και τα τρία, έζησε τη ζωή και στις τρεις διαστάσεις της.

Η δική μου προσέγγιση ταυτίζεται με εκείνη του Λάο Τσε. Ζήσε τη ζωή με όλους τους πιθανούς τρόπους, μην επιλέγεις τον έναν έναντι του άλλου, και μην προσπαθείς να είσαι στο μέσον. Μην προσπαθείς να εξισορροπήσεις· η ισορροπία δεν είναι κάτι το οποίο καλλιεργείται. Η ισορροπία είναι κάτι που προκύπτει μέσα από την εμπειρική βίωση όλων των διαστάσεων της ζωής. Η ισορροπία είναι κάτι το οποίο συμβαίνει, δεν είναι κάτι στο οποίο θα σε οδηγήσουν οι προσπάθειές σου. Εάν την επιφέρεις με τις προσπάθειές σου θα είναι ψευδής, καταναγκαστική. Και θα εξακολουθείς να είσαι σε ένταση, δεν θα χαλαρώσεις, γιατί πώς μπορεί ένας άνθρωπος που προσπαθεί να ισορροπήσει στο μέσον να είναι χαλαρός; Θα φοβάσαι πάντοτε ότι αν χαλαρώσεις μπορεί να αρχίσεις να κινείσαι προς τα δεξιά ή προς τα αριστερά. Το πιο πιθανό είναι να παραμείνεις αγχωμένος, και το να μείνεις αγχωμένος ισοδυναμεί με το να χάσεις την ευκαιρία σου, να χάσεις το δώρο της ζωής.

Μην είσαι τσιτωμένος. Μην ζεις τη ζωή σύμφωνα με αρχές. Ζήσε τη ζωή στην πληρότητα της, πιες τη ζωή στην πληρότητα της! Ναι, μερικές φορές η γεύση της είναι πιο πικρή· ε, και λοιπόν; Αυτή η γεύση της πικρίας θα σε βοηθήσει να αντιληφθείς και τη γλυκύτητα της. Θα είσαι σε θέση να εκτιμήσεις τη γλυκύτητά της μόνο αν έχεις γευτεί την πικρία της. Κάποιος που δεν ξέρει πώς να κλαίει δεν θα ξέρει και πώς να γελάει. Κάποιος που δεν μπορεί να χαρεί ένα βαθύ γέλιο, ένα ξεκαρδιστικό γέλιο, τα δάκρυα του θα είναι κροκοδείλια. Δεν μπορούν να είναι αληθινά, δεν μπορούν να είναι αυθεντικά. Δεν διδάσκω τη μέση οδό, διδάσκω την ολοκληρωτική οδό. Τότε μόνο η ισορροπία προκύπτει από μόνη της, και τότε η ισορροπία αυτή χαρακτηρίζεται από ομορφιά και μεγαλείο. Δεν την έχεις εξαναγκάσει, έχει απλά έλθει. Μετατοπιζόμενος με ευγνωμοσύνη προς τα αριστερά, προς τα δεξιά, ή στο μέσον, η ισορροπία έρχεται σιγά-σιγά μέσα σου, ακριβώς επειδή παραμένεις απροσδιόριστος. Όταν έρχεται η στενοχώρια ξέρεις ότι θα περάσει, και όταν έρχεται η χαρά ξέρεις ότι θα περάσει και αυτή. Τίποτε δεν μένει το ίδιο, τα πάντα αλλάζουν. Το μόνο που μένει σταθερό είναι η δική σου παρουσία. Αυτή η παρουσία είναι που φέρνει την ισορροπία. Αυτή η παρουσία είναι η ισορροπία.

ΨΥΧΗ ΚΑΙ ΣΩΜΑ: ΜΙΑ ΣΥΝΤΟΜΗ ΙΣΤΟΡΙΑ ΤΗΣ ΘΡΗΣΚΕΙΑΣ

Η θρησκεία πέρασε μέσα από πολλές φάσεις. Η πρώτη φάση της θρησκείας ήταν μαγική, και δεν έχει ακόμη εκπνεύσει. Πολλές πρωτόγονες φυλές σε όλον τον κόσμο εξακολουθούν να βιώνουν αυτήν την πρώτη φάση της θρησκείας, η οποία βασίζεται σε μαγικές τελετουργίες θυσίας προς τους θεούς. Είναι ένα είδος δωροδοκίας, ώστε οι θεοί να σε βοηθήσουν και να σε προστατεύσουν. Ό,τι νομίζεις πως έχει κάποια αξία σε φαγητό, σε ρούχα, σε στολίδια, σε οτιδήποτε, το προσφέρεις στους θεούς. Φυσικά αυτό δεν σημαίνει ότι ο θεός το δέχεται· ο ιερέας είναι εκείνος που το λαμβάνει, αυτός είναι ο ενδιάμεσος, αυτός ωφελείται από αυτήν την προσφορά. Και το πιο παράξενο απ' όλα είναι ότι τα τελευταία δέκα χιλιάδες χρόνια τουλάχιστον αυτή η μαγική, τελετουργική θρησκεία κατόρθωσε να κρατήσει εγκλωβισμένη τη σκέψη του ανθρώπου!

Υπήρξαν επίσης και άλλες αποτυχίες, το ενενήντα εννέα τοις εκατό των προσπαθειών εξελίχθηκαν σε αποτυχίες. Για παράδειγμα οι βροχές δεν έρχονται στην ώρα τους. Τότε η μαγική θρησκεία τελεί μια τελετουργική θυσία, και όλοι πιστεύουν ότι οι θεοί θα ευαρεστηθούν και οι βροχές θα έλθουν. Αραιά και που έρχονται οι βροχές. Έρχονται, όμως, και για τους άλλους ανθρώπους οι οποίοι δεν εξυμνούν τους θεούς και δεν ακολουθούν το τελετουργικό. Έρχονται επίσης και για τους εχθρούς των ανθρώπων οι οποίοι προσευχήθηκαν γι' αυτές.

Αυτές οι βροχές δεν έχουν καμμία σχέση με το τελετουργικό, αλλά η βροχή χρησιμοποιείται ως απόδειξη της επιτυχίας του τελετουργικού. Ενενήντα εννέα φορές στις εκατό, η τελετουργία αποτυγχάνει. Είναι επόμενο να αποτύχει, επειδή δεν έχει να κάνει με τον καιρό. Δεν υφίσταται κάποια σχέση αιτίου-αιτιατού μεταξύ του τελετουργικού, της τελετής της φωτιάς, του θρησκευτικού διαλογισμού, και των σύννεφων και της βροχής.

Ο ιερέας είναι σίγουρα πιο πονηρός από τους ανθρώπους τους οποίους εκμεταλλεύεται Ξέρει πολύ καλά τι συμβαίνει στην πραγματικότητα. Οι ιερείς δεν πίστεψαν ποτέ στον Θεό, θυμηθείτε δεν μπορούν να κάνουν κάτι τέτοιο, αλλά υποδύονταν πως πίστευαν περισσότερο από κάθε άλλον. Είναι υποχρεωμένοι να το κάνουν αυτό, αυτή είναι η δουλειά τους. Όσο πιο ισχυρή είναι η πίστη, τόσο περισσότερα πλήθη θα είναι σε θέση να προσελκύσουν, οπότε υποδύονται. Ποτέ όμως δεν συνάντησα ένα ιερέα που να πιστεύει ότι υπάρχει Θεός. Πώς μπορεί άραγε να πιστέψει κάτι τέτοιο; Κάθε ημέρα διαπιστώνει ότι σπάνια ή από σύμπτωση μια τελετουργία ή μια προσευχή έχει θετική έκβαση, οι περισσότερες αποτυγχάνουν. Έχει όμως τις εξηγήσεις του για τους φτωχούς ανθρώπους: «Η τελετουργία δεν έγινε σωστά. Κατά την τέλεση της οι σκέψεις δεν ήταν αγνές».

Τώρα, ποιός είναι γεμάτος με αγνές σκέψεις; Και τί είναι μια αγνή σκέψη; Για παράδειγμα σε μια από τις τελετουργίες του Ζαϊνισμού, οι άνθρωποι θα πρέπει να νηστεύουν. Ενόσω τελούν, όμως, το τελετουργικό, σκέπτονται το φαγητό· αυτή είναι μια ακάθαρτη σκέψη. Λοιπόν ένας πεινασμένος σκέπτεται το φαγητό... Δεν μπορώ να καταλάβω πως κάτι τέτοιο είναι ακάθαρτο, αφού είναι ακριβώς η σωστή σκέψη. Στην πραγματικότητα ο άνθρωπος αυτός κάνει λάθος τη στιγμή που προσπαθεί να συνεχίσει την τελετουργία. Θα πρέπει κανονικά να τρέξει σε ένα εστιατόριο.

Ο ιερέας, όμως, έχει μια πολύ απλοϊκή εξήγηση για τον λόγο που το τελετουργικό σου απέτυχε. Ο Θεός δεν αποτυγχάνει ποτέ, είναι πάντοτε έτοιμος να σε προστατεύσει· αυτός είναι ο προστάτης, ο δημιουργός εκείνος που φροντίζει το σύμπαν, δεν πρόκειται ποτέ να σε απογοητεύσει. Αλλά εσύ τον προδίδεις. Ενώ απαγγέλλεις την προσευχή ή τελείς το τελετουργικό, είσαι γεμάτος ακάθαρτες σκέψεις. Και οι άνθρωποι γνωρίζουν ότι ο ιερέας έχει δίκιο. Σκέπτονταν το φαγητό, ή μια όμορφη γυναίκα πέρασε και τους γεννήθηκε η ιδέα ότι ήταν όμορφη, και εν συνεχεία τους γεννήθηκε η επιθυμία να την αποκτήσουν. Έδιωξαν, βέβαια, τις σκέψεις αυτές μακριά, αλλά ήταν αργά, το αμάρτημα είχε ήδη συντελεστεί. Κάθε ένας τους ξέρει ότι οι σκέψεις του είναι ακάθαρτες.

Ωστόσο εγώ δεν βλέπω κάτι το ακάθαρτο σε όλο αυτό. Εάν μια ωραία γυναίκα περάσει μπροστά από έναν καθρέφτη, τότε αυτός θα καθρεφτίσει το είδωλο της. Είναι άραγε ο καθρέφτης "ακάθαρτος"; Η σκέψη σας είναι ένας καθρέφτης. Απλά αντανακλά. Και η σκέψη σας αντιλαμβάνεται καθετί το οποίο συμβαίνει γύρω σας. Σχολιάζει συνεχώς. Εάν παρατηρήσετε θα εκπλαγείτε· δεν θα μπορούσατε να βρείτε καλύτερο σχολιαστή. Η σκέψη λέει ότι η γυναίκα είναι όμορφη, και αν νιώσετε μια επιθυμία για την ομορφιά που περνάει από μπροστά σας, δεν βλέπω κάτι κακό σε αυτό. Εάν νιώθεις επιθυμία για κάτι το άσχημο, τότε κάτι δεν πάει καλά, τότε θα πρέπει να είσαι άρρωστος. Η ομορφιά, αντίθετα, θα πρέπει να εκτιμάται. Όταν βλέπεις έναν ωραίο πίνακα, θέλεις να τον αποκτήσεις. Όταν βλέπεις ένα όμορφο πράγμα, μια ιδέα περνάει σαν σκιά από το μυαλό σου: «Μακάρι αυτό το όμορφο πράγμα να μπορούσε να γίνει δικό μου» Όλες αυτές είναι φυσιολογικές σκέψεις. Αλλά ο ιερέας θα πει: «Οι βροχές δεν ήλθαν επειδή οι σκέψεις σας ήταν ακάθαρτες», και είσαι απόλυτα ανυπεράσπιστος. Το ξέρεις, ντρέπεσαι για τον εαυτό σου. Ο Θεός έχει πάντοτε δίκιο.

Αλλά όταν τελικά έρχονται οι βροχές, τότε αυτές οι ιδέες εξακολουθούν να περνούν από το μυαλό σου, είσαι ακριβώς ο ίδιος άνθρωπος. Εάν πεινάς σκέπτεσαι το φαγητό, εάν διψάς σκέπτεσαι το νερό. Αυτές οι ιδέες σού έρχονται και όταν έλθουν οι βροχές, αλλά τότε κανείς δεν ασχολείται με αυτές. Ο ιερέας αρχίζει να σε επαινεί, να επαινεί το ήθος σου, τις προσευχές σου: «Ο Θεός σε άκουσε». Και το εγώ σου αισθάνεται τόσο ικανοποιημένο, που δεν αναρωτιέσαι: «Τί έγινε, όμως, με τις ακάθαρτες σκέψεις;» Ποιός θέλει να θυμάται τις ακάθαρτες σκέψεις όταν πλέον έχεις πετύχει και ο Θεός σε έχει ακούσει;

Το μεγαλύτερο διάστημα κανείς δεν ακούει, ο ουρανός παραμένει άδειος και καμμία απάντηση δεν έρχεται. Αλλά η μαγική θρησκεία εξακολουθεί να υπάρχει.

Η μαγική θρησκεία είναι η πιο πρωτόγονη θρησκεία, αλλά ψήγματα αυτής εξακολουθούν να κάνουν αισθητή την παρουσία τους κατά τη δεύτερη φάση. Δεν υπάρχει μια σαφής οριοθέτηση. Η δεύτερη φάση είναι εκείνη των ψευδοθρησκειών: του Ινδουισμού, του Χριστιανισμού, του Μωαμεθανισμού, του Ιουδαϊσμού, του Ζαϊνισμού, του Βουδισμού, του Σισμού, και υπάρχουν συνολικά πάνω από τριακόσιοι -ισμοί. Αυτές είναι ψευδοθρησκείες. Έχουν πάει λίγο πιο πέρα από τη μαγική θρησκεία.

Η μαγική θρησκεία είναι απλά τελετουργική. Είναι μια προσπάθεια να πείσεις τον Θεό να σε βοηθήσει. Ο εχθρός πρόκειται να εισβάλει στη χώρα σου, η βροχή δεν έρχεται, ή έχει έλθει τόση βροχή που οι ποταμοί έχουν πλημμυρίσει και η σοδειά σου καταστρέφεται. Κάθε φορά που αντιμετωπίζεις τις δυσκολίες αυτές ζητάς τη βοήθεια του Θεού. Αλλά η μαγική θρησκεία δεν είναι ο κανόνας για εσένα. Ως εκ τούτου οι μαγικές θρησκείες δεν είναι καταπιεστικές. Δεν ασχολούνται ακόμη με τον μετασχηματισμό σου, με το να σε αλλάξουν.

Οι ψευδοθρησκείες μετατοπίζουν την προσοχή από τον Θεό σ' εσένα. Ο Θεός παραμένει μεν στο σκηνικό, αλλά ξεθωριάζει. Για το άτομο που είναι προσκολλημένο στη μαγική θρησκεία ο Θεός είναι πολύ κοντά. Μπορεί να μιλήσει σε αυτόν, μπορεί να τον πείσει. Οι ψευδοθρησκείες εξακολουθούν να εμπεριέχουν την ιδέα του Θεού, αλλά τώρα ο Θεός είναι μακριά, πολύ, πάρα πολύ μακριά. Ο μόνος τρόπος για να τον προσεγγίσει τώρα κανείς δεν είναι μέσω των τελετουργικών, αλλά μέσω μιας μεταβολής στον τρόπο ζωής. Οι ψευδοθρησκείες αρχίζουν με το να σου κάνουν πλύση εγκεφάλου και μεταβάλλοντάς σε σε άλλο ον. Οι μαγικές θρησκείες αφήνουν τους ανθρώπους όπως είναι. Άρα οι άνθρωποι οι οποίοι πιστεύουν στις μαγικές θρησκείες είναι πιο φυσικοί, λιγότερο ψεύτικοι, αλλά πιο πρωτόγονοι, ακαλλιέργητοι και απολίτιστοι. Οι άνθρωποι οι οποίοι ανήκουν στις ψευδοθρησκείες είναι πιο εκλεπτυσμένοι, πιο καλλιεργημένοι, πιο μορφωμένοι. Η θρησκεία γι' αυτούς δεν εξαντλείται στο τελετουργικό, έχει να κάνει με τη φιλοσοφία όλης της ζωής τους.

Η χρήση της καταπίεσης έρχεται εδώ σε αυτή τη δεύτερη φάση της θρησκείας. Για ποιόν λόγο όλες οι θρησκείες έκαναν χρήση της στρατηγικής της καταπίεσης; Το φαινόμενο της καταπίεσης είναι πολύ σημαντικό προκειμένου να κατανοήσουμε τον ρόλο τους, επειδή οι θρησκείες διαφέρουν η μία από την άλλη με πολλούς τρόπους, είναι ενάντια σε όλες τις άλλες θρησκείες από κάθε άποψη. Δυο θρησκείες δεν συμφωνούν σε τίποτε άλλο παρά μόνο στην καταπίεση. Οπότε η καταπίεση φαίνεται πως είναι το πιο σημαντικό εργαλείο που έχουν στη διάθεση τους. Τί ακριβώς κάνουν με αυτό;

Η καταπίεση είναι ο μηχανισμός εκείνος που χρησιμοποιείται για να σε σκλαβώσει, για να θέσει την ανθρωπότητα υπό καθεστώς ψυχολογικής και πνευματικής δουλείας. Πολύ πριν ο Σίγκμουντ Φρόιντ ανακαλύψει το φαινόμενο της καταπίεσης, οι θρησκείες το χρησιμοποιούσαν κατά τρόπο επιτυχή επί πέντε χιλιάδες χρόνια. Η μεθοδολογία είναι απλή. Στοχεύει στο να στρέψει εσένα ενάντια στον εαυτό σου. Αλλά συνήθως το πετυχαίνει και κάνει θαύματα. Από τη στιγμή, λοιπόν, που θα στραφείς ενάντια στον εαυτό σου, πολλά πράγματα είναι πιθανόν να συμβούν. Πρώτον θα εξασθενήσεις. Δεν θα είσαι ποτέ ξανά το δυναμικό πρόσωπο που ήσουν στο παρελθόν. Πριν ήσουν *ένας*, τώρα δεν είσαι απλά δύο, αλλά πολλοί εαυτοί. Πριν ήσουν ένας εαυτός, μια πλήρης οντότητα, τώρα είσαι ένα πλήθος. Η φωνή του πατέρα σου μιλά από τη μία, η φωνή της μητέρας σου μιλά από την άλλη, και μέσα σου εξακολουθούν να αντιμάχονται ο ένας τον άλλον, παρόλο που μπορεί να μην είναι πια στη ζωή. Όλοι οι δάσκαλοι καταλαμβάνουν μέσα σου έναν χώρο, και όλοι οι ιερείς που συναντάς, όλοι οι μοναχοί, όλοι οι αγαθοποιοί, οι ηθικολόγοι, όλοι καταλαμβάνουν χώρο μέσα σου, τις δικές τους οχυρές θέσεις. Κάθε ένας ο οποίος σε εντυπωσίασε αποτελεί πλέον κομμάτι του εαυτού σου. Τώρα είσαι πια πολλοί άνθρωποι, νεκροί, ζωντανοί, φανταστικοί, από τα βιβλία τα οποία διάβασες, από τα ιερά βιβλία, τα οποία δεν είναι παρά θρησκευτική φαντασία, όπως η επιστημονική φαντασία. Εάν κοιτάξεις μέσα σου θα δεις ότι είσαι χαμένος σε ένα μεγάλο πλήθος. Δεν μπορείς να αναγνωρίσεις τον εαυτό σου μέσα σε όλο αυτό το πλήθος, δεν μπορείς να διακρίνεις ποιό πρόσωπο είναι το αρχικό σου. Όλοι υποδύονται ότι είσαι εσύ, όλοι έχουν πρόσωπα σαν το δικό σου. Μιλούν τη γλώσσα σου και είναι εριστικοί ο ένας με τον άλλο. Το εσωτερικό σου έχει γίνει πεδίο μάχης.

Η ισχύς του μεμονωμένου ατόμου έχει χαθεί. Ο οίκος σου έχει εναντιωθεί στον ίδιο σου τον εαυτό και δεν μπορείς να κάνεις κάτι με την πληρότητα. Κάποια μέρη στο εσωτερικό σου θα συναινούν, άλλα θα αντιτίθενται, και κάποια άλλα θα είναι εξολοκλήρου αδιάφορα. Εάν κάνεις κάτι, τα μέρη εκείνα που ήταν ενάντια σε αυτό που έχεις κάνει, θα σου λένε πιεστικά ότι έκανες λάθος, θα σε κάνουν να νιώθεις ενοχές. Τα μέρη τα οποία παραμένουν αμέτοχα θα προσποιούνται ότι είναι άγια, λέγοντάς σου ότι υποβιβάζεις τον εαυτό σου ακούγοντας ανθρώπους οι οποίοι δεν καταλαβαίνουν. Οπότε, είτε κάνεις κάτι, είτε δεν κάνεις, σε κάθε περίπτωση είσαι καταδικασμένος.

Βρίσκεσαι πάντοτε σε δίλημμα. Προς όποια κατεύθυνση και αν κινηθείς, θα ηττηθείς, και μεγάλα κομμάτια του εσωτερικού σου είναι θα εξεγερθούν εναντίον σου. Θα κάνεις πάντοτε πράγματα με τη στήριξη της μειοψηφίας. Αυτό σημαίνει σίγουρα ότι η πλειοψηφία θα θελήσει να πάρει εκδίκηση, και οπωσδήποτε θα πάρει εκδίκηση. Θα σου πει: «Εάν δεν είχες κάνει αυτό, δεν θα μπορούσες να είχες κάνει εκείνο. Εάν δεν είχες επιλέξει αυτό, θα μπορούσες να είχες επιλέξει εκείνο. Αλλά ήσουν ανόητος, δεν άκουγες. Τώρα υπόφερε, τώρα μετανόησε».

Αλλά το πρόβλημα είναι ότι δεν μπορείς να κάνεις τίποτε με τέτοια πληρότητα ώστε να μην υπάρξει κάποιος αργότερα που να σε καταδικάσει, να σου πει ότι είσαι μωρός.

Οπότε το πρώτο στοιχείο έχει να κάνει με το γεγονός ότι οι ψευδοθρησκείες έχουν καταστρέψει την ακεραιότητα, την πληρότητα, τη δύναμη του ανθρώπου. Αυτό είναι αναγκαίο αν θέλεις να σκλαβώσεις τους ανθρώπους. Οι ισχυροί άνθρωποι δεν μπορούν να σκλαβωθούν. Και αυτή είναι μια ιδιαίτερα ύπουλη σκλαβιά, ψυχολογική και πνευματική. Δεν χρειάζεσαι χειροπέδες και αλυσίδες και κελιά φυλακής· όχι, οι ψευδοθρησκείες έχουν αναπτύξει πιο εκλεπτυσμένους μηχανισμούς. Και αρχίζουν να δουλεύουν από τη στιγμή που γεννιέσαι, δεν χάνουν ούτε στιγμή.

Οι θρησκείες έχουν καταδικάσει το σεξ, έχουν καταδικάσει την αγάπη σου για το φαγητό, έχουν καταδικάσει καθετί που μπορείς να χαρείς, τη μουσική, την τέχνη, το τραγούδι, τον χορό. Εάν ερευνήσεις όλο τον κόσμο και συγκεντρώσεις τους αφορισμούς όλων των θρησκειών θα διαπιστώσεις το εξής: Από κοινού έχουν καταδικάσει τον άνθρωπο ως σύνολο. Δεν άφησαν ούτε μια ίντσα του που να μην την καταδικάσουν.

Ναι, κάθε θρησκεία έκανε μόνο αυτό που τη βόλευε —επειδή αν καταδικάσεις ένα πρόσωπο ως ολότητα, μπορεί απλά να τρομάξει. Θα πρέπει να τηρήσεις κάποιες αναλογίες ώστε να καταδικαστεί και να αισθάνεται ενοχές, και έπειτα επιθυμεί να απελευθερωθεί από την ενοχή και είναι έτοιμος να δεχτεί τη βοήθεια σου. Δεν θα πρέπει να τον καταδικάσεις τόσο πολύ ώστε να ξεφύγει απλά από εσένα ή να πηδήξει μέσα στον ωκεανό και να δώσει τέλος στη ζωή του. Αυτή δεν θα είναι μια καλή εξέλιξη.

Ισχύει ό,τι και με τους σκλάβους στα παλιά χρόνια. Τους χορηγείτο φαγητό –όχι όμως αρκετό για να δυναμώσουν και να εξεγερθούν, και επαρκές ώστε να μην πεθάνουν, διαφορετικά θα ζημιώνονταν οι αφέντες τους. Τους χορηγείς ένα συγκεκριμένο ποσοστό ώστε απλά να αιωρούνται στο ενδιάμεσο μεταξύ ζωής και θανάτου, και να είναι σε θέση να ζουν και να εργάζονται για λογαριασμό σου. Χορηγείται μόνο αυτή η ποσότητα τροφής και όχι περισσότερη. Διαφορετικά θα τους μείνει ενέργεια και μετά τη δουλειά, και αυτή η ενέργεια θα λάβει τη μορφή εξέγερσης. Μπορεί να αρχίσουν να συνασπίζονται επειδή θα είναι σε θέση να αντιληφθούν τι γίνεται εις βάρος τους.

Το ίδιο έγινε από την πλευρά των θρησκειών. Κάθε θρησκεία πήρε από ένα διαφορετικό κομμάτι του ανθρώπου και το καταδίκασε, και μέσω αυτού τον έκανε να αισθάνεται ένοχος.

Από τη στιγμή που η ενοχή θα γεννηθεί μέσα σου, είσαι πιασμένος στα νύχια του ιερέα. Δεν μπορείς πλέον να ξεφύγεις, επειδή είναι ο μόνος ο οποίος μπορεί να ξεπλύνει όλα τα ρυπαρά μέλη σου, ο μόνος που μπορεί να σε κάνει να σταθείς ενώπιον του Θεού χωρίς να ντρέπεσαι. Πλάθει τη μυθολογία της ενοχής. Πλάθει την ιστορία σύμφωνα με την οποία θα πρέπει κάποια ημέρα να σταθείς ενώπιον του Θεού, οπότε θα πρέπει να είσαι αγνός και καθαρός, και σε τέτοια κατάσταση, ώστε να μπορείς να σταθείς μπροστά του χωρίς φόβο και χωρίς να νιώθεις ντροπή.

Η όλη ιστορία είναι φανταστική. Αλλά θα πρέπει να θυμόμαστε αυτό: ισχύει στην περίπτωση των ψευδοθρησκειών. Και κάθε φορά που λέω "όλες οι θρησκείες" εννοώ τις ψευδοθρησκείες. Όλες οι δογματικές θρησκείες είναι ψευδείς.

Όταν η θρησκεία γίνεται επιστημονική, δεν θα είναι πολυμερής: θα είναι απλά θρησκεία και η λειτουργία της θα είναι απλά η αντίθετη από εκείνη των ψευδοθρησκειών. Η λειτουργία της θα είναι να σε απελευθερώσει από τον Θεό, να σε λυτρώσει από την κόλαση και τον παράδεισο, να σε λυτρώσει από την ιδέα του προπατορικού αμαρτήματος, να σε λυτρώσει από την ιδέα ότι εσύ και η φύση σου είστε δυο διακριτά πράγματα –να σε απελευθερώσει από κάθε μορφή καταπίεσης.

Με όλη αυτήν την ελευθερία θα είσαι σε θέση να αντιληφθείς την έκφραση της φύσης σου, όποια και αν είναι αυτή. Δεν υπάρχει κάποιος λόγος να αισθάνεσαι ντροπή. Το Σύμπαν θέλει να είσαι έτσι, αυτός είναι ο λόγος που είσαι έτσι. Το Σύμπαν σε χρειάζεται να είσαι έτσι, διαφορετικά θα είχε δημιουργήσει κάποιον άλλο, όχι εσένα. Οπότε το να μην είσαι ο εαυτός σου είναι το μόνο αντιθρησκευτικό κατά τη γνώμη μου.

Να είσαι ο εαυτός σου, χωρίς προϋποθέσεις, χωρίς δεσμεύσεις –απλά να είσαι ο εαυτός σου, και τότε μόνο είσαι θρησκευόμενος, επειδή είσαι υγιής, επειδή είσαι πλήρης. Δεν χρειάζεσαι τον ιερέα, δεν χρειάζεσαι τον ψυχαναλυτή, δεν χρειάζεσαι τη βοήθεια κανενός, επειδή δεν είσαι άρρωστος, δεν είσαι ανάπηρος, δεν είσαι παράλυτος. Όλη αυτή η αναπηρία και η παραλυσία εξαλείφθηκε με την ανακάλυψη της ελευθερίας.

Η θρησκεία μπορεί να συμπυκνωθεί μέσα σε μια φράση: *απόλυτη ελευθερία να είναι κάποιος ο εαυτός του.*

Εκφράσου με κάθε δυνατό τρόπο χωρίς να αισθάνεσαι φόβο. Δεν υπάρχει κάτι το οποίο θα πρέπει να φοβάσαι, δεν υπάρχει κάποιος που θα σε τιμωρήσει ή θα σε ανταμείψει. Εάν εκφράσεις τον εαυτό σου με τον πιο ειλικρινή τρόπο, με τον πιο φυσικό τρόπο, θα ανταμειφθείς άμεσα –όχι αύριο, αλλά σήμερα, εδώ και τώρα!

Τιμωρείσαι μόνο όταν πηγαίνεις κόντρα στη φύση σου. Αλλά αυτή η τιμωρία είναι στην ουσία μια βοήθεια, διότι είναι απλά μια ένδειξη ότι έχεις απομακρυνθεί από τη φύση σου, ότι έχεις ξεστρατίσει, έχεις βγει από τον δρόμο. Γύρνα πίσω! Η τιμωρία δεν είναι μια μορφή εκδίκησης, όχι. Η τιμωρία είναι μόνο μια προσπάθεια να σε ξυπνήσει: "Τί κάνεις;" Κάτι δεν πάει καλά, κάτι πάει ενάντια στον ίδιο τον εαυτό σου. Αυτός είναι ο λόγος που υπάρχει πόνος, που υπάρχει αγωνία, που υπάρχει ανησυχία.

Και όταν είσαι φυσικός και εκφράζεσαι ακριβώς όπως τα δένδρα και τα πουλιά –που είναι περισσότερο τυχερά, επειδή κανένα πουλί δεν δοκίμασε να γίνει ιερέας, και κανένα δένδρο δεν είχε την ιδέα να γίνει ψυχαναλυτής– ακριβώς όπως τα δένδρα, τα πουλιά και τα σύννεφα, θα νιώσεις οικεία με το σύνολο της ύπαρξης. Και το να νιώθεις οικεία είναι το αντικείμενο της θρησκείας.

● **Ανάμεσα σε εκείνες που αποκαλείτε "ψευδοθρησκείες", διακρίνετε κάποια σημαντική διαφορά μεταξύ εκείνων που έκαναν την εμφάνισή τους στη Δύση και εκείνων που πρόβαλαν στην Ανατολή;**

Κατά τη διάρκεια των τελευταίων δύο χιλιάδων χρόνων ο Χριστιανισμός έβλαψε την ανθρωπότητα περισσότερο από κάθε άλλη θρησκεία. Ο Μωαμεθανισμός προσπάθησε να τον ανταγωνιστεί, αλλά όχι επιτυχώς. Ήρθε πολύ κοντά στον στόχο αυτόν, αλλά ο Χριστιανισμός εξακολουθεί να βρίσκεται στην κορυφή. Σφαγίασε ανθρώπους, έκαψε ανθρώπους ζωντανούς. Στο όνομα του Θεού, της αλήθειας, της θρησκείας σκότωσε και σφαγίασε ανθρώπους, και το έκανε... για χάρη τους, για το δικό τους καλό. Και όταν ο δολοφόνος σκοτώνει για το δικό σου το καλό, τότε δεν τον διακρίνει κανένα αίσθημα ενοχής. Αντιθέτως πιστεύει ότι κάνει το σωστό. Ότι προσφέρει κάποια υπηρεσία στον Θεό, σε όλες τις μεγάλες αξίες της αγάπης, της αλήθειας και της ελευθερίας. Νιώθει ενθουσιασμένος. Πιστεύει ότι τώρα είναι καλύτερος άνθρωπος. Όταν τα εγκλήματα χρησιμοποιούνται προκειμένου οι άνθρωποι να νιώσουν καλύτερα, τότε αυτό είναι το χειρότερο που μπορεί να συμβεί στον καθένα. Τώρα θα κάνει το κακό, πιστεύοντας ότι κάνει το καλό. Θα καταστρέφει το καλό, πιστεύοντας ότι αυτό που κάνει είναι καλό.

Αυτή είναι η χειρότερη μορφή κατήχησης που ο Χριστιανισμός έβαλε στο μυαλό των ανθρώπων. Η ιδέα αναφορικά με μια σταυροφορία, με έναν θρησκευτικό πόλεμο, είναι η μεγάλη...

συμβολή του Χριστιανισμού στην ανθρωπότητα. Ο Μωαμεθανισμός τη διδάχτηκε από τον Χριστιανισμό, οπότε δεν μπορεί να διεκδικήσει την πρωτοτυπία της σύλληψης, μπορεί όμως να διεκδικήσει τον μεγαλύτερο φανατισμό. Οι Μωαμεθανοί αποκαλούν τζιχάντ, δηλαδή ιερό πόλεμο τη δική τους σταυροφορία, αυτοί, όμως, ήλθαν πεντακόσια χρόνια μετά τον Ιησού. Ο Χριστιανισμός είχε ήδη καλλιεργήσει στη σκέψη των ανθρώπων την ιδέα ότι ένας πόλεμος θα μπορούσε να είναι και Χριστιανικός. Ο πόλεμος, ως έννοια, αντίκειται στη θρησκεία. Δεν είναι δυνατόν να υπάρχει κάτι όπως η σταυροφορία, ένας ιερός πόλεμος.

Εάν χαρακτηρίζεις τον πόλεμο ιερό, τότε τί έχει μείνει για να το χαρακτηρίσεις ανίερο; Αυτή είναι μια στρατηγική για την καταστροφή της σκέψεως των ανθρώπων. Τη στιγμή που σκέπτονται την Σταυροφορία, δεν πιστεύουν ότι γίνεται κάτι κακό, πολεμούν απλά για τον Θεό ενάντια στον διάβολο. Και δεν υπάρχει κανείς Θεός, και κανείς διάβολος· απλά πολεμάς και σκοτώνεις ανθρώπους. Και γιατί να είναι δική σου δουλειά; Εάν ο Θεός δεν μπορεί να συντρίψει τον διάβολο, τί σε κάνει να πιστεύεις ότι εσύ μπορείς; Εάν ο Θεός είναι ανίκανος και δεν μπορεί να συντρίψει τον διάβολο, τότε μπορεί ο πάπας να κάνει κάτι τέτοιο; Μπορούν αυτοί οι Χριστιανοί να το κάνουν; Μπορεί ο Ιησούς να το κάνει; Και πάντοτε ο Θεός ζούσε με τον διάβολο.

Ακόμη και τώρα οι δυνάμεις του κακού είναι πολύ πιο ισχυρές από τις δυνάμεις του καλού, για τον απλό λόγο ότι και οι δυνάμεις του καλού βρίσκονται επίσης στα χέρια των δυνάμεων του κακού.

Το να αποκαλείς τον πόλεμο θρησκευτικό, ιερό, συνιστά την αιτία του πολέμου, επειδή ο Α΄ Παγκόσμιος Πόλεμος εκδηλώθηκε στο πλαίσιο του Χριστιανισμού, ο Δεύτερος Παγκόσμιος Πόλεμος εκδηλώθηκε και πάλι στο πλαίσιο του Χριστιανισμού, και ο Τρίτος Παγκόσμιος Πόλεμος επίσης θα εκδηλωθεί στο πλαίσιο του Χριστιανισμού.

Υπάρχουν και άλλες μεγάλες θρησκείες. Γιατί, όμως, αυτοί οι δυο μεγάλοι πόλεμοι εκδηλώθηκαν στο πλαίσιο του Χριστιανισμού; Ο Χριστιανισμός δεν μπορεί να αποσείσει την ευθύνη. Από τη στιγμή που δημιουργείται η ιδέα ότι ο πόλεμος μπορεί να είναι ιερός, τότε δεν μπορείς να μονοπωλήσεις την ιδέα.

Ο Αδόλφος Χίτλερ έλεγε στον λαό του: «Αυτός ο πόλεμος είναι ιερός», και για εκείνον ήταν όντως μια σταυροφορία. Χρησιμοποιούσε απλά το άλλοθι του Χριστιανισμού. Ήταν Χριστιανός και πίστευε ότι αποτελούσε τη μετενσάρκωση του προφήτη Ηλία. Πίστευε ότι ήταν ίσος με τον Ιησού Χριστό, πιθανόν και καλύτερος, επειδή προσπαθούσε να κάνει εκείνο που δεν κατάφερε ο Ιησούς. Το μόνο που κατάφερε να κάνει ο Ιησούς ήταν να σταυρωθεί. Ο Αδόλφος Χίτλερ ήταν σχεδόν επιτυχημένος. Εάν είχε πετύχει –το οποίο ήταν κατά ενενήντα εννέα τοις εκατό πιθανό, αστόχησε μόνο κατά ένα τοις εκατό– τότε όλος ο κόσμος θα είχε εξαγνιστεί από καθετί το εβραϊκό, από καθετί που είναι μη χριστιανικό. Τί θα είχε απομείνει;

Το ξέρετε, όμως, ότι ο Αδόλφος Χίτλερ ευλογήθηκε από τον Γερμανό αρχιεπίσκοπο, ο οποίος του είπε: «Θα νικήσεις επειδή ο Χριστός είναι μαζί σου, και ο Θεός είναι μαζί σου». Και οι ίδιοι βλάκες ευλογούσαν τον Ουίνστον Τσόρτσιλ, λέγοντάς του: «Ο Θεός είναι μαζί σου, και ο Χριστός είναι μαζί σου –και είναι σίγουρο ότι θα νικήσεις». Οι ίδιοι βλάκες, ή μάλλον ακόμη μεγαλύτεροι, βρίσκονταν στο Βατικανό, επειδή το Βατικανό αποτελεί απλά μέρος της Ρώμης, και ο Μουσολίνι ευλογήθηκε από τον πάπα –έναν αντιπρόσωπο, έναν αλάθητο αντιπρόσωπο του Ιησού Χριστού.

Κάποιος θα μπορούσε να σκεφτεί ότι ο Γερμανός αρχιεπίσκοπος δεν είναι αλάνθαστος, ο αρχιεπίσκοπος της Αγγλίας δεν είναι αλάνθαστος –μπορούμε να συγχωρήσουμε αυτούς τους ανθρώπους οι οποίοι υπέπεσαν σε πλάνη –τί γίνεται όμως στην περίπτωση του πάπα, ο οποίος επί αιώνες εθεωρείτο ότι είχε το αλάθητο; Ιδού, λοιπόν, αυτός ο αλάνθαστος πάπας ευλογεί τον αγώνα του Μουσολίνι για τη νίκη με το αιτιολογικό ότι «πολεμά για τον Ιησού Χριστό και για τον Θεό». Ο Μουσολίνι και ο Αδόλφος Χίτλερ ήταν μια ομάδα. Μαζί προσπάθησαν να κατακτήσουν όλο τον κόσμο.

Ίσως ο πάπας να ήλπιζε ότι αν ο Μουσολίνι κέρδιζε τότε ο Χριστιανισμός θα είχε την ευκαιρία να εξελιχθεί σε παγκόσμια θρησκεία. Προσπαθούσαν επί δυο χιλιάδες χρόνια να αναδείξουν τον Χριστιανισμό σε παγκόσμια θρησκεία και να καταστρέψουν όλες τις άλλες θρησκείες. Στον Ζαϊνισμό δεν γίνεται λόγος για ιερό πόλεμο. Κάθε πόλεμος είναι ανίερος. Μπορεί να πολεμάς στο όνομα της θρησκείας, ο πόλεμος, όμως, καθ' αυτός είναι μη συμβατός με τη θρησκεία. Ο Βουδισμός δεν έχει ιδέα περί ιερού πολέμου, έτσι λοιπόν ο Ζαϊνισμός και ο Βουδισμός δεν συνέβαλαν ποτέ σε κάποιον πόλεμο, και η ιστορία τους επίσης είναι πολύ μεγάλη. Ο Ζαϊνισμός υπήρχε τουλάχιστον επί δέκα χιλιάδες χρόνια και δεν προκάλεσε ούτε έναν πόλεμο, ιερό ή ανίερο. Ο Βουδισμός είναι επίσης παλαιότερος από τον Χριστιανισμό κατά πεντακόσια χρόνια, και έχει τόσους πιστούς όσους και ο Χριστιανισμός, εκτός από την Ινδία, το σύνολο των κατοίκων της Ασίας είναι Βουδιστές, δεν ξεκίνησαν, όμως, ούτε ένα πόλεμο.

Στον Χριστιανισμό χρεώνεται η ανακήρυξη του πολέμου, του πιο φρικτού πράγματος στην ανθρωπότητα, ως ιερού. Και τότε στο όνομα της σταυροφορίας μπορείς να κάνεις τα πάντα: να βιάσεις γυναίκες, να κάψεις ανθρώπους ζωντανούς, να σκοτώσεις αθώα παιδιά και γέρους ανθρώπους, οτιδήποτε. Πρόκειται για έναν περιεκτικό όρο, για ένα πρόσχημα: είναι ένας ιερός πόλεμος, μια σταυροφορία. Όλα, όμως, τα άλλα πράγματα είναι σε εξέλιξη πίσω από αυτόν. Όλα τα ατομικά όπλα, τα πυρηνικά όπλα, δημιουργήθηκαν στο πλαίσιο του Χριστιανισμού.

Αυτό δεν σημαίνει ότι ο υπόλοιπος κόσμος στερείται ευφυΐας. Εάν η Κίνα ήταν σε θέση να βγάλει ένα Κομφούκιο, ένα Λάο Τσε, ένα Τσουάγκ Τσου, έναν Μένκιους, ένα Λιέ Τσου δεν υπάρχει κάποιος λόγος για τον οποίο δεν θα μπορούσε να βγάλει και έναν Άλμπερτ Αϊνστάιν ή έναν Λόρδο Ράδερφορντ. Αντιθέτως η Κίνα ήταν η πρώτη η οποία παρήγαγε τυπογραφικό χαρτί, και υφίστατο εδώ και τρεις χιλιάδες χρόνια.. Στην Ινδία ήταν σε θέση να βγάλουν έναν άνδρα όπως ο Παταντζάλι, ο οποίος μόνος του δημιούργησε όλο το σύστημα της γιόγκα. Μπόρεσαν επίσης να βγάλουν τον Γκαουτάμα Βούδα, τον Μαχαβίρα Ζάιν, μεγάλους φιλοσόφους και μυστικιστές. Πριν από τρεις χιλιάδες χρόνια υπήρχε στην Ινδία ένας μεγάλος ιατρός και χειρούργος ο Σουσρούτ. Στα βιβλία του περιγράφει μερικές από τις πιο περίπλοκες ιατρικές επεμβάσεις που είναι σε θέση να πραγματοποιηθούν στις ημέρες μας, ακόμη και επεμβάσεις στον εγκέφαλο με όλα τα εργαλεία. Εάν αυτές οι χώρες κατόρθωσαν να βγάλουν τέτοιους ανθρώπους, τί τους έλειπε; Γιατί δεν προσπάθησαν να κατασκευάσουν ατομικές βόμβες; Η Ινδία ανέπτυξε την επιστήμη των μαθηματικών χωρίς τη συμβολή της οποίας καμμία άλλη επιστήμη δεν θα μπορούσε να προχωρήσει. Πριν από επτά χιλιάδες χρόνια δημιούργησαν τη βάση των μαθηματικών, αλλά δεν χρησιμοποίησαν ποτέ τη μαθηματική τους αντίληψη για καταστρεπτικούς σκοπούς. Την χρησιμοποίησαν για δημιουργικούς σκοπούς, επειδή καμμία θρησκεία τους δεν τους έδινε κίνητρο για να κάνουν πόλεμο. Όλες οι θρησκείες τους διακήρυσσαν ότι ο πόλεμος ήταν κάτι το φρικτό, δεν υπήρχε καμμία διαφωνία αναφορικά με αυτό, και αυτές οι χώρες δεν επρόκειτο να στηρίξουν κανένα πρόγραμμα, κανένα σχέδιο, καμμία έρευνα που επρόκειτο να τους οδηγήσει σε πόλεμο.

Το λέω αυτό για να καταστήσω σαφές ότι είναι ο Χριστιανισμός εκείνος που έδωσε στην επιστήμη κίνητρο για τον πόλεμο. Εάν ο Χριστιανισμός είχε δημιουργήσει μια ατμόσφαιρα μη βίας και δεν είχε χαρακτηρίσει τον πόλεμο σαν κάτι ιερό, τότε θα είχε αποφύγει αυτούς τους δυο παγκοσμίους πολέμους. Και χωρίς αυτούς τους δύο, σίγουρα δεν θα ακολουθούσε ο τρίτος (στα πρόθυρα του οποίου βρισκόμαστε). Αυτοί οι δύο είναι τα απολύτως απαραίτητα βήματα για τον τρίτο. Σε έχουν ήδη οδηγήσει προς τον τρίτο. Έχεις ήδη μπει στον ρυθμό του και δεν υπάρχει πιθανότητα να γυρίσεις πίσω, να αναστρέψεις την κατάσταση.

Όχι μόνο η επιστήμη διεφθάρη από τον Χριστιανισμό, αλλά και ο ίδιος ο Χριστιανισμός γέννησε παράξενες ιδεολογίες, είτε απευθείας είτε ως αντίδραση. Σε κάθε περίπτωση ήταν υπεύθυνη. Η φτώχια υπήρχε στον κόσμο επί χιλιάδες χρόνια, αλλά ο Κομμουνισμός είναι μια Χριστιανική συμβολή. Και μην σας παραπλανά το γεγονός ότι ο Καρλ Μαρξ ήταν Εβραίος επειδή και ο Ιησούς ήταν επίσης Εβραίος. Εάν ένας Εβραίος μπορεί να δημιουργήσει τον Χριστιανισμό... το πλαίσιο του Καρλ Μαρξ είναι Χριστιανικό, δεν είναι Εβραϊκό. Η ιδέα δόθηκε από τον Ιησού Χριστό. Την στιγμή που είπε: «Μακάριοι οι πτωχοί, επειδή αυτοί θα κληρονομήσουν τη βασιλεία του Θεού», έριξε ήδη τον σπόρο του κομμουνισμού.

Κανείς δεν το δήλωσε τόσο άμεσα, επειδή για να εκφραστεί αυτό τόσο άμεσα χρειάζεται ένας τρελός σαν εμένα, ο οποίος μπορεί να αποκαλέσει ένα φτυάρι, όχι μόνο φτυάρι, αλλά *γαμημένο φτυάρι!* Ποιό το νόημα του να αποκαλέσεις ένα φτυάρι απλά φτυάρι;

Από τη στιγμή που ο Ιησούς εξέφρασε την ιδέα ότι «Μακάριοι είναι οι φτωχοί γιατί αυτοί θα κληρονομήσουν τη βασιλεία του Θεού», ήταν πολύ εύκολο αυτό να μεταλλαχθεί στον περισσότερο πρακτικό και ρεαλιστικό *Κομμουνισμό.* Εκείνο που ουσιαστικά είπε ο Μαρξ ήταν ότι «Μακάριοι είναι οι φτωχοί, γιατί η γη είναι δική τους». Έδωσε, απλά, σε μια πνευματική φρασεολογία χαρακτήρα πολιτικής πρακτικής.

«Βασιλεία του Θεού» ποιός ξέρει αν υπάρχει ή όχι; Γιατί όμως να χαραμίσεις την ευκαιρία που σου δίνεται, όταν μπορείς να έχεις το γήινο βασίλειο; Η όλη θεωρία του Κομμουνισμού βασίζεται στη δήλωση αυτή του Ιησού. Η όλη διαφορά έγκειται σε μια μικρή μεταβολή, μέσω της απόρριψης της εσωτερικής ανοησίας και της απόδοσης πρακτικού πολιτικού χαρακτήρα σε αυτήν. Ναι, ευλογημένοι είναι οι φτωχοί, γιατί δική τους είναι η βασιλεία επί της γης αυτής. Αυτό ακριβώς έλεγε ο Καρλ Μαρξ.

Είναι παράξενο το γεγονός ότι πουθενά αλλού, στα πλαίσια του Βουδισμού, του Ινδουισμού, του Ζαϊνισμού, του Σισμού, του Ταοϊσμού, ή του Κομφουκιανισμού, δεν κάνει την εμφάνιση του ο Κομμουνισμός. Δεν εμφανίζεται παρά μόνο στα πλαίσια του Χριστιανισμού. Δεν είναι συμπτωματικό, επειδή βλέπουμε ότι και ο φασισμός κάνει επίσης την εμφάνιση του στο πλαίσιο του Χριστιανισμού. Ο Σοσιαλισμός, ο Φαβιακός Σοσιαλισμός, ο Ναζισμός, είναι όλα παιδιά του Χριστιανισμού, παιδιά του Ιησού Χριστού. Είτε άμεσα επηρεαζόμενα από αυτόν, επειδή είναι ο άνθρωπος που λέει: «Στη βασιλεία του Θεού πιο εύκολο είναι να περάσει μια καμήλα από την τρύπα μιας βελόνας, παρά να εισέλθει από τις πύλες της ένας πλούσιος».

Ποιά είναι η γνώμη σας για τον άνθρωπο αυτόν; Δεν είναι άραγε ένας κομμουνιστής; Εάν δεν είναι αυτός κομμουνιστής, τότε ποιός είναι; Ακόμη και ο Καρλ Μαρξ, ο Έγκελς, ο Λένιν, ο Στάλιν ή ο Μάο Τσε Τουνγκ δεν έκαναν μια τόσο ισχυρή δήλωση: Ένας πλούσιος άνθρωπος δεν μπορεί να μπει στη βασιλεία του Θεού. Και βλέπετε τη σύγκριση την οποία κάνει; Είναι , λέει το Ευαγγέλιο, πιθανόν για μια καμήλα –κι όμως, είναι εντελώς απίθανο κάτι τέτοιο!– να περάσει μέσα από την τρύπα μιας βελόνας. Μάλιστα, ναι, λέει ότι ακόμη και αυτό είναι πιθανό ενώ, αντίθετα, η είσοδος ενός πλουσίου στη βασιλεία του Θεού είναι αδύνατη. Εάν είναι αδύνατο εκεί, γιατί να το επιτρέψουμε εδώ; Ας το κάνουμε αδύνατο και εδώ. Αυτό είναι που έκανε ο Μαρξ.

Στην πραγματικότητα εκείνο το οποίο προσέφερε ο Ιησούς σε θεωρητικό επίπεδο, μετουσιώθηκε πρακτικά από τον Μαρξ. Αλλά ο κατεξοχήν θεωρητικός, ο ηθικός αυτουργός, ήταν ο Ιησούς. Ο Καρλ Μαρξ μπορεί να μην το είχε καν αναγνωρίσει, αλλά σε κανένα άλλο πλαίσιο δεν είναι εφικτός ο Κομμουνισμός. Σε κανένα άλλο πλαίσιο δεν μπορεί να σταθεί ο Αδόλφος Χίτλερ. Στην Ινδία, αν θες να χαρακτηριστείς άνθρωπος του Θεού, δεν μπορείς να είσαι ένας Αδόλφος Χίτλερ. Δεν μπορείς καν να λάβεις ενεργό μέρος στην πολιτική, δεν μπορείς να είσαι καν ψηφοφόρος. Δεν μπορείς να καταστρέψεις εκατομμύρια Εβραίους ή εκατομμύρια ανθρώπους που ανήκουν σε άλλες θρησκείες, και να εξακολουθείς να ισχυρίζεσαι ότι είσαι η μετενσάρκωση του προφήτη Ηλία!

Στην Ινδία υπήρξαν χιλιάδες άνθρωποι οι οποίοι δήλωσαν ότι ήταν μετενσαρκώσεις προφητών· χρειάστηκε, όμως, να το αποδείξουν και με τη ζωή τους. Μπορεί να είναι απατεώνες –και οι περισσότεροι από αυτούς όντως είναι– αλλά ακόμη και τότε κανείς δεν μπορεί να είναι Αδόλφος Χίτλερ και να εξακολουθεί να ισχυρίζεται ότι είναι ένας προφήτης ή ένας θρησκευόμενος άνθρωπος. Κάποτε, ο πρόεδρος του κόμματος των Αμερικανών Ναζιστών μου έγραψε μια επιστολή όπου έλεγε: «Σε ακούσαμε να μιλάς ενάντια στον Αδόλφο Χίτλερ. Αυτή σου η στάση πλήττει τα θρησκευτικά μας αισθήματα». Σπάνια εκπλήσσομαι, αλλά εκείνη τη φορά εξεπλάγην: τα θρησκευτικά τους αισθήματα! «Επειδή για εμάς ο Αδόλφος Χίτλερ είναι ο προφήτης Ηλίας, και ελπίζουμε ότι δεν θα μιλήσεις ξανά εναντίον του στο μέλλον».

Είναι αδιανόητο κάτι τέτοιο να συμβεί στην Ινδία ή στην Κίνα ή στην Ιαπωνία. Εντελώς αδύνατον. Αλλά σε ένα χριστιανικό πλαίσιο είναι πιθανό. Και μάλιστα, δεν είναι μόνο πιθανό, αλλά συνέβη κιόλας! Και αν ο Χίτλερ είχε κερδίσει τον πόλεμο, θα επικρατούσε η ιδέα ότι νίκησε το κακό στον κόσμο και μετέστρεψε όλη την ανθρωπότητα στον Χριστιανισμό. Και θα το είχε κάνει. Είχε τη δύναμη να το κάνει.

Εγώ προσωπικά δεν αποδίδω ιδιαίτερη αξία στον Χριστιανισμό, αλλά την αξίζει παρ' όλ' αυτά. Προκάλεσε τόσο πολύ κακό στη γη, τόσα πολλά βάσανα στους ανθρώπους! Είναι αδύνατον να πιστέψεις ότι οι άνθρωποι εξακολουθούν να συντηρούν ζωντανή τη θρησκεία αυτή που το πρώτο πλάσμα που ενοχοποίησε και λοβοτόμησε ήταν η γυναίκα. Οι εκκλησίες θα έπρεπε να κατεδαφιστούν, το Βατικανό θα έπρεπε να μετακινηθεί εξ ολοκλήρου. Δεν χρειάζονται τέτοιοι άνθρωποι. Ό,τι και αν έκαναν, το έκαναν λάθος. Κι άλλες θρησκείες προκάλεσαν κακό, όπως το Ισλάμ, αναλογικά, όμως, δεν συγκρίνονται σε καμμία περίπτωση με τον Χριστιανισμό.

Εκμεταλλεύτηκε τη φτώχια των ανθρώπων προκειμένου να τους μεταστρέψει στον Χριστιανισμό. Ναι, και ο Βουδισμός προσηλύτισε ανθρώπους, όχι, όμως, επειδή πεινούσαν. Και εσύ, σαν χριστιανός τους προσέφερες φαγητό, και επειδή τους προσέφερες φαγητό, αυτοί άρχισαν να αισθάνονται υποχρεωμένοι απέναντι σου.

Εάν τους προσφέρεις ρούχα, εάν τους προσφέρεις άλλες ανέσεις, μόρφωση για τα παιδιά τους, νοσοκομεία για τους αρρώστους, είναι φυσικό να αρχίσουν να αισθάνονται υποχρεωμένοι. Και έπειτα αρχίζεις να τους ρωτάς: «Τί έκανε ο Ινδουισμός για εσάς; Τί έκανε ο Βουδισμός για εσάς;» Φυσικά, ο Βουδισμός, ο Ινδουισμός και ο Ζαϊνισμός δεν άνοιξαν ποτέ ένα νοσοκομείο ή ένα σχολείο. Δεν προσέφεραν ποτέ αυτού του είδους τις υπηρεσίες. Αυτό είναι το μόνο επιχείρημα. Και αυτοί οι άνθρωποι είναι τόσο υποχρεωμένοι, ώστε αισθάνονται βέβαιοι ότι καμμία άλλη θρησκεία δεν τους βοήθησε, οπότε δέχονται να γίνουν χριστιανοί.

Αυτή η μέθοδος δεν είναι τίμια. Είναι σαν να δωροδοκείς τους ανθρώπους. Η πράξη αυτή δεν συνιστά προσηλυτισμό, αλλά κάτι πολύ χειρότερο: εξαγορά των ανθρώπων, εξ αφορμής του γεγονότος ότι είναι πολύ φτωχοί. Εκμεταλλεύεσαι αισχρά τη φτώχια τους.

Ο Βουδισμός προσηλύτισε εκατομμύρια ανθρώπους, αυτό όμως κατέστη εφικτό μέσω της ανωτερότητας του πνεύματος του Βουδισμού. Αυτή η μεταστροφή εκδηλώθηκε στην κορυφή, μέσω βασιλέων, αυτοκρατόρων, αρχόντων, μεγάλων συγγραφέων, ποιητών και ζωγράφων. Βλέποντας ότι οι έξυπνοι άνθρωποι έγιναν Βουδιστές, ακολούθησαν και οι υπόλοιποι. Οι Ζαϊνιστές προσηλύτισαν αυτοκράτορες. Η πρώτη τους προσπάθεια ήταν να αλλάξουν την αφρόκρεμα, την ανώτερη σφαίρα των αξιωματούχων, επειδή κάτι τέτοιο κάνει τα πράγματα πιο απλά. Εν συνεχεία οι απλοί άνθρωποι αντιλαμβάνονται ότι εάν τα μέλη της ανώτερης διανόησης μεταστρέφονται στον Ζαϊνισμό, αυτό σήμαινε ότι η παλαιά θρησκεία δεν ήταν σε θέση να προασπίσει τα δόγματά της, τις θέσεις της. Κάτι καλύτερο είχε έρθει, κάτι πιο εκλεπτυσμένο, κάτι πιο λογικό, πιο ορθολογικό.

Παντού, όμως, σε όλον τον κόσμο οι χριστιανοί προσέγγισαν τα κατώτερα στρώματα του λαού. Και οι φτωχοί υπήρχαν εκεί ανέκαθεν. Το να εκμεταλλευθείς όμως τη φτώχια τους προκειμένου να ενισχύσεις το εύρος της θρησκείας σου συνιστά ξεκάθαρα πολιτική κίνηση, υποβολιμαία και λίαν κακόβουλη. Η πολιτική είναι ένα παιχνίδι αριθμών. Πόσους Χριστιανούς έχεις στον κόσμο, αυτή είναι η δύναμη σου. Όσο περισσότεροι Χριστιανοί υπάρχουν, τόσο μεγαλύτερη είναι η ισχύς που έχει στα χέρια του το χριστιανικό ιερατείο. Κανείς δεν ενδιαφέρεται να σώσει κανέναν. Το μόνο που ενδιαφέρει είναι η αύξηση του πληθυσμού.

Εκείνο που κάνει ο Χριστιανισμός είναι να εκδίδει συνεχώς οδηγίες από το Βατικανό ενάντια στον έλεγχο των γεννήσεων, λέγοντας ότι είναι αμαρτία να χρησιμοποιούνται αντισυλληπτικές μέθοδοι. Είναι αμαρτία να πιστεύεις στην έκτρωση ή να προπαγανδίζεις την έκτρωση, ή να την καθιστάς νόμιμη.

Πιστεύετε ότι πράγματι ενδιαφέρονται για τα αγέννητα παιδιά; Δεν ενδιαφέρονται, δεν έχουν καμμία σχέση με αυτά τα αγέννητα παιδιά. Προωθούν τα συμφέροντά τους γνωρίζοντας καλά ότι αν δεν γίνουν εκτρώσεις, εάν οι μέθοδοι ελέγχου των γεννήσεων δεν εφαρμοστούν, τότε όλη η ανθρωπότητα θα διαπράξει μια παγκόσμια αυτοκτονία. Και τα πράγματα δεν είναι τόσο μακρινά ώστε να μην μπορείς να διακρίνεις την κατάσταση. Μέσα σε διάστημα λίγων δεκαετιών ο παγκόσμιος πληθυσμός μπορεί να αγγίξει τέτοια επίπεδα που θα είναι αδύνατον να επιβιώσει. Θα είμαστε αναγκασμένοι να πάμε σε έναν τρίτο παγκόσμιο πόλεμο, ο οποίος θα αποτελεί την ασφαλέστερη μέθοδο για να λυθεί το πρόβλημα του υπερπληθυσμού. Οι άνθρωποι θα πεθάνουν πιο γρήγορα, πιο εύκολα και με μεγαλύτερη άνεση από τα πυρηνικά όπλα απ' ό,τι από την πείνα. Η πείνα μπορεί να σε κρατήσει ζωντανό για ενενήντα ημέρες και αυτές οι ενενήντα ημέρες θα είναι ένα πραγματικό μαρτύριο. Ξέρω τι γίνεται με την πείνα στην Ινδία. Μητέρες έχουν αναγκαστεί να πουλήσουν τα παιδιά τους με αντάλλαγμα μία ρουπία. Μητέρες έφαγαν τα ίδια τα παιδιά τους. Δεν μπορείς να αντιληφθείς πού μπορεί να σε οδηγήσει η πείνα.

Το Βατικανό, όμως, εξακολουθεί να εκπέμπει το ίδιο μήνυμα στην ανθρωπότητα: η έκτρωση είναι αμαρτία. Ο έλεγχος των γεννήσεων είναι αμαρτία. Πουθενά στην Βίβλο δεν αναφέρεται ο γενετικός έλεγχος ως αμάρτημα, επειδή, τότε, δεν χρειάστηκε γενετικός έλεγχος. Από τα δέκα παιδιά τα εννέα επρόκειτο να πεθάνουν. Αυτή ήταν η αναλογία, και η ίδια αναλογία ίσχυε στην Ινδία πριν από τριάντα ή σαράντα χρόνια: Από τα δέκα παιδιά επιβίωνε μόνο το ένα. Τότε ο πληθυσμός δεν ήταν τόσο διογκωμένος, ούτε επιβάρυνε ιδιαίτερα τα φυσικά αποθέματα του πλανήτη. Τώρα, ακόμη και στην Ινδία, από τα δέκα παιδιά πεθαίνει μόνο το ένα. Έτσι η ιατρική επιστήμη συνεχίζει να βοηθά τους ανθρώπους να επιβιώσουν, και ο Χριστιανισμός εξακολουθεί να ανοίγει νοσοκομεία και να μοιράζει φάρμακα, και η κάθε Μητέρα Τερέζα είναι εκεί για να σε επαινέσει, ενώ ο πάπας θα σε ευλογήσει αν δεν εφαρμόσεις μεθόδους αντισύλληψης. Εκεί βρίσκονται οι κάθε είδους οργανώσεις τα μέλη των οποίων εργάζονται στις υπανάπτυκτες χώρες διανέμοντας Βίβλους και διαδίδοντας αυτές τις ανόητες ιδέες σύμφωνα με τις οποίες ο έλεγχος των γεννήσεων είναι αμάρτημα. Εκείνο που ενδιαφέρει είναι να έλθουν στον κόσμο όλο και περισσότερα παιδιά, όλο και περισσότερα ορφανά. Κάντε τον κόσμο τόσο συνωστισμένο, τόσο φτωχό ώστε ο Χριστιανισμός να μπορέσει να αποτελέσει την παγκόσμια θρησκεία. Αυτή υπήρξε η φιλοδοξία τους επί δυο χιλιάδες χρόνια. Ήρθε η ώρα αυτό να αποκαλυφθεί. Η φιλοδοξία αυτή είναι απάνθρωπη. Και αν άσκησα κριτική στον Χριστιανισμό, αυτό δεν έγινε άνευ λόγου και αιτίας.

ΠΛΟΥΣΙΟΣ ΑΝΘΡΩΠΟΣ, ΦΤΩΧΟΣ ΑΝΘΡΩΠΟΣ: ΜΙΑ ΜΑΤΙΑ ΣΤΙΣ ΚΑΤΑΒΟΛΕΣ ΤΗΣ ΦΤΩΧΙΑΣ ΚΑΙ ΤΗΣ ΠΛΕΟΝΕΞΙΑΣ

Λέγοντας απλά «Μακάριοι οι πτωχοί, ότι αυτών εστί η βασιλεία των Ουρανών» (του Θεού, δηλαδή) δεν αλλάζεις τη φτώχια. Διαφορετικά, μέσα σε δυο χιλιάδες χρόνια ο Χριστιανισμός θα είχε εξαλείψει τη φτώχια. Η φτώχια εξακολουθεί να αυξάνει, και οι ευλογημένοι άνθρωποι εξακολουθούν να αυξάνουν. Στην πραγματικότητα θα υπάρχουν τόσο πολλοί ευλογημένοι άνθρωποι, ώστε στη βασιλεία του Θεού, την οποία θα μοιραστούν όλοι αυτοί οι ευλογημένοι άνθρωποι, θα είναι και πάλι φτωχοί. Κάθε ένας από αυτούς δεν πρόκειται να πάρει μεγάλο μερίδιο σε αυτήν. Και όλοι αυτοί οι κληρονόμοι της βασιλείας του Θεού θα καταστήσουν φτωχό και τον ίδιο Θεό. Θα αποτελέσουν μια συντροφιά φτωχών κληρονόμων. Δυο χιλιάδες χρόνια διδασκαλίας, άλλαξαν άραγε τον χαρακτήρα της φτώχιας; Όχι. Το μόνο που κατόρθωσαν ήταν να καταστείλουν το επαναστατικό πνεύμα των φτωχών. Η φτώχια εξακολουθεί να αυξάνει αλματωδώς.

Ένας δικηγόρος κατευθύνθηκε προς το άκρο της ανασκαφής όπου δούλευε μια ομάδα, και φώναξε το όνομα του Τίμοθι Ο'Τουλ.

«Ποιός με ζητά;» αποκρίθηκε μια βαριά φωνή.

«Κύριε Ο'Τουλ», ρώτησε ο δικηγόρος, «κατάγεστε από το Κάσλμπαρ της κομητείας Μάγιο;»

«Όντως».

«Και η μητέρα σας ονομαζόταν Μπρίτζετ και ο πατέρας σας Μάικλ;»

«Μάλιστα».

«Είναι χρέος μου, λοιπόν», είπε ο δικηγόρος, «να σας ενημερώσω, κύριε Ο'Τουλ, ότι η θεία σας Μαίρη πέθανε στην Αϊόβα, αφήνοντάς σας μια περιουσία αξίας εκατόν πενήντα χιλιάδων δολαρίων».

Ακολούθησε μια σύντομη σιωπή από κάτω και έπειτα μια έντονη ταραχή.

«Έρχεστε, κύριε Ο'Τουλ;» ρώτησε ο δικηγόρος.

«Σε ένα λεπτό», ήρθε η απάντηση από κάτω. «Θα πρέπει μόνο να γλείψω καλά τον εργοδηγό προτού βγω έξω».

Χρειάστηκαν έξι μήνες ταραχώδους βίου για τον Ο'Τουλ προκειμένου να ξοδέψει τις εκατόν πενήντα χιλιάδες δολάρια. Το πρωταρχικό του μέλημα ήταν να ικανοποιήσει την τεράστια δίψα του. Έπειτα επέστρεψε στη δουλειά του. Εκεί, σύντομα τον αναζήτησε ξανά ο δικηγόρος.

«Είναι ο θείος σας ο Πάτρικ αυτή τη φορά, κύριε Ο'Τουλ», εξήγησε ο δικηγόρος. «Πέθανε στο Τέξας και σας άφησε ογδόντα χιλιάδες δολάρια!»
Ο Ο'Τουλ έγειρε βαριά επάνω στο φτυάρι του και κούνησε το κεφάλι του φανερά κουρασμένος.
«Δεν νομίζω ότι μπορώ να δεχτώ την κληρονομιά αυτή», δήλωσε». Δεν είμαι πια τόσο δυνατός όσο ήμουν, και αμφιβάλλω αν θα μπορέσω να ξοδέψω όλα αυτά τα χρήματα και να ζήσω».

Αυτό συνέβη και στη Δύση. Οι άνθρωποι στη Δύση κατόρθωσαν να αποκτήσουν όλη την ευμάρεια που επιζητούσε το σύνολο της ανθρωπότητας καθ' όλη τη διάρκεια των αιώνων. Η Δύση έχει πετύχει υλικά και έχει συσσωρεύσει πολύ πλούτο, αλλά τώρα είναι κουρασμένη και πλήττει. Το ταξίδι τής έκλεψε όλη την ορμή. Επιφανειακά τα πάντα είναι διαθέσιμα, αλλά έχει χαθεί η εσωτερική διάθεση. Τώρα καθετί που χρειάζεται κάποιος, είναι εκεί, αλλά εκείνος που απουσιάζει είναι ο ίδιος ο άνθρωπος. Τα αγαθά είναι εκεί, αλλά ο κάτοχός τους έχει εξαφανιστεί. Μια μεγάλη ανισορροπία έχει επικρατήσει. Ο πλούτος είναι εκεί, αλλά οι άνθρωποι δεν αισθάνονται καθόλου πλούσιοι. Αντιθέτως, αισθάνονται ιδιαίτερα ενδεείς, ιδιαίτερα φτωχοί.

Σκεφθείτε αυτό το παράδοξο: όταν είσαι επιφανειακά πλούσιος, μόνο τότε αντιλαμβάνεσαι την εσωτερική σου φτώχια ως αντίθεση. Όταν είσαι επιφανειακά φτωχός, δεν αντιλαμβάνεσαι ποτέ την εσωτερική σου φτώχια επειδή δεν υφίσταται κάποια αντίθεση. Γράφεις με λευκή κιμωλία σε μαύρους πίνακες, όχι σε λευκούς πίνακες. Γιατί; Επειδή μόνο σε ένα μαύρο πίνακα θα φανεί το αποτέλεσμα. Η αντίθεση είναι αναγκαία.

Όταν είσαι εξωτερικά πλούσιος, τότε επέρχεται ξαφνικά η συνειδητοποίηση ότι «εσωτερικά είμαι φτωχός, είμαι ένας ζητιάνος». Και τώρα μια απελπισία έρχεται να σε καλύψει σαν σκιά: «Αποκτήθηκαν όλα όσα πιστεύαμε ότι θέλαμε. Κάθε φαντασία και κάθε όνειρο εκπληρώθηκε, ωστόσο τίποτε δεν προέκυψε από αυτό, καμμία ικανοποίηση, καμμία ευτυχία». Οι άνθρωποι είναι σαστισμένοι και από αυτή τη σύγχυση προβάλλει μια μεγάλη επιθυμία: Πώς μπορούμε να επικοινωνήσουμε ξανά με τον εαυτό μας;

Ο διαλογισμός δεν είναι τίποτε άλλο παρά η διαδικασία μέσω της οποίας αποκαθιστάς την επαφή με τον εσωτερικό σου κόσμο. Ως εκ τούτου οι άνθρωποι στη Δύση αρχίζουν να επιδεικνύουν ενδιαφέρον για τον διαλογισμό και για τις Ανατολικές παραδόσεις του διαλογισμού.

Η Ανατολή επεδείκνυε ενδιαφέρον για τον διαλογισμό και κατά την εποχή που ήταν πλούσια. Αυτό θα πρέπει να γίνει κατανοητό. Αυτός είναι ο λόγος για τον οποίο δεν αντιτίθεμαι στον πλούτο και δεν πιστεύω ότι η φτώχια ενέχει μια αίσθηση πνευματικότητας. Είμαι εξ ολοκλήρου ενάντιος στη φτώχια, επειδή κάθε φορά που μια χώρα γίνεται φτωχή χάνει την επαφή με τον διαλογισμό, με τις πνευματικές προσπάθειες. Κάθε φορά που μια χώρα πτωχαίνει επιφανειακά, αδυνατεί να αντιληφθεί την εσωτερική ένδειά της.

Αυτός είναι ο λόγος που μεταξύ των φτωχών στην Ινδία μπορεί κανείς να διακρίνει ένα είδος ικανοποίησης που δεν απαντάται στην Δύση. Δεν πρόκειται για πραγματική ικανοποίηση, αλλά για άγνοια της εσωτερικής ένδειας. Έχω παρακολουθήσει χιλιάδες φτωχούς ανθρώπους στην Ανατολή, δεν είναι πράγματι ευτυχισμένοι, αλλά ένα είναι σίγουρο: δεν έχουν συνειδητοποιήσει το δυσμενές της θέσης τους, επειδή για να γίνει κάτι τέτοιο, απαιτείται ο εξωτερικός πλούτος.

Χωρίς τον εξωτερικό πλούτο κανείς δεν αντιλαμβάνεται την εσωτερική ένδεια. Και υπάρχουν αρκετές αποδείξεις γι' αυτό. Όλοι οι μυστικιστές, όλες οι θεότητες της Ινδίας, ήταν βασιλείς ή γυιοί βασιλέων. Όλοι οι αφέντες των Ζαΐν κατάγονταν από βασιλικές οικογένειες, όπως και ο Βούδας. Και οι τρεις μεγάλες παραδόσεις της Ινδίας παρέχουν άπειρα παραδείγματα. Γιατί ο Βούδας ένιωθε ανικανοποίητος, γιατί ξεκίνησε την εσωτερική αναζήτηση; Επειδή ήταν πλούσιος. Ζούσε μέσα στην ευμάρεια. Ζούσε μέσα στην απόλυτη αφθονία, με όλες τις ανέσεις και τα υλικά μέσα. Ξαφνικά συνειδητοποίησε –ήταν μόλις είκοσι εννιά ετών– ότι υπήρχε μια σκοτεινή τρύπα στο εσωτερικό του. Όταν το φως είναι έξω, σου αποκαλύπτει το εσωτερικό σκοτάδι. Ένας μικρός λεκές σε ένα λευκό πουκάμισο φαίνεται έντονα. Αυτό συνέβη και σ' εκείνον. Το έσκασε από το παλάτι. Το ίδιο συνέβη και στον Μαχαβίρα. Και αυτός, με τη σειρά του, το έσκασε από το παλάτι. Αυτό δεν συνέβαινε στους ζητιάνους. Ζητιάνοι υπήρχαν και την εποχή εκείνη, αλλά δεν απαρνήθηκαν τίποτε χάριν της αναζήτησης της αλήθειας. Δεν είχαν και τίποτε να απαρνηθούν. Ήταν ικανοποιημένοι. Ο Βούδας έφυγε, γιατί ένιωσε να μην ικανοποιείται.

Όταν η Ινδία ήταν πλούσια πολλοί περισσότεροι άνθρωποι έδειχναν ενδιαφέρον για τον διαλογισμό. Στην πραγματικότητα όλοι ενδιαφέρονταν για τον διαλογισμό. Έπειτα η χώρα έγινε φτωχή, τόσο φτωχή που δεν υπήρχε κάποια αντίθεση ανάμεσα στο μέσα και στο έξω. Το μέσα ήταν φτωχό και το έξω φτωχό. Το μέσα και το έξω βρίσκονταν σε απόλυτη αρμονία –και τα δύο ήταν φτωχά.

Οι άνθρωποι, όμως, συνήθιζαν να σκέπτονται ότι η φτώχια εμπεριέκλειε κάτι το πνευματικό. Δεν είμαι υπέρ κανενός είδους φτώχιας. Η φτώχια δεν είναι πνευματικότητα, προκαλεί την εξαφάνιση της πνευματικότητας.

Θα επιθυμούσα όλος ο κόσμος να είναι όσο το δυνατόν περισσότερο ευκατάστατος. Όσο περισσότερο εύποροι είναι οι άνθρωποι τόσο περισσότερο πνευματικοί θα γίνουν. Θα αναγκαστούν να γίνουν, δεν θα είναι σε θέση να το αποφύγουν. Μόνο τότε κάνει την εμφάνισή της η πραγματική ικανοποίηση. Η αρμονία καθίσταται εφικτή με αυτούς τους δυο τρόπους· όταν το μέσα και το έξω τελούν υπό καθεστώς αρμονίας, τότε μόνο αισθάνεται κάποιος ικανοποιημένος. Οι φτωχοί άνθρωποι στην Ινδία δείχνουν ικανοποιημένοι επειδή επικρατεί φτώχια και στις δύο μεριές του φράχτη. Υπάρχει τέλεια αρμονία, το έξω και το μέσα είναι εναρμονισμένα, αλλά πρόκειται για κακή ικανοποίηση, πρόκειται στην πραγματικότητα, για μια έλλειψη ζωής, για μια έλλειψη ζωτικότητας.

Η εύπορη Δύση τείνει να επιδείξει ενδιαφέρον για τον δια-λογισμό, δεν υπάρχει τρόπος να αποφύγει κάτι τέτοιο. Αυτός είναι ο λόγος για τον οποίο ο Χριστιανισμός χάνει σταδιακά την κυριαρχία του επί της Δυτικής σκέψεως· επειδή ο Χριστιανισμός δεν ανέπτυξε την έννοια του διαλογισμού καθ' οιονδήποτε τρόπο. Παρέμεινε μια ιδιαίτερα μέτρια θρησκεία, το ίδιο και ο Ιουδαϊσμός, Η Δύση υπήρξε φτωχή κατά το παρελθόν. Αυτός είναι και ο λόγος για τον οποίο αυτές οι θρησκείες παρέμειναν σε μέτριο επίπεδο. Μέχρι πρόσφατα το μεγαλύτερο μέρος της Δύσης ζούσε μέσα στην φτώχια. όταν η Ανατολή ήταν πλού-σια, η Δύση ήταν φτωχή. Ο Ιουδαϊσμός, ο Χριστιανισμός και ο Μωαμεθανισμός, και οι τρεις αυτές μη-ινδικές θρησκείες γεννή-θηκαν μέσα στη φτώχια.

Δεν μπόρεσαν να αναπτύξουν τεχνικές διαλογισμού, επειδή δεν υπήρχε ανάγκη για κάτι τέτοιο. Και κατά το μεγαλύτερο μέρος παρέμειναν οι θρησκείες των φτωχών.

Τώρα που η Δύση έγινε πολύ πλούσια, υπάρχει μια τεράστια ανισότητα. Οι θρησκείες τους γεννήθηκαν μέσα στη φτώχια οπότε δεν έχουν κάτι να προσφέρουν στους πλουσίους. Για τον πλούσιο και μορφωμένο άνθρωπο αυτές οι θρησκείες φαντάζουν παιδα-ριώδεις, δεν τον ικανοποιούν –και δεν μπορούν να κάνουν κάτι τέτοιο. Οι Ανατολικές θρησκείες γεννήθηκαν μέσα στον πλούτο, αυτός είναι και ο λόγος που η Δυτική διανόηση δείχνει όλο και περισσότερο ενδιαφέρον για τις Ανατολικές θρησκείες. Ναι, η θρησκεία του Βούδα έχει μεγάλο αντίκτυπο. Το Ζεν εξαπλώνεται σαν πυρκαγιά. Γιατί; Επειδή προήλθε από την ευμάρεια. Υπάρχει μια μεγάλη ομοιότητα ανάμεσα στην ψυχολογία της ευημερού-σας σύγχρονης ανθρώπινης κοινωνίας και της ψυχολογίας του Βουδισμού. Η Δύση βρίσκεται στην ίδια κατάσταση που βρισκό-ταν ο Βούδας όταν άρχισε να ενδιαφέρεται για τον διαλογισμό. Η δική του ήταν η αναζήτηση ενός πλούσιου ανθρώπου. Το ίδιο ισχύει και στην περίπτωση του Ινδουισμού, και στην περίπτωση του Ζαϊνισμού. Αυτές οι τρεις μεγάλες ινδικές θρησκείες γεννήθηκαν από την αφθονία. Ως εκ τούτου η Δύση τώρα φαίνεται να ελκύεται από αυτές τις Ανατολικές θρησκείες. Στο μεσοδιάστημα η Ινδία έχασε την επαφή με τις δικές της θρησκείες. Δεν ήταν σε θέση να κατανοήσει το πνεύμα της διδασκαλίας του Βούδα, είχε γίνει μια φτωχή χώρα. Οι φτωχοί Ινδοί μεταστρέφονται στον Χριστιανισμό.

Οι πλούσιοι Αμερικανοί μεταστρέφονται στα δόγματα του Ινδουισμού, του Βουδισμού και της Βεντάνα, και οι παρίες, οι φτωχοί, οι φτωχότεροι των φτωχών στην Ινδία, γίνονται Χριστιανοί! Αντιλαμβάνεστε τί συμβαίνει; Αυτές οι θρησκείες ασκούν ιδιαίτερη έλξη στους φτωχούς. Αυτοί οι άνθρωποι ζούσαν σχεδόν σε κατάσταση αναισθησίας –όντας πολύ πεινασμένοι για να διαλογιστούν και να φιλοσοφήσουν. Το μόνο που τους ενδιέφερε ήταν το ψωμί, η στέγη και τα ρούχα. Οπότε όταν ο Χριστιανός ιεραπόστολος έρχεται και ανοίγει ένα νοσοκομείο ή ανοίγει ένα σχολείο, οι Ινδοί αισθάνονται βαθύτατα εντυπωσιασμένοι· αυτή είναι η "πνευματικότητα". Όταν τους μιλώ για τον διαλογισμό, δεν ενδιαφέρονται. Και όχι μόνο δεν ενδιαφέρονται, αλλά είναι και ενάντια σε αυτόν: «Τί είδους πνευματικότητα είναι αυτή; Τί κάνεις εσύ για να βοηθήσεις τους φτωχούς;» ρωτούν, και τους καταλαβαίνω. Χρειάζονται ψωμί, χρειάζονται καταφύγιο, χρειάζονται ρούχα...

Είναι, όμως, αυτός ακριβώς ο τρόπος σκέψεως που τους κάνει να υποφέρουν. Από τη μια χρειάζονται ψωμί, στέγη, ρούχα, καλύτερα σπίτια, καλύτερους δρόμους, και από την άλλη εξακολουθούν να λατρεύουν τη φτώχια σαν κάτι το "πνευματικό". Βρίσκονται σε διπλό αδιέξοδο. Η Ανατολή δεν μπορεί να διαλογιστεί ακόμη. Πρώτον, χρειάζεται την παρέμβαση της επιστημονικής τεχνολογίας προκειμένου να σημειώσει μια φυσική βελτίωση. Ακριβώς όπως η Δύση χρειάζεται θρησκευτική τεχνολογία, η Ανατολή χρειάζεται επιστημονική τεχνολογία.

Είμαι υπέρ του προτύπου ενός ενιαίου κόσμου, όπου η Δύση θα είναι σε θέση να ικανοποιήσει τις ανάγκες της Ανατολής, και η Ανατολή να καλύψει τις απαιτήσεις της Δύσης. Η Δύση και η Ανατολή έζησαν χωριστά για μεγάλο διάστημα. Δεν υπάρχει πια λόγος να γίνεται κάτι τέτοιο. Έχουμε φθάσει σε ένα καίριο σημείο όπου όλη η γη μπορεί να γίνει ένα, και πρέπει να γίνει ένα, επειδή θα μπορέσει να επιβιώσει *μόνο* αν γίνει ένα.

Οι ημέρες των εθνών έφθασαν στο τέλος τους, οι ημέρες των διαιρέσεων έφθασαν στο τέλος τους, οι ημέρες των πολιτικών έφθασαν στο τέλος τους. Κινούμαστε προς την κατεύθυνση ενός θεαματικά νέου κόσμου, μιας νέας φάσης της ανθρωπότητας, και η φάση αυτή είναι ότι δεν μπορεί να υπάρξει παρά μόνον *ένας* κόσμος, *μία* μόνο ανθρωπότητα. Έπειτα θα ακολουθήσει μια θεαματική απελευθέρωση δημιουργικών ενεργειών.

Η Ανατολή διαθέτει θησαυρούς στον τομέα των πνευματικών τεχνολογιών και η Δύση στον τομέα των επιστημονικών τεχνολογιών. Εάν μπορέσουν να συναντηθούν, αυτός ο κόσμος θα εξελιχθεί σε παράδεισο. Δεν υπάρχει λόγος να ψάχνουμε τον παράδεισο σε ένα άλλον κόσμο. Μπορούμε να δημιουργήσουμε τον παράδεισο εδώ στη γη, για πρώτη φορά. Και αν δεν τον δημιουργήσουμε, τότε δεν ευθύνεται κανείς άλλος πέρα από τον ίδιο μας τον εαυτό.

Είμαι υπέρ της ιδέας ενός κόσμου, μιας ανθρωπότητας και μιας επιστήμης η οποία θα φροντίσει και για τα δυο –για μια συνάντηση θρησκείας και επιστήμης– μιας επιστήμης η οποία θα φροντίσει και για το εσωτερικό και για το εξωτερικό του ανθρώπου.

Δεν είναι άραγε η τάση του ανθρώπου να συγκεντρώνει και να αποθησαυρίζει πράγματα, ένα εμπόδιο στη συνάντηση Ανατολής και Δύσης την οποία οραματίζεστε; Θα μπορούσε ένα σύστημα σαν τον κομμουνισμό να υπηρετήσει τον στόχο της ομαλής κατανομής του πλούτου σε όλον τον κόσμο;

Οι πλούσιοι και οι φτωχοί εξαρτώνται ο ένας από τον άλλο. Οι πλούσιοι δεν μπορούν να υπάρξουν χωρίς τους φτωχούς. Θα ήταν μια απλή ανθρωπιστική χειρονομία –υπάρχει πλέον επαρκής τεχνολογία– το να παραχθεί τόσος πλούτος ώστε να μην χρειάζεται κάποιος να είναι φτωχός και να λιμοκτονεί. Εκείνο, όμως, που συνεχίζουμε να κάνουμε είναι το αντίθετο. Τριάντα εκατομμύρια άνθρωποι στην Αμερική, την πλουσιότερη χώρα του κόσμου, υποσιτίζονται. Και θα εκπλαγείτε: τριάντα εκατομμύρια άνθρωποι στην Αμερική σιτίζονται υπερβολικά! Είναι σε δίαιτα και προσπαθούν σκληρά να χάσουν βάρος! Η Αμερική διαθέτει τους πιο υπέρβαρους ανθρώπους σε όλον τον κόσμο. Είναι απλή αριθμητική: αυτά τα τριάντα εκατομμύρια των υπέρβαρων καταναλώνουν το φαγητό των τριάντα εκατομμυρίων που υποσιτίζονται.

Μπορούμε να παράξουμε αρκετά, περισσότερα απ᾽ όσα χρειάζονται, ώστε κάθε ανάγκη να αποθησαυρίσουμε να εξαφανιστεί. Δεν αποθησαυρίζεις τον αέρα. Φυσικά, όταν είσαι στη Σελήνη θα κάνεις κάτι τέτοιο. Θα έχεις ένα δοχείο το οποίο θα κρέμεται από τον ώμο σου γεμάτο με οξυγόνο, επειδή στη σελήνη δεν υπάρχει οξυγόνο. Σε μια έρημο θα αποταμιεύσεις νερό. Οι άνθρωποι σε μια έρημο θα δώσουν μάχη για την κυριότητα μιας μικρής όασης, θα σκότωναν ο ένας τον άλλο για το νερό. Όταν δεν βρίσκεσαι στην έρημο, δεν πολεμάς για το νερό, υπάρχει αρκετό νερό διαθέσιμο.

Έχω μια διαφορετική οπτική αναφορικά με την οργάνωση της κοινωνίας σε σχέση τόσο με τον κομμουνισμό, όσο και με τον καπιταλισμό. Η κοινωνία χρειάζεται ένα υπερκαπιταλιστικό σύστημα μέσω του οποίου θα εξελιχθεί αυτόματα σε κομμουνιστική. Δεν θα υπάρχει ανάγκη να γίνει επανάσταση. Εκείνο που απαιτείται είναι η εξέλιξη και όχι η επανάσταση. Η επανάσταση δεν βελτιώνει ποτέ τα πράγματα. Εκείνη που καλυτερεύει τα πράγματα είναι η εξέλιξη, η ανάπτυξη.

Εάν πολλοί άνθρωποι είναι φτωχοί και λίγοι άνθρωποι είναι πλούσιοι, αυτό απλά σημαίνει ότι δεν υπάρχει αρκετός πλούτος. Θα πρέπει να γίνουν προσπάθειες ώστε να δημιουργηθεί περισσότερος πλούτος, και μπορεί να δημιουργηθεί. Δεν υπάρχει κάποιος λόγος να μην γίνει κάτι τέτοιο. Και όταν ο πλούτος είναι εκεί και είναι περισσότερος απ' ό,τι χρειάζεται, τότε ποιόν νοιάζει να τον συσσωρεύσει; Μερικά πράγματα θα χαθούν από μόνα τους, επειδή δεν μπορέσαμε να τα αποβάλλουμε από την κοινωνία. Οι φτωχοί θα εξαφανιστούν, οι κλέφτες θα εξαφανιστούν. Οι αστυνομικοί πιθανόν να μην χρειάζονται, οι δικαστές μπορεί να αξιοποιηθούν καλύτερα. Χιλιάδες δικηγόροι θα σπαταλούν απλά τον χρόνο τους και τα χρήματα των ανθρώπων. Δεν χρειάζονται. Δεν βλέπουμε τα δεδομένα. Απλά μετατοπίζουμε τα συμπτώματα και αυτά επανέρχονται. Θα πρέπει να εξετάσουμε τα βαθύτερα αίτια. Στην Αμερική υπάρχει αυξημένη εγκληματικότητα. Γιατί; Θα πρέπει να υπάρχουν κίνητρα και πειρασμοί που εξωθούν στο έγκλημα. Αυτοί οι πειρασμοί μπορούν να εκλείψουν πολύ εύκολα.

Ρίξτε απλά μια ματιά στο ρολόι χειρός μου; Μπαίνετε σε πειρασμό ή όχι; Θα μπείτε σε πειρασμό, επειδή δεν ξέρετε ότι είναι φτιαγμένο απλά από πέτρες και όχι από διαμάντια. Δεν έχει καμμία αξία. Όταν οι πέτρες είναι σε θέση να κάνουν τη δουλειά που κάνουν τα διαμάντια, τότε μόνο οι ανόητοι θα επιζητούν τα διαμάντια. Μπορείτε να διακρίνετε κάποια διαφορά. Ένα ρολόι κατασκευασμένο από διαμάντια θα κόστιζε διακόσιες πενήντα χιλιάδες δολάρια –το ίδιο ακριβώς ρολόι. Οι φίλοι μου το κατασκεύασαν χρησιμοποιώντας απλά πέτρες. Λειτουργεί με την ίδια ακρίβεια, όπως και κάθε άλλο ρολόι, με απόκλιση ενός μόνο δευτερολέπτου ανά έτος, επειδή το να πετύχεις αυτού του είδους την ακρίβεια δεν είναι παρά ένα απλό φαινόμενο. Είτε αγοράσεις ένα ρολόι αξίας ενός εκατομμυρίου, είτε ένα ρολόι αξίας δέκα δολαρίων, και τα δύο χρησιμοποιούν την ίδια μπαταρία. Η ηλεκτρονική μπαταρία άλλαξε το όλο σκεπτικό γύρω από τα ρολόγια.

Εάν όμως οι πέτρες –πραγματικές, αυθεντικές πέτρες– μπορούν να κάνουν το ίδιο έργο με τα διαμάντια, τότε γιατί να δημιουργούμε πειρασμούς χωρίς να υπάρχει λόγος; Δημιουργήστε περισσότερα ρολόγια και κοσμήματα με όμορφες πέτρες και ο πειρασμός για τα διαμάντια θα εξαφανιστεί. Οι τιμές των διαμαντιών θα κατέβουν. Στην πραγματικότητα τα ίδια τα διαμάντια δεν είναι παρά πέτρες. Δημιουργούμε πειρασμούς που εξωθούν στο έγκλημα, και έπειτα εκείνος που τιμωρείται είναι ο εγκληματίας και όχι εκείνος που δημιούργησε τον πειρασμό. Μα καί οι δύο θα πρέπει να τιμωρούνται! Αναφέρονται, όμως, μόνο τα συμπτώματα και όχι οι αιτίες. Και οι αιτίες θα δημιουργήσουν άλλα συμπτώματα. Αυτό είναι τόσο αντιεπιστημονικό. Αντί να παράξει περισσότερο πλούτο, κάθε έθνος παράγει περισσότερα όπλα: βλήματα, πυραύλους, πυρηνικά όπλα, και τα συσσωρεύει. Για ποιόν λόγο; Επιθυμείς να διαπράξεις μια παγκόσμια αυτοκτονία; Τότε γιατί σπαταλάς χρήμα και χρόνο; Εάν η ανθρωπότητα αποφάσισε να αυτοκτονήσει, τότε υπάρχουν πολύ πιο απλές μέθοδοι γι' αυτό.

Εβδομήντα πέντε τοις εκατό της ενέργειας σε όλη τη γη, δαπανάται για πολεμικούς σκοπούς. Υπηρετούμε άραγε τον σκοπό του θανάτου και της καταστροφής; Αυτό το εβδομήντα πέντε τοις εκατό της ενέργειας μπορεί να επενδυθεί στη ζωή, στην υπηρεσία της ζωής, και θα υπάρχει γέλιο, θα υπάρχει περισσότερη υγεία, και περισσότερος πλούτος, και περισσότερο φαγητό. Δεν θα υπάρχει φτώχια.

Δεν υπάρχει καν λόγος να υφίσταται η φτώχια.

Ασκήσατε κριτική στιs θρησκείεs. Δεν θεωρείτε, όμωs, ότι παίζουν έναν σημαντικό ρόλο στην αντιμετώπιση τηs φτώχιαs; Υφίστανται τόσεs πολλέs θρησκευτικέs οργανώσειs οι οποίεs επιδίδονται σε έναν ανιδιοτελή αγώνα ενίσχυσηs των φτωχών.

Όλες οι θρησκείες στον κόσμο διδάσκουν τη διακονία των άλλων, την ανιδιοτέλεια. Για μένα, όμως, η ιδιοτέλεια είναι ένα φυσικό φαινόμενο. Η ανιδιοτέλεια επιβάλλεται. Η ιδιοτέλεια αποτελεί μέρος της φύσης σας. Αν δεν φθάσεις σε κάποιο σημείο όπου ο "εαυτός" σου πράγματι χαθεί στο Σύμπαν, δεν μπορείς να είσαι όντως ανιδιοτελής. Μπορείς να υποκριθείς, αλλά θα είσαι απλά ένας υποκριτής, και δεν θέλω οι άνθρωποι να είναι υποκριτές. Οπότε είναι λίγο περίπλοκο, αλλά μπορεί να γίνει κατανοητό. Κατ' αρχήν η ιδιοτέλεια είναι μέρος της φύσης σου. Θα πρέπει να την αποδεχτείς. Και αν αποτελεί μέρος της φύσης σου, θα πρέπει να υπηρετεί κάτι δομικό, διαφορετικά δεν θα υπήρχε καν εκεί. Χάρη σε αυτήν την ιδιοτέλεια κατόρθωσες να επιβιώσεις και να φροντίσεις τον εαυτό σου, διαφορετικά η ανθρωπότητα θα είχε χαθεί από καιρό. Σκεφθείτε απλά ένα παιδί το οποίο είναι ανιδιοτελές, που έχει γεννηθεί ανιδιοτελές. Δεν θα μπορέσει να επιβιώσει, θα πεθάνει, επειδή και το να αναπνέεις ακόμη είναι εγωιστικό, το να τρως είναι εγωιστικό, τη στιγμή που υπάρχουν εκατομμύρια άνθρωποι οι οποίοι είναι πεινασμένοι. Τρως; Τη στιγμή που υπάρχουν εκατομμύρια άνθρωποι που είναι ασθενείς και πεθαίνουν, εσύ είσαι υγιής; Εάν ένα παιδί γεννηθεί χωρίς την ιδιοτέλεια ως εγγενές χαρακτηριστικό της φύσης του, δεν θα μπορέσει να επιβιώσει. Εάν ένα φίδι σε πλησιάσει, ποιός είναι ο λόγος να αποφύγεις το φίδι αφού είσαι ανιδιοτελής; Άφησε το, λοιπόν, να σε δαγκώσει! Όμως όχι, είναι ο εγωισμός σου, η ιδιοτέλειά σου εκείνο που προσπαθεί να σε προστατεύσει, διαφορετικά θα παραδοθείς στο φίδι. Εάν ένα λιοντάρι ορμήσει επάνω σου μείνε εκεί να πεθάνεις! Αυτό λέγεται ανιδιοτέλεια. Το λιοντάρι είναι πεινασμένο, και εσύ του παρέχεις την τροφή του —ποιός είσαι εσύ που θα αναμειχθείς; Δεν θα πρέπει να προστατέψεις τον εαυτό σου, αφού είσαι ανιδιοτελής, δεν θα πρέπει να πολεμήσεις. Θα πρέπει απλά να προσφέρεις τον εαυτό σου βορά στο λιοντάρι, και αυτή η στάση σου θα δήλωνε ανιδιοτέλεια. Όλες αυτές οι θρησκείες δίδασκαν πράγματα τα οποία είναι αφύσικα. Αυτή είναι η μια οπτική.

Διδάσκω την Φύση. Σου διδάσκω να είσαι φυσικός, απόλυτα φυσικός, αδιάντροπα φυσικός. Ναι, διδάσκω την ιδιοτέλεια. Κανείς δεν το είπε πριν από εμένα. Δεν έχουν τα κότσια να το πουν! Και ήταν όλοι τους ιδιοτελείς! Αυτό είναι το πιο θεαματικό σε όλη την ιστορία. Γιατί ένας μοναχός Ζαϊν βασανίζει τον εαυτό του; Υπάρχει ένα κίνητρο. Επιθυμεί να εξαλείψει την απόλυτη ελευθερία και όλες τις χαρές της. Δεν θυσιάζει κάτι. Απλά παζαρεύει. Είναι ένας επιχειρηματίας. Οι γραφές του λένε: «Θα λάβεις ως ανταπόδοση το χιλιαπλάσιο». Και αυτή η ζωή είναι πράγματι πολύ σύντομη, εβδομήντα-ογδόντα χρόνια δεν είναι πολλά. Εάν θυσιάσεις εβδομήντα χρόνια ευχαρίστησης για μια αιωνιότητα ευφροσύνης, τότε είναι ένα καλό παζάρι! Δεν θεωρώ ότι αυτό είναι κάτι το ανιδιοτελές! Τουναντίον μάλιστα, είναι το άκρον άωτον της ιδιοτέλειας!

Και, γιατί οι θρησκείες αυτές σε δίδαξαν να υπηρετείς την ανθρωπότητα; Ποιό είναι το κίνητρο και ποιός είναι ο στόχος τους; Τί πρόκειται να κερδίσεις από όλο αυτό; Μπορεί να μην το ρώτησες ποτέ. Δεν είναι υπηρεσία....

Μου αρέσει πολύ μια αρχαία κινέζικη ιστορία που λέει τα εξής:

Ένας άνδρας πέφτει σε ένα πηγάδι. Αυτό συνέβη κατά τη διάρκεια μιας μεγάλης μάζωξης, μιας μεγάλης γιορτής και επικρατούσε πολύς θόρυβος και οι άνθρωποι διασκέδαζαν, χόρευαν, τραγουδούσαν και όλα συνεχίζονταν κανονικά, οπότε κανείς δεν τον άκουσε να πέφτει. Και εκείνη την εποχή τα πηγάδια στην Κίνα δεν προστατεύονταν με ψηλό τοίχο γύρω-γύρω. Δεν είχαν κάποιο είδος περίφραξης. Ήταν ανοικτά. Μπορούσες να πέσεις μέσα σε ένα πηγάδι μέσα στο σκοτάδι χωρίς καν να αντιληφθείς ότι ήταν εκεί.

Ο άνδρας αρχίζει να φωνάζει: «Σώστε με!»

Ένας βουδιστής μοναχός περνούσε από εκεί. Φυσικά ένας βουδιστής μοναχός δεν ενδιαφέρεται για τη γιορτή, ή υποτίθεται ότι δεν ενδιαφέρεται· δεν ξέρω τι κάνει εκεί. Ακόμη και το να είναι εκεί, δηλώνει μια υποσυνείδητη παρόρμηση να δει το τι συμβαίνει, το πώς διασκεδάζουν οι άνθρωποι: «Όλοι οι άνθρωποι εδώ θα πάνε στην Κόλαση, και είμαι ο μόνος που θα πάει στον παράδεισο!»

Περνά από το πηγάδι και ακούει τον άνθρωπο να φωνάζει. Κοιτάζει κάτω. Εκείνος του λέει: «Ευτυχώς με άκουσες! Όλοι είναι τόσο απασχολημένοι και επικρατεί τέτοιος θόρυβος, που φοβόμουν ότι θα πεθάνω!»

Ο βουδιστής μοναχός του απαντά: «Και πάλι θα πεθάνεις, γιατί αυτό σου συμβαίνει εξαιτίας κάποιου κακού που διέπραξες στο παρελθόν. Τώρα λαμβάνεις την πρέπουσα τιμωρία, οπότε αποδέξου την και πέθανε! Θα είναι καλό για εσένα. Στην επόμενη ζωή θα ξεκινήσεις εξαγνισμένος, και δεν θα χρειαστεί να πέσεις ξανά σε ένα πηγάδι».

Ο άνθρωπος θορυβημένος είπε: «Άκου, φίλε, δεν έχω ανάγκη από φιλοσοφίες αυτή τη στιγμή...»

Αλλά ο μοναχός συνέχισε τον δρόμο του.

Εν συνεχεία έκανε την εμφάνιση του ένας γέρος ταοϊστής. Είναι διψασμένος και κοιτάζει μέσα στο πηγάδι. Ο άνδρας στον πάτο του πηγαδιού του ζητά βοήθεια. Ο ταοϊστής του απαντά: «Η στάση σου δεν ταιριάζει σε άνδρα. Ο καθένας θα πρέπει να αποδέχεται τα πάντα όπως του έρχονται. Αυτό είπε ο μεγάλος Λάο Τσε. Οπότε αποδέξου το! Δείξε χαρούμενος! Κλαις σαν γυναικούλα. Γίνε άνδρας!»

Ο άνδρας στο πηγάδι είπε: «Είμαι και γυναικούλα κι ό,τι άλλο νομίζει η αφεντιά σου, αλλά πρώτα, σε παρακαλώ, βοήθησέ με να βγω από εδώ μέσα! Τράβηξέ με έξω!»

Ο ταοϊστής, όμως, του απάντησε: «Α, εμείς δεν ανακατευόμαστε ποτέ στις υποθέσεις των άλλων! Πιστεύουμε στο άτομο και στην ελευθερία του! Ήταν επιλογή σου να πέσεις στο πηγάδι, είσαι ελεύθερος να πεθάνεις στο πηγάδι. Το μόνο που μπορώ, είναι να σου κάνω μια πρόταση: Μπορείς να πεθάνεις κλαίγοντας και θρηνώντας –κι αυτό είναι ανόητο– ή μπορείς να πεθάνεις σαν σοφός άνθρωπος. Αποδέξου τη μοίρα σου, απόλαυσε την, πες ένα τραγούδι και πέθανε. Σε τελική ανάλυση, όλοι θα πεθάνουμε, οπότε ποιό το νόημα να σε σώσω; Και εγώ θα πεθάνω, όλοι θα πεθάνουμε, ίσως αύριο, ίσως μεθαύριο, οπότε ποιό το νόημα να ασχοληθώ με το να σε σώσω;» Και κατόπιν αυτού του λογυδρίου, ατάραχος συνεχίζει τον δρόμο του.

Ένας κομφουκιανιστής κάνει την εμφάνιση του και ο πεσμένος άνθρωπος αρχίζει να ελπίζει επειδή οι κομφουκιανιστές είναι περισσότερο προσγειωμένοι και πιο ρεαλιστές. Του λέει λοιπόν: «Αχ, τι καλή τύχη! Ήλθες εσύ, ένας μαθητής του Κομφούκιου! Σε ξέρω, έχω ακούσει το όνομα σου... Σε παρακαλώ, βοήθησέ με να βγω από εδώ μέσα!»

Σκεπτόμενος την απάντηση του βουδιστή και του ταοϊστή, ο άνδρας στο πηγάδι σκέφθηκε: «Θα ήταν πιο έξυπνο να τους παραπέμψω στη φιλοσοφία τους προκειμένου οι άνθρωποι αυτοί να πειστούν να με σώσουν. Είπε λοιπόν: «Ο Κομφούκιος λέει να βοηθάτε τους άλλους».

Ο κομφουκιανιστής μοναχός είπε: «Έχεις δίκιο. Θα σε βοηθήσω. Θα πάω από τη μια πόλη στην άλλη και θα διαμαρτυρηθώ, και θα αναγκάσω την κυβέρνηση να χτίσει ένα προστατευτικό τείχος γύρω από κάθε πηγάδι στη χώρα. Μην φοβάσαι».

Ο άνδρας στο πηγάδι του αποκρίθηκε τότε: «Ναι, αλλά μέχρι να κατασκευαστούν τα προστατευτικά αυτά τείχη, και μέχρι να επιτύχει η επανάσταση σου, εγώ θα έχω πεθάνει».

Ο κομφουκιανιστής του απάντησε: «Δεν μετράς εσύ, δεν μετράω εγώ, δεν είναι τα άτομα εκείνα που μετρούν· η κοινωνία είναι εκείνη που μετρά, φίλε μου. Έφερες στην επιφάνεια ένα πολύ σημαντικό ζήτημα πέφτοντας στο πηγάδι. Τώρα θα αγωνιστούμε για σένα. Να μείνεις ήσυχος. Θα φροντίσουμε ώστε κάθε πηγάδι να έχει ένα προστατευτικό τείχος γύρω του για να μην πέσει μέσα κανείς άλλος. Αλλά σώζοντας εσένα μόνο, τί είναι εκείνο που σώζεται; Η χώρα έχει εκατομμύρια πηγάδια και εκατομμύρια άνθρωποι μπορεί να πέσουν μέσα σε αυτά. Οπότε μην ανησυχείς τόσο για τον εαυτό σου, προσπάθησε να ξεπεράσεις αυτήν την εγωιστική στάση. Εγώ θα προσφέρω υπηρεσίες στην ανθρωπότητα. Προσέφερες ήδη μεγάλες υπηρεσίες πέφτοντας στο πηγάδι. Εγώ, με αφορμή εσένα, θα προσφέρω με τη σειρά μου μεγάλη υπηρεσία στην κοινωνία, αναγκάζοντας την κυβέρνηση να χτίσει προστατευτικό τείχος». Και ο κομφουκιανιστής συνέχισε τον δρόμο του.

Ο κομφουκιανιστής, όμως, όταν ο άλλος επέμεινε να του δώσει ένα χέρι βοήθειας, του τόνισε ένα... σημαντικό στοιχείο. Του είπε: «Α, είσαι εγωιστής! Μου ζητάς να σε σώσω και να χαραμίσω άδικα τον χρόνο μου, τον οποίο μπορώ να αξιοποιήσω προς όφελος όλης της ανθρωπότητας!»

Γνωρίζετε μήπως αν υφίσταται κάτι οντολογικά ενιαίο όπως η "ανθρωπότητα", αν υφίσταται κάτι οντολογικά ενιαίο όπως η "κοινωνία"; Αυτές είναι απλές λέξεις. Μόνο μεμονωμένα πρόσωπα υπάρχουν.

Ο τέταρτος άνθρωπος ήταν ένας χριστιανός ιεραπόστολος, ο οποίος κουβαλούσε μαζί του έναν σάκο. Άνοιξε αμέσως τον σάκο του, έβγαλε από μέσα ένα σκοινί, και προτού ο άλλος προλάβει να πει λέξη, έριξε το σχοινί μέσα στο πηγάδι. Ο άνθρωπος στο πηγάδι εξεπλάγη, αφού πλέον είχε πάψει να ελπίζει ότι θα τον βοηθούσε κανείς. «Η θρησκεία σου φαίνεται πως είναι η πιο αληθινή θρησκεία!» είπε.

Ο ιεραπόστολος τότε του απάντησε: «Φυσικά. Είμαστε προετοιμασμένοι για κάθε κατάσταση ανάγκης. Γνωρίζοντας ότι οι άνθρωποι μπορεί να πέσουν σε πηγάδια, κουβαλώ πάντα μαζί μου αυτό το σχοινί για να τους σώζω, επειδή μόνο σώζοντάς τους θα μπορέσω να σώσω τον εαυτό μου. Σκέφτομαι, όμως, ότι... άκουσα αυτό που είπε ο κομφουκιανιστής... δεν θα πρέπει να φτιάξετε προστατευτικούς τοίχους γύρω από τα πηγάδια, αλλιώς πώς θα μπορέσουμε να υπηρετήσουμε την ανθρωπότητα; Πώς θα τραβήξουμε έξω ανθρώπους που έχουν πέσει μέσα; Θα πρέπει πρώτα να πέσουν μέσα για να μπορέσουμε μετά να τους τραβήξουμε έξω. Υπάρχουμε για να διακονούμε, αλλά θα πρέπει να μας δίνονται οι ευκαιρίες. Χωρίς την ευκαιρία πώς θα μπορέσουμε να διακονήσουμε;»

Όλες αυτές οι θρησκείες που κάνουν λόγο για "διακονία" ενδιαφέρονται ώστε η ανθρωπότητα να παραμείνει φτωχή, οι άνθρωποι να εξακολουθήσουν να χρειάζονται τις υπηρεσίες τους, να υπάρχουν ορφανά, χήρες, γέροι άνθρωποι για τους οποίους δεν ενδιαφέρεται κανείς, ζητιάνοι. Αυτοί οι άνθρωποι είναι αναγκαίοι, απόλυτα αναγκαίοι. Διαφορετικά τί θα γίνει με όλους αυτούς τους μεγάλους υπηρέτες του ανθρώπου; Τί θα γίνει με όλες αυτές τις θρησκείες και τα διδάγματα τους και πώς οι άνθρωποι θα κατακτήσουν το δικαίωμα να εισέλθουν στη βασιλεία του Θεού; Αυτοί οι φτωχοί και δεινοπαθούντες άνθρωποι θα πρέπει να χρησιμεύσουν ως σκάλα. Το χαρακτηρίζετε αυτό ανιδιοτέλεια; Είναι αυτός ο ιεραπόστολος ανιδιοτελής; Σώζει τον άνθρωπο αυτόν, όχι για το χατίρι του ανθρώπου αυτού, αλλά για το δικό του καλό. Στο βάθος πρόκειται για ιδιοτέλεια, είναι, όμως, συγκαλυμμένη με όμορφα λόγια: ανιδιοτέλεια, προσφορά.

Γιατί, άραγε υπάρχει ανάγκη για διακονία; Γιατί θα πρέπει να υπάρχει ανάγκη; Δεν μπορούμε να καταστρέψουμε τις ευκαιρίες αυτές για προσφορά; Μπορούμε, αλλά οι θρησκείες αυτές θα εξαγριωθούν. Όλη η βάση τους θα βουλιάξει, θα χαθεί αν δεν υπάρχει κανείς φτωχός, κανείς πεινασμένος, κανείς που να υποφέρει, κανείς άρρωστος. Αυτή είναι η δουλειά τους.

Η επιστήμη μπορεί να το επιτύχει αυτό. Είναι απόλυτα στο χέρι μας σήμερα. Θα μπορούσε να είχε συμβεί από καιρό αν αυτές οι θρησκείες δεν είχαν προσπαθήσει να σταματήσουν κάθε άνθρωπο, ο οποίος επρόκειτο να συνεισφέρει στη γνώση, η οποία θα μπορούσε να καταστρέψει κάθε ευκαιρία για προσφορά. Αυτές, όμως, οι θρησκείες είχαν τεθεί ενάντια σε όλη αυτήν την επιστημονική πρόοδο· χρειάζονται τα προβλήματα αυτά προκειμένου να συνεχίσουν να υπάρχουν. Η ανάγκη τους είναι απολύτως εγωιστική, υποκρύπτει κάποιο κίνητρο. Υπάρχει ένας στόχος που πρέπει να επιτευχθεί.

Η *προσφορά* είναι μια βρόμικη λέξη, μια αισχρότητα. Ναι, μπορείς να προσφέρεις, ποτέ όμως μην ταπεινώνεις τους ανθρώπους "υπηρετώντας τους". Διότι *είναι* μια μορφή ταπείνωσης. Όταν υπηρετείς κάποιον και αισθάνεσαι μεγάλος, υποβιβάζεις τον άλλο στο επίπεδο του σκουληκιού, του υπανθρώπου. Είσαι τόσο ανώτερος, που έχεις θυσιάσει τα δικά σου ενδιαφέροντα, και πλέον "υπηρετείς τους φτωχούς" —απλά τους ταπεινώνεις.

Εάν έχεις κάτι, κάτι που σου προσφέρει χαρά, ειρήνη και έκσταση, τότε μοιράσου το. Και να θυμάσαι πως όταν μοιράζεσαι κάτι δεν υπάρχει κάποιο κίνητρο. Δεν λέω ότι με το να μοιραστείς κάτι που σε ευφραίνει, θα φθάσεις στον Παράδεισο, δεν σου προσφέρω τέτοιον στόχο. Εκείνο που λέω είναι ότι με το να το μοιραστείς θα νιώσεις μεγάλη ικανοποίηση. Στην ουσία του μοιράσματος βρίσκεται η ικανοποίηση, δεν υπάρχει κάποιος στόχος πέρα από αυτήν. Δεν έχει κάποιον τελεολογικό προσανατολισμό. Συνιστά τέλος αφ' εαυτού. Θα νιώσεις υποχρεωμένος απέναντι σε εκείνον που ήταν έτοιμος να μοιραστεί κάτι μαζί σου. Δεν θα νιώσεις ότι το πρόσωπο αυτό είναι υποχρεωμένο απέναντι σου, δεν το έχεις "υπηρετήσει".

Μόνο οι άνθρωποι που πιστεύουν στη μοιρασιά αντί για την υπηρεσία μπορούν να καταστρέψουν τις απαίσιες ευκαιρίες για υπηρεσία που περιβάλλουν όλη τη γη. Όλες οι θρησκείες εκμεταλλεύτηκαν αυτές τις ευκαιρίες, δίνοντας, όμως, εύσχημα ονόματα σε όσα έκαναν. Έγιναν πολύ καλοί με το πέρασμα χιλιάδων ετών στο να δίνουν ωραία ονόματα σε άσχημα πράγματα. Και όταν αρχίζεις να δίνεις ένα ωραίο όνομα σε κάτι κακό, υπάρχει μια πιθανότητα εσύ ο ίδιος να ξεχάσεις ότι ήταν απλά το προκάλυμμα. Στο εσωτερικό η πραγματικότητα είναι ακριβώς η ίδια.

Όλα αυτά τα προβλήματα μπορούν να λυθούν. Δεν υφίσταται λόγος να υπάρχουν υπηρέτες, ιεραπόστολοι και όλοι αυτοί. Χρειαζόμαστε περισσότερη ευφυΐα αναφορικά με την επίλυση κάθε προβλήματος. Οπότε διδάσκω την ιδιοτέλεια. Θέλω να ενδιαφέρεστε πρώτα για τη δική σας ευημερία. Ναι, ξέρω ότι μια τέτοια στάση προβάλλει ως ιδιοτελής. Δεν έχω αντίρρηση. Προσωπικά δεν έχω κάποιο πρόβλημα. Είναι, όμως, το τριαντάφυλλο εγωιστικό όταν ανθίζει; Είναι ο λωτός ιδιοτελής όταν ανθίζει; Είναι ο ήλιος εγωιστής όταν λάμπει; Γιατί, λοιπόν, θα πρέπει να ανησυχείτε για τον εγωισμό;

Γεννιέστε. Η γέννηση δεν είναι παρά μια ευκαιρία, απλά μια αρχή, και όχι το τέλος. Θα πρέπει να ανθίσετε. Μην χαραμίζετε τη ζωή σας σε κανενός είδους ανόητη υπηρεσία. Η πρώτη και κύρια ευθύνη σας είναι να ανθίσετε, να εξελιχθείτε σε πλήρως συνειδητοποιημένο άτομο, και μέσω αυτής της συναίσθησης θα είστε σε θέση να αντιληφθείτε τί μπορείτε να μοιραστείτε, πώς μπορείτε να λύσετε τα προβλήματα. Το ενενήντα εννέα τοις εκατό των παγκόσμιων προβλημάτων μπορεί να λυθεί. Ίσως το ένα τοις εκατό των προβλημάτων να μην μπορεί να λυθεί. Τότε θα μπορείτε να μοιραστείτε με αυτούς τους ανθρώπους ό,τι είναι δυνατόν να μοιραστείτε, αλλά πρώτα θα πρέπει να έχετε κάτι για να μοιραστείτε.

Αρχίζω να διακρίνω πόσο μεγάλο μέρος καταλαμβάνει η απληστία στη ζωή μου, και το μέγεθος της στενοχώριας που φέρνει μαζί της. Θα μπορούσατε να με βοηθήσετε να ρίξω περισσότερο φως σε αυτό που ονομάζεται "απληστία", να μου προσδιορίσετε από πού προέρχεται, και πιθανόν να μου υποδείξετε κάποια εργαλεία που θα μπορούσαν να με βοηθήσουν;

Το να αντιληφθείς απλά τη φύση της απληστίας είναι αρκετό. Δεν χρειάζεται να κάνεις κάτι άλλο για να απαλλαγείς από αυτήν. Η κατανόηση της φύσης της θα ξεκαθαρίσει την όλη αναστάτωση.

Είσαι πλήρης μόνο αν τελείς σε αρμονία με το Σύμπαν. Εάν δεν τελείς σε αρμονία με το Σύμπαν, τότε είσαι κενός, απόλυτα κενός. Και από αυτήν την κενότητα προέρχεται η απληστία —η απληστία ζητά να ικανοποιηθεί, με λεφτά, με σπίτια, με έπιπλα, με φίλους, εραστές, με οτιδήποτε, επειδή κάποιος δεν μπορεί να ζήσει στο κενό. Είναι τρομακτικό, η ζωή του είναι η ζωή ενός φαντάσματος. Εάν είσαι κενός και δεν υπάρχει τίποτε μέσα σου, είναι αδύνατον να ζήσεις.

Για να αποκτήσεις το συναίσθημα ότι είσαι πλήρης μέσα σου, υπάρχουν δύο τρόποι. Μπορείς να εναρμονιστείς με το Σύμπαν. Τότε είσαι γεμάτος με όλη την πλάση, με όλα τα λουλούδια και με όλα τα αστέρια. Βρίσκονται μέσα σου ακριβώς όπως υπάρχουν χωρίς εσένα. Αυτή είναι η πραγματική ικανοποίηση. Αν, όμως, δεν το κάνεις αυτό, και εκατομμύρια άνθρωποι δεν το κάνουν αυτό, τότε αυτός είναι ο πιο εύκολος τρόπος να γεμίσεις το εσωτερικό σου με σκουπίδια.

Κάποτε συγκατοίκησα με κάποιον. Ήταν ένας πλούσιος άνθρωπος, είχε ένα πολύ όμορφο σπίτι και έδειξε μεγάλο ενδιαφέρον για τις ιδέες μου. Είχε ακούσει μερικές από τις διαλέξεις μου, και μετά απ' αυτό μου πρότεινε να μείνω μαζί του, λέγοντάς μου: «Γιατί να μένεις μακριά, έξω από την πόλη; Έχω ένα όμορφο σπίτι στην πόλη και είναι πολύ μεγάλο, μπορείς να χρησιμοποιήσεις το μισό. Δεν θα σου ζητήσω ενοίκιο· εκείνο που θέλω είναι απλώς και μόνον η παρουσία σου στο σπίτι μου».

Ζούσα έξω από την πόλη στα βουνά και ήταν δύσκολο να πηγαινοέρχομαι στο πανεπιστήμιο από εκεί, και από αυτό το σπίτι το πανεπιστήμιο ήταν πολύ κοντά. Είχε έναν όμορφο κήπο και το σπίτι βρισκόταν στην πιο καλή γειτονιά της πόλης, οπότε δέχτηκα την πρόσκληση του. Όταν, όμως μπήκα στο σπίτι του δεν μπορούσα να πιστέψω αυτό που έβλεπα. Είχε μαζέψει τόσα άχρηστα πράγματα που δεν υπήρχε χώρος για να μείνει κάποιος. Το σπίτι ήταν μεγάλο, αλλά η συλλογή του ακόμη μεγαλύτερη –και μια συλλογή η οποία ήταν εντελώς ανόητη! Είχε αγοράσει καθετί που βρήκε στην αγορά. Τον ρώτησα: «Καλά, τί τα κάνεις όλα αυτά τα πράγματα;»

Μου απάντησε: «Ε, πού ξέρεις, κάποια ημέρα μπορεί να τα χρειαστώ».

«Ναι, αλλά πού υποτίθεται ότι μπορεί κάποιος να ζήσει σε αυτό το σπίτι;» Υπήρχαν πάρα πολλά έπιπλα στριμωγμένα εκεί μέσα, από διαφορετικές περιόδους. Όταν οι Εγγλέζοι έφυγαν από την Ινδία αναγκάστηκαν να πουλήσουν όλα τα υπάρχοντα τους. Αυτός ο άνθρωπος δεν χόρταινε με τίποτε. Κατόρθωσε να αγοράσει τα πάντα, ή σχεδόν τα πάντα, πράγματα τα οποία δεν χρειαζόταν. Ένα αμάξι βρισκόταν στο γκαράζ αραγμένο επειδή ήταν παλιό και χαλασμένο. Τον ρώτησα: «Γιατί δεν το πετάς; Τουλάχιστον να καθαρίσει ο τόπος...»

Μου απάντησε: «Φαίνεται ωραίο στο γκαράζ». Όλα τα λάστιχα ήταν σκασμένα, και ήταν εντελώς άχρηστο. Κάθε φορά που χρειαζόταν να το μεταφέρεις από το ένα σημείο στο άλλο έπρεπε να το σπρώξεις. Στεκόταν απλά εκεί και σάπιζε. Μου είπε: «Το αγόρασα σε πολύ λογική τιμή. Ανήκε σε μια γηραιά κυρία η οποία ήταν κάποτε νοσοκόμα και τώρα έχει επιστρέψει στην Αγγλία».

Του είπα: «Όμως, εάν ενδιαφερόσουν πράγματι να αγοράσεις ένα αυτοκίνητο, θα έπρεπε τουλάχιστον να αγοράσεις ένα αυτοκίνητο που κινείται!»

Μου απάντησε: «Α, δεν με ενδιαφέρει να οδηγήσω το αυτοκίνητο· το ποδήλατο μου με εξυπηρετεί μια χαρά». Το ποδήλατό του ήταν επίσης φαινόμενο! Μπορούσες να αντιληφθείς ότι έρχεται από απόσταση ενός μιλίου, μόνο από τον θόρυβο τον οποίο έκανε. Δεν είχε ούτε λασπωτήρες ούτε προστατευτικό για την αλυσίδα. Θα πρέπει να ήταν το παλαιότερο ποδήλατο που κατασκευάστηκε ποτέ. Δεν είχε ούτε κόρνα κι όταν τον ρώτησα γι' αυτό, μου είπε: «Μπα, δεν χρειάζεται κόρνα. Κάνει τόσο πολύ θόρυβο που οι άνθρωποι οι οποίοι βρίσκονται τουλάχιστον μισό μίλι μπροστά το ακούνε και παραμερίζουν. Και είναι καλό, γιατί δεν μπορεί να κλαπεί, επειδή κανείς άλλος δεν μπορεί να το καβαλήσει. Το έκλεψαν δυο φορές και ο κλέφτης συνελήφθη αμέσως, επειδή κάνει πάρα πολύ θόρυβο, και όλοι ξέρουν ότι είναι δικό μου το ποδήλατο αυτό. Μπορώ να το αφήσω οπουδήποτε, και είναι πάντοτε στη θέση του όταν επιστρέφω. Όλοι ξέρουν τι μπελάς είναι, οπότε αποφεύγουν να ασχοληθούν μ' αυτό. Είναι ένα σπάνιο δείγμα!»

Είχε τα πάντα μέσα στο σπίτι του και επίσης κάμποσα χαλασμένα ραδιόφωνα, επειδή τα αγόρασε πολύ φθηνά. Ήταν Ζαϊνιστής. Ωστόσο είχε κι ένα σπασμένο άγαλμα που παρίστανε τον Ιησού επί του σταυρού. Τον ρώτησα: «Ποιός ο λόγος που το αγόρασες αυτό;»

Μου απάντησε: «Η γυναίκα από την οποία αγόρασα το αυτοκίνητο, μου το πρόσφερε ως δώρο. Δεν πιστεύω στον Ιησού Χριστό ή σε κάτι τέτοιο, αλλά δεν μπορούσα να αρνηθώ ένα έργο τέχνης».

Του είπα: «Αν είναι να μείνω στο σπίτι αυτό, το δικό μου μέρος θα πρέπει να είναι άδειο». Χάρηκε πολύ που τελικά θα έμενα, και μου άδειασε εντελώς ένα μέρος του σπιτιού, μεταφέροντας, όμως, τα πάντα στη δική του τη μεριά. Είχε στοιβάξει τόσα μικροέπιπλα πάνω σε έναν καναπέ που δεν μπορούσε πια να τον χρησιμοποιήσει. Τότε τον ρώτησα γιατί το έκανε αυτό. Μου απάντησε: «Μα, δεν καταλαβαίνεις; Αγόρασα όλα αυτά τα πράγματα σε καλή τιμή! Κάποια ημέρα μπορεί να παντρευτώ και να κάνω παιδιά, και τότε μπορεί χρειαστούν όλα αυτά τα πράγματα. Κάποτε θα χρειαστούν όλα, θα δεις».

Ακόμη και στον δρόμο, αν έβρισκε κάτι που το είχε πετάξει κάποιος, θα το μάζευε. Μια ημέρα περπατούσε μαζί μου από τον κήπο ως το σπίτι και βρήκε ένα χερούλι ποδηλάτου και το μάζεψε. Τον ρώτησα: «Τί θα το κάνεις το χερούλι του ποδηλάτου;»

Μου είπε: «Θα σου δείξω». Τον ακολούθησα και διαπίστωσα ότι μέσα στο μπάνιο του είχε συναρμολογήσει σχεδόν ένα ολόκληρο ποδήλατο, μερικά κομμάτια μόνο έλειπαν. Μου είπε: «Όλα αυτά τα κομμάτια, τα μάζεψα από τον δρόμο και σταδιακά τα ενώνω και τα ταιριάζω. Μερικά κομμάτια μου λείπουν ακόμη. Δεν έχει σέλα, ούτε αλυσίδα αλλά θα τα βρω και αυτά. Κάποιος θα τα πετάξει κάποια ημέρα. Έχω ολόκληρη ζωή μπροστά μου. Άλλωστε σε τί ενοχλεί; Ταιριάζει άψογα με το μπάνιο».

Η απληστία σημαίνει απλά ότι αισθάνεσαι μέσα σου ένα βαθύ κενό και ζητάς να το γεμίσεις με καθετί δυνατό, δεν έχει σημασία τι είναι αυτό. Από τη στιγμή που θα το αντιληφθείς αυτό, δεν χρειάζεται να κάνεις κάτι για την απληστία. Θα πρέπει να κάνεις κάτι προκειμένου να έρθεις σε επαφή με το Σύμπαν, ώστε το εσωτερικό κενό να εξαφανιστεί. Με την αίσθηση αυτή όλη η απληστία εξαφανίζεται.

Αυτό δεν σημαίνει ότι θα αρχίσεις να ζεις γυμνός. Σημαίνει απλά ότι δεν ζεις για να συγκεντρώνεις μόνο πράγματα. Όταν χρειάζεσαι κάτι μπορείς να το έχεις. Υπάρχουν, όμως, τρελοί άνθρωποι σε όλο τον κόσμο και μαζεύουν πράγματα. Κάποιος συγκεντρώνει χρήματα, παρόλο που δεν τα χρησιμοποιεί ποτέ.

Είναι πράγματι παράξενο, ένα αντικείμενο θα πρέπει να χρησιμοποιηθεί. Εάν δεν χρησιμοποιηθεί, τότε απλά δεν χρειάζεται. Η κατάσταση αυτή μπορεί, όμως, να ερμηνευθεί με διάφορους τρόπους: οι άνθρωποι τρώνε, δεν αισθάνονται πεινασμένοι ωστόσο εξακολουθούν να καταπίνουν. Αντιλαμβάνονται ότι αυτό θα τους δημιουργήσει προβλήματα, ότι θα αρρωστήσουν, ότι θα παχύνουν, αλλά δεν μπορούν να αποτρέψουν τον εαυτό τους από κάτι τέτοιο. Αυτή η κατανάλωση φαγητού είναι μια διαδικασία που παραπέμπει σε κορεσμό. Υπάρχουν, λοιπόν, πολλοί τρόποι για να προσπαθήσει κανείς να γεμίσει το κενό, παρ' όλο που δεν γεμίζει ποτέ, παραμένει άδειο και μένεις δυστυχισμένος, επειδή ποτέ δεν είναι αρκετό. Χρειάζεται πάντα περισσότερο και το "περισσότερο", και η απαίτηση για περισσότερο, δεν τελειώνει ποτέ.

Δεν εκλαμβάνω την απληστία ως επιθυμία· είναι μια μορφή υπαρξιακής ασθένειας. Δεν είσαι εναρμονισμένος με το Σύμπαν. Και μόνο ο εναρμονισμός με το σύνολο θα μπορέσει να σε καταστήσει υγιή. Αυτός ο εναρμονισμός θα σε καταστήσει άγιο. Όταν νιώθεις πληρότητα, κάθε αίσθημα απληστίας εξαφανίζεται. Τί έκαναν, λοιπόν, οι θρησκείες; Παρεξήγησαν την απληστία, και εκλαμβάνοντάς την ως επιθυμία, προσπαθούν να την καταπιέσουν, όπως όλες τις ανθρώπινες επιθυμίες: «Μην είστε άπληστοι». Τότε κάποιος μετακινείται στο άλλο άκρο και την αποκηρύσσει. Ο ένας συγκεντρώνει −ο άπληστος− και εκείνος που θέλει να απαλλαγεί από την απληστία αρχίζει να την αποκηρύσσει. Και εκεί επίσης δεν υπάρχει τέλος.

Ο δάσκαλος του Ζεν, Μαχαβίρα δεν μπόρεσε ποτέ να αναγνωρίσει τον Γκαουτάμα Βούδα ως φωτισμένο, για τον απλό λόγο ότι εξακολουθούσε να κουβαλά μαζί του τρεις αλλαξιές ρούχα· τρεις αλλαξιές ρούχα που είναι απολύτως απαραίτητες. Μια που χρησιμοποιείς, μια που πρέπει να πλυθεί, και μια για περιπτώσεις έκτακτης ανάγκης. Κάποια ημέρα τα ρούχα μπορεί να μην επιστρέψουν από το μέρος που τα έχουν στείλει για πλύσιμο, ή να μην είναι στεγνά, ή να βρέχει όλη την ημέρα. Οπότε τρεις φορεσιές είναι το ελάχιστο − κάτι έκτακτο να τύχει και θα χρειαστεί και η τρίτη. Ο Μαχαβίρα ήταν ριζικά αντίθετος με την απληστία, και έφθασε μέχρι τα άκρα, να ζει γυμνός. Ο Βούδας μετέφερε μια κούπα ζητιανιάς. Ο Μαχαβίρα δεν μπορούσε να αποδεχτεί κάτι τέτοιο, αφού ακόμη και μια κούπα ζητιανιάς αποτελεί ένα είδος περιουσίας και ένας φωτισμένος άνθρωπος, σύμφωνα με τον Μαχαβίρα, δεν θα πρέπει να έχει τίποτε υπό την κατοχή του. Μια κούπα ζητιανιάς είναι φτιαγμένη από το κέλυφος μιας καρύδας. Κόβεις την καρύδα στη μέση, βγάζεις όλο το φρούτο από μέσα και έχεις δυο κούπες. Είναι η πιο φθηνή λύση, διαφορετικά τα κελύφη πετιούνται, δεν μπορείς να τα φας. Το να έχεις μια κούπα ζητιανιάς όπως αυτή, και να της προσδίδεις την έννοια της "περιουσίας" δεν είναι σωστό.

Όταν, όμως, εκλαμβάνεις την απληστία ως επιθυμία και πεισμώνεις εναντίον της, τότε καθετί μπορεί να θεωρηθεί ως περιουσία. Ο Μαχαβίρα έζησε γυμνός και αντί για μια κούπα ζητιανιάς χρησιμοποιούσε τα δυο χέρια του. Τώρα προκύπτει η εξής δυσκολία: τα δυο χέρια του είναι γεμάτα με φαγητό και είναι αναγκασμένος να φάει σαν τα ζώα, επειδή δεν μπορεί να χρησιμοποιήσει τα χέρια του. Θα πρέπει να χρησιμοποιήσει απευθείας το στόμα του για να πάρει την τροφή από την κούπα που σχηματίζουν τα χέρια του.

Όλοι οι άνθρωποι στον κόσμο τρώνε καθιστοί, ο Μαχαβίρα, όμως, πίστευε ότι όταν τρως καθιστός, τρως περισσότερο. Δίδασκε, λοιπόν, τους μοναχούς του ότι θα έπρεπε να τρώνε όρθιοι· όρθιοι με το φαγητό τους στα χέρια τους. Και ό,τι μπορεί να χωρέσει στα χέρια σου για μια φορά, αυτό είναι το γεύμα σου. Θα πρέπει να το φας όρθιος, και θα πρέπει να τα φας όλα μαζί, γλυκά, αλμυρά, και όλα να αναμιχθούν. Αυτή ήταν μια ιδέα του Μαχαβίρα προκειμένου να τα κάνει όλα άγευστα, επειδή το να απολαμβάνεις τη γεύση ισοδυναμούσε με το να απολαμβάνεις το σώμα, με το να απολαμβάνεις κατ' επέκτασιν τον υλικό κόσμο.

Για μένα η απληστία δεν είναι καν επιθυμία. Οπότε δεν χρειάζεται να κάνεις κάτι για την απληστία. Θα πρέπει να αντιληφθείς την κενότητα που προσπαθείς να γεμίσεις και να αναρωτηθείς:

«Γιατί είμαι κενός; Η πλάση όλη είναι πλήρης, γιατί εγώ είμαι κενός; Ίσως έχασα τον δρόμο μου, δεν κινούμαι πια στην ίδια κατεύθυνση. Δεν είμαι πλέον υπαρξιστής. Αυτή είναι η αιτία της κενότητας μου». Οπότε να είσαι υπαρξιστής.

Ας έρθουμε πιο κοντά στο γεγονός της ύπαρξης μέσω της σιωπής και της ειρήνευσης, μέσω του διαλογισμού. Και μια ημέρα θα αντιληφθείς ότι είσαι τόσο πλήρης, υπερπλήρης, θα ξεχειλίζεις από χαρά, από μακαριότητα, από ευλογία. Διαθέτεις τόση χαρά που είσαι σε θέση να την προσφέρεις σε όλον τον κόσμο και πάλι δεν θα εξαντληθεί. Εκείνη την ημέρα, για πρώτη φορά δεν θα νιώσεις απληστία, για χρήματα, για φαγητό, για αντικείμενα, ή για οτιδήποτε άλλο. Θα ζήσεις, όχι με ένα συνεχές αίσθημα απληστίας το οποίο δεν θα μπορεί να ικανοποιηθεί, με μια πληγή η οποία δεν θα μπορεί να γιατρευτεί, αλλά θα ζήσεις φυσιολογικά, και θα βρίσκεις ό,τι σου χρειάζεται.

ΠΙΣΤΗ ΕΝΑΝΤΙ ΕΜΠΕΙΡΙΑΣ

Κατανοώντας τη διαφορά ανάμεσα στην Γνώση και στο Γνωρίζω

Η αληθινή θρησκεία δεν μπορεί παρά να είναι μία, ακριβώς όπως και η επιστήμη. Δεν μπορείς να έχεις μια μωαμεθανική φυσική, μια ινδουιστική φυσική, μια χριστιανική φυσική· κάτι τέτοιο θα ήταν ανοησία. Αυτό, όμως, έκαναν οι θρησκείες –μετέτρεψαν ολόκληρη τη Γη σε φρενοκομείο.

Εάν η επιστήμη είναι μία, τότε γιατί η επιστήμη του εσωτερικού κόσμου να μην είναι επίσης μία; Η επιστήμη ερευνά τον αντικειμενικό κόσμο και η θρησκεία ερευνά τον υποκειμενικό κόσμο. Το έργο τους είναι το ίδιο, εκείνο που διαφέρει είναι ο προσανατολισμός και οι διαστάσεις της έρευνας. Στα πλαίσια μιας πιο φωτισμένης εποχής δεν θα υπήρχε θρησκεία, θα υπήρχαν μόνο δύο επιστήμες: η αντικειμενική επιστήμη και η υποκειμενική επιστήμη. Η αντικειμενική επιστήμη ασχολείται με τα πράγματα, η υποκειμενική επιστήμη ασχολείται με το υποκείμενο, με την ίδια την ύπαρξη, δηλαδή.

Είμαι ενάντια στις θρησκείες, αλλά όχι ενάντια στη θρησκευτικότητα. Αυτή, όμως, η θρησκευτικότητα περνά ακόμη τη βρεφική της ηλικία. Όλες οι παλαιές θρησκείες θα κάνουν καθετί που περνά από το χέρι τους προκειμένου να την καταστρέψουν, επειδή η γέννηση της επιστήμης της ενσυναίσθησης θα σημάνει τον θάνατο όλων αυτών των αποκαλούμενων "θρησκειών" οι οποίες εκμεταλλεύονταν την ανθρωπότητα επί χιλιάδες χρόνια. Τί θα γίνει με τις εκκλησίες, με τις συναγωγές και με τους ναούς τους; Τί θα γίνει με το ιερατείο, με τους πάπες, τους παπάδες, τους ιμάμηδες, τους σανκαράγιας, τους ραβίνους; Είναι μια μεγάλη επιχείρηση όλο αυτό, και βεβαίως αυτοί οι άνθρωποι δεν θα επιτρέψουν επ' ουδενί η νέα θρησκεία να γεννηθεί έτσι απλά. Έχει έρθει, όμως, η στιγμή εκείνη στην ανθρώπινη ιστορία που η αρπάγη των παλαιών θρησκειών θα αρχίσει να χαλαρώνει. Εκ των πραγμάτων θα γίνει αυτό. Όλο και περισσότεροι άνθρωποι αποδίδουν τυπικά πλέον σεβασμό στον Χριστιανισμό, στον Ιουδαϊσμό, στον Ινδουισμό, στον Μωαμεθανισμό· βασικά, όμως, καθένας ο οποίος διαθέτει μυαλό δεν δείχνει πλέον ενδιαφέρον για τα σκουπίδια αυτά. Μπορεί να πηγαίνουν στη συναγωγή και στην εκκλησία και στο τζαμί για άλλους λόγους, αυτοί οι λόγοι, όμως, δεν είναι ουσιαστικά θρησκευτικοί· αυτοί οι λόγοι είναι καθαρά κοινωνικοί. Αξίζει να σε δει κανείς στη συναγωγή, είναι καθ' όλα σεβαστό και δεν βλάπτει. Είναι το ίδιο με το να γίνεσαι μέλος της Λέσχης Λάιονς ή Ρόταρυ. Αυτές οι θρησκείες είναι παλαιά κλαμπ τα οποία πλαισιώνονται από μια θρησκευτική φρασεολογία, κοιτάξτε όμως λίγο βαθύτερα και θα διαπιστώσετε ότι δεν πρόκειται παρά μόνο για ξόρκια χωρίς καμμία ουσία.

Είμαι υπέρ της θρησκείας, αλλά αυτή η θρησκεία δεν θα είναι μια επανάληψη της θρησκείας με την οποία είστε εξοικειωμένοι. Αυτή η θρησκεία θα είναι μια εξέγερση ενάντια σε όλες αυτές τις παλαιές θρησκείες. Δεν θα επεκτείνει το έργο τους. Θα σταματήσει το έργο τους εντελώς, και θα ξεκινήσει ένα απολύτως νέο έργο: την πραγματική, την ουσιαστική μεταμόρφωση των ανθρωπίνων όντων.

Το πιο δομικό λάθος όλων των θρησκειών είναι ότι καμμία από αυτές δεν είχε το θάρρος να αποδεχθεί ότι υπάρχουν πράγματα τα οποία δεν γνωρίζουμε. Όλες παριστάνουν ότι ξέρουν τα πάντα, ότι είναι παντογνώστριες. Γιατί συμβαίνει αυτό; Επειδή αν παραδεχτείς ότι αγνοείς κάτι, τότε στη σκέψη των οπαδών προβάλλει η αμφιβολία. Εάν αγνοείς κάτι ελάχιστο, τότε αυτό σημαίνει ότι ίσως αγνοείς και άλλα πράγματα. Ποιός εγγυάται το αντίθετο; Προκειμένου να καταστήσουν τη θρησκεία τους αλάνθαστη, οι εκπρόσωποι των διαφόρων θρησκειών προσποιήθηκαν όλοι ότι είναι παντογνώστες.

Το πιο όμορφο αναφορικά με την επιστήμη είναι το γεγονός ότι δεν παριστάνει ότι τα γνωρίζει όλα. Η επιστήμη αποδέχεται τα ανθρώπινα όρια της. Έχει συναίσθηση των όσων γνωρίζει και αντιλαμβάνεται ότι υπάρχουν πολύ περισσότερα να μάθει. Και οι μεγαλύτεροι επιστήμονες γνωρίζουν κάτι ακόμη βαθύτερο. Αντιλαμβάνονται τα όρια του γνωστού. Εκείνο που είναι δυνατόν να γνωρίσουν θα το μάθουν αργά ή γρήγορα, βρίσκονται στον δρόμο για κάτι τέτοιο. Αλλά οι μεγαλύτεροι επιστήμονες, άνθρωποι όπως ο Άλμπερτ Αϊνστάιν, αντιλαμβάνονται και την τρίτη κατηγορία, το άγνωστο, εκείνο που δεν θα γίνει ποτέ γνωστό. Τίποτε δεν μπορεί να γίνει αναφορικά με αυτό, επειδή το απόλυτο μυστήριο δεν μπορεί να μετουσιωθεί σε γνώση.

Είμαστε μέρος της ύπαρξης. Πώς μπορούμε να γνωρίζουμε το απόλυτο μυστήριό της; Ήρθαμε στον κόσμο πολύ αργά. Δεν υπήρχε κανείς αυτόπτης μάρτυς κατά την απαρχή της δημιουργίας του κόσμου. Και δεν υπάρχει τρόπος να διαχωρίσουμε τον εαυτό μας από την ύπαρξη και να γίνουμε απλά και μόνον παρατηρητές. Ζούμε, αναπνέουμε, υπάρχουμε μαζί με τη δημιουργία, δεν μπορούμε να διαχωρίσουμε τη θέση μας από αυτήν. Τη στιγμή που διαχωρίζουμε τη θέση μας, είμαστε νεκροί. Και χωρίς να διαχωρίσουμε τη θέση μας, όπως ένας παρατηρητής χωρίς ανάμειξη, χωρίς κάποια σύνδεση, δεν μπορούμε να ξέρουμε το απόλυτο μυστήριο. Είναι αδύνατον. Πάντοτε θα μένει κάτι άγνωστο. Ναι, μπορούμε να το αισθανθούμε, δεν μπορούμε να το γνωρίσουμε. Ίσως να μπορούμε να το βιώσουμε με διαφορετικούς τρόπους· δεν είναι, όμως, όπως η γνώση.

Ερωτεύεσαι· μπορείς να πεις, όμως, ότι ξέρεις την αγάπη; Φαίνεται πως είναι ένα εντελώς διαφορετικό φαινόμενο. Το αισθάνεσαι. Εάν προσπαθήσεις να το γνωρίσεις, το πιο πιθανό είναι να εξατμιστεί στα χέρια σου. Δεν μπορείς να το υποβιβάσεις στο επίπεδο της γνώσης. Δεν μπορείς να το καταστήσεις ένα αντικείμενο γνώσης, επειδή δεν είναι ένα διανοητικό φαινόμενο. Είναι κάτι που έχει να κάνει με την καρδιά. Ναι, οι παλμοί της καρδιάς σου το ξέρουν, αλλά αυτό είναι ένα εντελώς διαφορετικό είδος γνώσης, η διάνοια αδυνατεί να συλλάβει το νόημα των παλμών αυτών.

Υπάρχει, όμως, κάτι περισσότερο από την καρδιά στο εσωτερικό σου· η ύπαρξή σου, η πηγή της ζωής σου. Ακριβώς όπως γνωρίζεις μέσα από τη σκέψη σου, που είναι το πιο εγωιστικό τμήμα της προσωπικότητάς σου, γνωρίζεις κάτι μέσω της καρδιάς σου που είναι βαθύτερο από τη σκέψη. Η σκέψη δεν μπορεί να διεισδύσει σε αυτό, είναι πολύ βαθύ προκειμένου να το ερμηνεύσει. Πίσω από την καρδιά σου, όμως, ακόμη βαθύτερα, βρίσκεται η ύπαρξη σου, η ίδια η πηγή της ζωής σου. Αυτή η πηγή της ζωής έχει επίσης έναν τρόπο να γνωρίζει.

Ό,τι αντιλαμβάνεται το μυαλό, το ονομάζουμε *γνώση.*
Ό,τι αντιλαμβάνεται η καρδιά, το λέμε *αγάπη.*
Και ό,τι αντιλαμβάνεται η ύπαρξη, το λέμε *διαλογισμό.*

Καί οι τρεις έννοιες, όμως, μιλούν διαφορετικές γλώσσες, οι οποίες δεν είναι κατανοητές και ερμηνεύσιμες μεταξύ τους. Και όσο πιο βαθιά πηγαίνουμε, τόσο πιο δύσκολο είναι να μεταφραστούν, επειδή στο επίκεντρο της ύπαρξης μας δεν υπάρχει κάτι άλλο παρά σιωπή. Τώρα, πώς μπορεί να μεταφράσει κανείς τη σιωπή σε ήχο; Τη στιγμή που μεταφράζεις τη σιωπή σε ήχο την έχεις καταστρέψει. Ακόμη και η μουσική δεν μπορεί να τη μεταφράσει. Ίσως η μουσική να έρχεται πιο κοντά, αλλά δεν παύει να είναι ήχος.

Η ποίηση δεν έρχεται το ίδιο κοντά όπως η μουσική, επειδή τα λόγια, όσο όμορφα και να είναι, δεν παύουν να είναι λόγια. Δεν έχουν μέσα τους ζωή, είναι νεκρά. Πώς μπορείς να ερμηνεύσεις τη ζωή με κάτι νεκρό; Ναι, μπορεί ανάμεσα στα λόγια να συλλαμβάνεις κάτι, αλλά αυτό το κάτι βρίσκεται πίσω από τα λόγια, πίσω από τις γραμμές· όχι στις λέξεις, όχι πάνω στις γραμμές. Αυτό είναι το δομικό λάθος όλων των θρησκειών: εξαπάτησαν την ανθρωπότητα διατεινόμενες ανερυθρίαστα ότι γνωρίζουν τα Πάντα. Κάθε ημέρα, όμως, εκτίθεντο, και εκείνο που εξετέθη ανεπανόρθωτα, ήταν η απουσία της γνώσης. Ως εκ τούτου πολέμησαν ενάντια σε κάθε πρόοδο της γνώσης. Εάν ο Γαλιλαίος διαπιστώνει ότι η Γη κινείται γύρω από τον Ήλιο, ο πάπας οργίζεται. Ο πάπας είναι αλάνθαστος. Είναι απλά ένας αντιπρόσωπος του Ιησού, και όμως είναι αλάνθαστος. Τί να πει κανείς για τον Ιησού; Είναι ο μόνος υιός του Θεού. Και τί να πει κανείς για τον Θεό; Αλλά στην Βίβλο, που είναι ένα βιβλίο το οποίο προήλθε από τον Ουρανό, γραμμένο από το χέρι του Θεού, ο Ήλιος κινείται γύρω από τη Γη. Τώρα, λοιπόν, ο Γαλιλαίος δημιουργεί ένα πρόβλημα. Εάν ο Γαλιλαίος έχει δίκιο, τότε ο Θεός κάνει λάθος. Ο μονογενής υιός του Θεού κάνει λάθος. Και οι αντιπρόσωποι του μονογενούς υιού γι' αυτά τα δυο χιλιάδες χρόνια, όλοι οι αλάνθαστοι πάπες, κάνουν λάθος. Ένας και μόνο άνθρωπος, ο Γαλιλαίος, καταρρίπτει όλες τις αξιώσεις, ξεσκεπάζει την όλη υποκρισία. Το στόμα του πρέπει να κλείσει παράυτα. Ήταν γέρος, ετοιμοθάνατος στο κρεβάτι του, αλλά εξαναγκάστηκε, σχεδόν σύρθηκε ενώπιον της αυλής του πάπα για να απολογηθεί. Ο πάπας πρόβαλλε αξιώσεις «Να αλλάξεις αυτό που γράφεις στο βιβλίο σου, επειδή το ιερό βιβλίο δεν μπορεί να κάνει λάθος. Είσαι ένα απλό ανθρώπινο όν, μπορεί να σφάλλεις, αλλά ο Ιησούς Χριστός δεν μπορεί να κάνει λάθος, ο Θεός ο ίδιος δεν μπορεί να κάνει λάθος, εκατοντάδες αλάθητοι πάπες δεν μπορούν να κάνουν λάθος! Στέκεσαι απέναντι στον Θεό, στον γυιό του και στους αντιπροσώπους του! Σε διατάζω να αλλάξεις γνώμη!»

Ο Γαλιλαίος θα πρέπει να ήταν ένας άνθρωπος με έντονη αίσθηση του χιούμορ – το οποίο θεωρώ πως είναι ένα από τα σημαντικότερα γνωρίσματα ενός πραγματικά θρησκευόμενου ανθρώπου. Μόνο οι ανόητοι είναι σοβαροί. Τείνουν να είναι σοβαροφανείς. Απαιτείται κάποια ευφυΐα προκειμένου να είσαι σε θέση να γελάσεις. Ο Γαλιλαίος θα πρέπει να ήταν πολύ έξυπνος. Ήταν ένας από τους μεγαλύτερους επιστήμονες στον κόσμο, θα πρέπει όμως να συγκαταλεγεί και μεταξύ των πιο θρησκευόμενων ανθρώπων. Απάντησε: «Φυσικά και ο Θεός δεν μπορεί να κάνει λάθος! Ο Ιησούς δεν μπορεί να κάνει λάθος, όλοι οι αλάθητοι πάπες δεν μπορούν να κάνουν λάθος, αλλά ο φτωχός Γαλιλαίος μπορεί πάντοτε να κάνει λάθος! Δεν υπάρχει κανένα πρόβλημα. Θα το αλλάξω στο βιβλίο μου το συγκεκριμένο σημείο. Αλλά θα πρέπει να θυμάστε ένα πράγμα: η Γη δεν παύει να κινείται γύρω από τον Ήλιο. Γι' αυτό δεν μπορώ να κάνω τίποτε, δεν ακολουθεί τις εντολές μου. Σε ό,τι αφορά το βιβλίο μου, θα το αλλάξω, αλλά είμαι υποχρεωμένος σε μια υποσημείωση να γράψω το εξής: "Η Γη δεν ακολουθεί τις εντολές μου, εξακολουθεί να κινείται γύρω από τον Ήλιο».

Όλες οι θρησκείες του κόσμου τείνουν να προσποιούνται πως ό,τι και αν συμβαίνει, το γνωρίζουν. Και το γνωρίζουν ακριβώς όπως είναι, δεν μπορεί να είναι διαφορετικά.

Οι Ζαϊνιστές διατείνονται ότι ο προφήτης τους, ο μεσσίας τους είναι παντογνώστης. Γνωρίζει τα πάντα αναφορικά με το παρελθόν, το παρόν, και το μέλλον, οπότε ό,τι και αν λέει είναι η απόλυτη αλήθεια. Ο Βούδας αστειευόταν με τον Μαχαβίρα, τον μεσσία των Ζαϊνιστών. Ήταν συνομήλικοι πριν από είκοσι πέντε αιώνες.

Ο Μαχαβίρα γερνούσε, αλλά ο Βούδας ήταν νέος, και ήταν ακόμη σε θέση να αστειευτεί και να γελάσει. Ήταν ακόμη νέος και ζωντανός. Η διδασκαλία του δεν είχε ακόμη εδραιωθεί. Από τη στιγμή που η θρησκεία σου παγιωθεί κατοχυρώνεις τα κεκτημένα συμφέροντα σου. Ο Βουδισμός μόλις ξεκινούσε με τον

Βούδα. Ήταν ακόμη σε θέση να αστειευτεί και να γελάσει, οπότε αστειεύεται με τον Μαχαβίρα και με την υποτιθέμενη παντογνωσία του, την παντοδυναμία του και την απανταχού παρουσία του. Λέει: «Είδα τον Μαχαβίρα να στέκεται μπροστά από ένα σπίτι ζητιανεύοντας» – επειδή ο Μαχαβίρα ζούσε γυμνός και ζητιάνευε την τροφή του. Ο Βούδας, λοιπόν, έλεγε: «Τον είδα να στέκεται μπροστά σε ένα σπίτι που ήταν άδειο. Δεν υπήρχε κανείς μέσα στο σπίτι, ωστόσο αυτός ο άνδρας σύμφωνα με τους Τζάιν, γνωρίζει όχι μόνο το παρόν αλλά και το παρελθόν και το μέλλον. Είδα τον Μαχαβίρα να προχωρά μπροστά μου, και να πατά την ουρά ενός σκύλου. Ήταν ακόμη πολύ πρωί και δεν είχε φωτίσει για τα καλά. Μόνο όταν ο σκύλος αναπήδησε και άρχισε να γαβγίζει, κατάλαβε ο Μαχαβίρα ότι είχε πατήσει την ουρά του. Αυτός ο άνδρας είναι παντογνώστης, πλην όμως δεν αντιλαμβάνεται ότι ένα σκυλί κοιμάται στον δρόμο του και ότι θα πατήσει την ουρά του;»

Το ίδιο, όμως, συνέβη και με τον Βούδα όταν η θρησκεία του εδραιώθηκε. Τριακόσια χρόνια μετά τον θάνατο του, όταν τα ρητά του και τα αποφθέγματα του συγκεντρώθηκαν και εκδόθηκαν για πρώτη φορά, οι μαθητές του κατέστησαν απόλυτα σαφές ότι "καθετί που γράφτηκε εδώ, είναι απόλυτα αληθές, και θα παραμείνει αληθές για πάντα"...

Το βασικό λάθος το οποίο διέπραξαν όλες οι θρησκείες είναι ότι δεν ήταν αρκετά θαρραλέες ώστε να αποδεχτούν ότι υπάρχουν κάποια όρια στη γνώση. Δεν κατόρθωσαν σε καμμία φάση να πούνε αυτό που είπε ο Σωκράτης κάποτε: «Εν οίδα ότι ουδέν οίδα». Κύριοι, Δεν γνωρίζουμε.

Επέδειξαν τέτοια αλαζονεία, ώστε συνέχισαν να ισχυρίζονται ότι γνώριζαν και εξακολούθησαν να πλάθουν νέες ιστορίες. Αυτός είναι ο λόγος για τον οποίο η αληθινή θρησκεία θα είναι διαφορετική, ριζικά διαφορετική.

Ναι, κατά καιρούς έκαναν την εμφάνιση τους μεμονωμένα πρόσωπα τα οποία συγκέντρωναν στο πρόσωπο τους τα χαρακτηριστικά της αληθινής θρησκείας, όπως ήταν για παράδειγμα ο Μποντιντάρμα. Ήταν ένας από τους πιο αξιαγάπητους ανθρώπους και επισκέφθηκε την Κίνα πριν από χίλια τετρακόσια χρόνια. Έμεινε στην Κίνα επί εννέα χρόνια και μια συντροφιά μαζεύτηκε γύρω του. Δεν ήταν, όμως, ένας άνδρας που υπαγόταν στην ανοησία των αποκαλούμενων θρησκειών. Επίσημα ήταν ένας Βουδιστής μοναχός και η Κίνα είχε ήδη μεταστραφεί στον Βουδισμό. Χιλιάδες Βουδιστές μοναχοί είχαν φθάσει στην Κίνα πριν από τον Μποντιντάρμα, και όταν πληροφορήθηκαν ότι θα έφθανε στην Κίνα χάρηκαν, επειδή τον θεωρούσαν ισάξιο με τον Βούδα. Το όνομα του ήταν γνωστό εκεί πολύ πριν έρθει. Ακόμη και ο βασιλιάς της Κίνας ο μεγάλος Αυτοκράτορας Γου, πήγε να επισκεφθεί τον Μποντιντάρμα στα σύνορα της Κίνας με την Ινδία.

Ο Γου ήταν εκείνος που ευθυνόταν για τη μεταστροφή του συνόλου της Κίνας στον Βουδισμό, από τον Κομφούκιο στον Γκαουτάμα Βούδα. Είχε θέσει όλες τις δυνάμεις και όλους τους θησαυρούς του στα χέρια των Βουδιστών μοναχών και ήταν ένας μεγάλος αυτοκράτορας. Όταν συνάντησε τον Μποντιντάρμα είπε: «Περίμενα για να σε δω. Είμαι γέρος και είμαι ευτυχής που ήλθες. Όλα αυτά τα χρόνια σε περιμέναμε. Θέλω να σου κάνω μερικές ερωτήσεις».

Η πρώτη ερώτηση που έκανε ήταν η εξής: «Προσέφερα όλους τους θησαυρούς μου, τους στρατούς μου, τη γραφειοκρατία μου, όλα όσα είχα, για να προσηλυτίσω αυτήν την τεράστια χώρα στον Βουδισμό και οικοδόμησα χιλιάδες ναούς προς τιμήν του Βούδα». Είχε οικοδομήσει έναν ναό στο εσωτερικό του οποίου υπήρχαν δέκα χιλιάδες αγάλματα του Βούδα. Ένα ολόκληρο βουνό είχε λαξευτεί προκειμένου να χτιστεί ο ναός αυτός. Ρώτησε λοιπόν: «Ποιά θα είναι η ανταμοιβή μου στον άλλο κόσμο;»

Οι μοναχοί του έλεγαν: «Έκανες τόσα πολλά για να υπηρετήσεις τον Γκαουτάμα Βούδα, που πιθανόν όταν φθάσεις στον άλλο κόσμο, αυτός ο ίδιος θα στέκεται εκεί για να σε προϋπαντήσει. Κέρδισες τέτοια χάρη, ώστε μια αιωνιότητα απολαύσεων σου ανήκει».

Ο Μποντιντάρμα του απήντησε: «Όλα όσα έκανες δεν έχουν απολύτως κανένα νόημα. Δεν έχεις καν ξεκινήσει το ταξίδι, δεν έχεις καν κάνει το πρώτο βήμα. Θα καταλήξεις στην πιο βαθιά κόλαση, στο εγγυώμαι αυτό».

Ο Αυτοκράτορας Γου δεν μπορούσε να το πιστέψει αυτό: «Έκανα τόσα πολλά, κι εσύ μου λες ότι θα καταλήξω στην πιο βαθιά κόλαση;»

Ο Μποντιντάρμα γέλασε και είπε: «Ό,τι και αν έκανες, το έκανες από την απληστία σου, και καθετί που έχει ως κίνητρο την απληστία δεν μπορεί να σε καταστήσει θρησκευόμενο. Απαρνήθηκες, πράγματι, πάρα πολλά πλούτη. Δεν τα απαρνήθηκες, όμως, χωρίς προϋποθέσεις. Παζάρεψες. Ήταν μια εμπορική συναλλαγή. Κάνεις μια συναλλαγή με τον άλλο κόσμο. Τοποθετείς το ισοζύγιο σου από αυτόν τον κόσμο στον άλλον, μεταφέροντας το. Είσαι απατεώνας επειδή αυτός ο κόσμος είναι παροδικός· αύριο μπορεί να πεθάνεις, και αυτοί οι μοναχοί σού λένε ότι ο άλλος κόσμος είναι αιώνιος. Οπότε τί είναι αυτό που πραγματικά κάνεις; Εγκαταλείπεις τους παροδικούς θησαυρούς για να κερδίσεις τους αιώνιους θησαυρούς, είναι πράγματι μια καλή συναλλαγή! Ποιόν προσπαθείς να εξαπατήσεις;»

Όταν ο Μποντιντάρμα μίλησε στον Γου κατ' αυτόν τον τρόπο μπροστά σε όλους τους μοναχούς και στους στρατηγούς και στους κατώτερους φεουδάρχες οι οποίοι είχαν έλθει μαζί με τον Γου και όλη την αυλή του, ο Γου εξοργίστηκε. Κανείς στο παρελθόν δεν του είχε μιλήσει κατ' αυτόν τον τρόπο. Είπε λοιπόν στον Μποντιντάρμα: «Είναι αυτός τρόπος για να μιλάει ένας θρησκευόμενος άνθρωπος;»

Ο Μποντιντάρμα απήντησε: «Ναι, αυτός είναι ο μόνος τρόπος με τον οποίο μπορεί να μιλήσει ένας όντως θρησκευόμενος άνθρωπος. Όλοι οι άλλοι τρόποι είναι οι τρόποι των ανθρώπων που προσπαθούν να σε εξαπατήσουν. Αυτοί εδώ οι μοναχοί σε εξαπάτησαν. Σου υπόσχονταν διάφορα πράγματα. Δεν ξέρεις τίποτε για το τι συμβαίνει μετά θάνατον, ούτε αυτοί γνωρίζουν, προσποιούνται όμως ότι ξέρουν».

Ο Γου τότε ρώτησε: «Ποιός είσαι εσύ που μιλάς με τέτοια εξουσία;»

Ξέρετε τί του απάντησε ο Μποντιντάρμα; Του είπε: «Δεν ξέρω. Αυτό είναι κάτι που δεν το γνωρίζω. Βυθίστηκα στο εσωτερικό μου, έφθασα μέχρι τον πυρήνα της ύπαρξης μου και εξήλθα το ίδιο αδαής όπως και πριν. Δεν γνωρίζω». Αυτό, λοιπόν, το ονομάζω θάρρος.

Καμμία θρησκεία δεν ήταν αρκετά θαρραλέα ώστε να πει: «Γνωρίζουμε αυτό το πράγμα αρκετά καλά, υπάρχουν όμως και πολλά πράγματα που δεν τα γνωρίζουμε. Ίσως στο μέλλον να τα μάθουμε. Και πέρα από αυτό υπάρχει ένα πεδίο το οποίο θα μείνει για πάντα άγνωστο».

Εάν αυτές οι θρησκείες είχαν επιδείξει αυτήν την ταπεινότητα, ο κόσμος θα ήταν εντελώς διαφορετικός. Η ανθρωπότητα δεν θα τελούσε υπό αναστάτωση, δεν θα υπήρχε τόση αγωνία. Όλοι οι άνθρωποι σε όλον τον κόσμο είναι φοβισμένοι. Τί να πούμε για την Κόλαση, ήδη ζούμε την κόλαση εδώ. Πόσα περισσότερα βασανιστήρια μπορεί να περάσουμε στην Κόλαση; Και οι άνθρωποι που ευθύνονται γι' αυτό είναι οι λεγόμενοι θρησκευόμενοι άνθρωποί σας. Εξακολουθούν να υποδύονται και να παίζουν το ίδιο παιχνίδι. Τριακόσια χρόνια μετά τη συνεχή κατάρριψη των μύθων από την επιστήμη, μετά την αποδόμηση της αποκαλούμενης γνώσης, την αποκάλυψη νέων στοιχείων και νέων δεδομένων, ο πάπας εξακολουθεί να έχει το αλάθητο, οι ινδουιστές ιερείς και οι ιμάμηδες εξακολουθούν να θεωρούνται αλάνθαστοι.

Μια πραγματική θρησκεία θα πρέπει να είναι αρκετά ταπεινή ώστε να παραδεχθεί ότι λίγα μόνο πράγματα είναι γνωστά, και ότι κάτι θα παραμείνει για πάντα άγνωστο. Αυτό το "κάτι" είναι ο στόχος όλης της πνευματικής έρευνας. Δεν μπορείς να το καταστήσεις αντικείμενο γνώσης, μπορείς όμως να το αισθανθείς, μπορείς να το πιεις, μπορείς να λάβεις μια γεύση του· είναι υπαρκτό.

Ο επιστήμονας κρατά μια διακριτή θέση σε σχέση με το αντικείμενο το οποίο μελετάει. Ξεχωρίζει σε σχέση με το αντικείμενο, κατ' αυτόν τον τρόπο η γνώση καθίσταται δυνατή, επειδή εκείνος που γνωρίζει είναι διαφορετικός. Ο θρησκευόμενος άνθρωπος, όμως, κινείται μέσα στην υποκειμενικότητά του όπου ο γνώστης και η γνώση είναι ένα πράγμα, δεν υπάρχει πιθανότητα να γνωρίσει κάτι άλλο. Ναι, μπορείς να το χορέψεις, δεν μπορείς όμως να το πεις.

Μπορεί να είναι στον δρόμο που περπατάς, μπορεί να είναι μπροστά στα μάτια σου, στον τρόπο που βλέπεις, μπορεί να είναι στο άγγιγμα σου, στον τρόπο που αγγίζεις, αλλά δεν μπορεί να εκφραστεί με λόγια. Τα λόγια είναι εντελώς ανίσχυρα σε ό,τι αφορά τη θρησκεία. Και όλες οι αποκαλούμενες θρησκείες βρίθουν λόγων. Όλα αυτά εγώ τα θεωρώ κουραφέξαλα! Αυτό είναι το δομικό τους λάθος.

Αυτό με οδηγεί στη δεύτερη θέση μου, ότι δηλαδή όλες αυτές οι θρησκείες εναντιώθηκαν στην αμφιβολία. Στην πραγματικότητα φοβόντουσαν την αμφιβολία. Μόνο ένας ανίσχυρος διανοούμενος μπορεί να φοβάται την αμφιβολία, διαφορετικά η αμφιβολία είναι μια πρόκληση, μια ευκαιρία για διερεύνηση.

Εξόντωσαν όλες οι θρησκείες την αμφιβολία και επέβαλαν στη σκέψη όλων την ιδέα ότι αν αμφιβάλλεις θα πας στην Κόλαση και θα υποφέρεις αιώνια: «Μην αμφιβάλλεις ποτέ». Η ουσία βρίσκεται στην πίστη, σου λένε, στην ολοκληρωτική πίστη —ούτε καν στη μερική πίστη, αλλά στην ολοκληρωτική πίστη. Ένας έξυπνος άνθρωπος πώς είναι δυνατόν να πιστεύει κάτι ολοκληρωτικά; Και ακόμη και αν καταβάλει προσπάθεια για να πιστέψει ολοκληρωτικά, αυτό σημαίνει ότι η αμφιβολία είναι εκεί. Διαφορετικά ενάντια σε τί μάχεται; Κόντρα σε ποιά αμφιβολία παλεύει προκειμένου να πιστέψει ολοκληρωτικά;

Υπάρχει η αμφιβολία, και η αμφιβολία δεν καταστρέφεται από την πίστη. Η αμφιβολία καταστρέφεται από την εμπειρία.

Λένε: *πίστεψε*· εγώ λέω: *ερεύνα*. Λένε: *μην αμφιβάλλεις*, εγώ λέω: *να αμφιβάλλεις για το καθετί, μέχρι το τέλος, μέχρι τη στιγμή που θα γνωρίσεις και θα αισθανθείς την εμπειρία*. Τότε δεν υπάρχει λόγος να καταπιέσεις την αμφιβολία, εξατμίζεται από μόνη της. Τότε δεν υπάρχει λόγος να πιστέψεις. Δεν πιστεύεις στον ήλιο; Δεν πιστεύεις στη σελήνη; Τότε γιατί πιστεύεις στον Θεό; Δεν χρειάζεται να πιστεύεις σε συνηθισμένα φαινόμενα, ακριβώς επειδή είναι πάντα εκεί. Ένα τριαντάφυλλο είναι εκεί το πρωί· το βράδυ έχει μαραθεί. Το γνωρίζεις αυτό, δεν υπάρχει λόγος να αμφιβάλλεις. Αυτή η "πίστη" σε ένα τριαντάφυλλο είναι μια απλή πίστη, δεν μπορεί να γίνει λόγος για αμφιβολία. Ακριβώς όπως δεν μπερδεύεσαι ανάμεσα σε μια απλή πεποίθηση και σε μια σύνθετη πεποίθηση έχω μια διαφορετική λέξη γι' αυτό: εμπιστοσύνη. Εμπιστεύεσαι ένα τριαντάφυλλο. Ανθίζει, αναδίδει το άρωμα του και μετά χάνεται. Ως το βράδυ δεν είναι πια εκεί, τα πέταλα του έχουν πέσει και ο άνεμος τα έχει πάρει μακριά. Και γνωρίζεις ότι και πάλι θα ανθίσουν τριαντάφυλλα, και πάλι θα αισθανθείς το άρωμα τους. Δεν χρειάζεται να το πιστέψεις, το γνωρίζεις απλά εμπειρικά, επειδή και εχθές υπήρχαν άνθη και εξαφανίστηκαν. Σήμερα θα κάνουν και πάλι την εμφάνιση τους, και αύριο η Φύση θα ακολουθήσει την πορεία της.

Γιατί να πιστεύεις στον Θεό; Ούτε χθες είχες κάποια εμπειρία του Θεού, ούτε σήμερα, και ποιά μπορεί να είναι η βεβαιότητά σου περί αυτού αύριο; Από πού μπορείς να αντλήσεις τη βεβαιότητα για το αύριο; Το χθες ήταν κενό, το σήμερα είναι κενό και το αύριο δεν θα είναι παρά μια κενή ελπίδα, ελπίδα ενάντια στην ελπίδα. Αυτό, όμως, είναι εκείνο το οποίο δίδαξαν όλες οι θρησκείες. *Κατάστρεψε την ελπίδα, άνθρωπε, και πίστεψε.*

Τη στιγμή που θα καταστρέψεις την ελπίδα, θα έχεις καταστρέψει κάτι που θα έχει τεράστια αξία, επειδή η αμφιβολία είναι εκείνη η οποία θα σε βοηθήσει να ερευνήσεις και να βρεις. Καταστρέφοντας την αμφιβολία έχεις αποκόψει τη βαθύτερη ρίζα της αναζήτησης, τώρα δεν θα υπάρχει καμμία αναζήτηση. Αυτός είναι ο λόγος για τον οποίο σπάνια, αραιά και πού, βρίσκεται κάποιος άνθρωπος στον κόσμο ο οποίος έχει την αίσθηση του αιωνίου, ο οποίος έχει αναπνεύσει το αιώνιο, έχει βιώσει τον παλμό του αιωνίου· είναι πολύ σπάνιο. Και ποιός ευθύνεται γι' αυτό; Όλοι οι ραβίνοι και οι ιμάμηδες και οι πάπες και οι ινδουιστές ιερείς, είναι υπεύθυνοι επειδή απέκοψαν τη βαθύτερη ρίζα της αναζήτησης.

Στην Ιαπωνία καλλιεργούν ένα σπάνιο δένδρο. Υπάρχουν δένδρα ηλικίας τριακοσίων-τετρακοσίων ετών, το ύψος των οποίων φθάνει τις πέντε ίντσες. Τετρακοσίων ετών! Εάν κοιτάξεις αυτό το δένδρο είναι τόσο παλιό, αλλά πολύ κοντό, μόνο πέντε ίντσες. Πιστεύουν ότι αυτό είναι μια τέχνη. Εκείνο που έκαναν είναι να συνεχίσουν να κόβουν τις ρίζες. Το γήινο δοχείο το οποίο περιέχει το δένδρο δεν έχει πάτο, οπότε αραιά και πού σηκώνουν το δοχείο και κόβουν τις ρίζες. Όταν κόψεις τις ρίζες, το δένδρο δεν μπορεί να μεγαλώσει. Γερνάει, αλλά δεν μεγαλώνει ποτέ. Μεγαλώνει όλο και πιο πολύ, αλλά το έχεις καταστρέψει. Θα μπορούσε να είχε γίνει μεγάλο δένδρο, επειδή κατά το μεγαλύτερο μέρος τους αυτά τα δένδρα είναι φίκοι.

Η Ιαπωνία είναι μια βουδιστική χώρα, και ο Γκαουτάμα Βούδας δέχτηκε την επιφοίτηση ενώ καθόταν κάτω από έναν φίκο. Ο φίκος φέρει την ίδια ονομασία και στην Αγγλία, επειδή κάτω από αυτό ο Γκαουτάμα Σιντάρτα, έγινε Βούδας, έλαβε το *μπόντι*, τον φωτισμό. Το πλήρες όνομα του φίκου είναι στ' αγγλικά bodhi tree, αλλά δια της καθημερινής χρήσης επήλθε σύντμηση του όρου σε bo-tree. Οπότε τα περισσότερα από αυτά τα δένδρα στην Ιαπωνία είναι bo-trees. Τώρα πλέον κανείς Βούδας δεν μπορεί να καθίσει κάτω από τους χαμηλούς αυτούς φίκους. Απέτρεψες πολλούς Βούδες από το να γίνουν Βούδες, κόβοντας αυτά τα δένδρα στη ρίζα τους.

Αυτό που κάνουν οι άνθρωποι αυτοί στην Ιαπωνία δηλώνει κάτι το σημαντικό: είναι αυτό ακριβώς που έκαναν στον άνθρωπο, σ' εσένα, οι θρησκείες. Σου έκοψαν τις ρίζες ώστε να μην μπορέσεις να αναπτυχθείς, οπότε το μόνο που κάνεις είναι να γερνάς. Και η πρώτη ρίζα που σου κόβουν είναι η αμφιβολία. Έτσι η ανάγκη για αναζήτηση παύει.

Η δεύτερη ρίζα την οποία σου κόβουν, σε στρέφει ενάντια στην ίδια τη φύση σου, καταδικάζει τη φύση σου. Προφανώς όταν η φύση σου είναι καταδικασμένη, πώς είναι δυνατόν να τη βοηθήσεις να αναπτυχθεί, να ευημερήσει και να ακολουθήσει την πορεία της όπως το ποτάμι; Όχι, δεν σου επιτρέπουν να είσαι σαν το ποτάμι και να κινείσαι ελικοειδώς. Όλες οι θρησκείες σε μετέτρεψαν σε τρένο, που κινείται σε ράγες, που κινείται από τον έναν σταθμό στον άλλον, και τις περισσότερες φορές ακολουθεί απλά διακλαδώσεις, χωρίς να πηγαίνει πουθενά, αλλά εξακολουθεί να κινείται επάνω στις γραμμές. Αυτές οι γραμμές φέρουν την ονομασία *πειθαρχία, έλεγχος, αυτοέλεγχος.*

Οι θρησκείες προκάλεσαν τόσο κακό στην ανθρωπότητα, που το μέγεθός του δεν είναι δυνατόν να εκτιμηθεί. Το δοχείο των αμαρτιών τους είναι γεμάτο και ξεχειλίζει. Χρειάζεται απλά να πεταχτεί στον Ειρηνικό, σε βάθος πέντε μιλίων, τόσο βαθιά που να μην μπορεί κανείς να το βρει ξανά και να ξεκινήσει την ίδια ανόητη διαδικασία. Ο μικρός αριθμός των ανθρώπων στον κόσμο οι οποίοι είναι πραγματικά ευφυείς, θα πρέπει να απαλλαγεί από όλα όσα του προκάλεσαν οι θρησκείες εν αγνοία του. Θα πρέπει να απαλλαγούν ολοκληρωτικά από τον Ιουδαϊσμό, τον Ινδουισμό, τον Μωαμεθανισμό, τον Χριστιανισμό, τον Ζαϊνισμό και τον Βουδισμό. Θα πρέπει να καθαριστούν εντελώς· το να είσαι άνθρωπος είναι αρκετό.

Αποδέξου τον εαυτό σου. Δείξε σεβασμό απέναντι στον εαυτό σου. Επίτρεψε στη φύση σου να ακολουθήσει τη δική της πορεία. Μην καταπιέζεσαι, μην πιέζεις τον εαυτό σου. Η αμφιβολία δεν είναι σε καμμία περίπτωση αμαρτία· αντίθετα είναι το σημάδι της ευφυΐας σου. Αμφίβαλλε και συνέχισε να ερευνάς έως ότου βρεις αυτό που ψάχνεις.

Ένα πράγμα μπορώ μονάχα να πω: *όποιος ψάχνει, βρίσκει.* Είναι απόλυτα βέβαιο. Ποτέ δεν ίσχυε το αντίθετο. Κανείς δεν γύρισε με άδεια χέρια από μια αυθεντική αναζήτηση.

Το μεγαλύτερο κακό το οποίο προξένησαν στην ανθρωπότητα οι λεγόμενες θρησκείες είναι το γεγονός ότι απέτρεψαν την ανθρωπότητα από το να βρει την αληθινή θρησκεία. Όλες οι θρησκείες του κόσμου εκπαίδευσαν την ανθρώπινη σκέψη από τα παιδικά κιόλας χρόνια να πιστεύει ότι η δική τους είναι η αληθινή θρησκεία, η θρησκεία στους κόλπους της οποίας γεννιέσαι. Ένας Ινδουιστής πιστεύει ότι η θρησκεία του είναι η μόνη αληθινή θρησκεία στον κόσμο, και ότι όλες οι άλλες θρησκείες είναι ψευδείς. Το ίδιο ισχύει με τον Εβραίο, με τον Χριστιανό, με τον Βουδιστή, με τον Μωαμεθανό. Συμφωνούν μόνο σε ένα σημείο, και αυτό είναι ότι δεν χρειάζεται να βρουν την πραγματική θρησκεία. Η πραγματική θρησκεία είναι ήδη στη διάθεση σου, γεννιέσαι μέσα σε αυτήν κι έχοντας μέσα σου ακριβώς αυτήν.

Θεωρώ πως αυτό είναι το μεγαλύτερο κακό, επειδή όταν ζεις χωρίς αυθεντική θρησκευτικότητα μπορείς μόνο να φυτοζωήσεις, ενώ στην πραγματικότητα δεν ζεις. Παραμένεις ένα υπερφύαλο ον, δεν μπορείς να κατακτήσεις κάποιο βάθος, κάποια αυθεντικότητα. Δεν γνωρίζεις τίποτε αναφορικά με τα δικά σου βάθη. Γνωρίζεις τον εαυτό σου μέσω των άλλων, μέσα απ' όσα εκείνοι λένε. Ακριβώς όπως γνωρίζεις το πρόσωπο σου μέσα από τον καθρέφτη, εξοικειώνεσαι με τον εαυτό σου μέσα από τη γνώμη των άλλων ανθρώπων, δεν γνωρίζεις τον εαυτό σου απευθείας. Και οι γνώμες από τις οποίες εξαρτάσαι είναι των ανθρώπων εκείνων οι οποίοι βρίσκονται σε μια παρόμοια κατάσταση, δεν γνωρίζουν τον εαυτό τους.

Αυτές οι θρησκείες δημιούργησαν μια κοινωνία τυφλών ανθρώπων, και εξακολουθούν να σου λένε ότι δεν χρειάζεσαι μάτια. Είχε μάτια ο Ιησούς! Αρκεί αυτό, δεν υπάρχει λόγος να έχουν μάτια και οι Χριστιανοί! Θα χαράξει ο Ιησούς τον δρόμο σου για τον παράδεισο, εσύ δεν έχεις παρά να τον ακολουθήσεις τυφλά!. Δεν σου επιτρέπεται να σκέφτεσαι, επειδή η σκέψη μπορεί να σε κάνει να ξεστρατίσεις. Η σκέψη ενδέχεται να σε οδηγήσει σε διαφορετικά μονοπάτια από εκείνα που επιθυμείς να ακολουθήσεις, επειδή η σκέψη ισοδυναμεί με όξυνση της κρίσης και της διάνοιάς σου. Και αυτό είναι πολύ επικίνδυνο για τις αποκαλούμενες θρησκείες. Οι αποκαλούμενες θρησκείες σε θέλουν βουβό και νεκρό, να σέρνεσαι στο κατόπι τους. Θέλουν να μην σκέφτεσαι, αλλά μόνο να σέρνεσαι. Είναι, όμως, ευφυείς στο να επινοούν ωραία ονόματα. Χαρακτηρίζουν τη στάση αυτή με τη λέξη "πίστη". Ωστόσο, δεν είναι τίποτε άλλο στην πραγματικότητα παρά η αυτοκτονία – ή η δολοφονία– της νοημοσύνης σου.

Η αληθινή θρησκεία δεν ζητά την επίδειξη πίστης εκ μέρους σου· η αληθινή θρησκεία θα απαιτήσει την εμπειρία. Δεν θα σου ζητήσει να ξεριζώσεις την αμφιβολία, θα σε βοηθήσει να οξύνεις την κρίση σου ώστε να μπορείς να φθάσεις την έρευνα σου ως το τέλος. Η αληθινή θρησκεία θα σε βοηθήσει να βρεις την αλήθεια. Και να θυμάσαι: *η αλήθεια μου δεν μπορεί να είναι ποτέ η δική σου αλήθεια, επειδή δεν υπάρχει τρόπος να μεταβιβαστεί η αλήθεια από τον ένα άνθρωπο στον άλλο.*

Η αλήθεια του Μωάμεθ είναι αλήθεια του Μωάμεθ, δεν μπορεί να γίνει δική σου επειδή απλά έγινες Μωαμεθανός. Σε σένα εκείνο που θα μείνει είναι η πίστη. Και ποιός ξέρει αν ο Μωάμεθ γνώριζε, και τί γνώριζε, ή όχι; Ποιός μου λέει ότι ο Ιησούς δεν ήταν απλά και μόνον ένας φανατικός, ένας νευρωτικός; Αυτό είναι κάτι στο οποίο συντείνει η γνώμη πολλών ψυχιάτρων, ψυχολόγων και ψυχαναλυτών: ότι δηλαδή ο Ιησούς ήταν μια διαταραγμένη προσωπικότητα. Το να χαρακτηρίζεις τον εαυτό σου μονογενή υιό του Θεού, το να δηλώνεις "εγώ είμαι ο μεσσίας ο οποίος ήλθε να λυτρώσει τον κόσμο από τον πόνο και την αμαρτία", πραγματικά πιστεύετε ότι είναι κάτι λογικό, κάτι φυσιολογικό;

Ακόμη και αν ένας Γκαουτάμα Βούδας γνωρίζει την αλήθεια, δεν υπάρχει τρόπος να εξακριβώσεις αν όντως τη γνωρίζει ή όχι. Ναι, μπορείς να αναγνωρίσεις κάποιον που γνωρίζει την αλήθεια, αν τη γνωρίζεις και εσύ. Τότε θα έχεις την ικανότητα να τη διαισθανθείς. Διαφορετικά πιστεύεις απλά στην κοινή γνώμη: πιστεύεις στην ψυχολογία της μάζας, που είναι του χαμηλότερου επιπέδου.

Η αλήθεια προέρχεται από την ανώτερη ευφυΐα. Εάν, όμως, από την αρχή μαθαίνεις να πιστεύεις, τότε είσαι ανάπηρος, είσαι κατεστραμμένος. Εάν από την αρχή εθίζεσαι στο να έχεις θρησκευτική πίστη, τότε έχεις χάσει την ψυχή σου. Τότε θα φυτοζωείς, δεν θα ζεις. Και αυτό είναι που κάνουν εκατομμύρια άνθρωποι σε όλον τον κόσμο: φυτοζωούν.

Τί ζωή μπορείς να έχεις; Δεν γνωρίζεις καν τον εαυτό σου. Δεν ξέρεις από πού έρχεσαι, πού πηγαίνεις και ποιός είναι ο σκοπός όλων αυτών. Ποιός σε απέτρεψε από το να γνωρίσεις; Όχι ο διάβολος, αλλά οι πάπες, οι ιερείς, οι μουφτήδες, οι ραβίνοι, οι ινδουιστές ιερείς, αυτοί είναι οι πραγματικοί διάβολοι. Απ' όσο μπορώ να αντιληφθώ, όλες αυτές οι συναγωγές, οι ναοί, τα τζαμιά, οι εκκλησίες, είναι όλα αφιερωμένα στον διάβολο και όχι στον Θεό, επειδή αυτό που έκαναν δεν είναι θεϊκό. Είναι ξεκάθαρο έγκλημα η σφαγή της παγκόσμιας σκέψεως.

Καμμία θρησκεία δεν είχε αρκετό θάρρος ώστε να ομολογήσει ότι "υπάρχουν πράγματα για τα οποία μπορείς να υποβάλεις ένα ερώτημα, αλλά να μην περιμένεις απάντηση. Η ζωή είναι ένα μυστήριο". Μπορούμε να καταφέρουμε να ζήσουμε καλύτερα, μα δεν μπορούμε να καταφέρουμε να ζήσουμε περισσότερο· μπορούμε να ζήσουμε πολύ πιο άνετα, δεν μπορούμε, όμως, να γνωρίζουμε τι είναι η ζωή. Το ερώτημα θα παραμείνει ερώτημα μέχρι τέλους.

Η όλη προσπάθειά μου έχει να κάνει με το να σας βοηθήσω ξανά να γίνετε αδαείς.

Οι θρησκείες σάς κατέστησαν *κατηχημένους*, και αυτό είναι το κακό το οποίο διέπραξαν. Σας μεταβίβασαν τόσο εύκολα και τόσο απλά όλη τη χριστιανική κατήχηση την οποία μπορεί κανείς να αποστηθίσει μέσα σε μια ώρα και να την επαναλάβει σαν παπαγάλος. Δεν θα μπορέσετε, όμως, να μάθετε, το αληθινό, το πραγματικό, τη γνώση που σας περιβάλλει χωρίς κατήχηση. Αυτή η κατήχηση δεν θα μπορέσει να σας προσφέρει ουσιώδη γνώση.

Το να απορρίψεις τη γνώση, όμως, είναι ένα από τα μεγαλύτερα προβλήματα, επειδή η γνώση είναι εκείνη που τρέφει και καλλιεργεί το εγώ. Το εγώ επιθυμεί να κλείσει μέσα του όλη τη γνώση. Και όταν λέω ότι θα πρέπει να αποβάλετε τη γνώση και να γίνετε ξανά σαν ένα παιδί, εννοώ ότι θα πρέπει να ξεκινήσετε από το σημείο εκείνο που ο ραβίνος ή ο ιερέας σάς τράβηξε την προσοχή. Θα πρέπει να επιστρέψετε ξανά στο σημείο αυτό.

Θα πρέπει να γίνετε ξανά αθώος, αδαής, να αγνοείτε τα πάντα, ώστε τα ερωτήματα να αρχίσουν να αναδύονται ξανά. Και πάλι η αναζήτηση ζωντανεύει, και όταν η αναζήτηση ζωντανέψει δεν είναι δυνατόν να φυτοζωείς. Η ζωή γίνεται μια αναζήτηση, μια περιπέτεια.

ΕΚΜΑΘΗΜΕΝΟ ΚΑΙ ΦΥΣΙΚΟ: ΕΠΑΝΑΚΤΩΝΤΑΣ ΤΟΝ ΕΑΥΤΟ ΜΕ ΤΟΝ ΟΠΟΙΟ ΓΕΝΝΗΘΗΚΑΤΕ

Στο παρελθόν σε όλον τον κόσμο, οι άνθρωποι υπήρξαν παγανιστές, δηλαδή απλοί λάτρες της Φύσεως. Δεν υπήρχε η έννοια της αμαρτίας, δεν γινόταν λόγος για ενοχή. Η ζωή γινόταν αποδεκτή ως είχε. Δεν υπήρχε καμμία εκτίμηση, καμμία ερμηνεία. Η λογική δεν είχε ακόμη εμπλακεί.

Τη στιγμή που αρχίζει να εμπλέκεται η λογική, η καταδίκη κάνει την εμφάνιση της. Τη στιγμή που εισέρχεται στο προσκήνιο η λογική, ξεκινούν οι διαιρέσεις και ο άνθρωπος μέσα του χωρίζεται. Τότε αρχίζεις να καταδικάζεις κάτι στην ύπαρξή σου· το ένα μέρος ανυψώνεται και το άλλο υποβιβάζεται, και αρχίζεις να χάνεις την ισορροπία. Αυτό, όμως, έπρεπε να συμβεί, η λογική έπρεπε να έρθει, αυτό είναι μέρος της ανάπτυξης. Ό,τι συμβαίνει σε κάθε παιδί, έπρεπε να συμβεί και στο σύνολο της ανθρωπότητας επίσης.

Όταν το παιδί γεννιέται είναι παγανιστής. Κάθε παιδί γεννιέται παγανιστής, είναι χαρούμενο με τη ζωή του όπως έχει. Δεν έχει ιδέα τι είναι σωστό και τι είναι λάθος. Δεν διέπεται από ιδανικά. Δεν διαθέτει ούτε κριτήρια, ούτε κρίση. Όταν πεινά, ζητά φαγητό. Όταν νυστάζει, πέφτει και κοιμάται. Αυτό ορίζουν οι δάσκαλοι του Ζεν ως ανώτατο σημείο της θρησκευτικότητας. Όταν είσαι πεινασμένος φάε, όταν νιώθεις κουρασμένος κοιμήσου. Άσε τη ζωή να κυλά. Μην αναμειγνύεσαι.

Κάθε παιδί γεννιέται παγανιστής, αργά ή γρήγορα, όμως, θα χάσει την αβίαστη αυτή απλότητα. Αυτό είναι κομμάτι της ζωής, πρέπει να συμβεί. Αποτελεί μέρος της ανάπτυξης, της ωριμότητας, του πεπρωμένου. Το παιδί θα πρέπει να το χάσει και να το βρει ξανά. Όταν το παιδί το χάνει, γίνεται συνηθισμένο, προσγειωμένο. Όταν το επανακτά, γίνεται ουσιαστικά *θρησκευόμενο*. Η αθωότητα της παιδικής ηλικίας είναι φθηνή. Είναι ένα δώρο της δημιουργίας. Δεν το κερδίσαμε και θα πρέπει να το χάσουμε. Μόνο χάνοντάς το θα αντιληφθούμε τι ήταν εκείνο το οποίο χάσαμε. Έπειτα θα αρχίσουμε να το αναζητούμε ξανά. Και μόνο όταν το αναζητήσουμε και το κερδίσουμε, όταν το πετύχουμε και γίνουμε ένα με αυτό, τότε θα συνειδητοποιήσουμε την ανεκτίμητη αξία του.

> **Είχα πάντοτε την αίσθηση από την παιδική μου κιόλας ηλικία, ότι μέσα μου είμαι περισσότεροι από δύο άνθρωποι. Μπορείτε να μου πείτε τί ακριβώς είναι αυτό;**

Ο καθένας από εμάς γεννιέται ως μια και μοναδική προσωπικότητα· τη στιγμή, όμως, που είναι αρκετά ώριμος ώστε να συμμετάσχει ενεργά στη ζωή, έχει μεταβληθεί σε πλήθος. Δεν νιώθετε κάτι το ιδιαίτερο, αυτό συμβαίνει σχεδόν στον καθένα. Η μόνη διαφορά έχει να κάνει με το γεγονός ότι αντιλαμβάνεστε το γεγονός αυτό που είναι κάτι καλό. Οι άνθρωποι συνήθως δεν το αντιλαμβάνονται.

Εάν καθίσεις απλά ήρεμος και αφουγκραστείς τις σκέψεις σου, θα ακούσεις πολλές φωνές. Θα εκπλαγείς, γνωρίζεις τις φωνές αυτές πολύ καλά. Κάποια από τις φωνές είναι εκείνη του παππού σου, κάποια εκείνη της γιαγιάς σου, κάποια είναι του πατέρα σου, μια άλλη φωνή είναι της μητέρας σου. Κάποια φωνή είναι του ιερέα, άλλη του δασκάλου, των γειτόνων, των φίλων, των εχθρών σου. Όλες αυτές οι φωνές συνωστίζονται μέσα σου, και αν θελήσεις να βρεις τη δική σου φωνή, είναι σχεδόν αδύνατον, το πλήθος είναι πολύ μεγάλο.

Στην πραγματικότητα έχεις ξεχάσει τη φωνή σου από καιρό. Δεν σου δόθηκε ποτέ αρκετή ελευθερία ώστε να ακουστούν οι απόψεις σου. Εκείνο που σου δίδασκαν πάντοτε ήταν η υπακοή. Σου δίδαξαν να λες *ναι* σε καθετί που σου έλεγαν οι μεγαλύτεροί σου. Σου δίδαξαν ότι θα πρέπει να ακολουθείς καθετί που έκαναν οι δάσκαλοι ή οι ιερείς σου. Κανείς δεν σου είπε ποτέ να ψάξεις για τη δική σου φωνή: «Έχεις δική σου φωνή ή όχι;» Οπότε η φωνή σου έμεινε υποταγμένη και οι άλλες φωνές ήταν ήδη πολύ δυνατές, επιτακτικές, επειδή ήταν διαταγές και εσύ τις ακολουθούσες. Παρά τη θέληση σου. Δεν είχες καμμία διάθεση να τις ακολουθήσεις, μπορούσες να πεις «Αυτό δεν είναι σωστό». Κανείς, όμως, πρέπει να είναι υπάκουος προκειμένου να είναι σεβαστός, να είναι αποδεκτός, να είναι αγαπητός...

Φυσικά μόνο μια φωνή απουσιάζει από το εσωτερικό σου, μόνο ένα πρόσωπο λείπει από μέσα σου, και αυτό είσαι εσύ. Διαφορετικά υπάρχει ένα ολόκληρο πλήθος, και αυτό το πλήθος σε τρελαίνει συνεχώς, επειδή μια φωνή λέει: «Κάνε αυτό», μια άλλη φωνή λέει: «Μην το κάνεις ποτέ αυτό! Μην ακούς αυτή τη φωνή!» κι έτσι εσύ διχάζεσαι.

Αυτό το πλήθος θα πρέπει να αποσυρθεί. Πρέπει να πεις σε αυτό το πλήθος: «Τώρα σε παρακαλώ, άφησέ με μόνο». Οι άνθρωποι οι οποίοι αποσύρονταν στα βουνά ή στα απομονωμένα δάση, στην πραγματικότητα δεν απομακρύνονταν από την κοινωνία. Προσπαθούσαν να βρουν ένα μέρος όπου θα μπορούσαν να σκορπίσουν το πλήθος το οποίο συνωστιζόταν στο εσωτερικό τους.

Αυτοί οι άνθρωποι οι οποίοι βρίσκονται μέσα σου διστάζουν προφανώς να φύγουν. Αν, όμως, θέλεις να γίνεις ανεξάρτητος και αυτεξούσιος άνθρωπος, αν θες να απαλλαγείς από όλες αυτές τις συγκρούσεις στο εσωτερικό σου, τότε θα πρέπει να τους αποχαιρετήσεις, ακόμη και αν οι φωνές αυτές ανήκουν στον σεβαστό πατέρα σου, στη μητέρα σου, στον παππού σου. Δεν έχει σημασία σε ποιόν ανήκουν. Ένα πράγμα είναι σίγουρο. Δεν είναι οι δικές σου φωνές. Είναι οι φωνές των ανθρώπων που έζησαν στον καιρό τους, και οι οποίοι δεν είχαν ιδέα για το πώς θα είναι το μέλλον. Μεταβίβασαν στα παιδιά τους τη δική τους εμπειρία, αλλά η εμπειρία τους δεν μπορεί να ταιριάξει με το άγνωστο μέλλον. Πιστεύουν ότι βοηθούν τα παιδιά τους να γίνουν περισσότερο γνωστικά, να γίνουν πιο σοφά ώστε η ζωή τους να γίνει ευκολότερη και πιο άνετη, κάνουν όμως απόλυτο λάθος. Με όλη την καλή πρόθεση στον κόσμο, καταστρέφουν τον αυθορμητισμό του παιδιού, τη συνείδηση του, την ικανότητα του να σταθεί στα πόδια του και να ανταποκριθεί στις απαιτήσεις ενός μέλλοντος για το οποίο οι πρόγονοί τους δεν είχαν ιδέα.

Το παιδί θα αντιμετωπίσει νέες καταιγίδες, θα αντιμετωπίσει καινούργιες καταστάσεις, και χρειάζεται μια εντελώς νέα συνείδηση προκειμένου να ανταποκριθεί σε αυτές τις απαιτήσεις. Μόνο τότε η ανταπόκριση αυτή θα είναι αποδοτική, μόνο τότε μπορεί κάποιος να έχει μια θριαμβευτική ζωή, μια ζωή που δεν θα είναι απλά μια παρατεταμένη περίοδος απελπισίας, αλλά ένας συνεχής χορός, ο οποίος γίνεται όλο και πιο έντονος. Τότε ο άνθρωπος συναντά τον θάνατο χορεύοντας και όντας χαρούμενος.

Είναι καλό που αντιλαμβάνεστε το γεγονός ότι σας φαίνεται πως είστε περισσότεροι από ένας άνθρωπο. Ο καθένας μας είναι! Και αντιλαμβανόμενοι κάτι τέτοιο, καθίσταται δυνατό να απαλλαγούμε από το πλήθος αυτό.

Μείνε σιωπηλός και βρες τον εαυτό σου. Αν δεν βρεις τον εαυτό σου είναι δύσκολο να διασκορπίσεις το πλήθος αυτό, επειδή όλοι αυτοί οι διαφορετικοί άνθρωποι στο πλήθος, υποκρίνονται λέγοντας «Είμαι ο εαυτός σου», και δεν έχεις τρόπο να συμφωνήσεις μαζί τους ή να τους αντικρούσεις. Οπότε μην έρχεσαι σε σύγκρουση με το πλήθος. Άφησέ τους να πολεμούν μεταξύ τους, είναι πολύ καλοί στο να πολεμούν μεταξύ τους! Εσύ, εν τω μεταξύ, προσπάθησε να βρεις τον εαυτό σου. Και μόλις αντιληφθείς ποιός είσαι, μπορείς απλά να τους πεις να φύγουν από το σπίτι, είναι πράγματι τόσο απλό! Πρώτα, όμως, θα πρέπει να βρεις τον εαυτό σου. Από τη στιγμή που είσαι εκεί, από τη στιγμή που το αφεντικό είναι εκεί, ο ιδιοκτήτης του σπιτιού είναι εκεί, και όλοι εκείνοι οι άνθρωποι που υποδύονταν ότι είναι αυτοί τα αφεντικά, αρχίζουν να σκορπίζουν. Από τη στιγμή που θα γίνεις ο εαυτός σου, ξεθαμμένος από το παρελθόν, αποκομμένος από το παρελθόν, αυθεντικός, δυνατός σαν λιοντάρι και αθώος σαν παιδί, μπορείς να φθάσεις στα αστέρια.

Μέχρι σήμερα οι άνθρωποι πάντοτε μιλούσαν για τις παλιές καλές εποχές. Τώρα θα πρέπει να μάθουμε τη γλώσσα του χρυσού μέλλοντος. Δεν χρειάζεται να αλλάξεις όλον τον κόσμο. Άλλαξε απλά τον εαυτό σου, και θα έχεις ξεκινήσει να αλλάζεις τον κόσμο, επειδή είσαι και εσύ μέρος αυτού του κόσμου. Εάν έστω και ένας άνθρωπος αλλάξει, αυτή η αλλαγή θα ακτινοβολήσει σε χιλιάδες άλλους. Θα γίνεις η αφορμή για μια επανάσταση από την οποία μπορεί να προέλθει μια νέα ανθρωπότητα.

Είπατε ότι η γνώση δεν είναι αναγκαία στην πορεία προς την αυτογνωσία. Παρακαλούμε, λοιπόν, εξηγήστε τί περιλαμβάνει η καλλιέργεια του εσωτερικού μας κόσμου.

Η ύπαρξη δεν αναπτύσσεται ποτέ. Η ύπαρξη απλά υφίσταται. Δεν υπάρχει κάποια εξέλιξη, ο παράγων χρόνος δεν εμπλέκεται σε αυτήν. Είναι η αιωνιότητα δεν είναι η "εξέλιξη". Πνευματικά δεν αναπτύσσεσαι ποτέ, δεν μπορείς. Σε ό,τι αφορά τον απώτατο στόχο, είσαι ήδη εκεί. Δεν ήσουν ποτέ κάπου αλλού.

Τότε τί είναι η εξέλιξη; Η εξέλιξη δεν είναι παρά μια μορφή συνειδητοποίησης της αλήθειας μέσα στην οποία ζείτε. Η αλήθεια δεν αναπτύσσεται. Μόνο η αναγνώριση εξελίσσεται, η ανάμνηση εξελίσσεται.

Αυτός είναι ο λόγος για τον οποίο δεν μιλώ για την "ανάπτυξη της ύπαρξης". Μιλάω για όλα τα εμπόδια τα οποία αποτρέπουν την αναγνώριση αυτή. Και η γνώση είναι το μεγαλύτερο εμπόδιο. Ως εκ τούτου έχω κάνει λόγο γι' αυτήν εκτεταμένα. Συνιστά το εμπόδιο.

Εάν νομίζεις ότι ήδη ξέρεις, τότε δεν θα μάθεις ποτέ. Εάν νομίζεις ότι ήδη ξέρεις, τότε ποιό είναι το νόημα της αναζήτησης; Μπορείς να συνεχίσεις να κοιμάσαι και να ονειρεύεσαι. Τη στιγμή που αναγνωρίζεις ότι δεν ξέρεις, αυτή η αναγνώριση της άγνοιας κινείται σαν βέλος στην καρδιά σου, σε κομματιάζει σαν λόγχη. Είναι αυτός ακριβώς ο λογχισμός που σε αφυπνίζει, αυτό ακριβώς το σοκ.

Η γνώση είναι ένα είδος "αμορτισέρ", εξουδετερώνει τους κραδασμούς. Δεν αφήνει να ταραχτείς και να κλονιστείς. Εξακολουθεί να σε προστατεύει. Είναι σαν μια πανοπλία που σε περιβάλλει. Μιλάω ενάντια στη γνώση ώστε να κατορθώσεις να πετάξεις την πανοπλία, ώστε η ζωή να μπορέσει να σε ξυπνήσει. Η ζωή είναι εκεί, έτοιμη να σε σοκάρει κάθε στιγμή. Η ύπαρξη σου είναι εκεί μέσα σου, έτοιμη ανά πάσα στιγμή να αφυπνιστεί. Μεταξύ αυτών των δυο, όμως, βρίσκεται η γνώση. Και όσο περισσότερη γνώση κρύβεται μέσα σου, τόσο πιο πολύ θα καθυστερήσει το σοκ της συνειδητοποίησης.

Γίνε αρνητής της γνώσης.

Και ποτέ μην εκλάβεις την πνευματικότητα ως μια διαδικασία ανάπτυξης. Δεν είναι μια ανάπτυξη. Είστε ήδη θεοί, βούδες από την αρχή. Δεν χρειάζεται να γίνετε βούδες, ο θησαυρός είναι εκεί, το μόνο που δεν ξέρετε είναι πού τον βάλατε. Έχετε ξεχάσει το κλειδί, ή μάλλον έχετε ξεχάσει πώς να χρησιμοποιείτε το κλειδί. Έχετε μεθύσει τόσο πολύ από τη γνώση, που έχετε λησμονήσει ποιος πραγματικά είστε. Η γνώση είναι αλκοολισμός, κάνει τους ανθρώπους να μεθάνε. Έπειτα η αντίληψή τους θολώνει, και η μνήμη τους λειτουργεί στο ελάχιστο. Έπειτα αρχίζουν να βλέπουν πράγματα που δεν υπάρχουν, και σταματούν να βλέπουν πράγματα τα οποία υπάρχουν.

Αυτός είναι ο λόγος για τον οποίο δεν έκανα λόγο αναφορικά με το πώς θα πρέπει να αναπτύξετε την ύπαρξή σας. Η ύπαρξή σας είναι αφ' εαυτής τέλεια και πλήρης. Τίποτε δεν χρειάζεται να προστεθεί και τίποτε δεν μπορεί να προστεθεί. Είναι μια δημιουργία της ύπαρξης. Προέρχεται από την τελειότητα, ως εκ τούτου είναι τέλεια. Πρέπει απλά να αποσύρετε όλα τα εμπόδια τα οποία έχετε δημιουργήσει.

Και η κοινωνία μας στο σύνολό της εξακολουθεί να εργάζεται, πασχίζοντας να δημιουργήσει νέα εμπόδια. Ένα παιδί γεννιέται και αμέσως αρχίζουμε να του δημιουργούμε εμπόδια. Διαμορφώνουμε μέσα του την αντίληψη της σύγκρισης λέγοντας του: «Κάποιος είναι πιο όμορφος από σένα, και κάποιος είναι πιο υγιής από εσένα», και «Κοίτα πόσο καλός μαθητής είναι ο φίλος σου, εσύ γιατί δεν είσαι, τί κάνεις;» Αρχίζουμε να δημιουργούμε την έννοια της σύγκρισης. Η σύγκριση φέρει μαζί της την ιδέα της ανωτερότητας και της κατωτερότητας. Καί τα δύο είναι αρρωστημένες καταστάσεις, είναι εμπόδια. Τώρα το παιδί δεν θα σκέφτεται ποτέ μόνο τον εαυτό του. Θα σκέφτεται πάντοτε τον εαυτό του σε σύγκριση με κάποιον άλλο. Το δηλητήριο της σύγκρισης έχει μόλις μπει μέσα του. Τώρα το άτομο αυτό θα είναι και θα παραμείνει δυστυχισμένο. Τώρα η μακαριότητα της ύπαρξής θα καθίσταται όλο και περισσότερο αδύνατη.

Κάθε ένας από εμάς γεννιέται μοναδικός. Καμμία σύγκριση δεν είναι δυνατή. Είσαι εσύ και είμαι εγώ. Ο Βούδας είναι Βούδας, και ο Χριστός είναι ο Χριστός, και καμμία σύγκριση δεν μπορεί να γίνει μεταξύ των δυο. Εάν τους συγκρίνεις, τότε δημιουργείς ανωτερότητα, κατωτερότητα, τις ατραπούς του εγώ. Και τότε φυσικά προβάλλει η μεγάλη επιθυμία για ανταγωνισμό, η μεγάλη επιθυμία να νικήσουμε τους άλλους. Φοβάσαι πάντα αν θα μπορέσεις να τα καταφέρεις ή όχι, επειδή είναι ένας βίαιος αγώνας, και όλοι προσπαθούν να κάνουν το ίδιο, να έλθουν πρώτοι. Εκατομμύρια άνθρωποι προσπαθούν να γίνουν πρώτοι. Μεγάλη βιαιότητα, θυμός, μίσος και έχθρα κάνουν την εμφάνισή τους. Η ζωή γίνεται μια κόλαση. Εάν είσαι νικημένος, είσαι δυστυχισμένος, κι εδώ που τα λέμε οι πιθανότητες να ηττηθείς είναι πολύ περισσότερες. Και ακόμη κι αν πετύχεις, δεν είσαι ευτυχισμένος, επειδή τη στιγμή που επιτυγχάνεις καταλαμβάνεσαι από φόβο: τώρα κάποιος άλλος μπορεί να σου κλέψει την επιτυχία. Οι ανταγωνιστές βρίσκονται εκεί γύρω, και σε ακολουθούν εξαγριωμένοι.

Προτού επιτύχεις φοβόσουν για το αν θα τα καταφέρεις ή όχι. Τώρα έχεις πετύχει, έχεις τα χρήματα και τη δύναμη, και φοβάσαι ότι κάποιος μπορεί να σου τα πάρει. Και πριν έτρεμες, και τώρα πάλι τρέμεις. Εκείνοι που αποτυγχάνουν είναι δυστυχισμένοι, και εκείνοι που επιτυγχάνουν είναι επίσης δυστυχισμένοι.

Σε αυτόν τον κόσμο είναι πολύ δύσκολο να βρεις έναν χαρούμενο άνθρωπο, επειδή κανείς δεν πληροί τις προϋποθέσεις για να είναι χαρούμενος. Η πρώτη προϋπόθεση είναι ότι κάποιος θα πρέπει να αποποιηθεί κάθε έννοια σύγκρισης. Ξεχάστε όλες αυτές τις ανόητες ιδέες περί ανωτερότητας και κατωτερότητας. Δεν είστε ούτε ανώτεροι, ούτε κατώτεροι. Είστε απλά ο εαυτός σας! Δεν υπάρχει κανείς όμοιός σας, κανείς με τον οποίον να μπορείτε να συγκριθείτε. Τότε ξαφνικά νιώθετε οικεία.

Αρχίζουμε, όμως, να δηλητηριάζουμε τη σκέψη των παιδιών με επιδερμικές γνώσεις. Αρχίζουμε να τα διδάσκουμε πράγματα τα οποία δεν γνωρίζουν και από τα οποία δεν έχουν καμμία εμπειρία. Τα διδάσκουμε για τον Θεό, τους διδάσκουμε ένα ψέμα. Αυτός ο Θεός δεν είναι αληθινός Θεός. Τα αναγκάζουμε να πιστέψουν, και αυτή η πίστη θα εξελιχθεί στην πορεία σε επιδερμική γνώση. Η πίστη δεν μπορεί να εξελιχθεί σε πραγματική γνώση, σε εσωτερική γνώση. Δεν θα είναι παρά μια προσποίηση. Καθ' όλην τη διάρκεια της ζωής τους θα νομίζουν ότι ξέρουν, αλλά στην πραγματικότητα δεν θα μάθουν ποτέ. Το θεμέλιό τους μπήκε επάνω στο ψεύδος.

Διδάσκουμε τα παιδιά: «Έχετε μια αθάνατη ψυχή». Τί ανοησίες είναι αυτές που τους διδάσκουμε; Και με αυτό δεν εννοώ, φυσικά, ότι δεν υπάρχει αθάνατη ψυχή, δεν λέω ότι δεν υπάρχει θεϊκότητα, προσέξτε! Λέω ότι αυτά τα πράγματα δεν θα πρέπει να διδάσκονται με τη μορφή της θρησκευτικής πίστης. Υπάρχουν υπαρξιακές εμπειρίες. Το παιδί θα πρέπει να βοηθηθεί ώστε να εξερευνήσει τον εσωτερικό του κόσμο.

Αντί να στηρίξουμε τα παιδιά σε αυτή τη διαδικασία αναζήτησής, τους παραδίδουμε έτοιμη εξωτερική γνώση. Αυτή η έτοιμη μασημένη γνώση εξελίσσεται στο μεγαλύτερο πρόβλημα. Πώς να την αποβάλεις; Αυτός είναι ο λόγος για τον οποίο μίλησα για τη βλακεία της επιδερμικής γνώσης, επειδή πρόκειται ουσιαστικά για άγνοια μεταμφιεσμένη σε γνώση. Τη στιγμή που θα την αποβάλεις, θα γίνεις ξανά παιδί, φρέσκος, ζωντανός, ζωηρός, περίεργος. Τα μάτια σου θα γεμίσουν θαύματα και η καρδιά σου θα αρχίσει πάλι να σκιρτά αντικρίζοντας το μυστήριο της ζωής. Έπειτα ξεκινά η αναζήτηση και μαζί με αυτήν έρχεται και η ενσυναίσθηση.

Αντιλαμβάνεσαι όλο και περισσότερο αυτήν την εσωτερική συναίσθηση την οποία έφερες μέσα σου μέχρι τώρα, αλλά είχε γεμίσει τόσο πολύ με εξωτερική, επιδερμική γνώση, ώστε κάθε φορά που ερευνάς δεν βρίσκεις ποτέ την ενσυναίσθηση αυτή. Βρίσκεις πάντοτε κάποια ευχαρίστηση πλέοντας στην ενσυνείδηση.

Η εξωτερική γνώση είναι όμοια με τα σύννεφα του ουρανού. Ακριβώς αυτή τη στιγμή υπάρχουν πολλά σύννεφα στον ουρανό. Εάν κοιτάξεις ψηλά δεν θα διακρίνεις τον ουρανό παρά μόνο σύννεφα και άλλα σύννεφα. Αυτή είναι η κατάσταση με την οποία ομοιάζει η σκέψη του γνωστικού ανθρώπου: σκέψεις, γραφές, μεγάλες θεωρίες, δόγματα, διδασκαλίες· αιωρούνται όλα όπως τα σύννεφα και δεν μπορείς να διακρίνεις τον καθαρό ουρανό.

Αφήστε τα σύννεφα αυτά να εξαφανιστούν. Βρίσκονται εκεί ακριβώς επειδή είστε σφικτά γαντζωμένοι επάνω σε αυτά. Βρίσκονται εκεί επειδή εξακολουθείτε να κρατιέστε από αυτά. Χαλαρώστε τη λαβή σας, αφήστε τα να φύγουν. Τότε θα φανεί η αρχική καθαρότητα των σύννεφων, η απόλυτη απεραντοσύνη του ουρανού. Αυτή είναι η ελευθερία. Αυτή είναι η συναίσθηση. Αυτή είναι η πραγματική γνώση.

Ένας μεγάλος Δυτικός φιλόσοφος, ο Ντέιβιντ Χιούμ, έγραψε, ακούγοντας ξανά και ξανά από τους μεγάλους μυστικιστές: «Γνώθι σαυτόν! Προσπάθησα κι εγώ μια ημέρα να αποκτήσω γνώση του εαυτού μου. Έκλεισα τα μάτια μου και διείσδυσα στο εσωτερικό μου. Ανακάλυψα κάποιες επιθυμίες, κάποιες σκέψεις, αναμνήσεις, όνειρα, φαντασίες και τέτοια πράγματα. Αλλά δεν μπόρεσα να βρω κάποιον άλλον εκεί μέσα. Δεν μπόρεσα να βρω τον εαυτό μου».

Αυτή είναι η αληθινή απεικόνιση της σκέψεως καθενός, εκτός από εκείνη μερικών βούδα. Εάν εξακολουθήσεις την αναζήτηση, τί θα βρεις; Σύννεφα τα οποία κινούνται γύρω.

Ακόμη και ένας τόσο έξυπνος άνθρωπος όπως ο Ντέιβιντ Χιούμ δεν μπορούσε να διακρίνει την ουσία: Ποιός είναι εκείνος που κοιτά το περιεχόμενο; Ποιανού είναι αυτή η συνειδητοποίηση που συναντά κάποιες μνήμες και επιθυμίες να επιπλέουν; Φυσικά αυτός ο μάρτυρας δεν μπορεί να είναι μια επιθυμία, αυτός ο μάρτυρας δεν μπορεί να είναι μια φαντασία. Αυτός ο μάρτυρας δεν μπορεί να είναι οποιαδήποτε σκέψη. Τα πάντα περνούν μπροστά από αυτόν τον μάρτυρα, και ο Χιούμ αναζητούσε τον μάρτυρα. Τώρα δεν μπορούμε να αναζητήσουμε τον μάρτυρα ως κάτι αντικειμενικό. Ο μόνος τρόπος για να γνωρίσουμε τον μάρτυρα είναι να πετάξουμε όλο το περιεχόμενο και να μείνουμε εντελώς άδειοι. Όταν δεν υπάρχει κάτι να δεις, η ικανότητά σου να βλέπεις στρέφεται προς το εσωτερικό σου.

Αυτό είναι που ο Ιησούς αποκαλεί *πνευματική αφύπνιση*. Όταν δεν υπάρχει κάτι για να δει κάποιος, τότε αρχίζει να εξετάζει το εσωτερικό του. Όταν δεν υπάρχει κάτι να την εμποδίζει, η συνείδηση είναι αγνή, και μέσα σε αυτήν την αγνότητα αποκτά την αυτοσυνειδησία της.

Και όταν χρησιμοποιώ τον όρο "αυτεπίγνωση" δεν εννοώ την "συνείδηση του εαυτού". Η αυτοσυνειδησία δεν είναι η επίγνωση του εαυτού, είναι απλά η επίγνωση του εγώ. Δεν γνωρίζεις ποιός είσαι, πώς μπορείς να διαθέτεις αυτοσυνειδησία; Η αυτοσυνειδησία σου είναι μια αρρώστια. Αποκτάς συνείδηση του εαυτού σου μόνο όταν συναντάς άλλους ανθρώπους. Εάν είναι να εκφωνήσεις έναν λόγο, αποκτάς συνείδηση του εαυτού και εξαιτίας αυτής της συνειδητοποίησης ενοχλείσαι, και σχεδόν παραλύεις. Ή πάλι, αν παίζεις έναν ρόλο σε ένα δράμα, αποκτάς και πάλι συνείδηση του εαυτού σου. Η αυτοσυνειδησία σου δεν είναι τίποτε περισσότερο παρά η επιθυμία του εγώ να επιτελέσει κάτι, τόσο τέλεια, ώστε ο καθένας να το εκτιμήσει.

Όταν λέω "αυτοσυνειδησία" εννοώ ότι έχουν εξαφανιστεί όλα και δεν έχει μείνει τίποτε, όταν ο καθρέφτης πλέον αντανακλά τον εαυτό του. Είναι σαν ένα μικρό κερί που καίει σε ένα δωμάτιο. Αντανακλά στους τοίχους, αντανακλά στα έπιπλα, αντανακλά στις ζωγραφιές των τοίχων, αντανακλά στο ταβάνι. Φανταστείτε για ένα λεπτό ότι οι τοίχοι έχουν εξαφανιστεί, οι πίνακες δεν υπάρχουν πια, η σκεπή έχει εξαφανιστεί, τα πάντα έχουν εξαφανιστεί, και το μόνο που έχει μείνει είναι το μικρό κερί που καίει. Τώρα, τί είναι εκείνο που θα αντανακλά το φως του; Δεν θα αντανακλά παρά μόνο τον εαυτό του. Δεν θα είναι παρά αυτόφωτο.

Κάπως έτσι έχουν τα πράγματα. Απορρίψτε την εξωτερική γνώση. Απορρίψτε τη σύγκριση. Απορρίψτε τις ψευδείς ιδιότητες. Η όλη αυτή διαδικασία είναι αρνητική! Ξεφορτωθείτε το ένα, ξεφορτωθείτε το άλλο και συνεχίστε να ξεφορτώνεστε πράγματα. Εξακολουθήστε να αποβάλλετε πράγματα έως ότου να μην έχει μείνει τίποτε από το οποίο να πρέπει να απαλλαγείτε, και τότε είναι εκεί· η ξεκάθαρη συνείδησή σας είναι εκεί.

● **Αξίζει να αναλώνεις δυνάμεις στην προσπάθεια**
🗲 **βελτίωσns της προσωπικότητάς σου;**

Η προσωπικότητα θα πρέπει να απορριφθεί ώστε να έρθει στο φως η ατομικότητα σου. Εκείνο το οποίο χαρακτηρίζουμε ως προσωπικότητα δεν είσαι εσύ, είναι ένα προσωπείο που σου έβαλαν οι άνθρωποι. Δεν είναι η αυθεντική πραγματικότητα, δεν είναι το αρχικό πρόσωπο σου. Με ρωτάς: «Αξίζει πράγματι να αναλώνω δυνάμεις σε μια προσπάθεια βελτίωσης της προσωπικότητας μου;» Αναλώστε όλη την ενέργεια σας για την καταστροφή της προσωπικότητας σας! Αφιερώστε την ενέργειά σας στον σκοπό της ανακάλυψης της ατομικότητάς σας και καταστήστε τη διάκριση απόλυτα σαφή: η ατομικότητα είναι το χαρακτηριστικό εκείνο το οποίο φέρετε εγγενώς από τη στιγμή της γέννησής σας. Η ατομικότητα είναι το δομικό στοιχείο της ύπαρξής σας και η προσωπικότητα είναι εκείνο το οποίο η κοινωνία κατασκεύασε από εσάς, εκείνο που ήθελε να κατασκευάσει από εσάς.

Καμμία κοινωνία μέχρι στιγμής δεν κατόρθωσε να παραχωρήσει στα παιδιά της την ελευθερία να είναι ο εαυτός τους. Φαντάζει επικίνδυνο. Μπορεί να αποδειχθούν επαναστάτες. Μπορεί να μην ακολουθήσουν τη θρησκεία των προγόνων τους. Μπορεί να μην θεωρήσουν ότι οι μεγάλοι πολιτικοί είναι όντως μεγάλοι. Μπορεί να μην εμπιστευθούν τις δικές σας ηθικές αξίες. Θα διαμορφώσουν τη δική τους ηθική και τον δικό τους τρόπο ζωής. Δεν θα είναι αντίγραφα, δεν θα επαναλάβουν το παρελθόν, θα είναι υπάρξεις του μέλλοντος.

Το ενδεχόμενο αυτό καλλιέργησε τον φόβο ότι θα μπορούσαν να ξεστρατίσουν. Προτού τα μέλη της ξεστρατίσουν κάθε κοινωνία προσπαθεί να τους δώσει μια σωστή κατεύθυνση αναφορικά με το πώς θα πρέπει να ζήσουν, να τους μεταβιβάσει μια συγκεκριμένη ιδεολογία αναφορικά με το τι είναι καλό και τι κακό, μια συγκεκριμένη θρησκεία, μια συγκεκριμένη "αγία γραφή". Αυτοί είναι οι τρόποι με τους οποίους συγκροτείται η προσωπικότητα, και η προσωπικότητα λαμβάνει χαρακτήρα εγκλεισμού.

Εκατομμύρια άνθρωποι στον κόσμο, όμως, δεν γνωρίζουν παρά μόνο την προσωπικότητα τους, δεν γνωρίζουν αν υπάρχει κάτι περισσότερο. Έχουν ξεχάσει εντελώς τον εαυτό τους, και έχουν λησμονήσει και τον τρόπο με τον οποίο θα μπορούσαν να τον προσεγγίσουν. Έχουν γίνει όλοι ηθοποιοί, υποκριτές. Κάνουν πράγματα που δεν ήθελαν να κάνουν ποτέ, και δεν κάνουν πράγματα τα οποία λαχταρούσαν να κάνουν. Η ζωή τους είναι τόσο διχασμένη που δεν μπορούν ποτέ να ηρεμήσουν. Η φύση τους παρεμβαίνει δυναμικά ξανά και ξανά και δεν πρόκειται να τους αφήσει σε ησυχία. Σε ό,τι αφορά δε την αποκαλούμενη προσωπικότητά τους, θα εξακολουθήσουν να την καταπιέζουν, και να την ωθούν όλο και πιο πολύ στο υποσυνείδητο. Η σύγκρουση διχάζει το εσωτερικό σου και τη δυναμική σου, και ένα σπίτι διχασμένο δεν μπορεί να σταθεί για καιρό. Αυτή είναι η δυστυχία των ανθρωπίνων όντων, ο λόγος για τον οποίο δεν υπάρχει αρκετός χορός, τραγούδι και χαρά. Οι άνθρωποι έχουν εμπλακεί σε πόλεμο με τον εαυτό τους. Δεν έχουν ενέργεια, και δεν έχουν χρόνο να κάνουν κάτι άλλο πέρα από το να αντιμάχονται τον ίδιο τον εαυτό τους. Είναι αναγκασμένοι να μάχονται τον ίδιο τον αισθησιασμό τους, την ίδια τη σεξουαλικότητά τους, την ίδια την ατομικότητα τους, την ίδια την αυθεντικότητά τους. Και είναι αναγκασμένοι να πολεμήσουν για κάτι το οποίο δεν θέλουν να είναι, για κάτι το οποίο δεν αποτελεί μέρος της φύσης τους, που δεν είναι το πεπρωμένο τους. Οπότε μπορεί να προσποιούνται για κάποιο διάστημα, αλλά ξανά και ξανά το πραγματικό επανέρχεται.

Όλη η ζωή τους είναι γεμάτη σκαμπανεβάσματα και δεν μπορούν να ξεκαθαρίσουν ποιοί είναι στην πραγματικότητα: οι καταπιεστές ή οι καταπιεζόμενοι; Οι δυνάστες ή οι δυναστευόμενοι; Και ό,τι και αν κάνουν δεν μπορούν να καταστρέψουν τη φύση τους. Μπορούν σίγουρα να τη δηλητηριάσουν, μπορούν να καταστρέψουν τη χαρά της, μπορούν να καταστρέψουν τον χορό και μπορούν να καταστρέψουν την αγάπη. Μπορούν να αναστατώσουν τη ζωή τους, αλλά δεν μπορούν να καταστρέψουν τη φύση τους ολοσχερώς. Και δεν μπορούν να απαλλαγούν από την προσωπικότητά τους, επειδή η προσωπικότητά τους φέρει ενσωματωμένες τις μνήμες των προγόνων, των πατέρων, των δασκάλων, των ιερέων, όλου του παρελθόντος. Είναι η κληρονομιά τους και είναι προσκολλημένοι σε αυτήν.

Η όλη διδασκαλία μου συνοψίζεται στο εξής: μην γαντζώνεστε επάνω στην προσωπικότητα. Δεν είναι δική σας και δεν θα γίνει ποτέ δική σας. Χαρίστε στη φύση σας την απόλυτη ελευθερία. Και σεβαστείτε τον εαυτό σας, να είστε υπερήφανοι που είστε ο εαυτός σας, ό,τι και αν είστε. Να έχετε κάποια αξιοπρέπεια! Μην καταστρέφεστε εξαιτίας των νεκρών.

Άνθρωποι οι οποίοι είναι νεκροί εδώ και χιλιάδες χρόνια είναι θρονιασμένοι μέσα στο κεφάλι σας. Είναι η προσωπικότητα σας και εσείς θέλετε να τους βελτιώσετε; Φωνάξτε, λοιπόν, μερικούς ακόμη νεκρούς! Σκάψτε περισσότερους τάφους, βγάλτε περισσότερους σκελετούς, περιβάλλετε τον εαυτό σας με φαντάσματα κάθε λογής. Η κοινωνία θα σας αντιμετωπίζει με σεβασμό. Θα σας τιμά και θα σας ανταμείβει. Θα διαθέτετε κύρος και θα θεωρείστε άγιος. Περιστοιχιζόμενοι, όμως, από τους νεκρούς, δεν θα είστε σε θέση να γελάσετε –θα είναι τόσο άτοπο– δεν θα μπορείτε να χορέψετε, δεν θα μπορείτε να τραγουδήσετε, δεν θα μπορείτε να αγαπήσετε.

Η προσωπικότητα είναι κάτι το νεκρό. Αποβάλλετέ την! Με ένα φύσημα, όχι τμηματικά, όχι αργά, λίγο σήμερα και λίγο αύριο, επειδή η ζωή είναι σύντομη και το αύριο δεν είναι σίγουρο. Το ψέμα είναι ψέμα. Απαλλαγείτε από αυτό ολοκληρωτικά!

Κάθε γνήσιο ανθρώπινο ον θα πρέπει να είναι αντάρτης, και να εξεγερθεί. Ενάντια σε ποιόν; Ενάντια στην ίδια την προσωπικότητά του.

Ο Ιαπωνοαμερικάνος ήταν από παλιά πελάτης του ελληνικού εστιατορίου επειδή είχε ανακαλύψει ότι εκεί έφτιαχναν ιδιαίτερα γευστικό τηγανητό ρύζι. Κάθε βράδυ ερχόταν στο μαγαζί και παράγγελνε "τηγαγητό λύζι". Η προφορά του έκανε πάντοτε τον ιδιοκτήτη του εστιατορίου να κυλιέται στο πάτωμα από τα γέλια. Κάποιες φορές φώναζε δυο ή τρεις φίλους του να σταθούν εκεί κοντά απλά και μόνο για να ακούσουν τον Ιάπωνα να παραγγέλνει το "τηγαγητό λύζι" του.

Τελικά, το φιλότιμο του πελάτη πληγώθηκε τόσο πολύ που αναγκάστηκε να παρακολουθήσει ειδικό μάθημα ορθοφωνίας ώστε να είναι σε θέση να προφέρει σωστά το "τηγανητό ρύζι". Την επόμενη φορά που πήγε στο εστιατόριο είπε πολύ απλά: «Τηγανητό ρύζι, παρακαλώ».

Αδυνατώντας να πιστέψει στα αυτιά του, ο ιδιοκτήτης του
ελληνικού εστιατορίου είπε: «Μπορείτε να το επαναλάβετε
παρακαλώ;»
Ο Ιαπωνοαμερικάνος απάντησε: «Άκουσες πολύ καλά τι
είπα, Έλληγα βγάκα!»

Πόσο καιρό μπορείς να συνεχίσεις να προσποιείσαι; Η πραγματικότητα θα αποκαλυφθεί κάποια ημέρα και είναι προτιμότερο αυτό να γίνει σύντομα. Δεν υπάρχει λόγος να βελτιώσετε την προφορά σας, απλά αποβάλλετε τη φτιαχτή προσωπικότητα σας, το ίματζ σας. Να είστε απλά ο εαυτός σας. Όσο ωμό και σκληρό και αν φαντάζει στην αρχή, σύντομα αρχίζει να έχει τη δική του χάρη, τη δική του ομορφιά.

Και όσο για το ίματζ, μπορείς να εξακολουθείς να το γυαλίζεις αλλά είναι σαν να γυαλίζεις κάτι νεκρό, το οποίο θα φθείρει όχι μόνο τον χρόνο σου, την ενέργεια σου, τη ζωή σου, αλλά επίσης και τους ανθρώπους που βρίσκονται γύρω σου. Όλοι επηρεάζουμε ο ένας τον άλλο. Όταν όλοι κάνουν κάτι, τότε αρχίζεις να το κάνεις και εσύ. Η ζωή είναι ιδιαίτερα μεταδοτική και ο καθένας βελτιώνει την ίματζ προσωπικότητά του· αυτός είναι ο λόγος για τον οποίο ανέκυψε αυτή η ιδέα στο μυαλό σας.

Δεν χρειάζεται, όμως, να το κάνετε αυτό. Δεν είστε μέρος μιας αγέλης, ούτε ενός όχλου. Να σέβεστε τον εαυτό σας και να σέβεστε και τους άλλους. Να είστε υπερήφανος για την ελευθερία σας. Όταν είστε υπερήφανοι για την ελευθερία σας θέλετε ο καθένας να είναι ελεύθερος, επειδή η ελευθερία σας, σας χάρισε αγάπη και αβρότητα. Θα θέλατε όλοι στον κόσμο να είναι ελεύθεροι, αγαπητικοί και χαριτωμένοι.

Αυτό καθίσταται δυνατό μόνο στην περίπτωση που είστε αυθεντικός, όχι κάτι που συντέθηκε, όχι κάτι ψεύτικο, αλλά κάτι το οποίο αναπτύσσεται στο εσωτερικό σας, το οποίο έχει τις ρίζες του στην ύπαρξη σας, το οποίο ανθοφορεί στον καιρό του. Και το να ανθοφορεί κάτι από μόνο του είναι το μόνο πεπρωμένο, είναι ο μόνος ουσιαστικός τρόπος να ζει κάποιος.

Η προσωπικότητα, όμως, δεν έχει ρίζες, είναι πλαστική, είναι κίβδηλη. Το να την αποβάλλετε δεν είναι δύσκολο. Χρειάζεται απλά λίγο κουράγιο. Και η αίσθηση που αποκομίζω από την επαφή μου με χιλιάδες ανθρώπους είναι ότι ο καθένας έχει αυτό το κουράγιο, απλά οι άνθρωποι δεν το εκμεταλλεύονται. Από τη στιγμή που θα αρχίσεις να εκμεταλλεύεσαι το κουράγιο σου, πηγές ισχύος μέσα σου οι οποίες βρίσκονταν σε καταστολή, θα ενεργοποιηθούν και θα κατορθώσεις να επιδεικνύεις περισσότερο κουράγιο, περισσότερη επαναστατικότητα. Γίνεσαι μια επανάσταση από μόνος σου.

Όταν είσαι μια επανάσταση από μόνος σου, απολαμβάνεις να βλέπεις γύρω σου, επειδή έχεις εκπληρώσει το πεπρωμένο σου. Έχεις υπερβεί τα πλαίσια του όχλου, του πλήθους το οποίο μένει υπνωτισμένο.

> **Τί εννοείτε όταν λέτε: "Να είσαι απλά ο εαυτός σου"; Πώς μπορώ να είμαι ο εαυτός μου, όταν δεν ξέρω ποιός είμαι; Γνωρίζω αρκετές από τις προτιμήσεις μου, εκείνα που μου αρέσουν, εκείνα που δεν μου αρέσουν, τις τάσεις μου, που φαίνονται να είναι το αποτέλεσμα ενός προγραμματισμένου βιο-υπολογιστή που ονομάζεται "μυαλό". Το να είναι κάποιος ο εαυτός του σημαίνει ότι θα πρέπει να έχει μια όσο το δυνατόν πιο πλήρη εποπτεία της σκέψεως του;**

Ναι, σημαίνει ακριβώς αυτό: να ζεις σε μια επίγνωση. Να έχεις μια επίγνωση όλων των προγραμμάτων για τα οποία είναι ρυθμισμένο το ανθρώπινο μυαλό. Μια επίγνωση όλων των αισθήσεων, των επιθυμιών, των αναμνήσεων, των φαντασιών, όλων όσα είναι σε θέση να κάνει το μυαλό. Δεν θα πρέπει κάποιος να αποτελεί μέρος όλων αυτών, αλλά να έχει διακριτή θέση —να το διακρίνει χωρίς να ενσωματώνεται σε αυτό— να το παρατηρεί.

Και ένα από τα πιο σημαντικά πράγματα το οποίο θα πρέπει να θυμάστε είναι ότι δεν μπορείτε να παρακολουθήσετε την παρατηρητικότητά σας. Εάν παρατηρήσετε την παρατηρητικότητα σας, τότε ο παρατηρητής είστε εσείς, και δεν είστε το αντικείμενο της παρατήρησης. Το σημείο το οποίο δεν μπορείτε να υπερβείτε είναι η ύπαρξή σας. Το σημείο πέρα από το οποίο δεν μπορείτε να πάτε είναι ο ίδιος ο εαυτός σας. Μπορείτε να παρακολουθήσετε πολύ εύκολα, κάθε σκέψη, κάθε συναίσθημα, κάθε αίσθηση. Μόνο ένα πράγμα δεν μπορείτε να παρατηρήσετε, και αυτό είναι η παρατηρητικότητα σας. Εάν κατορθώσετε να την παρατηρήσετε, αυτό σημαίνει ότι η οπτική σας έχει μετατοπιστεί: η αρχική παρατηρητικότητα έχει γίνει απλά μια σκέψη. Τώρα δεν είστε παρά ένας δευτερεύων παρατηρητής. Μπορείτε να συνεχίσετε να αποτραβιέστε, αλλά δεν μπορείτε να βγείτε από το πεδίο της παρατήρησης επειδή είναι ο ίδιος ο εαυτός σας. Δεν μπορεί να γίνει διαφορετικά.

Οπότε όταν λέω: «Να είστε απλά ο εαυτός σας», σας λέω: «Να επιδιώκετε την απρογραμμάτιστη και ασυνήθιστη παρατήρηση». Αυτός είναι ο τρόπος με τον οποίο ο άνθρωπος έρχεται στον κόσμο, και έτσι εγκαταλείπει τον κόσμο ο φωτισμένος άνθρωπος. Μένει στον κόσμο η θέση του, όμως, και είναι πάντοτε διακριτή.

Ένας από τους μεγάλους μυστικιστές, ο Καμπίρ, έχει γράψει ένα όμορφο ποίημα γι' αυτό. Όλα τα ποιήματα του είναι απλά τέλεια, δεν θα μπορούσαν να είναι καλύτερα. Ένα από τα ποιήματά του λέει: *Θα επιστρέψω την ψυχή που μου δόθηκε όταν γεννήθηκα/ το ίδιο καθαρή, το ίδιο αγνή όπως μου δόθηκε. /Θα την επιστρέψω στην κατάσταση αυτή όταν πεθάνω.* Μιλάει για τη συνείδηση, λέγοντας ότι παρέμεινε αμόλυντη. Όλος ο κόσμος ήταν εκεί και θα μπορούσε να τη μολύνει, εκείνη όμως παρέμεινε προσεκτική.

Το μόνο που χρειάζεσαι είναι να είσαι παρατηρητικός και τίποτε δεν θα μπορέσει να σε επηρεάσει. Αυτή η δυνατότητα να μένεις απρόσβλητος θα σε βοηθήσει να διατηρήσεις την αγνότητα σου, και αυτή η αγνότητα περικλείει τη φρεσκάδα της ζωής και τη χαρά της ίδιας της ύπαρξης – όλους τους θησαυρούς με τους οποίους έχεις προικιστεί.

Εσύ, όμως, προσκολλάσαι στα μικρά πράγματα που σε περιβάλλουν, και ξεχνάς εκείνο το οποίο είσαι. Είναι η μεγαλύτερη ανακάλυψη στη ζωή, και το πιο εκστατικό προσκύνημα στην αλήθεια. Και δεν χρειάζεται να είσαι ασκητικός, ούτε αρνητής της ζωής. Δεν χρειάζεται να αποκηρύξεις τον κόσμο και να πάρεις τα βουνά. Μπορείς να μείνεις εκεί που είσαι, μπορείς να συνεχίσεις να κάνεις αυτό που κάνεις. Ένα μονάχα νέο πράγμα θα πρέπει να εξελιχθεί: ό,τι και αν κάνεις, να το κάνεις με συναίσθηση, ακόμη και την παραμικρή πράξη ή σκέψη σου, και με κάθε συνειδητή ενέργεια θα αντιληφθείς την ομορφιά και τον θησαυρό και τη δόξα και την αιωνιότητα της ύπαρξής σου.

ΕΣΩΤΕΡΙΚΟ ΚΑΙ ΕΞΩΤΕΡΙΚΟ: ΣΕ ΑΝΑΖΗΤΗΣΗ ΤΟΥ ΣΗΜΕΙΟΥ ΟΠΟΥ ΤΑ ΔΥΟ ΕΝΩΝΟΝΤΑΙ

Υπήρξαν πολλοί πολιτισμοί πριν από την έλευση του δικού μας, οι οποίοι έφθασαν σε μεγάλα ύψη, αλλά καταστράφηκαν επειδή αναπτύχθηκαν στο πλαίσιο μιας βαθιάς ανισορροπίας. Ανέπτυξαν μεγάλες τεχνολογίες, λησμόνησαν, όμως, το γεγονός ότι ακόμη και η μεγαλύτερη τεχνολογική πρόοδος δεν πρόκειται να κάνει τους ανθρώπους περισσότερο ευτυχισμένους, πιο ειρηνικούς, πιο αγαπητικούς, πιο συμπονετικούς.

Η συνείδησή μας δεν αναπτύχθηκε ακολουθώντας τον ίδιο ρυθμό με την επιστημονική μας πρόοδο, και αυτή είναι η αιτία της αυτοκαταστροφής πολλών πολιτισμών. Δημιουργήσαμε τέρατα σε ό,τι αφορά τον τομέα των μηχανών και ταυτόχρονα παραμείναμε καθυστερημένοι, αναίσθητοι, σχεδόν κοιμισμένοι. Και είναι πολύ επικίνδυνο να παραχωρείς τόση εξουσία σε ανθρώπους χωρίς συνείδηση.

Αυτό ακριβώς συμβαίνει τώρα, σήμερα. Οι πολιτικοί είναι του χαμηλότερου επιπέδου σε ό,τι αφορά την καλλιέργεια της συνείδησής τους. Είναι έξυπνοι, είναι απατεώνες. Είναι επίσης μοχθηροί, και όλες οι προσπάθειές τους αποβλέπουν σε έναν σκοπό: να γίνουν όλο και πιο ισχυροί. Το μόνο που επιθυμούν είναι περισσότερη εξουσία. Όχι περισσότερη ειρήνη, όχι περισσότερη ουσία, όχι περισσότερη αλήθεια ούτε περισσότερη αγάπη. Ποιός είναι ο λόγος για τον οποίο χρειάζεσai περισσότερη εξουσία; Μα, για να κυριαρχήσεις επί των άλλων, για να καταστρέψεις τους άλλους. Όλη η δύναμη συσσωρεύεται, δυστυχώς, στα χέρια ασυνείδητων ανθρώπων. Οπότε, από τη μια, οι πολιτικοί όλων των πολιτισμών οι οποίοι αναπτύχθηκαν και πέθαναν – θα ήταν καλύτερο να πούμε αυτοκτόνησαν– είχαν στα χέρια τους όλη την ισχύ. Από την άλλη η ευφυΐα της ανθρώπινης διάνοιας αναζητούσε όλο και περισσότερη τεχνολογία, επιστημονικές βελτιώσεις, και τελικά ανακάλυψαν ότι τα πάντα έπρεπε να περιέλθουν στα χέρια των πολιτικών.

Η καταστροφή της γης μας δεν θα έρθει από κάποιον άλλο πλανήτη. Μόνοι μας ετοιμάζουμε τους τάφους μας. Μπορεί να το γνωρίζουμε, μπορεί και όχι, όλοι μας, όμως, είμαστε νεκροθάφτες και σκάβουμε τους ίδιους τους τάφους μας. Αυτή τη στιγμή ελάχιστα έθνη έχουν υπό την κατοχή τους πυρηνικά όπλα. Σύντομα πολλά άλλα έθνη θα αποκτήσουν πυρηνικά όπλα. Η κατάσταση θα ξεφύγει, θα είναι πλέον εκτός ελέγχου, με τόσα πολλά έθνη να έχουν στα χέρια τους τέτοιο όλεθρο, αφού και ένα και μόνο έθνος θα μπορούσε με τα πυρηνικά του να καταστρέψει όλη τη γη. Ένας και μόνο τρελός άνθρωπος, ένας και μόνο πολιτικός, απλά για να κάνει επίδειξη δύναμης, μπορεί να καταστρέψει τον πολιτισμό στο σύνολο του, και θα πρέπει να ξαναρχίσουμε μετά από το μηδέν. Και η καταστροφή δεν αφορά μόνο την ανθρωπότητα. Μαζί με την ανθρωπότητα θα πεθάνουν τα ζώα, τα δένδρα, τα πουλιά, τα λουλούδια... Τα πάντα θα εξαφανιστούν. Καθετί ζωντανό θα πεθάνει.

Η αιτία της καταστροφής είναι η πλήρης ανισορροπία στην εξέλιξή μας. Εξακολουθούμε να αναπτύσσουμε την επιστημονική τεχνολογία, χωρίς να μας απασχολεί καθόλου το γεγονός ότι ο εσωτερικός μας κόσμος θα πρέπει επίσης να αναπτυχθεί κατ' αντιστοιχίαν. Στην πραγματικότητα η πρόοδος του εσωτερικού μας κόσμου θα πρέπει να βρίσκεται λίγο πιο μπροστά σε σύγκριση με την τεχνολογική πρόοδο.

Εάν ο εσωτερικός μας κόσμος ήταν φωτισμένος... Στα χέρια του Γκαουτάμα Βούδα η πυρηνική ισχύς δεν θα ήταν πλέον επικίνδυνη. Στα χέρια του Γκαουτάμα Βούδα η πυρηνική ισχύς θα αξιοποιείτο προς την κατεύθυνση της επίτευξης κάποιου δημιουργικού σκοπού, επειδή η ισχύς είναι πάντοτε μια ουδέτερη έννοια. Χρησιμοποιώντας την μπορείς είτε να καταστρέψεις ή να βρεις τρόπους να δημιουργήσεις κάτι. Αυτή τη στιγμή, όμως, οι δυνάμεις μας είναι πολύ μεγάλες και ο ανθρωπισμός μας πολύ μικρός. Είναι σαν να βάλαμε βόμβες στα χέρια παιδιών αφήνοντάς τα να παίξουν μαζί τους.

Τα ανθρώπινα όντα έδιναν αυτόν τον αγώνα από την αρχή. Ο αγώνας αυτός αναφέρεται στην ανισορροπία μεταξύ του εσωτερικού και του εξωτερικού.

Το εξωτερικό είναι εύκολο, και το εξωτερικό είναι αντικειμενικό. Για παράδειγμα ένας άνδρας, ο Τόμας Έντισον, ανακαλύπτει τον ηλεκτρισμό, και το σύνολο της ανθρωπότητας αξιοποιεί τα οφέλη της ανακάλυψης αυτής. Δεν υπάρχει λόγος κάποιος να ανακαλύψει τον ηλεκτρισμό ξανά και ξανά. Η εσωτερική εξέλιξη είναι ένα εντελώς διαφορετικό φαινόμενο. Ένας Γκαουτάμα Βούδας μπορεί να φωτιστεί, αλλά αυτό δεν σημαίνει ότι φωτίζεται ο καθένας. Κάθε άνθρωπος θα πρέπει να βρει την αλήθεια μόνος του. Οπότε ό,τι και αν συμβεί στο εξωτερικό εξακολουθεί να συγκεντρώνεται και να συσσωρεύεται. Όλη η επιστημονική πρόοδος εξακολουθεί να συσσωρεύεται επειδή κάθε επιστήμονας ακουμπά στο έργο άλλων επιστημόνων. Η εξέλιξη, όμως, του εσωτερικού κόσμου δεν ακολουθεί τους ίδιους νόμους. Κάθε άνθρωπος είναι υποχρεωμένος να ανακαλύψει τον εσωτερικό του κόσμο μόνος του. Δεν μπορεί να πατήσει επάνω στο έργο των προηγούμενων.

Καθετί αντικειμενικό μπορεί να αποτελέσει κοινό κτήμα, μπορεί να αποτελέσει αντικείμενο διδασκαλίας στα σχολεία, στα κολέγια, στα πανεπιστήμια. Το ίδιο, όμως, δεν ισχύει και με την υποκειμενικότητα. Μπορεί να γνωρίζω τα πάντα αναφορικά με τον εσωτερικό κόσμο, εντούτοις δεν μπορώ να μεταβιβάσω τη γνώση μου αυτή σε εσένα. Αποτελεί έναν από τους θεμελιώδεις νόμους της ύπαρξης το γεγονός ότι η εσωτερική αλήθεια θα πρέπει να ανακαλυφθεί από κάθε άτομο ξεχωριστά, μέσω των δικών του αποκλειστικών προσπαθειών και εμπειριών. Δεν μπορεί να αγοραστεί ούτε μπορεί να σου το προσφέρει κανείς σαν δώρο. Δεν είναι ένα εμπόρευμα, δεν είναι υλικό, είναι μια άυλη εμπειρία.

Μπορεί κάποιος να δώσει στοιχεία αναφορικά με αυτήν την άυλη εμπειρία μέσω της ατομικότητάς του, μέσω της παρουσίας του, της συμπόνιας, της αγάπης, της σιωπής. Αυτές, όμως, δεν είναι παρά ενδείξεις ότι κάτι έχει συμβεί στο εσωτερικό του. Αυτό το πρόσωπο μπορεί να σας ενθαρρύνει, να σας πει ότι δεν είναι μάταιη η αναζήτησή σας: «Θα βρείτε θησαυρούς όμοιους με εκείνους που βρήκα και εγώ». Κάθε δάσκαλος δεν προσφέρει παρά ένα επιχείρημα, ένα στοιχείο, μια προσωπική μαρτυρία. Η εμπειρία, εντούτοις, παραμένει ατομική υπόθεση.

Η επιστήμη γίνεται κοινωνική, η τεχνολογία γίνεται κοινωνική, η υποκειμενική σφαίρα παραμένει ξεχωριστή. Αυτό είναι το βασικό πρόβλημα: το πώς να επιτύχεις μια ισορροπία.

Σε ένα από τα πιο όμορφα δάση στην Γερμανία, τον διάσημο Μέλανα Δρυμό, τα δένδρα ξεραίνονταν χωρίς κάποιον προφανή λόγο. Η κυβέρνηση της Γερμανίας προσπάθησε να αποκρύψει το γεγονός. Δεν μπορείς όμως να συγκαλύπτεις τα γεγονότα για πάντα. Το δάσος πέθαινε και ο λόγος δεν οφειλόταν σε "φυσικά αίτια". Ο λόγος είχε να κάνει με την παραγωγή συγκεκριμένων αερίων που εξέπεμπαν οι βιομηχανίες, τα οποία αναμειγνύονταν με τον ατμοσφαιρικό αέρα, οπότε όταν έβρεχε το νερό της βροχής ήταν όξινο. Όταν η όξινη βροχή πέσει σε ένα δένδρο, τότε αυτό αρχίζει να πεθαίνει, έχει δηλητηριαστεί. Μέχρι σήμερα ο μισός Μέλας Δρυμός έχει ξεραθεί εντελώς.

Υπάρχει ένα στρώμα όζοντος γύρω από τη Γη το οποίο λειτουργεί προστατευτικά, προστατεύει τη ζωή στον πλανήτη. Όλες οι ηλιακές ακτινοβολίες δεν είναι καλές για τη ζωή, και το στρώμα αυτό του όζοντος αντανακλά μερικές από αυτές τις ακτίνες. Είναι θανατηφόρες ακτίνες. Εάν εισέλθουν στην ατμόσφαιρα αρχίζουν να καταστρέφουν τη ζωή. Οι μόνες ακτίνες τις οποίες το στρώμα του όζοντος αφήνει να περάσουν είναι εκείνες οι οποίες δεν είναι επιβλαβείς για τη ζωή, αλλά υποβοηθούν τη ζωή. Εμείς, όμως, κατά τρόπο βλακώδη κατορθώσαμε να ανοίξουμε τρύπες σε αυτή τη σφαίρα. Ένας τρόπος με τον οποίο το επιτύχαμε αυτό είναι στέλνοντας πυραύλους στη Σελήνη, που δεν είναι παρά μια άσκηση βλακείας, αν μη τι άλλο! Όταν οι πύραυλοι βγουν έξω από την ατμόσφαιρα, δημιουργούν τρύπες στη σφαίρα του όζοντος και όταν επιστρέφουν ανοίγουν ξανά τρύπες. Αυτές οι θανατηφόρες ακτίνες, λοιπόν, βρίσκουν τώρα τρόπο να εισέλθουν στην ατμόσφαιρα.

Όταν ο πολιτισμός αυτός καταστραφεί, οι άνθρωποι μπορεί να πιστέψουν ότι επρόκειτο για μια φυσική καταστροφή. Δεν είναι όμως έτσι· εμείς δημιουργήσαμε την καταστροφή. Εξαιτίας της συσσώρευσης του διοξειδίου του άνθρακος και άλλων αερίων, η θερμοκρασία της ατμόσφαιρας της γης έχει αρχίσει να ανεβαίνει, και αυτό δημιουργεί νέα προβλήματα. Οι πάγοι στους δύο πόλους, Βόρειο και Νότιο, λιώνουν επειδή η θερμοκρασία ανεβαίνει πάρα πολύ. Κάθε ένας ο οποίος θα ερευνήσει το φαινόμενο εκατοντάδες χρόνια αργότερα, μπορεί να πιστέψει ότι επρόκειτο για μια φυσική καταστροφή. Δεν είναι. Είναι αποτέλεσμα της δικής μας βλακείας.

Μπορούμε να διδαχθούμε πολλά, βλέποντας το τι συμβαίνει, και έπειτα μπορούμε να σκεφθούμε ενδοσκοπικά αναφορικά με άλλους πολιτισμούς οι οποίοι εξαφανίστηκαν είτε εξαιτίας του πολέμου, είτε εξαιτίας καταστροφών οι οποίες προφανώς ήταν φυσικές. Αυτοί οι πολιτισμοί μπορεί να έκαναν κάποια ανοησία η οποία προκάλεσε αυτές τις συμφορές. Υπήρξαν ιδιαίτερα εξελιγμένοι πολιτισμοί οι οποίοι έζησαν σε αυτή τη γη, αλλά όλοι μπλέχτηκαν στις ίδιες προβληματικές καταστάσεις με εμάς. Εισήλθαν όλοι στην ίδια σκοτεινή εποχή στην οποία μπαίνουμε και εμείς. Η συνείδηση τους είχε χαθεί· ήταν πλέον εντελώς ασυνείδητοι, όπως εμείς σήμερα. Τους διέκρινε το ίδιο εγωιστικό πνεύμα που διακρίνει και εμάς σήμερα.

Τί κάνεις για να αποτρέψεις τη συμφορά η οποία έρχεται κάθε ημέρα όλο και πιο κοντά σου; Ο θάνατος της Γης δεν είναι μακριά. Απέχει το πολύ μερικές δεκαετίες, και αυτή είναι, θα έλεγα, μια αισιόδοξη εκτίμηση. Για τους πιο απαισιόδοξους μπορεί να συμβεί και αύριο. Ακόμη και αν σου δώσει, όμως, κάποιος εκατό χρόνια, τί θα κάνεις για να βοηθήσεις την ανθρώπινη συνείδηση να φθάσει σε τέτοιο σημείο ώστε να μπορέσουμε να αποτρέψουμε την παγκόσμια αυτοκτονία η οποία πρόκειται να συμβεί; Έρχεται από πολλές κατευθύνσεις. Τα πυρηνικά όπλα είναι η μια κατεύθυνση η οποία είναι απολύτως βέβαια. Κάθε στιγμή που περνάει μπορεί να ξεσπάσει πόλεμος με το πάτημα πλέον ενός κουμπιού και μόνο. Δεν γίνεται λόγος για την αποστολή στρατευμάτων και αεροσκαφών σε απάντηση. Εάν οι ωκεανοί πλημμυρίσουν με όλον τον πάγο των Ιμαλαΐων και του Βορείου και του Νότιου Πόλου και των Άλπεων και άλλων ορέων, θα πνιγούμε.

Ο μόνος πιθανός τρόπος να αποτρέψουμε κάτι τέτοιο είναι με το να δημιουργήσουμε περισσότερη πνευματικότητα στον κόσμο. Είναι όμως ένας τόσο παράλογος κόσμος που κάποιες φορές φαντάζει σχεδόν απίστευτος.

Εάν στα επόμενα λίγα χρόνια, μπορέσουμε να βιώσουμε μια επανάσταση, να αποκτήσουμε μια νέα συνείδηση, ίσως οι συνέπειες των όσων συμβαίνουν τώρα να μπορέσουν να αναστραφούν. Θα πρέπει να καταβάλλουμε αδιαλείπτως κάθε δυνατή προσπάθεια προκειμένου να τις αποφύγουμε. Διανύουμε μια ιδιαίτερα σκοτεινή περίοδο και θα γίνεται όλο και πιο σκοτεινή, εκτός αν ο καθένας γίνει μέσα του ένα φως και αρχίσει να εκπέμπει αυτό το φως. Αν ο καθένας δεν αρχίσει να μοιράζεται το φως του και τη φλόγα του με εκείνους που πεινούν και διψούν γι' αυτά, η αυγή δεν πρόκειται να έρθει αυτόματα. Θα πρέπει να επαγρυπνούμε συνεχώς και να καταβάλλουμε αδιαλείπτως κάθε δυνατή προσπάθεια προκειμένου να βοηθήσουμε τη συνείδησή μας να εξελιχθεί.

Είναι ένας μεγάλος αγώνας ενάντια στο σκοτάδι, αλλά και μια μεγάλη ευκαιρία, και πρόκληση και ενθουσιασμός. Δεν χρειάζεται να το φέρετε βαρέως. Θα πρέπει να το κάνετε με χαρούμενη διάθεση, με τραγούδι και με χαρά, επειδή μόνο με αυτόν τον τρόπο θα μπορέσετε να φέρετε την αυγή στην ανθρωπότητα και να σκορπίσετε το σκοτάδι που πυκνώνει ολοένα και περισσότερο. Υπάρχει ένας κοσμικός νόμος ο οποίος λέει: «Μόνο μέσα από τη λάσπη μπορεί να προβάλει το νούφαρο». Οι πολιτικοί και οι ιερείς όλων των θρησκειών, οι κυβερνήσεις και οι γραφειοκρατίες –όλοι αρκούν για τη δημιουργία αρκετής λάσπης. Αυτό που θα πρέπει να κάνουμε τώρα είναι να μεγαλώσουμε λωτούς. Δεν θα πρέπει να πνιγείς μέσα στη λάσπη τους. Θα πρέπει να σπείρεις τους σπόρους από τους οποίους θα προκύψουν οι λωτοί.

Ο σπόρος του λωτού είναι ένα θαύμα: μεταμορφώνει τη λάσπη στο πιο όμορφο λουλούδι. Στην Ανατολή ο λωτός αντιμετωπιζόταν σχεδόν ως αντικείμενο λατρείας για δυο λόγους. Ο ένας είναι ότι προβάλλει μέσα από τη λάσπη. Η αγγλική λέξη *human*, άνθρωπος, σημαίνει απλά *χώμα*. Η αραβική λέξη *αντμί* σημαίνει το ίδιο, επειδή ο Θεός έπλασε τα ανθρώπινα όντα από χώμα που το έκανε λάσπη. Στη λάσπη, όμως υπάρχει και η πιθανότητα να αναπτυχθεί το άνθος του λωτού. Είναι ένα μεγάλο λουλούδι και ανοίγει τα πέταλα του μόνο όταν ανατέλλει ο ήλιος, και τα πουλιά αρχίζουν να τραγουδούν, και ο ουρανός γεμίζει χρώματα. Καθώς πέφτει το σκοτάδι και ο ήλιος δύει, κλείνει ξανά τα πέταλα του. Είναι εραστής του φωτός.

Κατά δεύτερο λόγο τα πέταλα του, ακόμη και τα φύλλα του, είναι τόσο βελούδινα, που κατά τη διάρκεια της νύχτας δροσοσταλίδες συγκεντρώνονται στα πέταλα, επάνω στα φύλλα. Στο πρώτο φως του ήλιου, αυτές οι δροσοσταλίδες λάμπουν σαν μαργαριτάρια, και ακόμη πιο όμορφα από αυτά, καθώς δημιουργούν ουράνια τόξα γύρω τους. Το πιο όμορφο πράγμα όμως είναι ότι ενώ ξεκουράζονται επάνω στα πέταλα και στα φύλλα, οι δροσοσταλίδες δεν ακουμπούν το φύλλο. Έρχεται μια λεπτή αύρα και κυλούν πίσω στο νερό, χωρίς να αφήσουν κανένα ίχνος.

Το άνθος του λωτού υπήρξε συμβολικό για την Ανατολή, επειδή η Ανατολή λέει ότι θα πρέπει να ζήσεις στον κόσμο, αλλά να παραμείνεις ανεπηρέαστος από αυτόν. Θα πρέπει να μένεις μέσα στον κόσμο, αλλά ο κόσμος να μην μένει μέσα σου. Θα πρέπει να διασχίσεις τον κόσμο χωρίς να φέρεις μαζί σου κάποια εντύπωση, κάποια επίπτωση, κάποια γρατζουνιά. Εάν ως τη στιγμή του θανάτου σου μπορείς να πεις ότι η συνείδησή σου είναι το ίδιο αγνή και αθώα, όπως ήταν κατά τη γέννηση σου, τότε έχεις ζήσει μια θρησκευόμενη ζωή, μια πνευματική ζωή.

Ως εκ τούτου το άνθος του λωτού αποτέλεσε ένα σύμβολο του πνευματικού τρόπου ζωής. Μεγαλώνει μέσα από τη λάσπη και ωστόσο παραμένει ανέγγιχτο. Είναι ένα σύμβολο του μετασχηματισμού. Η λάσπη μετασχηματίζεται στο πιο όμορφο και πιο ευαίσθητο λουλούδι που γνώρισε ποτέ ο πλανήτης. Ο Γκαουτάμα Βούδας αγαπούσε τόσο πολύ τον λωτό που έκανε λόγο για τον "παράδεισο του λωτού".

Με τον βαθύ διαλογισμό μας και την ευγνωμοσύνη απέναντι στο γεγονός της ύπαρξής μας, είναι πιθανό η γη να εξακολουθεί να αναπτύσσεται με περισσότερη συναίσθηση, με περισσότερα λουλούδια. Μπορεί να γίνει ένας παράδεισος των λωτών.

Απαιτείται, όμως, ένας δύσκολος αγώνας για μια μεγάλη επανάσταση στην ανθρώπινη συνείδηση, και ο καθένας καλείται να λάβει μέρος στην επανάσταση αυτήν. Συνεισφέρετε με ό,τι μπορείτε. Όλη η ζωή σας θα πρέπει να αφιερωθεί στην ιδέα της επανάστασης. Δεν θα έχετε άλλη ευκαιρία, άλλη πρόκληση για τη δική σας πρόοδο και την πρόοδο αυτού του όμορφου πλανήτη.

Αυτός είναι ο μόνος πλανήτης σε όλο το σύμπαν που είναι ζωντανός. Ο θάνατός του θα αποτελούσε μια τραγωδία. Μπορεί όμως να αποφευχθεί.

Η επιστημονική οπτική της αντικειμενικής πραγματικότητας και η υποκειμενική εμπειρία της ύπαρξης φαίνεται πως συνιστούν δυο εντελώς διακριτές και αγεφύρωτες διαστάσεις. Οφείλεται άραγε αυτό στη φύση των πραγμάτων ή είναι μια ψευδαίσθηση του μυαλού μας;

Η επιστημονική προσέγγιση στην ύπαρξη και η θρησκευτική προσέγγιση υπήρξαν στο παρελθόν διακριτές και αγεφύρωτες. Ο λόγος είχε να κάνει με την επιμονή των παλαιών θρησκειών στις προλήψεις, στα συστήματα πεποιθήσεων, στην άρνηση της έρευνας και της αμφιβολίας. Στην πραγματικότητα δεν υπάρχει τίποτε το αγεφύρωτο ανάμεσα στην επιστήμη και στη θρησκεία, και δεν υφίσταται κάποιου είδους διάκριση. Αλλά η θρησκεία επέμενε στην πίστη. Η επιστήμη δεν μπορεί να το δεχτεί αυτό κατ᾽ ουδένα τρόπο.

Η πίστη συγκαλύπτει την άγνοιά σου. Δεν σου αποκαλύπτει ποτέ την αλήθεια, σου παραδίδει μόνο συγκεκριμένα δόγματα, διδασκαλίες, και εσύ καλείσαι μέσω αυτών να δομήσεις μια ψευδαίσθηση της γνώσης. Αυτή η γνώση, όμως, δεν είναι τίποτε περισσότερο από μια απάτη. Καθετί το οποίο βασίζεται στην πίστη είναι κάλπικο. Εξαιτίας του ότι οι θρησκείες επέμεναν συνεχώς στην πίστη, και η βασική μέθοδος της επιστήμης είναι η αμφιβολία, η διάκριση μεταξύ τους έγινε αγεφύρωτη. Και θα εξακολουθήσει να παραμένει αγεφύρωτη, αν η θρησκεία δεν αποφασίσει επιτέλους να αντιμετωπίσει την πρόκληση της αμφιβολίας.

Στο όραμά μου, υπάρχει μόνο επιστήμη, με δυο διαστάσεις. Η μια διάσταση προσεγγίζει την εξωτερική πραγματικότητα, η άλλη διάσταση προσεγγίζει την εσωτερική πραγματικότητα. Η μια είναι αντικειμενική η άλλη είναι υποκειμενική. Οι μέθοδοί τους δεν είναι διαφορετικές, τα συμπεράσματά τους δεν είναι διαφορετικά. Και οι δυο εκκινούν από την αμφιβολία.

Η αμφιβολία καταδικάστηκε σε τέτοιον βαθμό ώστε λησμονήσαμε την ομορφιά της, λησμονήσαμε τον πλούτο της.

Το παιδί, όταν γεννιέται, δεν φέρει μέσα του καμμία πίστη, αλλά γεννιέται με μια παράξενη, κριτική συνείδηση, με μια εγγενή (ή θεϊκή, αν θέλετε) σοφία. Η αμφιβολία είναι κάτι το απολύτως φυσιολογικό. Η θρησκευτική πίστη είναι κάτι το εντελώς αφύσικο.

Η πίστη μάς επιβάλλεται από τους γονείς μας, στους οποίους το έχει επιβάλει η συντεταγμένη κοινωνία, μας το επιβάλει αργότερα το εκπαιδευτικό σύστημα που θέλει μέσω της θρησκείας να μας κρατά ποδηγετημένους στις εξουσιαστικές ανάγκες του πολιτικού κράτους. Όλοι αυτοί οι άνθρωποι τελούν στην υπηρεσία της άγνοιας και υπηρέτησαν την άγνοια επί χιλιάδες χρόνια. Κράτησαν την ανθρωπότητα μέσα στο σκοτάδι, και υπήρχε πολύ συγκεκριμένος λόγος που το έκαναν αυτό. Εάν η ανθρωπότητα μένει στο σκοτάδι, δεν γνωρίζει τίποτε αναφορικά με την πραγματικότητα, άρα μπορεί να γίνει εύκολα αντικείμενο εκμετάλλευσης, να υποδουλωθεί, να εξαπατηθεί, να μείνει φτωχή και εξαρτημένη από τους εξουσιαστές της που τα έχουν όλα και ζουν σαν θεοί. Όλα αυτά εμπλέκονται απολύτως στην υπόθεση της πίστης.

Οι παλαιές θρησκείες δεν ασχολούνταν με την αλήθεια. Έκαναν, βέβαια, λόγο γι' αυτήν, αλλά σοφιστικά, ενώ το βασικό τους μέλημα ήταν να κρατήσουν τους ανθρώπους μακριά από την αλήθεια. Μέχρι και τις ημέρες μας το κατάφερναν αυτό θαυμάσια. Τώρα, όμως, όλες αυτές οι θρησκείες βρίσκονται πλέον στο νεκροκρέβατό τους, αφού υπάρχει τέλος για όλα, για τα πάντα. Και όσο πιο σύντομα πεθάνουν, τόσο το καλύτερο για την ανθρωπότητα.

Γιατί, άνθρωπε, χρειάζεσαι μια θρησκευτική πίστη; Το έχεις σκεφθεί αυτό; Δεν πιστεύεις, ασφαλώς, σε ένα τριαντάφυλλο. Κανείς δεν σε ρωτάει: «Γιατί δεν πιστεύεις σε ένα τριαντάφυλλο;» Κι αν το κάνω εγώ τώρα, θα γελάσεις απλά και θα πεις: «Μα ξέρω πολύ καλά τί είναι ένα τριαντάφυλλο! Δεν τίθεται θέμα πίστης σε ένα τριαντάφυλλο!» Σωστά. Αφού η γνώση δεν προϋποθέτει την πίστη. Το αντίθετο μάλιστα. Η Πίστη προϋποθέτει την άγνοια! Πρέπει να θέλεις να μείνεις σε κατάσταση άγνοιας για να μπορείς να πιστεύεις σε μία θρησκεία. Οι τυφλοί, όμως, πιστεύουν στο φως. Είναι υποχρεωμένοι να το κάνουν, δεν έχουν μάτια. Και η πίστη κρατά έναν πιστό άνθρωπο τυφλό. Εάν δεν του δινόταν η πίστη, εάν του έλεγαν ότι είναι τυφλός και ότι τα μάτια του θα έπρεπε να θεραπευτούν, τότε πιθανόν να ήταν σε θέση να δει. Την στιγμή που βλέπεις το φως, δεν τίθεται πλέον ζήτημα περί πίστης: είναι κάτι το οποίο γνωρίζεις. Κάθε πίστη είναι απλά ενδεικτική της άγνοιας και της τυφλότητάς σου· σου δίνει, όμως, την ψευδαίσθηση ότι γνωρίζεις.

Εάν ερευνήσεις, διαλογιστείς και ερευνήσεις βαθύτερα το εσωτερικό σου, θα διακρίνεις μια φοβερή πραγματικότητα, αλλά δεν θα βρεις τον Θεό. Θα βρεις τη συνείδηση στην απόλυτη άνθισή της, αιώνια, δεν θα συναντήσεις, όμως, έναν γέρο με μακριά γένια –κι εδώ που τα λέμε, τα γένια αυτά θα πρέπει μέχρι σήμερα να έχουν μακρύνει πολύ, μίλια ολόκληρα, αφού καθόταν εκεί επί αιώνες ολόκληρους! Άσε που μπορεί και να τον έχουν σκεπάσει ολόκληρο, οπότε δεν θα τον βρεις μέσα σε όλες αυτές τις τρίχες!

Όλες οι θρησκείες φοβούνται την έρευνα, άνθρωπε! Αυτός είναι ο λόγος για τον οποίο έλαβε χώρα η διάκριση από την επιστήμη. Και όλες αυτές οι θρησκείες τάχθηκαν ενάντια στην επιστήμη επειδή αργά ή γρήγορα η επιστήμη θα αποδείξει –έχει ήδη αποδείξει– ότι η μέθοδος αυτή της αμφιβολίας σε φέρνει πιο κοντά στην πραγματικότητα. Ξεκλειδώνει τα μυστικά της ζωής. Σε καθιστά πραγματικά έξυπνο, συνειδητοποιημένο και γνώστη της αλήθειας. Και, οπωσδήποτε, πιο αποτελεσματικό στην αντιμετώπιση των δυσκολιών της ζωής...

Αλλά η επιστήμη μέχρι σήμερα δεν ασχολήθηκε παρά μόνο με τον αντικειμενικό κόσμο ο οποίος σε περιβάλλει. Καταδικάζω τις θρησκείες επειδή κράτησαν τον άνθρωπο στο σκοτάδι, και καταδικάζω και τους επιστήμονες επειδή κάνουν κάτι τόσο ανόητο! Γνωρίζουν τα πάντα, ερευνούν τα πάντα στον κόσμο, εκτός από τον ίδιο τον εαυτό τους. Ο επιστήμονας στο εργαστήριό του είναι το μόνο πρόσωπο το οποίο μένει εκτός της έρευνας! Ερευνά καθετί άλλο, και ερευνά εις βάθος, χωρίς προκατάληψη. Ξεχνά, όμως, ποιός είναι ο ερευνητής.

Είναι άραγε δυνατή η έρευνα χωρίς τον ερευνητή; Υπάρχει η πιθανότητα παρατήρησης της αντικειμενικής πραγματικότητας απόντος του παρατηρητή; Και αυτό είναι που έκανε η επιστήμη εδώ και τριακόσια χρόνια. Οι θρησκείες συνιστούν ένα έγκλημα, αλλά η επιστήμη οφείλει επίσης να σηκώσει το βάρος του εγκλήματος αυτού, όχι ιδιαίτερα μεγάλου, επειδή η επιστήμη δεν μετρά παρά μόνο τριακόσια χρόνια ζωής. Η επιστήμη δεν μπορεί να πει, όμως, κάτι για τον υποκειμενικό κόσμο, υπέρ ή κατά, επειδή δεν τον έχει ερευνήσει.

Οι θρησκείες θα πρέπει να εξαφανιστούν ολοκληρωτικά. Είναι ένα είδος καρκίνου της ανθρώπινης ψυχής, και η επιστήμη θα πρέπει να επεκτείνει την έρευνα της, για να την καταστήσει πλήρη. Δεν είναι παρά ημιτελής. Κοιτάς απλά το αντικείμενο και ξεχνάς το πρόσωπο που το κοιτά. Η επιστήμη οφείλει να αναπτύξει μια νέα διάσταση η οποία θα στρέφεται προς το εσωτερικό. Η αμφιβολία θα συνιστά τη μέθοδο και των δύο, οπότε δεν γίνεται λόγος για γεφύρωμα. Η αμφιβολία βρίσκεται στο επίκεντρο. Από αυτό το κέντρο μπορείς να μετακινηθείς στην αντικειμενική πραγματικότητα, αυτό είναι που έκανε η επιστήμη μέχρι σήμερα. Μπορείς να μεταβείς από την ίδια αμφιβολία στην εσωτερικότητά σου, κάτι το οποίο η επιστήμη δεν κατόρθωσε μέχρι σήμερα. Και εξαιτίας του ότι η επιστήμη δεν το έκανε, ο υποκειμενικός κόσμος έχει αφεθεί στα χέρια των θρησκειών.

Οι θρησκείες προσποιούνται ότι ερευνούν τον υποκειμενικό κόσμο, τον κόσμο της συνείδησης, πρόκειται όμως για μια πλάνη επειδή έχει αφετηρία την πίστη. Από τη στιγμή που πιστέψεις σε κάτι, η έρευνα σου έχει τελειώσει. Έχεις ήδη καταστρέψει το ερώτημα, έχεις δολοφονήσει την αναζήτηση.

Από την πίστη δεν μπορείς να μετατοπιστείς στην έρευνα. Κάθε έρευνα είτε υποκειμενική είτε αντικειμενική, χρειάζεται ανοικτό μυαλό, και η αμφιβολία σού δίνει τη δυνατότητα αυτή.

Και θυμήσου, επειδή υπάρχει μια πιθανότητα να μπερδευτείς, η αμφιβολία δεν σημαίνει δυσπιστία, επειδή η δυσπιστία είναι και πάλι πίστη που βρίσκεται στην αρχή της. Ο Καρλ Μαρξ και οι οπαδοί του οι κομμουνιστές, λένε ότι δεν υπάρχει Θεός. Αυτή είναι η δική τους πίστη. Ούτε ο Καρλ Μαρξ ούτε ο Λένιν ούτε κάποιος άλλος κομμουνιστής ασχολήθηκε ποτέ με το να ερευνήσει αν ο Θεός πράγματι δεν υπάρχει. Αποδέχτηκαν τη θέση αυτή με τον ίδιο τρόπο που οι Χριστιανοί και οι Ινδουιστές και οι Μωαμεθανοί και οι Εβραίοι αποδέχτηκαν ότι υπήρχε ένας Θεός. Δεν κάνω κάποια διάκριση μεταξύ του άθεου και του πιστού. Θεωρώ ότι ταξιδεύουν με το ίδιο πλοίο.

Δεν κάνω κάποια διάκριση ανάμεσα σε έναν Χριστιανό, σε έναν Ινδουιστή και σε έναν κομμουνιστή. Επιφανειακά φαίνεται πως υπάρχει μεταξύ τους μεγάλη διαφορά. Ο κομμουνιστής δεν πιστεύει στον Θεό, οι θρησκείες πιστεύουν στον Θεό. Αυτό είναι πολύ εγωιστικό. Εάν κοιτάξεις λίγο βαθύτερα, αν ξύσεις την επιφάνεια λίγο περισσότερο, θα εκπλαγείς: η απιστία είναι το ίδιο κενή περιεχομένου όσο και η πίστη. Και οι δύο αποδέχτηκαν κάτι στη βάση της πίστης, χωρίς να το ερευνήσουν περαιτέρω. Ως εκ τούτου εκείνο που λέω είναι ότι ο κομμουνισμός είναι μια αθεϊστική θρησκεία. Οι Μωαμεθανοί έχουν την Μέκκα τους, οι Ιουδαίοι κι οι Χριστιανοί έχουν την Ιερουσαλήμ τους, οι κομμουνιστές έχουν το Κρεμλίνο τους. Και είναι πράγματι πολύ ενδιαφέρον να δούμε μια εικόνα του Κρεμλίνου! Μοιάζει με εκκλησία! Πιθανόν να ήταν εκκλησία πριν από την Επανάσταση των Μπολσεβίκων. Σίγουρα πάντως δεν κτίστηκε από τους κομμουνιστές. Μπορεί να ήταν η μεγαλύτερη εκκλησία της Ρωσίας. Την κατέλαβαν και τη μετέτρεψαν σε κεντρικό γραφείο τους. Η αρχιτεκτονική της όμως δηλώνει απλά ότι επρόκειτο για μια εκκλησία.

Όχι μόνο η αρχιτεκτονική του Κρεμλίνου αλλά και η νοοτρο-πία των ανθρώπων οι οποίοι κυριάρχησαν επί άλλων ανθρώπων ασκώντας την εξουσία μέσα από το Κρεμλίνο είναι ακριβώς η ίδια με εκείνη των παπών, των αγιατολάχ και των σανκαράγια. Δεν παρουσιάζει καμμία διαφορά! Επί των βασικών αρχών συμ-φωνούν.

Οι κομμουνιστές πιστεύουν στο Κεφάλαιο, οι χριστιανοί στην Βίβλο, οι εβραίοι στην Τορά και πάει λέγοντας· ποιά, όμως, είναι η διαφορά; Αυτά τα συγκεκριμένα βιβλία είναι μεταξύ τους διαφορετικά, αλλά το πρόσωπο που πιστεύει σ' αυτά και η νοο-τροπία του είναι απολύτως ίδια.

Επειδή η επιστήμη αρνήθηκε —κατά παράδοξο τρόπο—την ίδια την ύπαρξη του επιστήμονα, εξακολουθεί να παίζει παιχνίδια με αρουραίους, πειραματιζόμενη. Οι επιστήμονες εξακολουθούν να εργάζονται με ποντίκια, με πιθήκους και με κάθε άλλο πλάσμα στον κόσμο. Η επιστημονική έρευνα έφθασε στο επίπεδο των μορίων, των ατόμων και των ηλεκτρονίων. Καθ' όλη τη διάρκεια της έρευνας αυτής, όμως, ο επιστήμονας λησμόνησε ένα πράγμα: ότι υπάρχει και Αυτός. Χωρίς τον επιστήμονα, το εργαστήριο δεν έχει κάποιο νόημα. Ποιός είναι εκείνος που πειραματίζεται; Σίγουρα υπάρχει μια συνείδηση, μια συγκεκριμένη αίσθηση, μια οντότητα με την ικανότητα να παρατηρεί. Αυτό είναι πολύ απλό, επί τριακόσια χρόνια, όμως, η επιστήμη δεν κατόρθωσε να απο-δεχτεί αυτό το απλό δεδομένο. Θεωρώ ότι είναι ένοχοι επειδή, αν είχαν αποδεχτεί αυτό το δεδομένο και το είχαν καταστήσει υποκείμενο επιστημονικής έρευνας, οι θρησκείες θα είχαν εξα-λειφθεί από καιρό. Η επιστήμη θα πρέπει να αποδεχθεί μερίδιο της ευθύνης που της αναλογεί, για το γεγονός ότι οι θρησκείες εξακολουθούν να υφίστανται.

Η ίδια η λέξη *επιστήμη* εξηγεί την προσέγγιση μου. Επιστήμη σημαίνει *γνώση*. Κάθε γνώση, οποιαδήποτε γνώση, χρειάζεται τρία πράγματα: ένα αντικείμενο για να το γνωρίσουμε, ένα υπο-κείμενο που θα το γνωρίσει και ανάμεσα στο υποκείμενο και στο αντικείμενο είναι που αναδύεται η γνώση.

Εάν τα ανθρώπινα όντα δεν βρίσκονταν στη γη, τα δένδρα θα βρίσκονταν εκεί, οι τριανταφυλλιές θα βρίσκονταν εκεί, δεν θα γνώριζαν, όμως, ότι είναι δένδρα και τριανταφυλλιές. Τα σύννεφα θα έλθουν, κανείς όμως δεν θα ξέρει ότι είναι η εποχή των βροχών. Ο ήλιος θα ανατείλει, δεν θα υπάρχει, όμως, ανατολή, επειδή δεν θα βρίσκεται κανείς εκεί για να την περιγράψει. Ένας γνώστης είναι το πιο πολύτιμο φαινόμενο στην ύπαρξη, και επειδή η επιστήμη αρνήθηκε τον γνώστη, οι θρησκείες είχαν την απόλυτη ελευθερία να εξακολουθήσουν να εμμένουν στις παλιές πεποιθήσεις τους. Αποστολή μου είναι να βοηθήσω όλες τις θρησκείες να πεθάνουν εν ειρήνη. Η περιοχή την οποία καταλάμβαναν θα πρέπει να καταληφθεί από την επιστήμη. Μπορούμε να κρατήσουμε δυο ονόματα, την επιστήμη για την αντικειμενική πραγματικότητα και τη θρησκεία για την υποκειμενική πραγματικότητα. Πραγματικά, όμως, δεν χρειάζονται δυο ονόματα. Είναι καλύτερο να έχουμε ένα όνομα, επιστήμη, με δυο διαστάσεις· η μια με κατεύθυνση προς τα μέσα, και η άλλη με κατεύθυνση προς τα έξω.

Η επιστημονική μέθοδος ξεκινά με την αμφιβολία. Εξακολουθεί να αμφιβάλλει έως ότου φθάσει σε ένα σημείο όπου η αμφιβολία πλέον είναι αδύνατη. Όταν η αμφιβολία αντιμετωπίζει την πραγματικότητα, καταρρίπτεται.

Οι θρησκείες καταπίεζαν την αμφιβολία. Δεν συνάντησα ποτέ έστω έναν θρησκευτικό ηγέτη ο οποίος να μην έχει κάπου βαθιά μέσα στην ψυχή του μια αμφιβολία η οποία να είναι ακόμη ζωντανή. Μπορεί η πίστη του στο θρησκευτικό του δόγμα να την καταπίεσε, αλλά δεν μπορεί να την καταστρέψει ολότερα. Μπορείς να κοιτάξεις μέσα στη σκέψη σου. Πιστεύεις στον Θεό, ναι, όμως, δεν έχεις και κάποια αμφιβολία γι' αυτό κάπου μέσα σου; Στην πραγματικότητα, αν έχεις κάποια αμφιβολία, γιατί θα πρέπει να πιστεύεις οπωσδήποτε; Δεν είσαι άρρωστος, οπότε γιατί θα πρέπει να κουβαλάς όλα τα φάρμακα μαζί σου; Η πίστη αποδεικνύει την ύπαρξη της αμφιβολίας, και η πίστη παραμένει μόνο στην επιφάνεια. Ωθεί την αμφιβολία όλο και πιο βαθιά στο ασυνείδητο. Δεν μπορεί όμως επ' ουδενί να καταστρέψει την αμφιβολία. Η πίστη δεν έχει καμμία δύναμη, είναι ανίκανη. Η αμφιβολία συνιστά μια τεράστια δυναμική. Η πίστη είναι ήδη κάτι νεκρό, είναι ένα πτώμα. Μπορείς να μεταφέρεις αυτό το πτώμα για όσον καιρό θέλεις· να θυμάσαι, όμως, ότι το πτώμα αυτό δεν είναι για σένα παρά μόνο ένα άχρηστο φορτίο. Σύντομα θα αρχίσεις να βρομάς όπως και το πτώμα που σέρνεις, και στο τέλος το πτώμα θα σε κάνει και εσένα πτώμα. Δεν είναι καλό να κάνουμε παρέα με τους νεκρούς. Είναι επικίνδυνο. Η λέξη *πίστη* πρέπει να εξαφανιστεί από όλες τις γλώσσες. Η *αμφιβολία* θα πρέπει να ενθρονιστεί στη θέση της, και η *πίστη* θα πρέπει να εκθρονιστεί.

Η αμφιβολία γεφυρώνει αμέσως το υποκειμενικό και το αντικειμενικό. Είναι οι δυο πόλοι της ίδιας πραγματικότητας, και η αμφιβολία είναι η γέφυρα.

Αναρωτιέσαι, γιατί επαινώ την αμφιβολία τόσο πολύ; Επειδή οδηγεί στην έρευνα, στη διερεύνηση, φέρνει στο φως ερωτήματα, σε οδηγεί σε νέες περιπέτειες. Δεν σου επιτρέπει να μείνεις αδαής. Εξακολουθεί να κινείται έως ότου βρεις το φως και βγεις από το σπήλαιο της άγνοιας και της αμάθειας.

Οι άνθρωποι με ρωτούν επανειλημμένως: «Πιστεύεις σε αυτό, πιστεύεις σ' εκείνο;» Και τους λέω συνεχώς ότι αυτό είναι ένα εντελώς ανόητο ερώτημα. Είτε γνωρίζω κάτι είτε δεν το γνωρίζω. Σε κάθε περίπτωση η πίστη δεν έχει καμμία θέση στην ύπαρξη μου. Εάν δεν γνωρίζω, τότε θα προσπαθήσω να μάθω. Αυτό είναι η αμφιβολία, αυτό είναι η έρευνα. Και αν γνωρίζω, τότε δεν υπάρχει ανάγκη να πιστέψω. Το ξέρω αφ' εαυτού. Γιατί θα πρέπει να πιστέψω στον Ιησού Χριστό ή στον Γκαουτάμα Βούδα, ή στον Μωάμεθ; Δεν υπάρχει λόγος.

Η επιστήμη θα πρέπει να αποκαλύψει τα τεχνάσματα, τα μυστικά των οποίων οι θρησκείες κρατούν κρυμμένα. Υπάρχει ένα τεράστιο Σύμπαν έξω. Είναι αχανές. Μπορείς να το εξερευνήσεις, δεν υπάρχει τέλος στην εξερεύνηση αυτή. Υπάρχει, όμως, και ένα μεγαλύτερο σύμπαν μέσα σου, και τόσο κοντά –είναι απλά μαζί σου! Και μπορείς να το εξερευνήσεις και αυτό επίσης. Θα μάθεις ποιός είσαι, αλλά αυτό δεν είναι το τέλος, η εμπειρία εξακολουθεί να βαθαίνει συνεχώς.

Ένας άνθρωπος μπορεί να είναι τόσο θρησκευόμενος όσο και επιστήμονας, και αυτό θα ήταν το τέλειο ανθρώπινο όν. Προσδιόρισα την εικόνα της νέας ανθρωπότητας με πολλούς τρόπους από διαφορετικές οπτικές γωνίες. Ας συμπεριληφθεί, λοιπόν, και αυτό στον ορισμό της νέας ανθρωπότητας: θα είμαστε τέλειοι, πλήρεις, εξοικειωμένοι με τον εξωτερικό κόσμο και με το εσωτερικό μας. Και τη στιγμή που τους γνωρίζεις καί τους δύο, καταλαβαίνεις ότι δεν είναι δύο, είναι η ίδια ενέργεια που εκτείνεται στους δύο πόλους. Ο ένας γίνεται το υποκείμενο και ο άλλος το αντικείμενο. Θα ήθελα να τη χαρακτηρίσω ως επιστήμη του εσωτερικού. Και ό,τι είναι γνωστό ως επιστήμη στις ημέρες μας θα το χαρακτήριζα επιστήμη του εξωτερικού. Το μέσα και το έξω, όμως, είναι δυο όψεις του ίδιου νομίσματος. Το έξω δεν μπορεί να ζήσει χωρίς το μέσα, το μέσα δεν μπορεί να υπάρξει χωρίς το έξω. Οπότε δεν υπάρχει κάποια διάκριση, και δεν μπορεί να γίνεται λόγος για γεφύρωμα.

Ο λόγος περί γεφυρώματος της επιστήμης με τη θρησκεία προκύπτει επειδή έχουμε την τάση να σκεπτόμαστε μια επιστήμη που είναι ημιτελής και κάποιες νόθες θρησκείες οι οποίες βασίζονται στην πίστη και όχι στην έρευνα.

Θα πρέπει να είστε ερευνητές. Μοναδικό σας μέλημα θα πρέπει να είναι να ανακαλύψετε τον εαυτό σας. Διδαχθήκατε τόσα πολλά καθήκοντα, αλλά όχι αυτό. Σας είπαν ότι θα πρέπει να είστε υπεύθυνοι απέναντι στους γονείς, απέναντι στη γυναίκα σας, στον άνδρα σας, στα παιδιά, στο έθνος, στην εκκλησία, στην ανθρωπότητα, στον Θεό. Ο κατάλογος είναι σχεδόν ατελείωτος. Το πιο σημαντικό χρέος, όμως, δεν συμπεριλαμβάνεται στη λίστα αυτή.

Θα ήθελα να κάψω αυτή τη λίστα! Δεν έχετε κανένα χρέος απέναντι σε κανένα έθνος, σε καμμία Εκκλησία, σε κανέναν Θεό. Ευθύνεστε μόνο για ένα πράγμα, και αυτό είναι **η αυτογνωσία**. Και το θαύμα είναι ότι αν μπορέσετε να εκπληρώσετε την υποχρέωση αυτή, θα είστε σε θέση να φέρετε εις πέρας και άλλες υποχρεώσεις χωρίς ιδιαίτερη προσπάθεια. Τη στιγμή που αποκτάτε γνώση του εαυτού, μια επανάσταση λαμβάνει χώρα ως προς την οπτική θέασης των πραγμάτων. Η όλη οπτική με την οποία αντιμετωπίζατε τη ζωή υφίσταται μια ριζική αλλαγή. Αρχίζετε να συναισθάνεστε τις νέες ευθύνες σας, όχι ως κάτι το οποίο πρέπει να γίνει, όχι ως ένα καθήκον το οποίο πρέπει να εκπληρωθεί, αλλά ως κάτι το οποίο χαίρεσθε να κάνετε.

Δεν θα κάνετε ποτέ κάτι κινούμενοι από αίσθηση χρέους ή ευθύνης, ή επειδή αυτό αναμένεται από εσάς. Θα κάνετε πάντοτε κάτι με χαρά, από δική σας ανάγκη για αγάπη και συμπόνια. Δεν γίνεται λόγος για καθήκον, αλλά για μοιρασιά. Έχετε τόση αγάπη και τόση ευτυχία που θα θέλατε να τη μοιραστείτε.

Οπότε διδάσκω μόνο ένα χρέος, και αυτό απευθύνεται στον εαυτό σας. Καθετί θα ακολουθήσει από μόνο του χωρίς να χρειαστεί ιδιαίτερη προσπάθεια από μέρους σας. Και τότε τα πράγματα εξελίσσονται χωρίς κόπο, περικλείουν μέσα τους μια εξαίρετη ομορφιά.

Η επιστήμη οφείλει να παραδεχτεί ότι αγνοούσε το πιο σημαντικό κομμάτι της ύπαρξης: την ανθρώπινη συνείδηση. Και από τη στιγμή που η επιστήμη αρχίζει να κινείται προς το εσωτερικό του ανθρώπου, οι θρησκείες θα αρχίσουν με τη σειρά τους να εξαφανίζονται. Θα χάσουν το νόημά τους. Όταν η γνώση θα είναι διαθέσιμη, ποιός θα πιστέψει; Όταν η εμπειρία είναι διαθέσιμη, ποιός θα χρειαστεί να διαβάσει γι' αυτήν στην Βίβλο ή στο Κοράνι; Όταν έχεις στη διάθεση σου φαγητό για να φας, δεν νομίζω ότι θα διαλέξεις ένα βιβλίο μαγειρικής για να το διαβάσεις. Αυτό θα το κάνεις αργότερα, ή μπορεί να μην χρειαστεί να το κάνεις καν.

Έχεις μέσα σου το μυστικό κλειδί και τώρα είναι ευθύνη της επιστήμης να σε βοηθήσει να βρεις το κλειδί αυτό. Το όραμά μου αναφορικά με τη θρησκευτικότητα είναι επιστημονικό. Αυτός είναι ο λόγος για τον οποίο δεν προτείνω κάποιο σύστημα πίστης. Υποδεικνύω μεθόδους ακριβώς όπως η επιστήμη διαθέτει μεθόδους. Εξερευνούν αντικείμενα με τις μεθόδους τους. Ερευνούμε τη συνείδηση με τις μεθόδους μας. Οι μέθοδοί μας φέρουν την ονομασία *στοχασμοί*. Είναι απόλυτα επιστημονικοί. Καμμία προσευχή δεν είναι επιστημονική, επειδή πρέπει πρώτα να πιστέψεις στον Θεό, και μόνο τότε μπορείς να προσευχηθείς, επειδή η προσευχή απευθύνεται κάπου. Ο διαλογισμός δεν απευθύνεται σε κανέναν, είναι απλά μια μέθοδος για να ψάξεις στο θεϊκό εσωτερικό σου. Και είσαι εκεί! Δεν υπάρχει λόγος να πιστέψεις ότι υπάρχεις. Στην πραγματικότητα και να θέλεις δεν μπορείς να αρνηθείς τον εαυτό σου. Η ίδια η άρνηση είναι εκείνη που αποδεικνύει το γεγονός της ύπαρξής σου. Αυτό είναι το μόνο αναντίρρητο γεγονός. Όλα τα άλλα μπορούμε να τα αρνηθούμε. Μπορεί να είναι μια οφθαλμαπάτη στην έρημο, ίσως και ένα όνειρο, ίσως έχεις ψευδαισθήσεις, ίσως είσαι υπνωτισμένος και βλέπεις πράγματα που δεν υπάρχουν. Καθετί στον κόσμο μπορεί να τεθεί υπό αμφισβήτησιν εκτός από την ίδια την ύπαρξή σου. Αποτελείς την πιο δομική πραγματικότητα, αναντίρρητη, αδιάψευστη.

Και η ανακάλυψη της αλήθειας αυτής συνιστά μια επιστημονική εμπειρία.

Στον επερχόμενο κόσμο, στη νέα ανθρωπότητα, δεν θα χρειάζεται να ασχολούμαστε με το πώς θα γεφυρώσουμε την επιστήμη και τη θρησκεία, με το πώς θα τις φέρουμε πιο κοντά, πώς θα τις κάνουμε να πάψουν να αντιμάχονται και να καταστρέφουν η μια την άλλη –δεν υπάρχει λόγος. Μπορούμε να δημιουργήσουμε μια επιστήμη με την ίδια μεθοδολογία που δημιουργήθηκαν και οι άλλες επιστήμες. Μπορούμε να καθιερώσουμε τον διαλογισμό ως επιστημονική μέθοδο, κάτι το οποίο δεν είναι δύσκολο, ο καθένας μπορεί να το κάνει. Δεν απαιτεί την ύπαρξη ενός μεγάλου εργαστηρίου, εσείς είστε το εργαστήριο! Και τίποτε άλλο δεν χρειάζεται, ούτε σωλήνες, ούτε καυστήρες, ούτε χημικά. Δεν χρειάζεται τίποτε άλλο. Καθετί που χρειάζεσαι για να μάθεις τον εαυτό σου, σου παραχωρείται από τη στιγμή της γέννησης σου. Το μόνο που χρειάζεται να κάνεις είναι μια μικρή στροφή εκατόν ογδόντα μοιρών.

Εάν η αλήθεια της ύπαρξής μας βρίσκεται ήδη μέσα μας, γιατί άραγε την έχουν ανακαλύψει τόσο λίγοι άνθρωποι; Και πώς μπορούμε να αναγνωρίσουμε τη διαφορά ανάμεσα στην αλήθεια και σε όλα τα άλλα άχρηστα πράγματα τα οποία βλέπουμε όταν ρίχνουμε μια ματιά μέσα μας;

Η άγνοιά μας είναι ο μοναδικός λόγος. Όχι ότι αυτήν την αλήθεια δεν τη διαθέτουμε! Βρισκόταν πάντοτε εκεί, αλλά έχουμε ξεχάσει την ύπαρξη της. Την έχουμε λησμονήσει, το βλέμμα μας έχει θολώσει. Η ματιά μας έχασε την καθαρότητα η οποία χρειάζεται για να την ανακαλύψει κανείς ξανά.

Έχετε δει τί συμβαίνει; Μερικές φορές προσπαθείτε να θυμηθείτε το όνομα κάποιου. Το ξέρετε, ωστόσο δεν σας έρχεται στο μυαλό. Αισθάνεστε σαν χαμένος. Λέτε ότι εδώ το έχετε, αλλά δεν το θυμάστε. Λέτε: «Το ξέρω». Αν όμως κάποιος επιμείνει: «Αφού το ξέρεις, τότε γιατί δεν το λες;» εσύ απαντάς: «Δεν μου έρχεται».

Είδατε τί συμβαίνει; Γνωρίζετε το όνομα, ξέρετε πως το γνωρίζετε, αλλά υπάρχει ένα κενό. Αυτό το κενό, όμως, δεν είναι άδειο, αυτό το κενό δεν είναι παθητικό. Αυτό το κενό είναι πολύ ενεργητικό, έντονα ενεργητικό. Αυτό το κενό ερευνά, το ίδιο το κενό αναζητά το ξεχασμένο όνομα.

Και κάτι ακόμη, το οποίο θα προσέξατε ότι συμβαίνει: Κάποιος σάς προτείνει ένα όνομα, και εσείς απαντάτε: «Όχι δεν είναι αυτό». Αυτό, λοιπόν, είναι πολύ όμορφο! Δεν μπορείτε να θυμηθείτε το αληθινό όνομα, ξέρετε, όμως, ποιό όνομα είναι το λάθος όνομα. Λέτε: «Αυτό δεν είναι». Κάποιος σας υποδεικνύει ένα άλλο όνομα. Απαντάτε: «Όχι, ξέρω περί τίνος πρόκειται, και δεν είναι αυτό». Το κενό δεν είναι απλά ένα νεκρό κενό, είναι δυναμικό. Γνωρίζει ποιό είναι το ψεύτικο, γνωρίζει ποιό δεν είναι το αληθινό, και έχει απλώς λησμονήσει την αλήθεια. Οπότε αν κάποιος σάς διδάσκει την πίστη σε έναν ψεύτικο θεό, θα το αντιληφθείτε αμέσως. Δεν υπάρχει κάποιο πρόβλημα σχετικά με αυτό. Εάν κάποιος σας δώσει κάτι ψεύτικο θα το αντιληφθείτε αμέσως. Δεν ξέρετε ποιό είναι το αληθινό, δεν ξέρετε ποιά είναι η αλήθεια, μπορείτε, όμως, να αντιληφθείτε αμέσως ποιό είναι το ψευδές, επειδή η αλήθεια είναι κρυμμένη μέσα σας. Μπορεί να την έχετε ξεχάσει, δεν έχετε ξεχάσει όμως ότι βρίσκεται εκεί.

Αυτός είναι ο λόγος για τον οποίο, όποτε ακούτε την αλήθεια, ξαφνικά κάτι μέσα σας τη συλλαμβάνει. Δεν έχει να κάνει με τον χρόνο. Άλλοι που δεν μπορούν να την αντιληφθούν θα νομίσουν ότι είστε υπνωτισμένοι. Πιστεύουν ότι κάποιος θα πρέπει να επιχειρηματολογήσει, να διαφωνήσει, να εκκολαφθεί μέσα του η ιδέα και έπειτα να πιστέψει. Όποτε, όμως, ακούς την αλήθεια, η ουσία της είναι τέτοια που καλύπτει αμέσως το κενό σου, επειδή έχει προκαλέσει την ανάδυση της δικής σου αλήθειας.

Όποτε ακούς μια αλήθεια αυτή δεν έρχεται από έξω. Το έξω είναι απλά μια ευκαιρία για να ανοίξει το μέσα. Αμέσως αντιλαμβάνεσαι ότι αυτό είναι αλήθεια. Όχι ότι μπορείς να επιχειρηματολογήσεις γι' αυτό, όχι ότι μπορείς να το αποδείξεις, όχι ότι έχεις πεισθεί από αυτό, όχι. Έχεις μεταμορφωθεί από αυτό, δεν έχεις πειστεί. Είναι μια μεταστροφή, όχι μια δοξασία.

ΕΞΥΠΝΟ ΚΑΙ ΣΟΦΟ: ΛΥΝΟΝΤΑΣ ΤΟΥΣ ΚΟΜΠΟΥΣ ΤΟΥ ΜΥΑΛΟΥ

Το μυαλό δεν μπορεί να μείνει ακίνητο. Χρειάζεται συνεχώς να σκέφτεται και να ανησυχεί. Το μυαλό λειτουργεί όπως ένα ποδήλατο. Όσο συνεχίζεις να κάνεις πεντάλ τόσο αυτό κινείται.

Την στιγμή που θα σταματήσεις να κάνεις πεντάλ, θα πέσεις. Το μυαλό είναι ένα δίκυκλο όχημα ακριβώς όπως ένα ποδήλατο και η σκέψη σου είναι μια συνεχής κίνηση των πεντάλ.

Ακόμη και μερικές φορές που είσαι κάπως σιωπηλός αρχίζεις αμέσως να ανησυχείς: «Γιατί είμαι σιωπηλός;» Θα κάνω τα πάντα προκειμένου να προκαλέσω ανησυχία, σκέψη, επειδή μόνο κατ' αυτόν τον τρόπο μπορεί να υπάρξει το μυαλό –μέσα στο τρέξιμο. Να τρέχει πίσω από κάτι, ή να τρέχει για να ξεφύγει από κάτι, αλλά πάντοτε να τρέχει. Η λειτουργία του μυαλού έγκειται στην κίνηση. Τη στιγμή που σταματάς, το μυαλό εξαφανίζεται. Ακριβώς αυτή τη στιγμή είσαι ταυτισμένος με το μυαλό. Πιστεύεις ότι αυτό είσαι. Από εκεί προέρχεται ο φόβος. Εάν είσαι ταυτισμένος με το μυαλό, φυσιολογικά αν αυτό πάψει να λειτουργεί είσαι τελειωμένος, δεν υπάρχεις πια. Και δεν γνωρίζεις τίποτε πέρα από το μυαλό σου.

Η αλήθεια είναι ότι δεν ταυτίζεσαι με το μυαλό σου. Είσαι κάτι πέρα από αυτό. Ως εκ τούτου είναι απολύτως απαραίτητο το μυαλό να σταματήσει, ώστε να αντιληφθείς για πρώτη φορά ότι δεν είσαι το μυαλό. Επειδή είσαι ακόμη εκεί. Το μυαλό έχει φύγει, εσύ εξακολουθείς να είσαι εκεί, και με μεγαλύτερη χαρά, με μεγαλύτερη δόξα, λαμπρότερο φως, μεγαλύτερη συνειδητοποίηση και πιο πλήρη συναίσθηση της ουσίας. Το μυαλό προσποιείτο, και εσύ έπεσες στην παγίδα.

Εκείνο που πρέπει να καταλάβεις είναι η διαδικασία της ταύτισης –πώς κάποιος μπορεί να ταυτίζεται με κάτι με το οποίο κάποιος άλλος δεν ταυτίζεται.

Ένας αρχαίος μύθος της Ανατολής λέει ότι μια λιονταρίνα πηδούσε από τον ένα λόφο στον άλλο, και ενώ ήταν ακριβώς στη μέση, γέννησε το παιδί της. Το παιδί έπεσε κάτω στον δρόμο, στο σημείο όπου περνούσε ένα μεγάλο κοπάδι με πρόβατα. Όπως ήταν φυσικό αναμείχθηκε με τα πρόβατα, έζησε με τα πρόβατα και έμαθε να συμπεριφέρεται σαν πρόβατο. Δεν είχε ιδέα, δεν είχε σκεφθεί ποτέ, ούτε καν στα όνειρα του ότι ήταν λιοντάρι. Πώς θα μπορούσε άλλωστε να γίνει κάτι τέτοιο; Παντού γύρω του υπήρχαν

πρόβατα και μόνο πρόβατα. Δεν είχε ποτέ βρυχηθεί σαν λιοντάρι·
ένα πρόβατο δεν βρυχάται. Δεν είχε μείνει ποτέ μόνο του σαν τα
λιοντάρια. Ένα πρόβατο δεν είναι ποτέ μόνο. Βρίσκεται πάντοτε
μέσα στο πλήθος· το πλήθος δίνει την αίσθηση άνεσης, ασφά-
λειας και προστασίας. Εάν δείτε πώς περπατάνε τα πρόβατα,
θα καταλάβετε ότι περπατάνε τόσο κοντά το ένα στο άλλο που
σχεδόν σκουντουφλάνε το ένα πάνω στο άλλο. Φοβούνται πάρα
πολύ να μείνουν μόνα τους.

Το λιοντάρι, όμως, άρχισε να μεγαλώνει. Ήταν ένα παράξενο
φαινόμενο. Διανοητικά είχε ταυτιστεί με το γεγονός ότι ήταν
πρόβατο, αλλά η βιολογία δεν συμβαδίζει με την ταυτοποίηση
του εαυτού. Η Φύση δεν ακολουθεί τον τρόπο σκέψεως μας.
Μεγάλωσε και έγινε ένα όμορφο νεαρό λιοντάρι, επειδή, όμως,
τα πράγματα εξελίσσονται πολύ αργά, τα πρόβατα τον συνήθισαν
με τον ίδιο τρόπο που τα είχε συνηθίσει και αυτός.

Τα πρόβατα, όπως ήταν φυσικό, πίστεψαν ότι ήταν λίγο τρε-
λός. Δεν συμπεριφερόταν και πολύ σωστά, αλλά κάπως μυστή-
ρια, και έτσι συνέχισε να μεγαλώνει. Δεν θα έπρεπε, όμως, να
συμβαίνει αυτό. Να προσποιείται ότι είναι λιοντάρι! Αφού το
γνώριζαν ότι δεν ήταν λιοντάρι. Τον είχαν ζήσει από τη στιγμή
που γεννήθηκε. Τον είχαν μεγαλώσει, τον είχαν ταΐσει με το γάλα
τους. Ήταν μη-χορτοφάγος από τη φύση του –κανένα λιοντάρι δεν
είναι χορτοφάγο, αλλά αυτό το λιοντάρι ήταν, επειδή τα πρόβατα
είναι χορτοφάγα. Συνήθιζε να τρώει χορτάρι με μεγάλη ευχαρί-
στηση. Τα πρόβατα αποδέχτηκαν αυτές τις μικρές διαφορές, ότι
δηλαδή ήταν κάπως μεγάλος και έμοιαζε με λιοντάρι. Ένα πολύ
σοφό πρόβατο είχε πει: «Είναι απλά ένα τέρας της Φύσης. Αυτό
συμβαίνει μια στο τόσο».

Και το ίδιο το λιοντάρι με τη σειρά του αποδέχτηκε ότι ίσχυε
κάτι τέτοιο. Το χρώμα του ήταν διαφορετικό, το σώμα του ήταν
διαφορετικό, θα έπρεπε να ήταν ένα τέρας, αφύσικο. Η ιδέα, όμως,
ότι μπορεί να ήταν λιοντάρι δεν του περνούσε από το μυαλό! Όλα
αυτά τα πρόβατα τον περικύκλωσαν και οι ψυχαναλυτές των προ-
βάτων του έδωσαν κάποιες εξηγήσεις: «Είσαι απλά ένα τέρας της
Φύσης. Μην ανησυχείς. Είμαστε εδώ για να σε φροντίσουμε».

Μια ημέρα, όμως, ένα γέρικο λιοντάρι πέρασε και είδε αυτό το νεαρό λιοντάρι να στέκεται μακριά από το κοπάδι των προβάτων. Δεν πίστευε στα μάτια του! Δεν είχε δει ποτέ κάτι τέτοιο, ούτε είχε ακούσει κάτι παρόμοιο στην ιστορία του παρελθόντος· ένα λιοντάρι να στέκεται ανάμεσα σε ένα κοπάδι με πρόβατα και κανένα από τα πρόβατα να μη φοβάται. Και αυτό το λιοντάρι περπατούσε ακριβώς όπως και τα πρόβατα, βόσκοντας στο γρασίδι! Το γέρικο λιοντάρι δεν μπορούσε να πιστέψει στα μάτια του. Ξέχασε ότι ήθελε να αρπάξει ένα πρόβατο για πρωινό. Ξέχασε εντελώς την ιδέα του φαγητού. Ήταν κάτι τόσο παράξενο που αποφάσισε να αρπάξει το νεαρό λιοντάρι και να εξακριβώσει τι είχε συμβεί. Ήταν, όμως, γέρικο, και το νέο λιοντάρι ήταν νέο κι έφυγε μακριά. Παρ' όλο που πίστευε ότι ήταν πρόβατο, όταν πρόβαλε ο κίνδυνος, αυτή η αίσθηση λησμονήθηκε. Έτρεξε σαν λιοντάρι και το γέρικο λιοντάρι δυσκολεύτηκε πολύ να το προλάβει. Στο τέλος το γέρικο λιοντάρι το πρόλαβε. Έκλαιγε εκείνο και θρηνούσε και έλεγε: «Συγχώρεσε με, είμαι ένα φτωχό πρόβατο. Σε παρακαλώ, άσε με να φύγω».

Το γέρικο λιοντάρι του απάντησε: «Ανόητε! Σταμάτα αυτές τις κουταμάρες και έλα μαζί μου στη λίμνη!» Εκεί κοντά βρισκόταν μια λίμνη, όπου και οδήγησε το νεαρό λιοντάρι που ακολουθούσε διστακτικά. Τί μπορείς να κάνεις, τάχα, ενάντια σε ένα λιοντάρι όταν δεν είσαι παρά ένα φτωχό πρόβατο; Μπορεί να σε σκοτώσει, αν δεν το ακολουθήσεις, οπότε κι εκείνο πήγε. Η λίμνη ήταν γαλήνια, χωρίς κυματισμούς, σχεδόν σαν καθρέφτης.

Το γέρικο λιοντάρι είπε στο νέο: «Κοίταξε μέσα στο νερό. Κοίτα το πρόσωπο μου και το πρόσωπο σου. Κοίταξε το σώμα μου, και κοίταξε το σώμα σου όπως καθρεφτίζεται στο νερό».

Την ίδια στιγμή ακούστηκε ένας δυνατός βρυχηθμός! Όλοι οι λόφοι αντήχησαν τον βρυχηθμό αυτό. Το πρόβατο εξαφανίστηκε, ήταν πλέον ένα εντελώς διαφορετικό πλάσμα. Αναγνώρισε επιτέλους τον εαυτό του. Η ταύτιση με το πρόβατο δεν ήταν μια πραγματικότητα, ήταν απλά μια διανοητική σύλληψη. Τώρα αντίκριζε την πραγματικότητα. Το γέρικο λιοντάρι του είπε: «Τώρα δεν χρειάζεται να πω τίποτε άλλο. Έχεις πλέον καταλάβει».

Το νεαρό λιοντάρι ήταν σε θέση να νιώσει μια μυστήρια ενέργεια την οποία δεν είχε αισθανθεί ποτέ στο παρελθόν, σαν να ήταν ναρκωμένο. Μπορούσε να αισθανθεί μια τεράστια δύναμη και ήταν πάντοτε ένα αδύναμο, ταπεινό πρόβατο. Όλη αυτή η αδυναμία, όλη αυτή η ταπεινότητα απλά εξατμίστηκαν. Αυτή είναι μια αρχαία παραβολή αναφορικά με τον δάσκαλο και τον μαθητή. Αποστολή του δασκάλου είναι απλά να βοηθήσει τον μαθητή να αντιληφθεί ποιός πραγματικά είναι, και να συνειδητοποιήσει ότι αυτό το οποίο εξακολουθεί να πιστεύει για τον εαυτό του δεν είναι αλήθεια. Το μυαλό σας (ο τρόπος σκέψεως) δεν έχει δημιουργηθεί από την Φύση. Προσπαθήστε πάντοτε να έχετε κατά νουν τη διάκριση αυτή: ο εγκέφαλός σας είναι εκείνος που δημιουργήθηκε από την Φύση. Ο εγκέφαλός σας είναι ο μηχανισμός που ανήκει στο σώμα, η σκέψη, όμως, διαπλάθεται από την κοινωνία στην οποία ζείτε· από τη θρησκεία, από την Εκκλησία, από την ιδεολογία την οποία ακολουθούσαν οι γονείς σας, από το εκπαιδευτικό σύστημα βάσει του οποίου μορφωθήκατε, από καθετί συναφές. Αυτός είναι ο λόγος για τον οποίο υπάρχει ένα χριστιανικό μυαλό, ένα ινδουιστικό μυαλό, ένα μωαμεθανικό μυαλό και ένα κομμουνιστικό μυαλό. Οι εγκέφαλοι είναι φυσικοί, ο τρόπος σκέψεως είναι κάτι που δημιουργείται. Εξαρτάται σε ποιό κοπάδι προβάτων ανήκετε. Ήταν το κοπάδι των προβάτων ινδουιστικό; Τότε φυσικό είναι να συμπεριφέρεστε σαν Ινδουιστής.

Ο διαλογισμός είναι η μοναδική μέθοδος που μπορεί να σας βοηθήσει να συνειδητοποιήσετε ότι δεν είστε το μυαλό, και αυτό σας παρέχει μια καταπληκτική γνώση. Τότε μπορείτε να διακρίνετε τι είναι σωστό και τι λάθος με το μυαλό σας, με τον τρόπο που σκέπτεσθε, επειδή είστε πλέον θεατής, παρατηρητής, αποστασιοποιημένος. Τότε δεν είστε τόσο πολύ προσκολλημένοι στον τρόπο σκέψεως... και αυτός είναι ο φόβος σας. Έχετε ξεχάσει εντελώς τον εαυτό σας, έχετε γίνει ένα με τον τρόπο που σκεπτόσαστε. Η ταύτιση είναι πλήρης.

Όταν λέω: «Μείνετε σιωπηλοί, μείνετε ακίνητοι. Να είστε άγρυπνοι και να παρατηρείτε τη διαδικασία της σκέψεώς σας», μπορεί να τρομάξετε, μπορεί να φοβηθείτε, φαντάζει όμοια με τον θάνατο. Κατά κάποιον τρόπο έχετε δίκιο, αλλά δεν είναι ο δικός σας θάνατος, είναι ο θάνατος των δικτυώσεων της σκέψεώς σας. Συνδυασμένες από κοινού φέρουν την ονομασία *μυαλό*.

Από τη στιγμή που είστε σε θέση να διακρίνετε ξεκάθαρα τη διαφορά, ότι είστε ξεχωριστοί από τη σκέψη και ότι η σκέψη είναι κάτι διακριτό σε σχέση με τον εγκέφαλο, συμβαίνει αμέσως, ταυτόχρονα: Καθώς αποσύρεστε από το μυαλό, αντιλαμβάνεστε ότι το μυαλό είναι στη μέση. Στη μια πλευρά βρίσκεται ο εγκέφαλος και στην άλλη η συνείδησή σας. Ο εγκέφαλος είναι απλώς ένας μηχανισμός. Μπορείτε να κάνετε με αυτόν ό,τι θέλετε. Η διάνοια είναι το πρόβλημα, επειδή άλλοι τη διαμόρφωσαν για εσάς. Δεν είστε εσείς, δεν είναι καν δική σας, είναι δανεική.

Οι ιερείς, οι πολιτικοί, οι άνθρωποι που βρίσκονται στην εξουσία, οι άνθρωποι που έχουν επενδεδυμένα συμφέροντα, δεν θέλουν να γνωρίζετε ότι είστε πάνω από τη σκέψη, πέρα από τη σκέψη. Όλη τους η προσπάθεια επικεντρώνεται στο να σας κρατήσουν ταυτισμένους με αυτήν, επειδή τη σκέψη τη χειρίζονται αυτοί και όχι εσείς. Εξαπατάστε με έναν ευφυή τρόπο. Εκείνοι που χειρίζονται τη σκέψη σας δεν βρίσκονται εντός, αλλά έξω από σας.

Όταν η συνείδηση ταυτιστεί με το μυαλό, τότε ο εγκέφαλος μένει αβοήθητος. Η λειτουργία του εγκεφάλου είναι απλά μηχανική. Ό,τι θέλει το μυαλό, δηλαδή ο τρόπος σκέψεως, ο εγκέφαλος το κάνει. Αν, όμως, είστε χωριστά, τότε το μυαλό χάνει τη δύναμη του, διαφορετικά είναι κυρίαρχο.

> **Φαίνεται τρομακτικό να σκεπτόμαστε ότι το μυαλό μπορεί να χάνει τη δύναμη του. Πώς μπορεί κάποιος να λειτουργήσει χωρίς το μυαλό;**

Ένας φωτισμένος άνθρωπος μπορεί να χρησιμοποιήσει το μυαλό του πιο αποτελεσματικά από τον μεγαλύτερο διανοούμενο, για τον απλό λόγο ότι βρίσκεται έξω από τη σφαίρα του μυαλού και ως εκ τούτου διαθέτει μια συνολική οπτική. Πιθανόν τα μέρη του εγκεφάλου τα οποία δεν λειτουργούν υπό φυσιολογικές συνθήκες να αρχίσουν να λειτουργούν όταν η συνείδησή σας υπερβεί τα συνήθη όρια της λογικής καθώς ξεπερνάτε τους περιορισμούς του ορθολογισμού. Τα άλλα μέρη λειτουργούν μόνο με την υπέρβαση. Αυτή είναι η εμπειρία όλων εκείνων οι οποίοι δέχτηκαν τον φωτισμό. Και όταν λέω κάτι τέτοιο το λέω βάσει του δικού μου κύρους. Δεν θα το πίστευα αν το είχε πει ο Βούδας. Πιθανόν να έλεγε ψέματα, ίσως και να είχε πλανηθεί. Ίσως να μην έλεγε ψέματα, αλλά αυτό που έλεγε δεν ήταν σωστό. Ίσως να μην είχε πρόθεση να πει ψέματα, αλλά μπορεί να βρισκόταν σε σύγχυση, θα μπορούσε να είχε κάνει ένα λάθος.

Το γνωρίζω, όμως, από τη δική μου εμπειρία, επειδή είναι μια τόσο θεαματική αλλαγή που αποκλείεται να μην την παρατηρήσεις. Είναι σαν να είχε παραλύσει το μισό σου σώμα. Τότε ξαφνικά κάποια ημέρα, αντιλαμβάνεσαι ότι δεν είσαι πλέον παράλυτος. Καί τα δύο μέρη του εγκεφάλου σου λειτουργούν στην εντέλεια. Μπορείς να μην το προσέξεις; Εάν ένας άνθρωπος ο οποίος ήταν παράλυτος, διαπιστώσει ξαφνικά ότι δεν είναι, μπορεί να μην το αντιληφθεί; Δεν υπάρχει περίπτωση να συμβεί κάτι τέτοιο.

Είμαι σε θέση να αντιληφθώ πολύ καλά τη διαφορά στη στιγμή προτού έλθει ο φωτισμός και μετά. Με απόλυτη βεβαιότητα, αντιλήφθηκα ότι κάτι μέσα στο μυαλό μου, το οποίο μέχρι τότε δεν γνώριζα ότι υπήρχε, είχε ξυπνήσει και είχε αρχίσει να λειτουργεί. Από τότε δεν είχα κανένα πρόβλημα. Από τότε ζω χωρίς κανένα πρόβλημα, χωρίς καμμιά ανησυχία, χωρίς καμμία ένταση.

Όλα αυτά τα χαρακτηριστικά προέρχονται από τα άλλα μέρη του μυαλού, τα οποία δεν λειτουργούν. Και όταν όλο το μυαλό λειτουργεί και βρίσκεστε εκτός του, τότε έχετε την κυριότητα. Το μυαλό είναι ο καλύτερος υπηρέτης τον οποίο θα μπορούσατε να βρείτε, και συνάμα ο χειρότερος αφέντης. Συνήθως, όμως, το μυαλό είναι ο αφέντης, και αυτό κατά το ήμισυ μόνο. Ο αφέντης, και ο μισός παραλυμένος! Όταν αποκτάτε την κυριότητα, το μυαλό γίνεται ο υπηρέτης και έχει αναρρώσει πλήρως, είναι απόλυτα υγιές. Ο φωτισμένος άνθρωπος είναι "εκτός του μυαλού του", αλλά έχει τον πλήρη έλεγχό του. Η συναίσθηση και μόνο αρκεί. Εάν παρατηρήσεις κάτι έστω στιγμιαία, θα έχει κάποια εμπειρία του φωτισμένου προσώπου· όχι μια πλήρη εμπειρία, αλλά μια κάποια γεύση, μια μικρή γεύση. Εάν παρατηρήσεις τον θυμό σου στιγμιαία, τότε ο θυμός εξαφανίζεται. Νιώθεις σεξουαλική ορμή: παρατήρησέ την προσεκτικά, εκλογίκευσέ την, και σύντομα θα χαθεί. Εάν με την παρατήρηση και μόνο, τα πράγματα εξατμίζονται, τί να πούμε για τον άνθρωπο εκείνο που βρίσκεται πάντοτε υπεράνω της σκέψεως, έχοντας την απόλυτη εποπτεία της σκέψεως; Τότε όλα τα απαίσια πράγματα τα οποία θα ήθελες να αποβάλεις απλά εξατμίζονται. Και θυμήσου: όλα αυτά περικλείουν κάποια ενέργεια. Ο θυμός είναι ενέργεια. Όταν ο θυμός εξατμίζεται, η ενέργεια η οποία μένει πίσω μετατρέπεται σε συμπόνια. Όταν ο ερωτισμός (το σεξ) υποχωρεί, η εκπληκτική ενέργεια της αγάπης μένει πίσω. Και κάθε απαίσιο πράγμα μέσα στη σκέψη σου που εξαφανίζεται, αφήνει πίσω του έναν μεγάλο θησαυρό.

Ο φωτισμένος άνθρωπος δεν χρειάζεται να αποβάλει τίποτε, και δεν έχει ανάγκη να κάνει κάτι. Καθετί που είναι λάθος αποβάλλεται από μόνο του, γιατί δεν μπορεί να σταθεί μπροστά στην επίγνωση. Και καθετί που είναι καλό ανακύπτει από μόνο του, επειδή η επίγνωση είναι εκείνη που το τρέφει.

Ο φωτισμένος άνθρωπος πέρασε από την κατάσταση του μηχανικού τρόπου σκέψεως σε εκείνη της μη μηχανικής συνείδησης. Μπορείς να καταστρέψεις τον εγκέφαλο και τότε η σκέψη θα έχει τελειώσει, αλλά δεν μπορείς να καταστρέψεις τη συνείδηση, επειδή δεν εξαρτάται από τον εγκέφαλο ή από το εγκεφαλικό σύστημα. Μπορείς να καταστρέψεις το σώμα, μπορείς να καταστρέψεις τον εγκέφαλο, αλλά αν μπορούσες να ελευθερώσεις τη συνείδηση σου και από τα δυο, τότε ξέρεις ότι θα έμενες ανέπαφος, αλώβητος. Δεν έχεις υποστεί το παραμικρό πλήγμα. Υπάρχει ένας εγγενής νόμος: οι σκέψεις δεν έχουν ζωή αφ' εαυτές. Είναι παράσιτα. Ζουν εξαιτίας του γεγονότος ότι ταυτίζεσαι με αυτές. Όταν λες "είμαι θυμωμένος" διοχετεύεις την ενέργεια της ζωής στον θυμό, επειδή ταυτίζεσαι με τον θυμό. Όταν, όμως, λες «βλέπω τον θυμό να αστράφτει στην οθόνη του μυαλού μέσα μου», τότε δεν διοχετεύεις πλέον ζωή και ενέργεια στον θυμό. Θα είσαι σε θέση να το διακρίνεις αυτό, επειδή δεν ταυτίζεσαι, ο θυμός είναι απόλυτα ανίσχυρος. Δεν έχει κάποιο αντίκτυπο σ' εσένα, δεν σε αλλάζει, δεν σε επηρεάζει. Είναι απόλυτα κούφιος και νεκρός. Θα περάσει και θα αφήσει τον ουρανό καθαρό, και την οθόνη του μυαλού σου άδεια.

Σιγά-σιγά αρχίζεις να βγαίνεις έξω από το πλαίσιο των σκέψεών σου. Αυτή είναι η διαδικασία της μαρτυρίας και της παρατήρησης. Με άλλα λόγια –ο Γκουρτζίεφ συνήθιζε να την αποκαλεί *μη ταύτιση*– δεν ταυτίζεσαι πλέον με τις σκέψεις σου. Στέκεσαι απλά απόμακρος και αμέτοχος, αδιάφορος, σαν να επρόκειτο για τις σκέψεις οιοδήποτε άλλου. Έχεις διαρρήξει τον δεσμό σου με αυτές. Μόνο τότε μπορείς να τις παρατηρήσεις.

Η παρατήρηση προϋποθέτει μια ορισμένη απόσταση. Εάν είσαι ταυτισμένος, δεν υπάρχει η απόσταση αυτή, είναι πολύ κοντά. Είναι σαν να τοποθετείς τον καθρέφτη πολύ κοντά στα μάτια σου: δεν μπορείς να δεις το πρόσωπο σου. Απαιτείται μια συγκεκριμένη απόσταση, μόνο τότε είσαι σε θέση να δεις το πρόσωπο σου στον καθρέφτη.

Εάν οι σκέψεις είναι πολύ κοντά σου, τότε δεν μπορείς να τις δεις. Εντυπωσιάζεσαι και επηρεάζεσαι από τις σκέψεις σου: ο θυμός σε κάνει θυμωμένο, η απληστία σε κάνει άπληστο, η λαγνεία σε κάνει λάγνο, επειδή δεν υπάρχει απόσταση. Είναι τόσο κοντά σε σένα που τείνεις να σκέφτεσαι ότι εσύ και οι σκέψεις σου είσαστε ένα.

Η παρατήρηση καταστρέφει την ενότητα αυτή και δημιουργεί μια διάκριση. Όσο περισσότερο παρατηρείς, τόσο μεγαλώνει η απόσταση. Όσο μεγαλύτερη είναι η απόσταση, τόσο λιγότερη ενέργεια σου αποσπούν οι σκέψεις σου. Και δεν υπάρχει η δυνατότητα να αντλήσουν ενέργεια από αλλού. Σύντομα θα αρχίσουν να πεθαίνουν, να εξαφανίζονται. Στις στιγμές αυτές της εξαφάνισης θα έχεις τη δυνατότητα να παρατηρήσεις τις πρώτες ματιές στη μη-σκέψη.

● 🍃 **Στη Δύση, η ψυχανάλυση αναπτύχθηκε μέσω του έργου των Φρόιντ, Άντλερ, Γιουνγκ, και Βίλχεμ Ράιχ προκειμένου να επιλύσει προβλήματα τα οποία ανέκυπταν από τη διάνοια, όπως η κατάθλιψη, οι εσωτερικές συγκρούσεις, η σχιζοφρένεια και η τρέλα. Σε σύγκριση με τις δικές σας τεχνικές διαλογισμού, εξηγήστε, παρακαλώ, τη συμβολή, τα όρια και τις ατέλειες του συστήματος της ψυχανάλυσης στην επίλυση των προβλημάτων που έχουν τη ρίζα τους στον διανοητικό κόσμο του ανθρώπου.**

Το πρώτο πράγμα που θα πρέπει να γίνει κατανοητό είναι ότι οποιοδήποτε πρόβλημα το οποίο έχει τη ρίζα του στη σκέψη δεν μπορεί να επιλυθεί χωρίς την υπέρβαση της σκέψεως. Μπορείς να αναβάλεις το πρόβλημα, μπορείς να εξομαλύνεις κάπως την κατάσταση, μπορείς να μετριάσεις το πρόβλημα, αλλά δεν μπορείς να το επιλύσεις. Μπορείς να κάνεις έναν άνθρωπο να λειτουργεί πιο αποτελεσματικά στα πλαίσια μιας κοινωνίας μέσω της ψυχανάλυσης, αλλά η ψυχανάλυση δεν λύνει ποτέ ένα πρόβλημα. Και κάθε φορά που ένα πρόβλημα αναβάλλεται, μετατίθεται, δημιουργεί ένα άλλο πρόβλημα. Αλλάζει απλά θέση, αλλά δεν παύει να υφίσταται. Ένα νέο ξέσπασμα θα εκδηλωθεί αργά ή γρήγορα, και κάθε φορά που θα εκδηλώνεται το ξέσπασμα του παλαιού προβλήματος, θα είναι όλο και πιο δύσκολο να το αναβάλλουμε και να μεταθέσουμε την επίλυσή του.

Η ψυχανάλυση είναι μια προσωρινή ανακούφιση, επειδή δεν μπορεί να συλλάβει καθετί το οποίο υπερβαίνει τα όρια της ανθρώπινης διάνοιας. Ένα πρόβλημα μπορεί να λυθεί μόνο όταν μπορέσεις να πας πέρα από αυτό. Εάν δεν μπορείς να πας πέρα από αυτό, τότε το πρόβλημα είσαι εσύ. Τότε ποιός θα είναι εκείνος που θα το λύσει; Τότε πώς θα το λύσει κάποιος; Τότε εσείς είστε το πρόβλημα, το πρόβλημα δεν είναι κάτι ξεχωριστό από εσάς.

Η Γιόγκα, το Τάντρα και οι άλλες τεχνικές διαλογισμού βασίζονται σε έναν διαφορετικό συλλογισμό. Αυτό που λένε είναι ότι τα προβλήματα είναι εκεί, τα προβλήματα είναι γύρω σου, σε καμμία περίπτωση, όμως, το πρόβλημα δεν είσαι εσύ. Μπορείς να υπερβείς τα προβλήματα. Μπορείς να τα αντιμετωπίσεις ακριβώς όπως ένας παρατηρητής που κοιτάει από έναν λόφο κάτω στην πεδιάδα. Αυτός ο εαυτός σας είναι σε θέση να λύσει το πρόβλημα. Πράγματι, αντικρίζοντας ένα πρόβλημα το έχετε ήδη επιλύσει κατά το ήμισυ, επειδή όταν μπορείτε να διακρίνετε τις διαστάσεις τού προβλήματος, όταν είστε σε θέση να το δείτε αμερόληπτα, όταν δεν εμπλέκεστε σε αυτό, τότε μπορείτε να σταθείτε παράμερα και να το εξετάσετε. Η σαφήνεια η οποία προκύπτει από αυτήν τη θέαση, σας δίνει το βασικό στοιχείο, σας δίνει το μυστικό κλειδί. Και όλα σχεδόν τα προβλήματα υφίστανται εξαιτίας του γεγονότος ότι δεν υπάρχει κάποια σαφής οπτική μέσα από την οποία να μπορούμε να τα κατανοήσουμε. Δεν χρειάζεστε λύσεις, χρειάζεστε σαφήνεια.

Ένα πρόβλημα το οποίο θα γίνει κατανοητό με τον ορθό τρόπο, έχει κατά κάποιον τρόπο ήδη επιλυθεί, επειδή ένα πρόβλημα προκύπτει από ένα μυαλό το οποίο αδυνατεί να κατανοήσει κάποια πράγματα. Δημιουργείτε το πρόβλημα επειδή δεν καταλαβαίνετε. Οπότε το βασικό δεν είναι να λύσουμε το πρόβλημα, το βασικό είναι να υπάρξει περισσότερη κατανόηση, περισσότερη σαφήνεια, και το πρόβλημα θα μπορεί να αντιμετωπιστεί με αμεροληψία, από απόσταση, σαν να μην ανήκε σε εσάς αλλά σε κάποιον άλλον. Εάν δημιουργήσετε μια απόσταση ανάμεσα σ' εσάς και στο πρόβλημα, τότε μόνο θα είναι δυνατόν να λυθεί. Ο διαλογισμός δημιουργεί μια απόσταση, σας δίνει μια προοπτική. Υπερβαίνετε τα όρια του προβλήματος. Το επίπεδο της συνείδησης αλλάζει. Μέσα από την ψυχανάλυση παραμένετε στο ίδιο επίπεδο. Το επίπεδο δεν αλλάζει ποτέ. Παραμένετε προσκολλημένοι σταθερά στο ίδιο επίπεδο. Η αντιληπτικότητά σας, ο βαθμός συνειδητοποίησης, η ικανότητα της θέασης δεν αλλάζει. Καθώς προχωράτε με τον διαλογισμό ανεβαίνετε όλο και πιο ψηλά. Μπορεί να αρχίσετε να βλέπετε αφ' υψηλού τα προβλήματά σας. Βρίσκονται τώρα στην κοιλάδα και εσείς έχετε ανέβει στον λόφο. Από αυτήν την οπτική, από αυτό το ύψος, όλα τα προβλήματα φαντάζουν διαφορετικά. Και όσο μεγαλύτερη γίνεται η απόσταση τόσο περισσότερο είστε σε θέση να τα αντιμετωπίζετε σαν να μην ανήκαν σε εσάς.

Να θυμάστε ένα πράγμα: αν ένα πρόβλημα δεν ανήκει σε εσάς, μπορείτε πάντοτε να δώσετε καλές συμβουλές αναφορικά με την επίλυσή του. Εάν ανήκει σε κάποιον άλλον, αν κάποιος άλλος αντιμετωπίζει μια δυσκολία, τότε επιδεικνύετε πάντοτε σοφία. Είστε σε θέση να δώσετε καλές συμβουλές. Αν, όμως, το πρόβλημα ανήκει σε εσάς, πολύ απλά δεν ξέρετε πώς να αντιδράσετε. Τί συνέβη; Το πρόβλημα είναι το ίδιο, αλλά τώρα έχετε εμπλακεί άμεσα σε αυτό. Όταν ήταν ακόμη πρόβλημα κάποιου άλλου είχατε μια απόσταση από την οποία μπορούσατε να το αντιμετωπίζετε με αμεροληψία. Ο κάθε ένας είναι καλός σύμβουλος για τους άλλους· όταν, όμως, αντιμετωπίζει εκείνος το ίδιο πρόβλημα, τότε όλη του η σοφία χάνεται, επειδή ακριβώς χάνεται και η απόσταση.

Κάποιος έχει πεθάνει και η οικογένεια είναι βυθισμένη στον πόνο. Μπορείς να δώσεις καλές συμβουλές. Μπορείς να πεις ότι η ψυχή είναι αθάνατη. Μπορείς να πεις ότι τίποτε δεν πεθαίνει, ότι η ζωή είναι αιώνια... Όταν, όμως, πεθάνει κάποιος δικός σου, κάποιος τον οποίο αγαπούσες πολύ και ο οποίος ήταν πολύ σημαντικός για εσένα, τότε κλαις και θρηνείς. Τότε δεν μπορείς να απευθύνεις τις ίδιες συμβουλές που έδινες στους άλλους στον εαυτό σου, ότι δηλαδή η ζωή είναι αιώνια και ότι κανείς στην ουσία δεν πεθαίνει ποτέ. Τώρα όλο αυτό σου φαίνεται αφόρητο και παράλογο... Οπότε, άνθρωπε, να θυμάσαι αυτό: όταν συμβουλεύεις τους άλλους μπορεί να φανείς ανόητος. Όταν λες σε κάποιον που έχει χάσει ένα πολύ αγαπημένο του πρόσωπο ότι η ζωή είναι αθάνατη, θα νομίσει ότι είσαι ανόητος. Του λες κουταμάρες. Εκείνος το μόνο που ξέρει είναι πως χάνει ένα αγαπημένο πρόσωπο. Υποφέρει, και καμμία φιλοσοφία δεν μπορεί να του προσφέρει παρηγοριά. Και ξέρει πολύ καλά ποιός είναι ο λόγος που του λες όλα αυτά τα παρηγορητικά. Ο λόγος είναι ότι το πρόβλημά του δεν είναι δικό σου. Εσύ μπορείς να είσαι σοφός εκ του ασφαλούς, αλλά αυτός, ό,τι και να του πεις, δεν μπορεί να το αντέξει.

Μέσω του διαλογισμού υπερβαίνεις τα όρια της ύπαρξης σου. Ένα νέο σημείο προκύπτει από το οποίο είσαι σε θέση να αντιμετωπίζεις τα πράγματα με έναν νέο τρόπο. Η απόσταση δημιουργείται. Τα προβλήματα είναι εκεί, αλλά είναι τώρα πολύ μακριά, σαν να συμβαίνουν σε κάποιον άλλο. Τώρα είσαι σε θέση να δώσεις καλές συμβουλές στον εαυτό σου, αλλά δεν υπάρχει λόγος να το κάνεις. Η ίδια η απόσταση θα σε κάνει σοφό.

Οπότε η όλη τεχνική του διαλογισμού συνίσταται στο να δημιουργείς μια απόσταση ανάμεσα στα προβλήματα και σ' εσένα. Ακριβώς τώρα, όπως είσαι, είσαι τόσο δεμένος με τα προβλήματα, που δεν μπορείς να σκεφθείς, δεν μπορείς να στοχαστείς, δεν μπορείς να δεις μέσα από αυτά, δεν μπορείς να τα αντιμετωπίσεις.

Το μόνο στο οποίο συμβάλλει η ψυχανάλυση είναι η προσαρμογή. Δεν είναι ένας μετασχηματισμός. Αυτό είναι το ένα. Και το άλλο είναι το εξής: στην ψυχανάλυση γίνεσαι εξαρτημένος. Χρειάζεσαι έναν ειδικό, και ο ειδικός θα κάνει τα πάντα. Θα χρειαστεί τρία χρόνια, τέσσερα χρόνια ή ακόμη και πέντε χρόνια, αν το πρόβλημα έχει βάθος, και θα γίνεις τόσο πολύ εξαρτημένος, δεν θα αναπτύσσεσαι. Αντιθέτως θα γίνεσαι όλο και πιο πολύ εξαρτημένος. Θα αρχίσεις να χρειάζεσαι τον ψυχαναλυτή κάθε ημέρα, ή δυο φορές την εβδομάδα, ή τρεις φορές την εβδομάδα. Όποτε θα χάνεις μια συνεδρία, θα νιώθεις χαμένος. Εάν σταματήσεις την ψυχανάλυση θα νιώθεις χαμένος. Γίνεσαι τοξικομανής, γίνεσαι αλκοολικός. Αρχίζεις να είσαι εξαρτημένος από κάποιον ο οποίος είναι ειδικός. Μπορείς να πεις στα πρόσωπα αυτά το πρόβλημα σου και θα το λύσουν για σένα. Θα το συζητήσουν και θα φέρουν στην επιφάνεια το ασυνείδητο σου. Αυτό, όμως, θα το κάνει το άλλο πρόσωπο. Η επίλυση θα γίνει από κάποιον άλλον.

Να θυμάσαι: ένα πρόβλημα το οποίο λύνεται από κάποιον άλλον δεν πρόκειται να σου δώσει περισσότερη ωριμότητα. Ένα πρόβλημα το οποίο λύνεται από κάποιον άλλον μπορεί να δώσει σε αυτό το πρόσωπο κάποια ωριμότητα, αλλά δεν μπορεί να προσδώσει ωριμότητα σε εσένα. Μπορεί, μάλιστα, να γίνεις πιο ανώριμος. Τότε κάθε φορά που θα ανακύπτει ένα πρόβλημα, θα χρειάζεσαι τη συμβουλή κάποιου ειδικού, κάποια επαγγελματική συμβουλή. Και δεν νομίζω ότι και οι ψυχαναλυτές ακόμη ωριμάζουν μέσα από τα προβλήματα σας, επειδή και αυτοί πάνε για ψυχανάλυση σε άλλους ψυχαναλυτές. Έχουν κι αυτοί τα δικά τους προβλήματα. Λύνουν μεν τα προβλήματά σας, αλλά δεν μπορούν να λύσουν τα δικά τους προβλήματα. Και πάλι το ζήτημα είναι η απόσταση.

Κάθε ψυχαναλυτής πάει σε κάποιον άλλο με τα δικά του προβλήματα. Είναι σαν το ιατρικό επάγγελμα.. Εάν ο ίδιος ο γιατρός είναι άρρωστος, δεν μπορεί να κάνει μια διάγνωση για τον εαυτό του. Είναι τόσο κοντά που φοβάται, οπότε αναγκάζεται να πάει σε κάποιον άλλον. Εάν είσαι χειρούργος, δεν μπορείς να χειρουργήσεις το ίδιο σου το σώμα· ή μήπως μπορείς; Η απόσταση δεν είναι εκεί. Είναι δύσκολο να χειρουργήσει κάποιος το ίδιο του το σώμα. Αλλά είναι επίσης δύσκολο αν η σύζυγος σου είναι βαριά άρρωστη και πρέπει να της γίνει μια σοβαρή εγχείρηση· δεν μπορείς να τη χειρουργήσεις εσύ επειδή το χέρι σου θα τρέμει. Η οικειότητα είναι τόσο μεγάλη που θα φοβάσαι. Δεν μπορείς στην προκειμένη περίπτωση να είσαι ένας καλός χειρούργος.

Θα πρέπει να καλέσεις κάποιον άλλον χειρούργο για να εγχειρήσει τη γυναίκα σου. Τί συμβαίνει; Είσαι χειρούργος κι έχεις κάνει πολλές επιτυχημένες επεμβάσεις. Δεν μπορείς, όμως, να εγχειρήσεις το ίδιο του το παιδί ή τη γυναίκα σου, επειδή η απόσταση που σας χωρίζει δεν είναι αρκετή. Είναι σαν να μην υπάρχει καθόλου απόσταση, και χωρίς την απόσταση δεν μπορείς να είσαι αμερόληπτος. Οπότε ένας ψυχαναλυτής μπορεί να βοηθήσει τους άλλους. Όταν, όμως, αντιμετωπίζει ο ίδιος πρόβλημα, θα πρέπει να ζητήσει συμβουλή, θα πρέπει να ψυχαναλυθεί από κάποιον άλλο.

Και είναι πράγματι παράξενο που ακόμη και ένας άνθρωπος όπως ο Βίλχεμ Ράιχ στο τέλος παραφρονεί. Δεν μπορούμε να φανταστούμε ένα Γκαουτάμα Βούδα να παραφρονεί· ή μήπως μπορείτε εσείς; Εάν ένας Βούδας μπορεί να παραφρονήσει, τότε δεν υπάρχει τρόπος να ξεφύγουμε από τη δυστυχία. Είναι αδιανόητο ένας Βούδας να παραφρονήσει!

Ρίξτε μια ματιά στη ζωή του Σίγκμουντ Φρόιντ. Είναι ο πατέρας και θεμελιωτής της ψυχανάλυσης. Εξακολούθησε να εμβαθύνει στην ουσία των προβλημάτων. Σε ό,τι αφορά, όμως, τον ίδιο του τον εαυτό δεν έλυσε ούτε ένα του πρόβλημα. Δεν λύθηκε ούτε ένα πρόβλημά του! Ο φόβος αποτελούσε γι' αυτόν ένα σοβαρό πρόβλημα, το ίδιο όπως και για τους άλλους ανθρώπους. Φοβόταν πάρα πολύ και ήταν νευρικός. Ο θυμός αποτελούσε γι' αυτόν ένα πρόβλημα, όπως και για κάθε άλλον. Θύμωνε τόσο πολύ που μέσα στον θυμό του έπεφτε πολλές φορές αναίσθητος. Ο άνθρωπος αυτός γνώριζε τόσα πολλά για την ανθρώπινη σκέψη, αλλά στον εαυτό του αυτή η γνώση αποδείχθηκε μάλλον άχρηστη.

Ο Γιουνγκ συνήθιζε επίσης να λιποθυμά όταν βρισκόταν σε κατάσταση αγωνίας. Τον έπιανε κρίση. Ποιό ήταν, ποιό είναι το πρόβλημα; Η απόσταση είναι το πρόβλημα. Ναι μεν σκεπτόταν τα προβλήματα και τα ανέλυε, αλλά δεν ωρίμαζε συνειδησιακά. Σκεπτόταν διανοητικά, λογικά, έντονα και κατέληγε σε κάποιο εξίσου λογικό συμπέρασμα. Κάποιες φορές τα συμπεράσματα αυτά μπορεί να ήταν απόλυτα σωστά, δεν είναι, όμως, αυτό το θέμα. Δεν ωρίμαζε συνειδησιακά, σε καμμία περίπτωση δεν υπερέβαινε τα όρια των προβλημάτων ούτε ο Φρόιντ ούτε ο Γιουνγκ. Και αν δεν τα υπερβείς αυτά τα όρια, τα προβλήματα δεν μπορούν να λυθούν, μόνο να διευθετηθούν περιστασιακά μπορούν. Ο Φρόιντ δήλωσε, περί τις τελευταίες ημέρες της ζωής του, ότι ο άνθρωπος μένει αθεράπευτος. Το περισσότερο στο οποίο μπορούμε να ελπίζουμε είναι ότι θα ζήσει σαν ένα συμβιβασμένο πλάσμα. Δεν υπάρχει καμμία άλλη ελπίδα. Αυτό είναι το περισσότερο που μπορούμε να ελπίζουμε. Ο άνθρωπος δεν μπορεί να είναι χαρούμενος. Τάδε έφη Φρόιντ. Το μόνο που μπορούμε να κάνουμε είναι να φροντίσουμε να μην είναι πολύ δυστυχισμένος. Αυτό είναι όλο. Τί είδους λύση μπορεί να προκύψει από μια τέτοια στάση; Και το πόρισμα αυτό προκύπτει έπειτα από σαράντα χρόνια εμπειρίας με τους ανθρώπους! Καταλήγει στο συμπέρασμα ότι το ανθρώπινο όν δεν μπορεί να βοηθηθεί, ότι είμαστε από τη φύση μας δυστυχισμένοι, και ότι έτσι θα παραμείνουμε.

Η προσέγγιση, όμως, που εδράζεται στον διαλογισμό λέει ότι δεν είναι το ανθρώπινο όν το οποίο είναι αθεράπευτο, είναι η φτωχή ενσυναίσθηση εκείνη που δημιουργεί το πρόβλημα. Προοδεύστε συνειδησιακά και το πρόβλημα εξασθενεί. Υφίστανται σε ίσες αναλογίες: εάν υπάρχει ένα ελάχιστο συναίσθησης, υπάρχει αντίστοιχα ένα μέγιστο προβλημάτων, εάν υπάρχει ένα μέγιστο συναίσθησης υπάρχει και ένα ελάχιστο προβλημάτων. Με την πλήρη συναίσθηση, τα προβλήματα εξαφανίζονται απλά με τον ίδιο τρόπο που εξαφανίζονται οι πρωινές δροσοσταλίδες όταν ανατέλλει ο ήλιος το πρωί. Με την πλήρη συναίσθηση δεν υπάρχουν προβλήματα, επειδή υπό το καθεστώς αυτό δεν μπορούν να προκύψουν. Στην καλύτερη περίπτωση η ψυχανάλυση μπορεί να αποτελεί μια θεραπεία, αλλά τα προβλήματα θα συνεχίσουν να εμφανίζονται, η δράση της δεν είναι προληπτική.

Ο διαλογισμός πηγαίνει στο βάθος. Θα σε αλλάξει σε τέτοιο βαθμό που τα προβλήματα πλέον δεν θα κάνουν την εμφάνισή τους. Η ψυχανάλυση ασχολείται με τα προβλήματα.

Ο διαλογισμός ασχολείται με εσένα απευθείας, δεν ασχολείται καν με τα προβλήματα. Αυτός είναι ο λόγος για τον οποίο οι μεγαλύτεροι ψυχολόγοι της Ανατολής, ο Βούδας, ο Μαχαβίρα ή ο Λάο Τσε δεν κάνουν λόγο για τα προβλήματα. Εξαιτίας αυτού η Δυτική ψυχολογία πιστεύει ότι η ψυχολογία είναι ένα νέο φαινόμενο. Δεν είναι!

Μόλις στο πρώτο ήμισυ του εικοστού αιώνα μπόρεσε ο Φρόιντ να αποδείξει επιστημονικά ότι υπάρχει αυτό που ονομάζουμε *ασυνείδητο*. Ο Βούδας έκανε λόγο γι' αυτό πριν από είκοσι πέντε αιώνες. Ο Βούδας, όμως, δεν είχε αντιμετωπίσει κάποιο πρόβλημα, επειδή, σύμφωνα με αυτόν τα προβλήματα είναι ατελείωτα. Εάν εξακολουθήσεις να αντιμετωπίζεις κάθε πρόβλημα, δεν θα είσαι ποτέ σε θέση να τα αντιμετωπίσεις *πραγματικά*. Αντιμετώπισε το πρόσωπο, ξέχνα τα προβλήματα. Αντιμετώπισε την ίδια την ύπαρξη, και βοήθησε την να αναπτυχθεί. Καθώς η ύπαρξη αναπτύσσεται, καθώς γίνεται όλο και πιο συνειδητή, τα προβλήματα χάνονται. Δεν χρειάζεται να ανησυχείς γι' αυτά.

Για παράδειγμα, ένας άνθρωπος είναι σχιζοφρενής, διχασμένη προσωπικότητα. Η ψυχανάλυση θα ασχοληθεί με αυτόν τον διχασμό, με τον πώς θα μπορέσει να τον καταστήσει λειτουργικό, με το πώς θα προσαρμόσει τον άνθρωπο ώστε να μπορέσει να λειτουργήσει, ώστε να μπορέσει να ζήσει στην κοινωνία αρμονικά. Η ψυχανάλυση θα αντιμετωπίσει το πρόβλημα, τη σχιζοφρένεια. Εάν αυτός ο άνθρωπος προσέλθει στον Βούδα, ο Βούδας δεν θα κάνει λόγο για κατάσταση σχιζοφρένειας. Θα πει: «Διαλογίσου ώστε το εσωτερικό σου να ενοποιηθεί. Όταν το εσωτερικό σου ενοποιηθεί, ο διχασμός στην περιφέρεια θα εξαφανιστεί». Ο διχασμός είναι εκεί, αλλά δεν είναι η αιτία· είναι μόνο το αποτέλεσμα. Κάπου βαθιά μέσα στην ουσία της ύπαρξης υπάρχει ένας δυϊσμός, και αυτός ο δυϊσμός προκάλεσε το ρήγμα στην περιφέρεια. Μπορεί να κλείσεις προσωρινά το ρήγμα, αλλά η εσωτερική ρωγμή παραμένει. Έπειτα το ρήγμα θα κάνει κάπου αλλού την εμφάνισή του. Οπότε αν αντιμετωπίσετε ένα ψυχολογικό πρόβλημα, ένα άλλο πρόβλημα κάνει αμέσως την εμφάνισή

158 ΤΟ ΒΙΒΛΙΟ ΤΗΣ ΚΑΤΑΝΟΗΣΗΣ

του. Έπειτα αντιμετωπίζεις αυτό και προκύπτει ένα τρίτο. Αυτό είναι καλό σε ό,τι αφορά τους επαγγελματίες επειδή από αυτό ζούνε. Αλλά δεν βοηθά σε κάτι. Θα πρέπει να πάμε πέρα από την ψυχανάλυση και αν δεν καταλήξουμε στις μεθόδους της εξελισσόμενης συνείδησης, της εσωτερικής ανάπτυξης του εαυτού, της επέκτασης της συνείδησης, οι ψυχαναλυτές δεν θα μπορούν να προσφέρουν πολλά. Αυτό συμβαίνει ήδη. Οι ψυχαναλυτές είναι ήδη ξεπερασμένοι. Οι διανοούμενοι της Δύσης σκέπτονται τώρα αναφορικά με το πώς θα μπορέσουν να επεκτείνουν τη συνείδηση, και όχι πώς θα μπορέσουν να λύσουν τα προβλήματα. Πώς θα μπορέσουν, δηλαδή, να καταστήσουν τους ανθρώπους άγρυπνους και συνειδητοποιημένους. Τώρα έφθασε η ώρα. Οι σπόροι βλάστησαν. Θα πρέπει να θυμηθούμε την έμφαση.

Δεν με απασχολούν τα προβλήματα σας. Υπάρχουν εκατομμύρια από αυτά, και δεν έχει νόημα να προσπαθήσω να τα λύσω επειδή ο δημιουργός τους είστε εσείς και παραμένετε ανέπαφοι. Λύνω ένα πρόβλημα και δημιουργείτε δέκα. Δεν μπορείτε να νικηθείτε, επειδή ο δημιουργός, δηλαδή εσείς, παραμένει πίσω από αυτά. Και όσο συνεχίζω να τα επιλύω, το μόνο που κάνω είναι να σπαταλάω απλώς τις δυνάμεις μου.

Θα αφήσω κατά μέρος τα προβλήματά σας. Θα ασχοληθώ απλά με εσάς. Ο δημιουργός των προβλημάτων είναι εκείνος που πρέπει να αλλάξει. Και από τη στιγμή που θα αλλάξει ο δημιουργός τα προβλήματα τα οποία βρίσκονται στην περιφέρεια καταρρέουν. Κανείς δεν συνεργάζεται μαζί τους, κανείς δεν βοηθά ώστε να δημιουργηθούν, κανείς δεν τα απολαμβάνει. Μπορεί η λέξη "χαρά" να αντηχεί παράξενα στα αυτιά σας, αλλά να θυμάστε καλά ότι απολαμβάνετε τα προβλήματα σας, ως εκ τούτου τα δημιουργείτε! Τα απολαμβάνετε για πάρα πολλούς λόγους.

Όλη η ανθρωπότητα νοσεί! Υπάρχουν βασικοί λόγοι, βασικές αιτίες τις οποίες εξακολουθούμε να παραβλέπουμε. Όταν ένα παιδί είναι άρρωστο, τραβά την προσοχή· όταν είναι υγιές, κανείς δεν του δίνει σημασία. Όταν ένα παιδί είναι άρρωστο, οι γονείς του το αγαπούν –ή τουλάχιστον έτσι προσποιούνται. Όταν, όμως, είναι καλά, κανένας δεν ανησυχεί γι' αυτό. Κανείς δεν σκέφτεται να του δώσει ένα φιλί ή μια ζεστή αγκαλιά. Το παιδί μαθαίνει το κόλπο. Και η αγάπη είναι μια βασική ανάγκη, και η προσοχή είναι μια βασική τροφή. Για το παιδί η προσοχή είναι δυνάμει πιο αναγκαία και από το γάλα! Χωρίς την προσοχή κάτι μέσα του θα πεθάνει...

Μπορεί να έχετε ακούσει για την έρευνα στα εργαστήρια όπου πειραματίστηκαν, χρησιμοποιώντας φυτά. Και τα φυτά ακόμη μεγαλώνουν πιο γρήγορα αν τους δώσεις προσοχή, αρκεί να τα κοιτάς με αγάπη. Δύο φυτά χρησιμοποιήθηκαν για το συγκεκριμένο πείραμα. Στο ένα φυτό δόθηκε αγάπη, προσοχή, ένα χαμόγελο απλά και μια ζεστή προσέγγιση, και στο άλλο δεν δόθηκε καμμία σημασία. Οι επιστήμονες παρείχαν και στα δυο όλα τα υπόλοιπα, το απαραίτητο νερό, το λίπασμα, το ηλιακό φως. Τα φρόντισαν εξίσου, μόνο που στο ένα δεν δόθηκε καμμία προσοχή. Όταν περνούσαν από δίπλα του απλά δεν το κοιτούσαν. Και παρατήρησαν ότι το ένα μεγάλωνε πιο γρήγορα, έδινε μεγαλύτερα λουλούδια ενώ η ανάπτυξη του άλλου καθυστερούσε και έδινε μικρότερα λουλούδια.

Η προσοχή είναι ενέργεια. Όταν κάποιος σας κοιτά με αγάπη, σας δίνει τροφή, μια πολύ εξευγενισμένη τροφή. Οπότε κάθε παιδί χρειάζεται προσοχή, και του δίνετε προσοχή μόνο όταν είναι άρρωστο, όταν έχει κάποιο πρόβλημα. Οπότε αν το παιδί έχει ανάγκη από προσοχή θα δημιουργήσει προβλήματα, θα γίνει πρόξενος προβλημάτων.

Η αγάπη είναι μια βασική ανάγκη. Το σώμα σας αναπτύσσεται με την τροφή, η ψυχή σας με τη αγάπη. Μπορείς όμως να δεχτείς την αγάπη μόνο όταν είσαι άρρωστος, μόνο όταν έχεις κάποιο πρόβλημα, διαφορετικά κανείς δεν πρόκειται να σου δώσει αγάπη. Το παιδί μαθαίνει τους τρόπους σου και έπειτα αρχίζει να δημιουργεί προβλήματα. Οπότε είναι άρρωστο ή έχει ένα πρόβλημα, ο καθένας του δίνει προσοχή.

Το έχετε παρατηρήσει ποτέ; Στο σπίτι σας τα παιδιά παίζουν ήρεμα, γαλήνια. Αν έλθουν κάποιοι επισκέπτες τότε αρχίζουν ξαφνικά να κάνουν φασαρία. Η στάση τους αυτή οφείλεται στο γεγονός ότι η προσοχή σας είναι επικεντρωμένη στους επισκέπτες, και αυτά λαχταρούν την προσοχή σας. Επιθυμούν την προσοχή σας, την προσοχή των καλεσμένων, θέλουν η προσοχή όλων να είναι στραμμένη επάνω τους. Θα κάνουν κάτι, θα δημιουργήσουν κάποιο πρόβλημα. Αυτό γίνεται ασυναίσθητα· στην πορεία, όμως, καταντά συνήθεια. Και καθώς μεγαλώνετε εξακολουθείτε να κάνετε το ίδιο.

Ένας ψυχαναλυτής είναι ένας επαγγελματίας που σας δείχνει προσοχή. Επί μία ώρα σας κοιτά προσεκτικά. Ό,τι και αν λέτε, την οποιαδήποτε ανοησία, αυτός ακούει, λες και ακούει κάποιο κήρυγμα. Και σας πείθει να μιλήσετε περισσότερο, να πείτε οτιδήποτε, σχετικό ή άσχετο, να εξωτερικεύσετε τις σκέψεις σας. Έπειτα εσείς αισθάνεστε πολύ καλά.

Οι περισσότεροι ασθενείς ερωτεύονται τους ψυχαναλυτές τους. Και το πώς να προστατέψεις τη σχέση πελάτη-θεραπευτή εξελίσσεται σε μεγάλο πρόβλημα, επειδή αργά ή γρήγορα εξελίσσεται σε ερωτική σχέση. Γιατί; Γιατί μια γυναίκα ερωτεύεται τον άνδρα-ψυχαναλυτή της; Ή το αντίστροφο: Γιατί ένας άνδρας ερωτεύεται μια γυναίκα-ψυχαναλυτή; Ο λόγος είναι ότι για πρώτη φορά στη ζωή τους, τους δίνεται τέτοια προσοχή. Η ανάγκη για αγάπη εκπληρώνεται.

Αν η βαθύτερη ουσία του εαυτού σου δεν αλλάξει, τίποτε δεν θα προκύψει από την επίλυση προβλημάτων. Έχεις μια εν δυνάμει ικανότητα να δημιουργήσεις απεριόριστα άλλα. Ο διαλογισμός είναι μια προσπάθεια να σε κάνει ανεξάρτητο πρώτον, και δεύτερον να αλλάξει τον τύπο και τα χαρακτηριστικά της συνείδησής σου. Με τα νέα αυτά χαρακτηριστικά τα παλαιά προβλήματα δεν θα μπορούν να υπάρχουν, απλά εξαφανίζονται. Ήσουν ένα μικρό παιδί, αντιμετώπιζες άλλου τύπου προβλήματα. Όταν μεγάλωσες, απλά εξαφανίστηκαν. Πού πήγαν; Δεν τα έλυσες ποτέ, απλά εξαφανίστηκαν. Δεν μπορείς καν να θυμηθείς ποιά ήταν τα προβλήματα εκείνα της παιδικής σου ηλικίας. Μεγάλωσες, όμως, και τα προβλήματα αυτά εξαφανίστηκαν.

Έπειτα μεγάλωσες λίγο και αντιμετώπιζες άλλου τύπου προβλήματα, όταν θα γεράσεις δεν θα είναι πια εκεί. Όχι ότι θα έχεις καταφέρει να τα λύσεις, κανείς δεν είναι σε θέση να λύσει προβλήματα· μόνο να μεγαλώσει και να ωριμάσει μέσα από αυτά μπορεί. Όταν θα είσαι μεγάλος, θα γελάς με όλα εκείνα τα προβλήματα που αντιμετώπιζες, τόσο πιεστικά, τόσο καταστροφικά που μερικές φορές σκέφθηκες να αυτοκτονήσεις εξαιτίας τους. Και τώρα που μεγάλωσες απλά γελάς. Πού πήγαν όλα αυτά τα προβλήματα; Τα έλυσες; Όχι απλά μεγάλωσες. Αυτά τα προβλήματα ανήκαν σε μια συγκεκριμένη ηλικία και σε ένα συγκεκριμένο στάδιο της ανάπτυξής σου.

Το ίδιο συμβαίνει καθώς εμβαθύνεις στη συνείδησή σου. Και εκεί τα προβλήματα εξακολουθούν να εξαφανίζονται. Έρχεται μια στιγμή που αντιλαμβάνεσαι ότι τα προβλήματα δεν εμφανίζονται. Ο διαλογισμός δεν είναι ανάλυση. Ο διαλογισμός είναι εξέλιξη. Δεν ασχολείται με τα προβλήματα. Ασχολείται με την ουσία της ύπαρξης.

ΗΓΕΤΗΣ ΕΝΑΝΤΙ ΟΠΑΔΟΥ

Κατανοώντας την Ευθύνη του να Είσαι Ελεύθερος

Υπάρχει μια προφητική ρήση του Νίτσε η οποία λέει: «Ο Θεός είναι νεκρός και ο άνθρωπος είναι ελεύθερος». Η δήλωσή του αυτή χαρακτηρίζεται από τρομερή διορατικότητα. Πολλοί λίγοι άνθρωποι ήταν σε θέση να αντιληφθούν το βάθος του νοήματος αυτής της δήλωσης. Πρόκειται για ένα ορόσημο στην ιστορία της επίγνωσης. Εφόσον υπάρχει Θεός, ο άνθρωπος δεν θα μπορεί ποτέ να είναι ελεύθερος, αυτό είναι αδύνατον. Με τον Θεό, ο άνθρωπος θα παραμένει ένας σκλάβος, και η ελευθερία θα παραμείνει κενό γράμμα. Μόνο απόντος του Θεού αρχίζει η ελευθερία να αποκτά κάποιο νόημα.

Η ρήση, όμως, του Νίτσε είναι ημιτελής, κανείς δεν προσπάθησε να τη συμπληρώσει. Φαντάζει πλήρης, αλλά ο Φρίντριχ Νίτσε δεν γνώριζε ότι υπάρχουν θρησκείες στον κόσμο οι οποίες δεν διαθέτουν Θεό, παρά ταύτα ακόμη και στα πλαίσια αυτών των θρησκειών ο άνθρωπος δεν είναι ελεύθερος. Δεν είχε υπ' όψιν του τον Βουδισμό, τον Ζαϊνισμό, τον Ταοϊσμό —τις βαθύτερες εξ όλων θρησκείες. Γι' αυτές τις τρεις θρησκείες δεν υπάρχει Θεός. Ο Λάο Τσε, ο Μαχαβίρα και ο Γκαουτάμα Βούδας αρνήθηκαν τον Θεό για τον ίδιο λόγο που το έκανε και ο Νίτσε, επειδή μπορούσαν να διακρίνουν ότι με τον Θεό, ο άνθρωπος δεν είναι τίποτε άλλο παρά μια μαριονέτα. Τότε όλες οι προσπάθειες για προσωπικό διαφωτισμό δεν έχουν κανένα απολύτως νόημα. Δεν είσαι ελεύθερος, πώς θα μπορούσες να είσαι φωτισμένος; Και υπάρχει κάτι το πανίσχυρο, το παντοδύναμο, που μπορεί να απομακρύνει τον φωτισμό σου. Μπορεί να καταστρέψει τα πάντα!

Ο Νίτσε, όμως, δεν γνώριζε ότι υπήρχαν θρησκείες οι οποίες δεν διέθεταν Θεό. Επί χιλιάδες χρόνια υπήρχαν άνθρωποι οι οποίοι είχαν καταλάβει ότι η παρουσία του Θεού είναι το μεγαλύτερο εμπόδιο της ελευθερίας του ανθρώπου, και απομάκρυναν τον Θεό. Ακόμη και έτσι, όμως, ο άνθρωπος δεν είναι ελεύθερος.

Εκείνο που προσπαθώ να σας βοηθήσω να καταλάβετε είναι ότι καθιστώντας απλά τον Θεό νεκρό, δεν μπορείτε να απελευθερώσετε τον άνθρωπο. Θα πρέπει να νεκρώσετε ακόμη ένα πράγμα, και αυτό δεν είναι άλλο από τη θρησκεία.

Η θρησκεία θα πρέπει να πεθάνει και αυτή. Θα πρέπει να ακολουθήσει τη μοίρα του Θεού. Θα πρέπει να δημιουργήσουμε μια θρησκευτικότητα η οποία να είναι άθεη και άθρησκη. Να μην βάζει κανέναν από πάνω σου, πιο ισχυρό από εσένα, καμμία οργανωμένη θρησκεία η οποία θα δημιουργήσει διάφορα είδη κλουβιών, όπως Χριστιανός, Μωαμεθανός, Ινδουιστής, Βουδιστής. Όμορφα, βολικά κλουβιά...

Με τον Θεό και τη θρησκεία νεκρωμένα, άλλο ένα πράγμα νεκρώνεται αυτόματα, και αυτό είναι το Ιερατείο, η ηγεσία, οι διάφοροι τύποι θρησκευτικής ηγεσίας. Τώρα δεν έχει πια κάποιο λειτουργικό σκοπό. Δεν υπάρχει κάποια οργανωμένη θρησκεία στα πλαίσια της οποίας να μπορεί να υπάρξει ένας πάπας ή ένας σανκαράγια ή ένας Αγιατολάχ Χομεϊνί. Δεν έχει κάποιον Θεό τον οποίο να μπορεί να αντιπροσωπεύει. Το έργο του έχει οριστικά τελειώσει.

Ο Βούδας, ο Μαχαβίρα και ο Λάο Τσε απέρριψαν τον Θεό με τον ίδιο τρόπο που το έκανε ο Φρήντριχ Νίτσε, χωρίς να γνωρίζουν, χωρίς να αντιλαμβάνονται ότι αν η θρησκεία παρέμενε, τότε ακόμη και χωρίς τον Θεό οι ιερείς θα κατόρθωναν να κρατήσουν τον άνθρωπο στην αιχμαλωσία.

Για να ολοκληρώσουμε αυτό το όραμα του Φρήντριχ Νίτσε, η θρησκεία θα πρέπει να πεθάνει. Αν δεν υπάρχει Θεός, η οργανωμένη θρησκεία δεν έχει λόγο ύπαρξης.

Για ποιόν, λοιπόν, υπάρχει η οργανωμένη θρησκεία; Οι εκκλησίες, οι ναοί, τα τεμένη, οι συναγωγές θα πρέπει να εξαφανιστούν, γιατί μαζί μ' αυτά θα εξαφανιστούν και οι εξουσιαστές μας, οι ραβίνοι και οι επίσκοποι και οι κάθε είδους θρησκευτικοί ηγέτες. Η παρουσία τους είναι πλέον ανώφελη και τότε λαμβάνει χώρα μια εκπληκτική επανάσταση: η ανθρωπότητα καθίσταται απόλυτα ελεύθερη!

Προτού, όμως, μπορέσεις να καταλάβεις τις συνέπειες αυτής της ελευθερίας, θα πρέπει να κατανοήσεις τους περιορισμούς του οράματος του Φρήντριχ Νίτσε. Εάν το όραμά του πραγματοποιηθεί τότε τί είδους ελευθερία θα έχουμε στη διάθεσή μας; Ο Θεός είναι νεκρός, ο άνθρωπος είναι ελεύθερος. Ελεύθερος, όμως, να κάνει τί; Η ελευθερία του θα είναι όμοια με εκείνη των άλλων ζώων. Δεν είναι σωστό, λοιπόν, να την αποκαλούμε ελευθερία, αφού θα είναι περισσότερο μια μορφή έκλυτου βίου. Δεν είναι ελευθερία επειδή δεν φέρει κάποια ευθύνη, κάποια ενσυναίσθηση. Δεν θα βοηθήσει τον άνθρωπο να υψωθεί, να γίνει κάτι ανώτερο από αυτό που είναι στην τωρινή του σκλαβιά. Εάν η ελευθερία δεν σε οδηγήσει υψηλότερα από αυτό που ήσουν στην κατάσταση της σκλαβιάς σου, τότε δεν έχει κανένα νόημα.

Είναι πολύ πιθανόν η ελευθερία αυτή να σε οδηγήσει ακόμη χαμηλότερα απ' ό,τι η σκλαβιά, επειδή η σκλαβιά είχε τουλάχιστον μια συγκεκριμένη πειθαρχία, είχε μια συγκεκριμένη ηθική, είχε συγκεκριμένες αρχές. Κοντολογίς είχε μια συγκεκριμένη οργανωμένη θρησκεία να σε προσέχει, να διατηρεί μέσα σου άσβεστο τον φόβο της Κόλασης και της τιμωρίας, και τη λαχτάρα για την ανταμοιβή και τον Παράδεισο, και για να σε κρατά σε επίπεδο λίγο ανώτερο από εκείνο του άγριου ζώου, που έχει μεν ελευθερία, αλλά η ελευθερία αυτή δεν το κατέστησε ανώτερο ον. Δεν του έδωσε κάποια ανωτερότητα χαρακτήρα την οποία να μπορείς να εκτιμήσεις.

Ο Νίτσε δεν είχε αντιληφθεί πως το να παραχωρήσεις στον άνθρωπο την ελευθερία δεν είναι αρκετό· κι όχι μόνο δεν είναι αρκετό, αλλά είναι και επικίνδυνο, αφού μπορεί να τον υποβιβάσει στο επίπεδο του ζώου. Στο όνομα της ελευθερίας μπορεί να χάσει τον δρόμο που τον οδηγεί προς τα ανώτερα επίπεδα συνείδησης.

Όταν ο Θεός είναι νεκρός, η θρησκεία ως οργανωμένο σώμα είναι νεκρή, και ο άνθρωπος είναι πλέον ελεύθερος να είναι ο εαυτός του. Για πρώτη φορά είναι ελεύθερος να ερευνήσει τα μύχια της ύπαρξης του χωρίς εμπόδια. Είναι ελεύθερος να βουτήξει στα βάθη της ύπαρξης του, να ανυψωθεί στα ύψη της συνείδησης. Δεν υπάρχει κάποιος που να τον εμποδίζει, η ελευθερία του είναι πλήρης. Αυτή η ελευθερία, όμως, είναι δυνατή μόνο αν μπορέσουμε να διαφυλάξουμε αυτό που αποκαλώ *ποιόν θρησκευτικότητας*, ώστε το ποιόν της θρησκευτικότητας να μείνει ζωντανό και απόλυτα εναρμονισμένο με την ανθρώπινη ελευθερία. Είναι εκείνο που ευνοεί την ανάπτυξη του ανθρώπου.

Με τη χρήση του όρου "θρησκευτικότητα" εννοώ ότι το ανθρώπινο ον, ως έχει, δεν είναι ολοκληρωμένο. Μπορούμε να γίνουμε κάτι παραπάνω. Μπορούμε να γίνουμε κάτι πολύ παραπάνω. Ό,τι και αν είναι το ανθρώπινο ον, δεν είναι παρά μόνον ένας σπόρος. Δεν γνωρίζουμε πλήρως τις δυνατότητες τις οποίες κουβαλάμε στο εσωτερικό μας.

Η θρησκευτικότητα δεν είναι παρά μια πρόκληση για να εξελιχθούμε, μια πρόκληση ώστε ο σπόρος να φθάσει στο απόγειο της έκφρασής του, να φέρει χιλιάδες άνθη και να απελευθερώσει το άρωμα το οποίο είναι κρυμμένο μέσα του. Αυτό το άρωμα εγώ το αποκαλώ *θεϊκότητα*. Δεν έχει, βεβαίως, να κάνει με τις αποκαλούμενες θρησκείες, και ασφαλώς δεν έχει να κάνει με τον Θεό, πολλώ δε μάλλον δεν έχει να κάνει με το ιερατείο. Έχει, όμως, να κάνει με εσάς και με την προοπτική της εξέλιξής σας.

Οπότε χρησιμοποιώ τη λέξη "θεϊκότητα" απλά για να σας υπενθυμίσω ότι ο Θεός μπορεί να πεθάνει, οι θρησκείες μπορεί να εξαφανιστούν, αλλά η θεϊκότητα είναι κάτι στενά συνυφασμένο με την ίδια μας την ύπαρξη. Είναι η ομορφιά που είναι κρυμμένη στην ανατολή του ηλίου, στο πέταγμα ενός πουλιού. Είναι η ομορφιά ενός λωτού που ανοίγει τα φύλλα του. Είναι κρυμμένη σε καθετί το αληθινό, το ειλικρινές, το αυθεντικό, σε καθετί που κρύβει αγάπη και συμπόνια. Περικλείει καθετί που σε ωθεί προς τα πάνω, που δεν σε αφήνει να σταματήσεις εκεί που είσαι, αλλά σου θυμίζει πάντα ότι έχεις δρόμο ακόμη να διανύσεις. Κάθε μέρος στο οποίο σταματάς για να αναπαυθείς, δεν είναι παρά μόνο μια στάση για τη νύχτα, το πρωί συνεχίζουμε το προσκύνημα. Είναι ένα αιώνιο προσκύνημα, και είσαι μόνος, και είσαι εντελώς ελεύθερος.

Οπότε πρόκειται για μια μεγάλη ευθύνη, κάτι το οποίο δεν είναι δυνατό για κάποιον που πιστεύει στον Θεό, κάτι το οποίο δεν είναι δυνατό για κάποιον που πιστεύει στο Ιερατείο, που πιστεύει στην Εκκλησία, επειδή επιθυμεί να μεταθέσει τις ευθύνες του σε άλλους ανθρώπους. Ο Χριστιανός πιστεύει ότι ο Ιησούς είναι ο σωτήρας, οπότε η ευθύνη της σωτηρίας βαραίνει τον Ιησού: «Θα έλθει και θα μας λυτρώσει από τη δυστυχία, από αυτήν την κόλαση», λέει. Η ελευθερία απλά σε καθιστά απόλυτα υπεύθυνο για καθετί που είσαι και για καθετί που πρόκειται να γίνεις.

Ως εκ τούτου κράτησα τη λέξη "θεϊκότητα". Είναι όμορφη λέξη. Δεν είναι οργάνωση, Ινδουιστής, Μωαμεθανός, Χριστιανός. Είναι απλά μια αύρα, ένα άρωμα που σε καθοδηγεί στον δρόμο εφ' ω ετάχθης.

Και δεν υπάρχει κάποιο μέρος για να σταματήσεις. Στη ζωή δεν υπάρχει τελεία, ούτε καν άνω τελεία! Μόνο κόμματα. Μόνο για λίγο μπορείς να ξεκουραστείς, αλλά ο σκοπός αυτής της ανάπαυσης είναι να μαζέψεις ενέργεια για να προχωρήσεις, για να πας προς τα επάνω.

ΒΟΣΚΟΣ ΚΑΙ ΠΡΟΒΑΤΑ: ΔΙΑΧΩΡΙΖΟΝΤΑΣ ΤΟΝ ΕΑΥΤΟ ΣΑΣ ΑΠΟ ΤΟΝ ΜΑΡΙΟΝΕΤΙΣΤΑ

Η ίδια η ιδέα αναφορικά με την ύπαρξη του Θεού σας δίνει ένα αίσθημα ανακούφισης, ότι δεν είστε μόνος, ότι κάποιος φροντίζει για τα πράγματα, ότι αυτός ο κόσμος δεν είναι απλά ένα χάος, είναι πράγματι ένα κόσμος (κόσμημα), ότι υπάρχει ένα σύστημα πίσω από αυτόν, μια λογική πίσω από αυτόν, ότι δεν είναι ένας παράλογος σωρός, δεν είναι μια αναρχία. Κάποιος κυβερνά την τάξη αυτή, ο παντοδύναμος βασιλιάς είναι εκεί για να φροντίσει την παραμικρή λεπτομέρεια, ούτε φύλλο δεν πέφτει χωρίς το θέλημά του. Το καθετί είναι προγραμματισμένο. Αποτελείτε μέρος ενός μεγάλου πεπρωμένου. Ίσως το βαθύτερο νόημά του να μην είναι γνωστό σ' εσάς, αλλά το νόημα είναι εκεί επειδή ο Θεός είναι εκεί. Ο Θεός είναι εκείνος που φέρνει μεγάλη ανακούφιση. Κάποιος αρχίζει να έχει την αίσθηση ότι η ζωή δεν είναι τυχαία. Υπάρχει ένα συγκεκριμένο υπόστρωμα σημασίας, νοήματος και πεπρωμένου. Ο Θεός είναι εκείνος που δίνει την αίσθηση του πεπρωμένου.

Δεν υπάρχει Θεός· αυτό δείχνει απλά ότι ο άνθρωπος δεν γνωρίζει γιατί είναι εκεί. Αποδεικνύει απλά ότι ο άνθρωπος είναι αβοήθητος. Αποδεικνύει απλά ότι ο άνθρωπος δεν βρίσκει κάποιο νόημα. Επινοώντας την ιδέα του Θεού μπορεί να πιστέψει στο νόημα και μπορεί να ζήσει αυτή τη μάταιη ζωή με την ιδέα ότι κάποιος ενδιαφέρεται γι' αυτόν.

Απλά φανταστείτε ότι είστε σε μια αεροπορική πτήση και κάποιος έρχεται και σας λέει: «Δεν υπάρχει πιλότος!» Ξαφνικά επικρατεί πανικός. Κανείς πιλότος δεν υπάρχει; Κανείς πιλότος σημαίνει ότι είσαστε καταδικασμένοι. Τότε κάποιος λέει: «Ο πιλότος θα πρέπει να βρίσκεται εκεί αόρατος, μπορεί να μην είμαστε σε θέση να τον δούμε, αλλά είναι εκεί. Διαφορετικά πώς είναι δυνατόν να λειτουργεί αυτός ο ωραίος μηχανισμός; Απλά σκεφθείτε το: τα πάντα λειτουργούν τόσο αρμονικά! Δεν μπορεί, θα πρέπει να υπάρχει ένας πιλότος! Μπορεί να μην είμαστε σε θέση να τον δούμε, μπορεί οι προσευχές μας να μην είναι αρκετές, μπορεί τα μάτια μας να είναι κλειστά, αλλά ο πιλότος είναι εκεί! Διαφορετικά πώς είναι δυνατόν; Το αεροπλάνο έχει απογειωθεί, πετά μια χαρά, οι μηχανές δουλεύουν! Όλα πιστοποιούν ότι υπάρχει πιλότος».

Εάν κάποιος μπορεί να σας πείσει, μπορείτε και πάλι να καθίσετε αναπαυτικά και να χαλαρώσετε. Κλείνετε τα μάτια σας, αρχίζετε να ονειρεύεστε ξανά· μπορεί και να κοιμηθείτε. Ο πιλότος είναι εκεί, δεν χρειάζεται να ανησυχείτε. Ο πιλότος δεν υπάρχει, είναι ένα δημιούργημα του ανθρώπου. Ο άνθρωπος κατασκεύασε τον Θεό κατ' εικόνα δική του. Είναι μια επινόηση του ανθρώπου. Ο Θεός δεν είναι μια ανακάλυψη, είναι μια επινόηση. Και ο Θεός δεν είναι η αλήθεια, είναι το μεγαλύτερο ψέμα που υπάρχει.

● Πιστεύετε πράγματι ότι ο Θεός δεν υπάρχει;
❾

Δεν πιστεύω ότι ο Θεός δεν υπάρχει, είμαι απόλυτα βέβαιος ότι δεν υπάρχει. Και... δόξα τω Θεώ που δεν υπάρχει, διαφορετικά η ύπαρξη του Θεού θα προκαλούσε τόσα πολλά προβλήματα και δυσκολίες που η ζωή θα ήταν σχεδόν αφόρητη. Μπορεί να μην έχετε εξετάσει το θέμα από την οπτική γωνία για την οποία θα μιλήσω· ίσως κανείς να μην έχει δοκιμάσει ποτέ να δει το θέμα από αυτήν την οπτική γωνία.

Οι Χριστιανοί λένε ότι ο Θεός δημιούργησε τον Κόσμο. Στην πραγματικότητα η υπόθεση του Θεού είναι αναγκαία προκειμένου για την τεκμηρίωση της Δημιουργίας. Ο κόσμος είναι εκεί, κάποιος θα πρέπει να τον δημιούργησε. Όποιος και να τον δημιούργησε, αυτός ο δημιουργός είναι ο Θεός. Βλέπετε, όμως, ποιά είναι η συνέπεια αυτού; Εάν ο κόσμος είναι δημιουργημένος, τότε δεν μπορεί να υπάρχει εξέλιξη: Εξέλιξη σημαίνει ότι η δημιουργία συνεχίζεται.

Θυμηθείτε τη γνωστή χριστιανική ιστορία: ο Θεός δημιούργησε τον κόσμο σε έξι ημέρες και έπειτα, την έβδομη ημέρα, αναπαύθηκε. Από τότε αναπαύεται! Η όλη δημιουργία ολοκληρώθηκε μέσα σε διάστημα έξι ημερών. Από πού λοιπόν μπορεί να προκύψει η Δημιουργία; Δημιουργία σημαίνει τέλος! Έχει μπει τελεία. Η τελεία μπήκε την έκτη ημέρα, και μετά από αυτό δεν υπάρχει πιθανότητα εξέλιξης.

Η έννοια της εξέλιξης υπονοεί ότι η Δημιουργία δεν είναι πλήρης, εξ ου και η πιθανότητα της εξέλιξης. Ο Θεός, όμως, δεν μπορεί να δημιουργήσει έναν ατελή κόσμο, αυτό θα ήταν ενάντια στην ίδια τη φύση του Θεού. Είναι τέλειος και ό,τι και αν κάνει είναι τέλειο. Ούτε εκείνος εξελίσσεται, ούτε ο Κόσμος, τα πάντα είναι ακίνητα, νεκρά. Αυτός είναι ο λόγος για τον οποίο η Εκκλησία αντιπαρατέθηκε στο έργο του Κάρολου Δαρβίνου, επειδή αυτός ο άνθρωπος εισήγαγε την ιδέα η οποία αργά ή γρήγορα επρόκειτο να "σκοτώσει" τον Θεό. Αυτοί οι εκκλησιαστικοί ηγέτες ήταν κατά μία έννοια διορατικοί: ήταν σε θέση να διακρίνουν τις μακροπρόθεσμες συνέπειες της ιδέας της Εξέλιξης.

Φυσιολογικά δεν θα συνδέατε την έννοια της Δημιουργίας με εκείνη της Εξέλιξης. Ποιά σχέση μπορεί να υπάρχει ανάμεσα στον Θεό και στον Κάρολο Δαρβίνο; Υπάρχει μια σχέση. Ο Κάρολος Δαρβίνος ανέφερε ότι η δημιουργία είναι μια εξελισσόμενη διαδικασία, ότι η πλάση είναι πάντοτε ατελής, ότι ποτέ δεν θα φθάσει την τελειότητα. Μόνο έτσι θα μπορέσει να συνεχίσει να εξελίσσεται, να αγγίζει νέες κορυφές, νέους ορίζοντες, να ανοίγει νέες πόρτες και καινούργιες πιθανότητες.

Ο Θεός ολοκλήρωσε το έργο του μέσα σε έξι ημέρες, και λίγο πριν, μόλις τέσσερεις χιλιάδες τέσσερα χρόνια πριν γεννηθεί ο Ιησούς Χριστός. Θα πρέπει να ήταν πρώτη Ιανουαρίου, ημέρα Δευτέρα, επειδή κατορθώνουμε να ταιριάζουμε τον Θεό μέσα σε καθετί το οποίο δημιουργούμε! Θα πρέπει να ακολουθήσει το ημερολόγιο μας. Αν ρωτούσατε εμένα, θα έλεγα ότι θα πρέπει να ήταν Δευτέρα, πρώτη Απριλίου, Πρωταπριλιά, επειδή το πνεύμα της ημέρας αυτής φαίνεται να ταιριάζει απόλυτα με τη δημιουργία μιας πλήρους ετοιμοπαράδοτης ύπαρξης.

Εάν η εξέλιξη καταστεί αδύνατη, η ζωή χάνει το νόημα της, η ζωή χάνει όλο το μέλλον της, το μόνο που της μένει είναι το παρελθόν της.

Δεν προκαλεί έκπληξη το γεγονός ότι οι θρησκευόμενοι άνθρωποι είναι πάντοτε προσανατολισμένοι προς το παρελθόν· το μόνο που έχουν είναι το παρελθόν. Τα πάντα έχουν ήδη ολοκληρωθεί, δεν υπάρχει κάτι για να γίνει στο μέλλον, το μέλλον είναι άδειο, κενό, και όμως είσαι υποχρεωμένος να ζήσεις στο μέλλον αυτό. Ό,τι ήταν να γίνει, έγινε τέσσερεις χιλιάδες τέσσερα χρόνια προτού να γεννηθεί ο Ιησούς. Μετά από αυτό δεν έγινε καμμία προσθήκη, δεν σημειώθηκε καμμία εξέλιξη, καμμία ανάπτυξη.

Ο Θεός δημιούργησε τον Κόσμο ακριβώς όπως ένας αγγειοπλάστης φτιάχνει ένα αγγείο, ένα άψυχο αντικείμενο από τη λάσπη. Θα πρέπει, όμως, να έχετε υπ' όψιν ότι ο αγγειοπλάστης μπορεί οποιαδήποτε στιγμή να καταστρέψει το αγγείο. Εάν παραχωρήσετε στον Θεό τη δύναμη της δημιουργίας του, παραχωρείτε ταυτόχρονα τη δύναμη να καταστρέψει το δημιούργημά του. Αυτές είναι οι συνέπειες που δεν έχουν εξεταστεί. Ο Θεός μπορεί να καταστρέψει. Η Πρωταπριλιά έρχεται κάθε χρόνο. Την πρώτη Απριλίου κάθε χρόνο μπορεί να καταστρέψει το δημιούργημά του. Το πολύ-πολύ να του πάρει πάλι έξι ημέρες!

Η ίδια η ιδέα σύμφωνα με την οποία έχετε δημιουργηθεί σάς καθιστά αντικείμενα, αφαιρεί την ουσία της ύπαρξής σας.

Μπορείτε να είστε όντα, μόνο αν δεν υπάρχει Θεός. Ο Θεός και εσείς ως όντα δεν μπορείτε να συνυπάρξετε. Αυτός είναι ο λόγος για τον οποίο λέω ότι είμαι σίγουρος πως ο Θεός δεν υπάρχει, επειδή βλέπω παντού ανθρώπινα όντα.

Η παρουσία των ανθρωπίνων όντων επαρκεί για να αποδείξει ότι ο Θεός δεν υπάρχει, *δεν μπορεί να υπάρχει.* Είτε ο Θεός θα υπάρχει, είτε εσείς. Δεν μπορείτε να υπάρχετε και οι δύο. Ο άνθρωπος ο οποίος αρχίζει να πιστεύει στον Θεό απεμπολεί εν

172 ΤΟ ΒΙΒΛΙΟ ΤΗΣ ΚΑΤΑΝΟΗΣΗΣ

αγνοία του την ίδια την οντότητά του, γίνεται ένα αντικείμενο. Οπότε υπάρχουν χριστιανικά αντικείμενα, ινδουιστικά αντικείμενα, μωαμεθανικά αντικείμενα, αλλά όχι όντα. Έχουν απορρίψει οικειοθελώς την οντότητά τους. Παρέδωσαν τον εαυτό τους στον Θεό. Το φανταστικό πήρε σάρκα και οστά και το πραγματικό έγινε φανταστικό. Απλά τοποθετώ τα πράγματα ανάποδα. Όταν λέω ότι ο Θεός δεν υπάρχει, δεν έχω κάποιο άχτι μαζί του. Δεν μου καίγεται καρφί για τον Θεό, είτε υπάρχει, είτε όχι. Δεν με αφορά. Όταν λέω ότι ο Θεός δεν υπάρχει, σκοπός μου είναι να σας δώσω πίσω τη χαμένη σας οντότητα, να σας αποδείξω ότι δεν είστε ένα πράγμα το οποίο προέκυψε από την προαίρεση κάποιου.

Ποιός ήταν ο λόγος που αποφάσισε μια συγκεκριμένη ημέρα, τέσσερεις χιλιάδες τέσσερα χρόνια προτού να γεννηθεί ο Ιησούς, να δημιουργήσει τον κόσμο; Τί ήταν εκείνο που του γέννησε την ιδέα της Δημιουργίας; Ήταν κάποιος άλλος λόγος που τον ανάγκαζε να δημιουργήσει; Υπήρξε κάποιο ερπετό το οποίο τον εξαπάτησε αναγκάζοντας τον να δημιουργήσει; Γιατί μια συγκεκριμένη ημέρα και όχι πιο πριν; Θέλω να δείτε την ουσία του πράγματος. Είναι προαιρετικό, αινιγματικό. Εάν η ιστορία είναι αληθινή, τότε ο Θεός είναι τρελός. Με τί άλλο ήταν λοιπόν απασχολημένος καθ' όλη τη διάρκεια της αιωνιότητας ώστε να του έρθει τόσο αργά η ιδέα της Δημιουργίας;

Η ίδια η ιδέα της Δημιουργίας μάς καθιστά προαιρετικούς, ενώ η εξέλιξη δεν είναι προαιρετική. Η εξέλιξη είναι αιώνια, συνεχιζόταν διαρκώς. Δεν υπήρχε κάποια στιγμή που η Δημιουργία δεν υφίστατο, και δεν θα υπάρξει κάποια στιγμή που η Δημιουργία δεν θα υφίσταται: Ύπαρξη σημαίνει Αιωνιότητα.

Ο Θεός καθιστά τα πάντα, ανόητα, μικρά, προαιρετικά, κενά περιεχομένου. Το μόνο που υπήρχε ήταν αυτός ο γέρος, και θα πρέπει να ήταν πολύ γέρος, πάρα πολύ γέρος, και ξαφνικά του ήρθε η ιδέα της Δημιουργίας, και μέσα σε έξι ημέρες την είχε ολοκληρώσει. Αυτός είναι ο λόγος για τον οποίο η Εκκλησία τάχθηκε ενάντια στον Κάρολο Δαρβίνο: «Λέτε ότι η Δημιουργία δεν έχει ακόμη ολοκληρωθεί, ότι εξελίσσεται. Είστε ενάντια στην Βίβλο και στις ιερές γραφές. Είστε ενάντια στον Θεό, ενάντια στην ίδια την ιδέα της δημιουργίας».

Ο Κάρολος Δαρβίνος έλεγε απλά: «Δεν είμαι ενάντια στον Θεό, δεν γνωρίζω κάποιον Θεό». Ήταν ένας πολύ τρομαγμένος άνθρωπος και ήταν Χριστιανός. Συνήθιζε να προσεύχεται. Στην πραγματικότητα άρχισε να προσεύχεται περισσότερο αφότου έγραψε τη θεωρία της Εξέλιξης. Ένιωσε ακόμη πιο φοβισμένος: ποιός ξέρει, ίσως να έκανε κάτι ενάντια στον Θεό! Πίστευε ότι ο Θεός δημιούργησε τον κόσμο, αλλά τα δεδομένα της Φύσης συνέθεταν μια διαφορετική ιστορία. Τα πάντα εξελίσσονται, η ζωή δεν μένει ποτέ η ίδια.

Οπότε αν κάποιος πιστεύει στον Θεό, δεν μπορεί να πιστεύει ότι εσύ είσαι ένα ον. Μόνο τα αντικείμενα δημιουργούνται, έχουν μια αρχή και ένα τέλος. Τα όντα είναι αιώνια.

Εξαιτίας αυτού του γεγονότος, δυο θρησκείες στην Ινδία, ο Ζαϊνισμός και ο Βουδισμός απέρριψαν την ιδέα περί ύπαρξης του Θεού, επειδή η πίστη σε αυτό ισοδυναμούσε με την απόρριψη της ιδέας της Ύπαρξης που είναι μακράν όλων η πλέον σημαντική. Θα ήθελαν να τις κρατήσουν και τις δυο, αλλά ήταν λογικά αδύνατον. Από τη στιγμή που αποδέχεσαι ότι έχεις δημιουργηθεί, αποδέχεσαι και το άλλο σκέλος της θεωρίας, ότι δηλαδή ο ίδιος ιδιότροπος άνδρας μπορεί οποιαδήποτε ημέρα να σε καταστρέψει. Οπότε τί νόημα έχει η ύπαρξη σου όταν δεν είσαι παρά ένα παιχνίδι στα χέρια ενός μαγικού γέρου; Όταν θέλει παίζει με τα παιχνίδια και όταν θέλει τα καταστρέφει; Ήταν πράγματι ένα μεγάλο, ένα πολύ τολμηρό βήμα εκ μέρους του Μαχαβίρα και του Βούδα να επιλέξουν το Ον (το Εόν του Παρμενίδη) και να απορρίψουν την ιδέα περί ύπαρξης του Θεού, και αυτό μάλιστα πριν από είκοσι πέντε αιώνες. Ήταν απλά σε θέση να διακρίνουν ότι δεν μπορείς να διαχειριστείς και τα δύο, το ένα είναι ενάντια στο άλλο. Δεν είχαν, όμως, υπ' όψιν τους την έννοια της Εξέλιξης. Αυτή ήταν μια μεταγενέστερη πρόοδος. Τώρα γνωρίζουμε ότι και η Δημιουργία (ο Δημιουργισμός) αντιτίθεται στην ιδέα της Εξέλιξης.

Η Δημιουργία και η Εξέλιξη είναι έννοιες εντελώς αντίθετες μεταξύ τους. Δημιουργία σημαίνει πληρότητα, Εξέλιξη σημαίνει διαρκής ανάπτυξη. Η ανάπτυξη είναι πιθανή μόνο εφόσον τα πράγματα είναι ατελή και παραμένουν ατελή. Με όποιον τρόπο και αν αναπτύσσονται, υπάρχει πάντοτε η πιθανότητα να αναπτυχθούν περισσότερο.

Υπάρχουν και μερικά ακόμη πράγματα που οφείλουμε να τα λάβουμε υπ' όψιν. Εάν είσαι δημιούργημα τότε δεν μπορείς να έχεις καμμία ελευθερία. Είδατε κάποιο μηχάνημα να έχει ελευθερία, κάποιο "πράγμα" να έχει ελευθερία; Καθετί το οποίο δημιουργείται βρίσκεται στα χέρια του δημιουργού, ακριβώς όπως μια μαριονέτα. Αυτός κρατά στα χέρια του τα νήματα, τραβά ένα νήμα, ύστερα άλλο κι άλλο. Θα έχετε δει, υποθέτω, κουκλοθέατρο. Τα νήματα τραβιούνται, ο άνθρωπος είναι πίσω από τη σκηνή, δεν τον βλέπετε, βλέπετε μόνο τις μαριονέτες που χορεύουν και πολεμούν μεταξύ τους, αλλά είναι όλα ψέματα. Η πραγματικότητα είναι μόνο ο μαριονετίστας.

Αυτές οι μαριονέτες δεν έχουν το ελεύθερο να πολεμήσουν, να αγαπήσουν, να παντρευτούν. Όλα αυτά συμβαίνουν σε μια παράσταση κουκλοθέατρου. Δεν μπορούν να επιλέξουν αν θα χορέψουν ή όχι, ή όταν δεν θέλουν να χορέψουν δεν μπορούν να πούνε: «Όχι, Άφησέ με, δεν θέλω να χορέψω!» Η μαριονέτα δεν μπορεί να πει όχι. Και όλες οι θρησκείες σε έχουν διδάξει να μην λες όχι: να μην λες όχι στον Θεό, στον μεσσία του, στο ιερό του βιβλίο... Ποτέ, ποτέ μην διανοηθείς να πεις όχι!

Γιατί; Εάν δεν μπορείς να πεις όχι, ποιό είναι τότε το νόημα του ναι; Είναι φυσικό επακόλουθο –το ναι έχει νόημα όταν μπορείς να πεις και όχι. Εάν είσαι υποχρεωμένος να πεις ναι τότε δεν υπάρχει κάποια άλλη εναλλακτική πέρα από το ναι. Άκουσα πως όταν ο Φορντ άρχισε να κατασκευάζει αυτοκίνητα πήγαινε ο ίδιος στον χώρο της έκθεσης και ασχολείτο με τους πελάτες, μιλώντας μαζί τους. Συνήθιζε να τους λέει: «Μπορείτε να διαλέξετε όποιο χρώμα θέλετε, αρκεί να είναι μαύρο», επειδή εκείνη την εποχή τα αυτοκίνητα έβγαιναν μόνο σε μαύρο χρώμα. Είστε ελεύθεροι να επιλέξετε, αρκεί η απάντηση να είναι *ναι*. Τί είδους ελευθερία είναι αυτή; Οι μαριονέτες δεν μπορούν να είναι ελεύθερες. Και αν ο Θεός απλά σάς δημιούργησε, τότε δεν είστε παρά μια μαριονέτα. Είναι προτιμότερο να εξεγερθείτε ενάντια στον Θεό και να είστε ένα Όν, μία ύπαρξη, παρά να υποταγείτε στο επίπεδο της μαριονέτας και να αποτελέσετε μέρος ενός κουκλοθέατρου, επειδή τη στιγμή που θα αποδεχθείτε τον ρόλο της μαριονέτας θα έχετε διαπράξει αυτοκτονία.

Μαριονέτες συναντά κανείς σε όλο τον κόσμο, με διαφορετικά χρώματα, διαφορετικά ονόματα, διαφορετικά τελετουργικά. Οι Ινδουιστές λένε ότι χωρίς τη θέληση του Θεού ακόμη και ένα φύλλο επάνω σε ένα δένδρο δεν σαλεύει. Οπότε τί γίνεται στην περίπτωση σας; Τα πάντα γίνονται σύμφωνα με το θέλημα του Θεού. Στην πραγματικότητα αυτός καθόρισε τα πάντα τη στιγμή της Δημιουργίας. Όλα είναι, λοιπόν, προκαθορισμένα. Είναι θέσφατα. Αναλλοίωτα. Αμετακίνητα. Ουδέν ρει. Είναι πράγματι πολύ, μα πολύ παράξενο που κάποιοι πράγματι ευφυείς άνθρωποι εξακολουθούν να πιστεύουν σε αυτές τις ανοησίες!

Δείτε μόνο το μέγεθος της συγκεκριμένης ανοησίας: από τη μια ο Θεός σάς δημιούργησε, από την άλλη όταν κάνετε κάτι κακό, θα τιμωρηθείτε!

Εάν ο Θεός σάς δημιούργησε, και αυτός καθόρισε τη φύση σας και δεν μπορείτε να πάτε ενάντια σε αυτήν, τότε δεν έχετε καμμία ελευθερία. Δεν υπάρχει πιθανότητα με τον Θεό να έχετε κάποια ελευθερία. Τότε πώς είστε σε θέση να διαπράξετε ένα έγκλημα, πώς μπορείτε να είστε αμαρτωλός; Και πώς μπορεί επίσης να είστε άγιος; Τα πάντα είναι καθορισμένα από αυτόν. Αυτός φέρει την ευθύνη, όχι εσείς.

Οι άνθρωποι, όμως, εξακολουθούν να πιστεύουν στα δυο πράγματα μαζί: ο Θεός δημιούργησε τον Κόσμο, ο Θεός δημιούργησε τον άνδρα, τη γυναίκα, τα πάντα, και έπειτα... έπειτα επέρριψε όλες τις ευθύνες σε εσάς; Εάν κάτι δεν πάει καλά με εσάς, εκείνος που ευθύνεται είναι ο Θεός και θα πρέπει να τιμωρηθεί. Εάν είστε δολοφόνος, τότε ο Θεός έπλασε ένα δολοφόνο. Τότε θα πρέπει αυτός να φέρει την ευθύνη για τους Αδόλφους Χίτλερ και τους Ιωσήφ Στάλιν και τους Μάο Τσε-τούνγκ. Αυτοί διόλου δεν φταίνε για το κακό που έκαναν. Εκείνος τους δημιούργησε αυτούς τους εγκληματίες της ανθρωπότητας.

Η θρησκευόμενη σκέψη χάνει την ευφυΐα της, σκουριάζει, λησμονεί εντελώς ότι αυτά τα πράγματα είναι ασύμβατα μεταξύ τους. Θεός και Ελευθερία είναι έννοιες ασύμβατες μεταξύ τους. Εάν είσαι ελεύθερος, τότε δεν υπάρχει Θεός. Εάν πιστεύεις σε Θεό, τότε είσαι δούλος. Μπορεί να μην το έχετε σκεφθεί αυτό. Πώς είναι δυνατόν να είστε ελεύθεροι όταν έχετε έναν δημιουργό ο οποίος συνεχώς σας παρατηρεί, σας έχει υπό τον έλεγχό του και σας υποδεικνύει τί να κάνετε; Αρχικά τοποθέτησε τα πάντα στο εσωτερικό σας, προγραμματίζοντάς σας. Και εσείς θα ακολουθήσετε το πρόγραμμα αυτό, δεν μπορείτε να κάνετε διαφορετικά. Γίνεται ό,τι και με τον υπολογιστή και με τα δεδομένα που του δίνεις: ο υπολογιστής είναι σε θέση να επεξεργαστεί μόνο αυτά τα δεδομένα. Εάν αρχίζεις να τον ρωτάς πράγματα για τα οποία δεν τον έχεις προγραμματίσει προηγουμένως κατάλληλα, ο υπολογιστής αυτός δεν θα μπορεί να ανταποκριθεί στις απαιτήσεις σου. Ο υπολογιστής είναι ένας απλός μηχανισμός. Πρώτα πρέπει να του δώσεις όλες τις πληροφορίες, και έπειτα, όταν χρειάζεσαι, μπορείς να τις ζητήσεις από τον υπολογιστή και θα είναι στη διάθεση σου.

Εάν υπάρχει Θεός, τότε δεν είστε παρά ένας υπολογιστής. Ο δημιουργός εισήγαγε συγκεκριμένες πληροφορίες, σας προγραμμάτισε και εσείς εκτελείτε τις αντίστοιχες εντολές. Εάν είστε άγιος αυτό δεν οφείλεται σε εσάς, αποτελούσε μέρος του προγράμματος. Εάν είστε αμαρτωλός δεν χρειάζεται να νιώθετε καταδικασμένος και άτυχος, απλώς ήταν στο πρόγραμμα του Θεού να γίνετε αμαρτωλός. Εάν υπάρχει ένας Θεός που δημιούργησε τον κόσμο τότε δεν ευθύνεται κανείς άλλος πέρα από αυτόν. Και απέναντι σε ποιόν είναι υπόλογος; Δεν υπάρχει κανείς πάνω από αυτόν. Δεν ευθύνεστε εσείς, επειδή αυτός είναι που σας δημιούργησε, δεν ευθύνεται ούτε αυτός, επειδή δεν υπάρχει κάποιος στον οποίο να είναι υπόλογος. Η ύπαρξη του Θεού σημαίνει ότι ο κόσμος απεμπολεί κάθε αίσθημα ευθύνης, και η ευθύνη είναι το επίκεντρο της ζωής σας.

Οπότε το να αποδεχτείς τον Θεό δεν σημαίνει να είσαι θρησκευόμενος, επειδή χωρίς αίσθημα ευθύνης πώς μπορείς να είσαι θρησκευόμενος; Χωρίς ελευθερία πώς μπορείς να είσαι θρησκευόμενος; Χωρίς την αίσθηση της ανεξαρτησίας πώς μπορείς να είσαι θρησκευόμενος; Ο Θεός είναι η πιο αντιθρησκευτική ιδέα. Αν το εξετάσεις από κάθε άποψη, τότε εκείνοι που πιστεύουν στον Θεό δεν είναι θρησκευόμενοι, δεν μπορούν να είναι θρησκευόμενοι. Οπότε, όταν λέω ότι δεν υπάρχει Θεός, προσπαθώ να σώσω τη θρησκευτικότητα.

Δεν κινδυνεύουμε από τον διάβολο· ο πραγματικός κίνδυνος προέρχεται από τον Θεό. Ο διάβολος δεν είναι παρά μόνο η σκιά του. Εάν ο Θεός εξαφανιστεί, η σκιά του θα εξαφανιστεί αυτόματα. Το πραγματικό πρόβλημα είναι ο Θεός.

Όταν λέω ότι ο Θεός είναι ο μεγαλύτερος εχθρός της θρησκευτικότητας, γνωρίζω ότι τα λόγια μου αυτά πρόκειται να σοκάρουν τους λεγόμενους θρησκευόμενους ανθρώπους, επειδή κατά τη γνώμη τους η θρησκεία συνίσταται στο να προσεύχονται στον Θεό, να λατρεύουν τον Θεό και να παραδίδουν τον εαυτό τους στο θέλημα του Θεού. Δεν αναλογίστηκαν ποτέ το περιεχόμενο εννοιών όπως ευθύνη, ελευθερία, ανάπτυξη, συνείδηση, ύπαρξη· δεν ασχολήθηκαν ποτέ, και εντούτοις αυτά είναι τα πραγματικά θρησκευτικά ερωτήματα. Αυτοί οι άνθρωποι δεν γνωρίζουν τι χάνουν. Χάνουν καθετί που έχει αξία, καθετί που είναι όμορφο, καθετί που μπορεί να αποτελέσει ευλογία γι' αυτούς. Ο αποκαλούμενος θρησκευόμενος άνθρωπος αρχίζει να εστιάζει σε μια φανταστική κατάσταση και λησμονεί τη δική του πραγματικότητα, ξεχνά τον εαυτό του και πιστεύει στην ύπαρξη κάποιου άλλου εκεί πάνω από τον ουρανό. Αυτό το πρόσωπο πάνω στον ουρανό δεν υπάρχει, μπορείς, όμως, να εστιάσεις σε κάθε μη υπαρκτό αντικείμενο και να ξεχαστείς καθώς είσαι προσηλωμένος εκεί. Και εκεί είναι όπου η πραγματική θρησκεία εκδηλώνεται: μέσα σου.

Ως εκ τούτου η προσευχή δεν έχει να κάνει με τη θρησκεία. Τί κάνεις κατά τη διάρκεια της προσευχής; Δημιουργείς μια εικόνα της φαντασίας σου, παραδίνεσαι στη φαντασία σου, και έπειτα ανοίγεις διάλογο με την εικόνα αυτή. Απλά επιτελείς μια παράλογη πράξη.

Σε όλες τις εκκλησίες, σε όλες τις συναγωγές, σε όλους τους ναούς, και σε όλα τα τεμένη του κόσμου, αυτοί οι άνθρωποι κάνουν κάτι παράλογο· όλη η γη, όμως, είναι γεμάτη από αυτούς τους παράλογους ανθρώπους.

Εξαιτίας του γεγονότος ότι το κάνουν αυτό εδώ και αιώνες, και τους έχεις αποδεχθεί ως θρησκευόμενους, σε σοκάρει όταν λέω ότι δεν είναι θρησκευόμενοι. Δεν είναι καν φυσιολογικοί άνθρωποι, πόσο μάλλον θρησκευόμενοι. Είναι κάτω από το επίπεδο του φυσιολογικού ανθρώπου. Κάνουν κάτι τόσο ανόητο, που αν συνεχίσουν να το κάνουν, το λίγο μυαλό που τους έχει απομείνει σε λίγο θα πάει και αυτό στράφι. Ίσως να έχει ήδη χαθεί.

Για εμένα η θρησκευτικότητα είναι ένα θεαματικό φαινόμενο. Δεν είναι ανυπόστατο. Εισέρχεται στη βαθύτερη ουσία της πραγματικότητας. Συνίσταται στη γνώση της ύπαρξης από τα μέσα. Θα πρέπει, όμως, να απαλλαγείς από τις φαντασίες σου. Αυτές οι φαντασίες δεν θα σου επιτρέψουν ποτέ να ερευνήσεις το εσωτερικό σου επειδή αυτές οι φαντασίες προβάλλονται προς τα έξω και ταυτίζεσαι απόλυτα με αυτές. Το ξέρεις. Παρακολουθείς μια ταινία ή ένα τηλεοπτικό σόου και ξέρεις πολύ καλά ότι πολλές φορές τα μάτια σου δακρύζουν, μολονότι γνωρίζεις ότι δεν είναι παρά μια τηλεοπτική οθόνη και δεν είναι κανένας εκεί. Ξεχνάς τελείως ότι δεν είσαι παρά μόνο ένας θεατής, ταυτίζεσαι με κάποιον τόσο πολύ, ώστε αν ο άλλος υποφέρει, δάκρυα θα ανέβουν στα μάτια σου. Και αυτό είναι που κάνουν οι λεγόμενοι θρησκευόμενοι άνθρωποι! Ενεπλάκησαν στη διαδικασία του να επινοήσουν θεούς και θεές κάθε είδους και λησμόνησαν εντελώς τον εαυτό τους. Λατρεύουν κάτι το οποίο δεν είναι εκεί, αλλά το λατρεύουν με τόση προσήλωση, σε σημείο που έφθασαν να δημιουργήσουν μια παραίσθησή του.

Είναι πιθανό για έναν Χριστιανό να δει τον Ιησού με ανοικτά μάτια, είναι πιθανό για έναν Ινδουιστή να δει τον Κρίσνα με ανοικτά μάτια. Το πιο δύσκολο, όμως, θα ήταν ο Ιησούς να εμφανιστεί σε έναν Ινδουιστή. Για έναν Ινδουιστή ο Ιησούς δεν εμφανίζεται ποτέ –ποτέ, ούτε καν κατά λάθος– και ο Κρίσνα δεν εμφανίζεται ποτέ σε έναν Χριστιανό. Αραιά και πού δεν θα έβλαπτε να γινόταν κάτι τέτοιο, αλλά ο Ιησούς και ο Κρίσνα δεν κάνουν ποτέ αυτό το λάθος. Ο Χριστιανός δεν θα επιτρέψει να διαπραχθεί ποτέ αυτό το λάθος. Η παραίσθησή του είναι ο Ιησούς, δεν μπορεί να οραματιστεί τον Κρίσνα. Στην οθόνη εμφανίζεται μόνο εκείνο που προβάλλει το μυαλό σου.

Εάν προβάλλεις ένα φιλμ τότε μόνο αυτό το φιλμ εμφανίζεται στην οθόνη, αν προβάλλεις ένα άλλο φιλμ, τότε ένα άλλο φιλμ εμφανίζεται στην οθόνη. Δεν είναι δυνατόν να προβάλλεται ένα φιλμ και στην οθόνη να αρχίσει να εμφανίζεται ένα άλλο φιλμ. Αυτός είναι ο λόγος για τον οποίο δεν είναι δυνατόν ο Κρίσνα να εμφανιστεί σε έναν Χριστιανό ή σε έναν Μωαμεθανό ή σε έναν Εβραίο. Δεν είναι δυνατόν ο Ιησούς να εμφανιστεί σε κάποιον άλλον πέρα από τους Χριστιανούς.

Εν τούτοις εξακολουθούμε να ενισχύουμε και να στηρίζουμε τη φαντασία και τις ψευδαισθήσεις μας. Και τί κερδίσατε απ' όλο αυτό; Έπειτα από χιλιάδες χρόνια ψευδαίσθησης τί κερδίσατε, αυτήν την ανθρωπότητα που βλέπετε σε όλο τον κόσμο, αυτό το χάλι; Αυτό είναι το αποτέλεσμα χιλιάδων ετών θρησκευτικών πρακτικών, κανόνων, τελετουργικών, προσευχών; Εκατομμύρια εκκλησίες, συναγωγές, ναοί σε όλο τον πλανήτη, και αυτό είναι λοιπόν το αποτέλεσμα; Το ανθρώπινο ον το οποίο βλέπετε, ο πραγματικός άνθρωπος, αυτή η ανθρωπότητα προήλθε από όλη αυτήν την προσπάθεια;

Ήταν επόμενο να συμβεί κάτι τέτοιο, επειδή δαπανήσαμε όλα αυτά τα χρόνια ασχολούμενοι με μια ανοησία την οποία ονομάσαμε θρησκεία. Σπαταλήσαμε τόσο πολύ χρόνο κατά τη διάρκεια του οποίου θα μπορούσαμε να είχαμε φτάσει άγνωστο σε ποιά ύψη, σε βάθη απύθμενα, στην ελευθερία του πνεύματος, στην αγαθότητα της ψυχής, στην ηθική ακεραιότητα, στην υποκειμενικότητα. Μακάρι να μην είχαμε σπαταλήσει όλα αυτά τα χιλιάδες χρόνια τρέχοντας πίσω από έναν ψεύτικο Θεό, μια αναζήτηση που δεν άξιζε τίποτε, και με ρωτάς: «Πιστεύεις πραγματικά;»

Δεν έχει να κάνει με το αν πιστεύω ή όχι –δεν υπάρχει κάτι στο οποίο να μπορώ ή να μην μπορώ να πιστέψω! Δεν υπάρχει Θεός.

Οπότε να θυμάστε παρακαλώ: μην αρχίσετε να λέτε ότι είμαι άπιστος. Δεν είμαι ούτε πιστός, ούτε άπιστος. Εκείνο που λέω απλά είναι ότι το όλο πράγμα δεν είναι παρά μια απλή προβολή του ανθρώπινου μυαλού και ότι είναι καιρός να σταματήσουμε το παιχνίδι αυτό που στρέφεται ενάντια στον εαυτό μας. Είναι καιρός να πούμε για πάντα αντίο στον Θεό.

Από πού πηγάζει ο θρησκευτικός φονταμενταλισμός; Ποιά είναι η ψυχολογία που βρίσκεται πίσω από αυτόν, και πώς η ψυχολογία αυτή μεταβάλλεται σε σχέση με άλλες μορφές θρησκείας που φαντάζουν περισσότερο ανεκτικές και περισσότερο θρησκείες της αγάπης;

Η θρησκεία είναι ένα πολύ σύνθετο φαινόμενο και η συνθετότητα αυτή θα πρέπει να γίνει κατανοητή.

Υπάρχουν επτά τύποι θρησκειών στον κόσμο. Ο πρώτος τύπος είναι προσανατολισμένος προς την άγνοια. Επειδή οι άνθρωποι δεν μπορούν να ανεχθούν την άγνοιά τους, την κρύβουν. Επειδή είναι δύσκολο κάποιος να αποδεχεί ότι δεν γνωρίζει, αυτό πηγαίνει ενάντια στο *εγώ* του, οι άνθρωποι πιστεύουν. Τα συστήματα της πίστης λειτουργούν προστατευτικά ως προς το *εγώ* τους. Οι πεποιθήσεις τους φαίνονται πως βοηθούν, αλλά μακροπρόθεσμα αποδεικνύονται επιβλαβείς. Στην αρχή φαίνεται πως είναι προστατευτικές, αλλά τελικά αποδεικνύονται ιδιαίτερα καταστρεπτικές. Ο βαθύτερος προσανατολισμός τους έγκειται στην άγνοια. Ένα μεγάλο μέρος της ανθρωπότητας παραμένει δέσμιο στον πρώτο τύπο θρησκείας. Είναι εύκολο να αποφεύγει κανείς την πραγματικότητα, να αποφεύγει το κενό που νιώθει μέσα στην ίδια του την ύπαρξη, να αποφεύγει τη μαύρη τρύπα της άγνοιας. Οι άνθρωποι που ανήκουν στην πρώτη αυτή κατηγορία είναι οι φανατικοί. Δεν μπορούν καν να ανεχθούν ότι μπορεί να υπάρξει άλλη θρησκεία στον κόσμο. Η θρησκεία τους είναι *η* θρησκεία. Επειδή φοβούνται τόσο πολύ την άγνοιά τους, αν κάποια άλλη θρησκεία βρεθεί κοντά τους, τότε μπορεί να γίνουν καχύποπτοι, μπορεί η αμφιβολία να κάνει την εμφάνιση της. Τότε δεν θα είναι πια τόσο σίγουροι. Προκειμένου να κατοχυρώσουν τη βεβαιότητα, γίνονται πεισματάρηδες, παράλογα πεισματάρηδες. Δεν μπορούν να διαβάσουν τις γραφές των άλλων, δεν μπορούν να ακούσουν το κήρυγμα της αλήθειας των άλλων, δεν μπορούν καν να ανεχθούν τις άλλες αποκαλύψεις του Θεού. Η αποκάλυψή τους είναι η μοναδική αποκάλυψη, και ο προφήτης τους ο μοναδικός προφήτης. Καθετί άλλο είναι απόλυτα ψευδές. Αυτοί οι άνθρωποι μιλούν με απόλυτους όρους, ενώ κάποιος που δείχνει κατανόηση είναι πάντοτε διαλλακτικός.

Αυτοί οι άνθρωποι προκάλεσαν μεγάλο κακό στη θρησκεία. Εξαιτίας αυτών των ανθρώπων, η ίδια η θρησκεία φαντάζει κάπως ανόητη. Να έχετε τον νου σας για να μην γίνετε τέτοιου είδους θύμα. Το ενενήντα τοις εκατό σχεδόν της ανθρωπότητας ζει εντός του πλαισίου αυτού, και αυτό δεν είναι σε καμμία περίπτωση καλύτερο από το να είσαι άθρησκος. Μπορεί να είναι χειρότερο, επειδή ένας άθρησκος δεν είναι φανατικός. Ένας άθρησκος άνθρωπος είναι περισσότερο ανοικτός, τουλάχιστον έτοιμος να ακούσει, έτοιμος να συζητήσει, να επιχειρηματολογήσει, να αναζητήσει και να ερευνήσει. Αλλά ο πρώτος τύπος του θρησκευόμενου ανθρώπου δεν είναι καν σε θέση να ακούσει.

Όταν ήμουν φοιτητής στο πανεπιστήμιο, έμενα μαζί με έναν από τους καθηγετές μου. Η μητέρα του ήταν μια πολύ ευσεβής Ινδουίστρια, εντελώς αμόρφωτη, αλλά ιδιαίτερα θρησκευόμενη. Ένα κρύο βράδυ του χειμώνα, μια φωτιά έκαιγε στο τζάκι του δωματίου και εγώ διάβαζα την Ριγκ Βέδα. Μπήκε μέσα στο δωμάτιο και με ρώτησε: «Τί είναι αυτό που διαβάζεις τόσο αργά τη νύχτα;» Απλά και μόνο για να την πειράξω της είπα: «Το Κοράνι». Χύμηξε επάνω μου, άρπαξε την Ριγκ Βέδα από τα χέρια μου και την πέταξε στο τζάκι λέγοντας: «Είσαι Μωαμεθανός; Πώς τολμάς να φέρνεις το Κοράνι μέσα στο σπίτι μου!»

Την επόμενη ημέρα είπα στον γυιό της, που ήταν και καθηγητής μου: «Η μητέρα σου φαίνεται πως είναι Μωαμεθανή», –επειδή αυτό το πράγμα ήταν γνωστό ότι το έκαναν οι Μωαμεθανοί. Οι Μωαμεθανοί έκαψαν έναν από τους μεγαλύτερους θησαυρούς του αρχαίου κόσμου, τη Βιβλιοθήκη της Αλεξάνδρειας. Η φωτιά έκαιγε σχεδόν έξι μήνες. Η βιβλιοθήκη ήταν τόσο μεγάλη που χρειάστηκαν έξι μήνες προκειμένου να καεί ολοσχερώς. Και ο άνθρωπος που την έκαψε ήταν ένας Μωαμεθανός χαλίφης. Η λογική του ήταν η λογική του πρώτου τύπου θρησκείας. Μπήκε με ένα Κοράνι στο ένα χέρι και με ένα αναμμένο πυρσό στο άλλο και ρώτησε τον βιβλιοθηκάριο: «Έχω να σου κάνω μια απλή ερώτηση. Σε αυτή τη μεγάλη βιβλιοθήκη υπάρχουν εκατομμύρια βιβλία με τη γνώση όλου του κόσμου;» «Μάλιστα», αποκρίθηκε εκείνος. Τα βιβλία της βιβλιοθήκης αυτής περιείχαν, πράγματι, όλη τη γνώση την οποία η ανθρωπότητα είχε αποθησαυρίσει μέχρι εκείνη τη μαύρη στιγμή στην Ιστορία του κόσμου, και η γνώση αυτή ξεπερνούσε το επίπεδο όλων εκείνων που γνωρίζουμε σήμερα. Υπήρχαν εκεί πληροφορίες αναφορικά με την Λεμουρία, την Ατλαντίδα καθώς επίσης και όλα τα γραπτά αρχεία της Ατλαντίδας, της ηπείρου που είχε εξαφανιστεί στη θάλασσα. Ήταν η πιο αρχαία βιβλιοθήκη, ένα μεγάλο καταφύγιο γνώσης. Αν είχε διασωθεί, η ανθρωπότητα θα μπορούσε να είναι εντελώς διαφορετική, επειδή ακόμη και σήμερα ανακαλύπτουμε κάθε τόσο πολλά πράγματα τα οποία είχαν ήδη ανακαλυφθεί προ χιλιάδων ετών.

Αυτός ο χαλίφης λοιπόν είπε: «Εάν αυτή η βιβλιοθήκη περιέχει μόνο αυτά που περιέχει και το Κοράνι, τότε δεν χρειάζεται, είναι περιττή. Εάν πάλι περιέχει περισσότερα από όσα περιλαμβάνει το Κοράνι, τότε αυτό είναι λάθος! Θα πρέπει να καταστραφεί αμέσως!» Σε κάθε περίπτωση, έκρινε ότι θα έπρεπε να καταστραφεί η βιβλιοθήκη αφού το Κοράνι ήταν γι' αυτόν η μόνη πηγή γνώσης και σοφίας, η μόνη, η απόλυτη αλήθεια. Κρατώντας, λοιπόν, το Κοράνι με το ένα χέρι, έβαλε φωτιά με το άλλο, στο όνομα του Κορανίου.

Υποθέτω ότι ο Μωάμεθ θα πρέπει να έκλαιγε και να θρηνούσε εκείνη την ημέρα στον ουρανό, επειδή η πιο σπουδαία βιβλιοθήκη στον κόσμο πυρπολήθηκε στο όνομα του. Αυτός είναι ο πρώτος τύπος θρησκείας. Να έχετε πάντοτε τον νου σας, επειδή αυτός ο πεισματάρης άνθρωπος υπάρχει μέσα στον καθένα. Υπάρχει στους Ινδουιστές, υπάρχει στους Μωαμεθανούς, υπάρχει στους Χριστιανούς, στους Βουδιστές, τους Ζαϊνιστές, υπάρχει στον καθένα. Και ο καθένας θα πρέπει να προσέχει για να μην πιαστεί σε αυτήν την παγίδα. Μόνο τότε μπορείτε να ανυψωθείτε σε ανώτερες μορφές θρησκείας.

Το πρόβλημα με αυτόν τον πρώτο τύπο θρησκείας είναι ότι ανατρεφόμαστε μέσα στο περιβάλλον της. Εθιζόμαστε σε αυτήν, οπότε φαντάζει σχεδόν φυσιολογική. Ένας Ινδουιστής ανατρέφεται με την ιδέα ότι οι άλλοι κάνουν λάθος. Ακόμη και αν διδάσκεται να είναι ανεκτικός, αυτή η ανεκτικότητα ξεκινά από κάποιον που γνωρίζει και απευθύνεται σε άλλους που δεν γνωρίζουν. Ένας Ζαϊνιστής ανατρέφεται με την πίστη ότι μόνο αυτός έχει δίκιο. Όλοι οι άλλοι είναι αδαείς, παραπαίουν και σκουντουφλάνε μέσα στο σκοτάδι. Αυτός ο εθισμός είναι τόσο έντονος, που μπορεί να λησμονήσεις ότι πρόκειται για έναν εθισμό τον οποίο θα πρέπει να υπερβείς. Μπορεί κάποιος να συνηθίσει σε έναν συγκεκριμένο εθισμό και να αρχίσει να σκέφτεται ότι είναι μέσα στη φύση του, ή ότι είναι η αλήθεια. Οπότε κάποιος θα πρέπει να είναι προσεκτικός προκειμένου να εντοπίσει την παραμικρή πιθανότητα στο εσωτερικό του και να μην εγκλωβιστεί σε αυτήν.

Μερικές φορές δουλεύουμε σκληρά προκειμένου να αλλάξουμε τις ζωές μας, όμως εξακολουθούμε να πιστεύουμε στον πρώτο τύπο θρησκείας. Η μεταμόρφωση δεν είναι δυνατή, επειδή καταβάλλεται μια προσπάθεια εντός ενός πλαισίου το οποίο είναι τόσο χαμηλού επιπέδου, που δεν μπορεί να είναι πράγματι θρησκευτικό. Ο πρώτος τύπος θρησκείας είναι μόνο θρησκεία κατ' όνομα, δεν θα έπρεπε καν να ονομάζεται θρησκεία.

Το χαρακτηριστικό του πρώτου τύπου είναι η μίμηση: μιμηθείτε τον Βούδα, μιμηθείτε τον Χριστό, μιμηθείτε τον Μαχαβίρα, σε κάθε περίπτωση μιμηθείτε κάποιον. Μην είστε ο εαυτός σας, να είστε κάποιος άλλος. Και αν είστε πολύ πεισματάρης μπορείτε να αναγκάσετε τον εαυτό σας να γίνει κάποιος άλλος. Δεν θα γίνετε ποτέ κάποιος άλλος. Βαθιά μέσα σας δεν μπορείτε να είστε. Θα παραμείνετε ο εαυτός σας, αλλά προσπαθείτε τόσο πολύ, που αρχίζετε σχεδόν να μοιάζετε με κάποιον άλλο.

Κάθε άνθρωπος γεννιέται με μια μοναδική ατομικότητα, και κάθε άνθρωπος έχει το δικό του πεπρωμένο. Η μίμηση συνιστά ένα έγκλημα, είναι κάτι το εγκληματικό. Εάν προσπαθείς να γίνεις ένας Βούδας μπορεί να μοιάζεις με τον Βούδα, μπορεί να περπατάς όπως αυτός, μπορεί να μιλάς όπως αυτός, αλλά θα χάσεις. Θα χάσεις όλα όσα η ζωή ήταν έτοιμη να σου δώσει. Ο Βούδας εμφανίστηκε στον κόσμο μόνο μια φορά. Δεν είναι στη φύση των πραγμάτων να επαναλαμβάνονται. Η πλάση είναι τόσο δημιουργική που δεν επαναλαμβάνει ποτέ τίποτε. Δεν μπορείς να βρεις κάποιο άλλο ανθρώπινο πλάσμα στο παρόν, στο παρελθόν ή στο μέλλον το οποίο να σου μοιάζει απόλυτα. Κάτι τέτοιο δεν έχει συμβεί ποτέ. Το ανθρώπινο ον δεν είναι ένας μηχανισμός όπως τα αυτοκίνητα στην αλυσίδα συναρμολόγησης του εργοστασίου Φορντ. Είστε μια ψυχή ξεχωριστή. Η μίμηση είναι κάτι το δηλητηριώδες. Ποτέ μην μιμηθείτε κάποιον, διαφορετικά θα είστε ένα θύμα του πρώτου τύπου θρησκείας, που δεν είναι καν θρησκεία.

Έπειτα ακολουθεί ο δεύτερος τύπος. Ο δεύτερος τύπος είναι προσανατολισμένος προς τον φόβο.

Ο άνθρωπος φοβάται, ο κόσμος είναι ένας παράξενος κόσμος και ο άνθρωπος θέλει να είναι ασφαλής και προστατευμένος. Κατά την παιδική ηλικία εκείνος που αναλαμβάνει το έργο της προστασίας είναι ο πατέρας και η μητέρα. Υπάρχουν, όμως, πολλοί άνθρωποι, εκατομμύρια, οι οποίοι δεν μεγαλώνουν ποτέ. Παραμένουν κολλημένοι κάπου και εξακολουθούν να χρειάζονται έναν πατέρα και μια μητέρα. Ως εκ τούτου ο Θεός αναλαμβάνει τον ρόλο του "Πατέρα" ή της "Μητέρας". Χρειάζονται έναν θεϊκό πατέρα για να τους προστατεύει, δεν είναι αρκετά ώριμοι για να ζήσουν μόνοι τους. Χρειάζονται κάποια ασφάλεια.

Μπορεί να έχετε παρατηρήσει πώς φέρονται τα μικρά παιδιά με τα αρκουδάκια τους ή με τα παιχνίδια τους, με το καθετί που έχει γι' αυτά μια ιδιαίτερη σημασία. Δεν μπορείτε να αντικαταστήσετε το αρκουδάκι. Μπορείτε να το καθησυχάσετε λέγοντάς του ότι θα βρείτε ένα καλύτερο, αυτό, όμως, δεν έχει σημασία. Υπάρχει μια σχέση αγάπης ανάμεσα στο παιδί και στο αρκουδάκι του. Το αρκουδάκι του είναι μοναδικό, δεν μπορείτε να το αντικαταστήσετε. Λερώνεται, μυρίζει άσχημα, αρχίζει να σαπίζει, αλλά το παιδί εξακολουθεί να το κουβαλά μαζί του. Δεν μπορείς να του δώσεις ένα καινούργιο. Ακόμη και οι γονείς είναι αναγκασμένοι να ανεχτούν την ιδιοτροπία αυτή του παιδιού. Θα πρέπει μάλλον να τη σεβαστούν γιατί αλλιώς το παιδί θα νιώσει προσβεβλημένο. Εάν η οικογένεια πρόκειται να πάει ταξίδι, θα πρέπει να ανεχτούν και το αρκουδάκι μαζί. Θα πρέπει να το αντιμετωπίζουν ως μέλος της οικογένειας. Γνωρίζουν ότι είναι κάτι ανόητο, για το παιδί, όμως, έχει σημασία.

Ποιά είναι η σημασία που έχει το αρκουδάκι για το παιδί; Κατά κάποιον τρόπο η αξία αυτή είναι αντικειμενική. Βρίσκεται εκεί εκτός του παιδιού, αποτελεί μέρος της πραγματικότητάς του. Σίγουρα δεν είναι απλά φαντασία, δεν είναι απλά κάτι το υποκειμενικό, δεν είναι ένα όνειρο, είναι πράγματι εκεί. Δεν είναι, όμως, μόνο υπαρκτό, πολλά από τα όνειρα του παιδιού έχουν να κάνουν με αυτό. Είναι ένα αντικείμενο αλλά ενέχει αρκετή δόση υποκειμενικότητας. Για το παιδί είναι σχεδόν κάτι ζωντανό.

Το παιδί μιλά στο αρκουδάκι, μερικές φορές θυμώνει μαζί του και το πετά, έπειτα λέει "συγγνώμη" και το παίρνει πάλι πίσω. Έχει μια προσωπικότητα, είναι σχεδόν ανθρώπινο. Χωρίς το αρκουδάκι το παιδί δεν μπορεί να πάει για ύπνο. Πέφτει για ύπνο, κρατώντας το και αγκαλιάζοντας το, αισθάνεται ασφάλεια. Με το αρκουδάκι ο κόσμος είναι εντάξει, όλα είναι εντάξει. Χωρίς το αρκουδάκι νιώθει ξαφνικά μόνο του.

Πολλά παιδιά μεγαλώνουν σωματικά, δεν μεγαλώνουν, όμως, ποτέ πνευματικά, και έχουν ανάγκη από αρκουδάκια καθ' όλη τη διάρκεια της ζωής τους. Οι εικόνες του Θεού στους ναούς και στις εκκλησίες δεν είναι τίποτε άλλο παρά... αρκουδάκια.

Όποτε, λοιπόν, ένας Ινδουιστής πάει σε έναν ινδουιστικό ναό, βλέπει κάτι το οποίο ένας Μωαμεθανός δεν είναι σε θέση να διακρίνει. Ο Μωαμεθανός δεν βλέπει παρά μόνο ένα πέτρινο άγαλμα. Ο Ινδουιστής διακρίνει κάτι το οποίο κανείς άλλος δεν μπορεί να δει, είναι το "αρκουδάκι" του. Η κατάσταση είναι αντικειμενική, αλλά δεν είναι όλα αντικειμενικά. Μεγάλο μέρος της υποκειμενικότητας του προσκυνητή προβάλλεται επ' αυτού. Λειτουργεί σαν ένα είδος οθόνης.

Ή μπορεί να είστε σε έναν ινδουιστικό ναό ή σε έναν ναό Ζεν. Δεν θα νιώσετε να γεννάται μέσα σας κάποιο αίσθημα ευλάβειας. Κάποιες φορές μπορεί να αισθανθείτε προσβεβλημένος επειδή τα αγάλματα του Μαχαβίρα είναι γυμνά. Μπορεί να νιώσετε κάπως προσβεβλημένος. Τότε, όμως, μπαίνει στον ναό ένας οπαδός του Ζεν επιδεικνύοντας μεγάλο σεβασμό. Είναι το άγαλμα αυτό το "αρκουδάκι" του και εκεί μέσα αισθάνεται προστατευμένος.

Οπότε, κάθε φορά που φοβάστε, αρχίζετε να σκέπτεστε τον Θεό. Ο Θεός είναι ένα υποπροϊόν του φόβου σας. Όταν αισθάνεστε καλά και δεν φοβάστε, δεν ασχολείστε μαζί του. Δεν υπάρχει λόγος.

Ο δεύτερος τύπος θρησκείας είναι προσανατολισμένος προς τον φόβο. Είναι άρρωστο, είναι σχεδόν νευρωτικό, επειδή η ωριμότητα εκδηλώνεται μόνο όταν συνειδητοποιήσετε ότι είστε μόνοι, και θα πρέπει να σταθείτε μόνοι και να αντιμετωπίσετε την πραγματικότητα ως έχει. Αυτά τα πρόσκαιρα "αρκουδάκια" είναι απλά αποκυήματα της φαντασίας σας, δεν πρόκειται να βοηθήσουν. Εάν κάτι είναι να γίνει θα γίνει, το αρκουδάκι δεν μπορεί να σας προστατεύσει. Εάν ο θάνατος είναι να έλθει θα έλθει. Μπορεί να συνεχίσετε να επικαλείστε τον Θεό, αλλά η προστασία του δεν θα σας επισκιάσει. Απευθύνεστε στον κανένα, φωνάζετε απλά από φόβο. Μπορεί το να φωνάζετε να σας δίνει κάποιο κουράγιο. Μπορεί η προσευχή να σας δίνει κάποιο κουράγιο, αλλά δεν υπάρχει Θεός για να απαντήσει σε αυτήν. Δεν υπάρχει κάποιος ο οποίος θα απαντήσει στις προσευχές σας, αλλά αν εσείς έχετε την αίσθηση ότι κάποιος είναι εκεί για να απαντήσει στις προσευχές σας, μπορεί να αισθάνεστε μια ανακούφιση και μια ηρεμία.

Η θρησκεία που είναι προσανατολισμένη προς τον φόβο είναι η θρησκεία του "Μη" –μην κάνεις εκείνο, μην κάνεις αυτό– επειδή ο φόβος είναι κάτι το αρνητικό. Οι Δέκα Εντολές είναι όλες προσανατολισμένες προς τον φόβο· μην κάνεις εκείνο, μην κάνεις αυτό, λες και η θρησκεία δεν συνίσταται σε τίποτε άλλο από την αποφυγή πραγμάτων. Μην κάνεις εκείνο, μην κάνεις αυτό, εγκλωβιζόμενος στην ασφάλεια και στη σιγουριά, χωρίς να παίρνεις ποτέ κανένα ρίσκο, χωρίς να κινείσαι στο επικίνδυνο μονοπάτι, στην πραγματικότητα, χωρίς να επιτρέπεις στον εαυτό σου να είναι ζωντανός. Ακριβώς όπως ο πρώτος τύπος θρησκείας είναι φανατικός, ο δεύτερος τύπος της θρησκείας είναι αρνητικός. Δίνει την αίσθηση μιας συγκεκριμένης νευρικότητας και ακαμψίας. Είναι μια αναζήτηση της ασφάλειας η οποία δεν είναι ποτέ πιθανή, επειδή η ίδια η ζωή υφίσταται ως ανασφάλεια. Υφίσταται ως ανασφάλεια, ως κίνδυνος και ρίσκο.

Η λέξη-κλειδί για τη θρησκεία που είναι προσανατολισμένη προς τον φόβο είναι "κόλαση" και φυσικά καταπίεση: "Μην κάνεις εκείνο". Ο δεύτερος τύπος ανθρώπου είναι πάντοτε φοβισμένος –και ποτέ δεν απελευθερώνεσαι από κάτι το οποίο καταπιέζεις. Στην πραγματικότητα περνάς περισσότερο στην κυριαρχία του, επειδή όταν καταπιέζεις κάτι, αυτό εισέρχεται βαθύτερα στο υποσυνείδητό σου. Φθάνει μέχρι τα βάθη της ψυχής σου και δηλητηριάζει όλη την ύπαρξη σου.

Να θυμάσαι, η καταπίεση δεν είναι ένας δρόμος προς την ελευθερία. Η καταπίεση είναι χειρότερη από την ελεύθερη έκφραση, επειδή μέσω της έκφρασης ένας άνθρωπος κάποια ημέρα απελευθερώνεται. Μέσω της καταπίεσης, όμως, κάποιος παραμένει πάντοτε εγκλωβισμένος και δέσμιος. Μόνο η ζωή σού δίνει ελευθερία. Μια ζωή την οποία ζεις, μόνο αυτή σου δίνει ελευθερία. Το κομμάτι εκείνο της ζωής που δεν έζησες παραμένει ελκυστικό, και το μυαλό συνεχίζει να πλανιέται γύρω από εκείνα τα οποία εσύ καταπίεσες.

Εκείνο που σου δίνει μια αληθινή θρησκεία είναι η απουσία του φόβου: ας είναι αυτό το κριτήριό σου. Εάν η θρησκεία σού προκαλεί φόβο τότε *δεν* είναι αληθινή θρησκεία.

Ο τρίτος τύπος θρησκείας έχει ως βάση του την πλεονεξία. Είναι μια θρησκεία του "Κάνε". Ακριβώς όπως ο τύπος εκείνος θρησκείας που είναι προσανατολισμένος στον φόβο είναι μια θρησκεία του "Μην κάνεις", έτσι και η θρησκεία που έχει ως βάση την πλεονεξία είναι μια θρησκεία του "Κάνε": "Κάνε αυτό". Και ακριβώς όπως η θρησκεία που έχει ως βάση τον φόβο περιλαμβάνει τη λέξη-κλειδί "κόλαση", η θρησκεία της πλεονεξίας έχει τη λέξη-κλειδί "παράδεισος". Τα πάντα πρέπει να γίνουν με τέτοιον τρόπο ώστε ο κόσμος, ο άλλος κόσμος, να είναι απόλυτα εξασφαλισμένος και η μακαριότητα πέραν του θανάτου να είναι εγγυημένη.

Η θρησκεία της απληστίας είναι τυπική, τελετουργική, φιλόδοξη, με βάση την επιθυμία. Είναι πλήρης επιθυμιών. Δείτε τη μωαμεθανική σύλληψη της έννοιας του Παραδείσου ή τη χριστιανική σύλληψη ή την ινδουιστική. Οι διαβαθμίσεις μπορεί να ποικίλλουν, το περίεργο, όμως, είναι το εξής: όλα όσα λένε οι θρησκείες αυτές ότι θα πρέπει να απαρνηθεί ο άνθρωπος σε αυτή τη ζωή, του τα παρέχουν στον Παράδεισο σε τεράστιες ποσότητες! Υποτίθεται ότι θα πρέπει να είσαι ανέραστος εδώ, σε τούτη τη ζωή, προκειμένου να κερδίσεις στην άλλη ζωή τον Παράδεισο, όπου όμορφα κορίτσια, πάντοτε νέα, κολλημένα στην ηλικία των δεκαέξι, θα είναι πάντοτε στη διάθεση σου! Οι Μωαμεθανοί απαγορεύουν την κατανάλωση αλκοόλ. Στον Παράδεισό τους, όμως, ρέουν ποταμοί από κρασί! Αυτό φαντάζει, αν μη τι άλλο, παράλογο. Εάν κάτι είναι λάθος, είναι λάθος, τελεία και παύλα. Πώς μπορεί να μεταβάλλεται σε δίκαιο και σε καλό στον άλλο κόσμο, στον λεγόμενο Παράδεισο; Οπότε ο Ομάρ Καγιάμ έχει δίκιο όταν λέει: «Εάν στον παράδεισο ρέουν ποτάμια από κρασί, τότε αφήστε μας να δοκιμαστούμε στο πιοτό, γιατί αν πάμε απροετοίμαστοι θα είναι δύσκολο να ζήσουμε στον Παράδεισο! Ας είναι η ζωή αυτή μια πρόβα, ώστε να αναπτύξουμε τόσο τις ικανότητες όσο και το γούστο μας!» Ο Ομάρ Καγιάμ φαίνεται πως είναι πιο λογικός. Στην πραγματικότητα ειρωνεύεται τη μωαμεθανική οπτική του Παραδείσου. Λέει ούτε λίγο ούτε πολύ ότι πρόκειται για κάτι ανόητο. Οι άνθρωποι, όμως, στρέφονται προς τη θρησκεία, κυρίως ένεκα της απληστίας τους.

Ένα πράγμα είναι βέβαιο: πως ό,τι και αν αποθησαυρίσεις εδώ, δεν μπορείς να το πάρεις μαζί σου. Ο θάνατος θα το πάρει μακριά σου. Οπότε ο άπληστος άνθρωπος επιδιώκει να αποθησαυρίσει κάτι που δεν θα του το πάρει ο θάνατος. Η επιθυμία για αποθησαύριση αγαθών, όμως, μένει ασίγαστη στον άνθρωπο. Τώρα το πρόσωπο αποθησαυρίζει αρετή, η αρετή είναι το νόμισμα εκείνο που έχει αντίκρισμα στον άλλο κόσμο. Συνέχιζε να αποθησαυρίζεις σε αρετή ώστε να μπορείς να ζήσεις στον άλλο κόσμο για πάντοτε με απληστία.

Αυτός ο τύπος του ανθρώπου είναι βασικά εγκόσμιος. Η αντίληψή του για τον άλλο κόσμο δεν είναι τίποτε περισσότερο από μια προβολή του κόσμου αυτού. Θα "κάνει" πράγματα επειδή έχει επιθυμίες και φιλοδοξία και δίψα για δύναμη, αλλά οι πράξεις του αυτές δεν θα ξεκινούν από την καρδιά του. Θα είναι ένα είδος μεθόδευσης.

Ο Ναστρεντίν Χότζας και ο γυιός του ταξίδευαν στην ύπαιθρο έναν χειμώνα. Χιόνιζε και η άμαξά τους χάλασε.

Εντέλει, έφθασαν σε μια αγροικία όπου τους φιλοξένησαν για τη νύχτα. Το σπίτι ήταν παγωμένο και η σοφίτα στην οποία κλήθηκαν να περάσουν το βράδυ τους ήταν σαν ψυγείο. Βγάζοντας τα ρούχα του ο Χότζας πήδηξε στο πουπουλένιο κρεβάτι και σκεπάστηκε ολόκληρος με τις κουβέρτες. Ο νεαρός άνδρας ντράπηκε κάπως.

«Με συγχωρείς, πατέρα», είπε, «αλλά δεν νομίζεις ότι πρέπει να πεις τις προσευχές σου προτού πέσεις για ύπνο;» Ο Χότζας άνοιξε το ένα του μάτι κάτω από τα σκεπάσματα. «Γυιέ μου», είπε, «προσευχόμουν σε όλον τον δρόμο για καταστάσεις όπως αυτή εδώ».

Τα πράγματα είναι εντελώς επιφανειακά. Η απληστία και ο φόβος, και η άγνοια, δεν βρίσκονται παρά μόνο στην περιφέρεια. Αυτά είναι τρία είδη θρησκείας και είναι ανακατεμένα μεταξύ τους. Δεν μπορείς να βρεις κάποιον ο οποίος να υπάγεται αποκλειστικά στην πρώτη ή στη δεύτερη ή στην τρίτη κατηγορία. Όπου υπάρχει απληστία, εκεί υπάρχει και φόβος· όπου υπάρχει φόβος εκεί υπάρχει και απληστία, και όπου υπάρχει φόβος και απληστία εκεί επικρατεί και η άγνοια, επειδή δεν μπορούν να υπάρξουν χωριστά. Οπότε δεν κάνω λόγο για ξεκάθαρους τύπους. Κάνω απλά μια ταξινόμηση ώστε να είστε σε θέση να τις αντιληφθείτε σωστά. Διαφορετικά είναι όλες ανακατεμένες.

Αυτοί οι τρεις είναι οι χειρότεροι τύποι θρησκείας. Δεν θα πρέπει καν να χαρακτηρίζονται θρησκευτικοί.

Έπειτα ακολουθεί ο τέταρτος τύπος: η θρησκεία της λογικής, του υπολογισμού, της ευφυΐας. Είναι η θρησκεία που συνδυάζει το "Κάνε" από κοινού με το "Μην κάνεις": εγκόσμια, υλιστική, ευκαιριακή, διανοητική, θεωρητική, βιβλική, παραδοσιακή. Αυτή είναι η θρησκεία του λόγιου, του σπουδασμένου ο οποίος προσπαθεί να αποδείξει την ύπαρξη του Θεού μέσω της λογικής, ο οποίος πιστεύει ότι τα μυστήρια της ζωής μπορούν να γίνουν κατανοητά μέσω της λογικής. Αυτός ο τύπος της θρησκείας δημιουργεί τη θεολογία. Δεν είναι στην πραγματικότητα θρησκεία, αλλά ένα ξεθωριασμένο αντίγραφό της. Όλες, όμως, οι Εκκλησίες έχουν ως βάση τους τη θεολογία. Όταν ένας Βούδας υπάρχει στον κόσμο, ή ένας Μωάμεθ ή ένας Κρίσνα ή ένας Χριστός, τότε οι λόγιοι και οι μορφωμένοι άνθρωποι, συγκεντρώνονται γύρω από αυτούς. Αρχίζουν να εργάζονται σκληρά προκειμένου να ξεδιαλύνουν το ερώτημα «Τί σημαίνει ο Ιησούς;» Αρχίζουν να διαμορφώνουν μια Θεολογία, ένα Δόγμα, μια Εκκλησία. Είναι πολύ επιτυχημένοι άνθρωποι, επειδή είναι πολύ λογικοί άνθρωποι. Δεν μπορούν να σου προσφέρουν κάποιο φωτισμό, δεν μπορούν να σου δώσουν την αλήθεια, σου δίνουν, όμως, μεγάλους οργανισμούς. Σου δίνουν την Καθολική Εκκλησία, την Προτεσταντική Εκκλησία, την Ορθόδοξη Εκκλησία... και άλλες Εκκλησίες. Σου προσφέρουν βαρυσήμαντες θεολογίες, απλά ευφυολογήματα, τίποτε που να εδράζεται στην πραγματικότητα, απλά διανοητικά σχήματα, βγαλμένα από το μυαλό. Όλο το οικοδόμημά τους είναι φτιαγμένο από τραπουλόχαρτα: αρκεί να φυσήξει ένα ελαφρύ αεράκι και το οικοδόμημα θα καταρρεύσει. Το οικοδόμημα στο σύνολο του, θαρρείς και κάποιος προσπαθεί να ταξιδέψει με ένα καράβι από χαρτί. Μοιάζει με αληθινό καράβι, έχει το σχήμα του καραβιού δεν παύει, όμως, να είναι ένα χάρτινο καράβι. Είναι καταδικασμένο, η μοίρα του έχει ήδη προκαθοριστεί. Η λογική είναι ένα χάρτινο πλοίο. Η ζωή δεν μπορεί να γίνει κατανοητή διαμέσου της λογικής. Μέσω της λογικής εκείνο που γεννιέται είναι η φιλοσοφία, αλλά όχι η πραγματική θρησκεία.

Αυτές οι τέσσερεις είναι οι επίσημα γνωστές θρησκείες.

Η πέμπτη, η έκτη και η έβδομη είναι οι πραγματικές θρησκείες. Η πέμπτη είναι η θρησκεία που βασίζεται στην ευφυΐα, όχι στη λογική, όχι στη διάνοια, αλλά στην ευφυΐα. Και υπάρχουν πολλές διαφορές ανάμεσα στη διάνοια και στην ευφυΐα.

Η νοημοσύνη είναι λογική, η ευφυΐα είναι παράδοξη. Η νοημοσύνη είναι αναλυτική, η ευφυΐα είναι συνθετική. Η νοημοσύνη διαιρεί, διαμοιράζει σε επιμέρους τμήματα προκειμένου να γίνει κατανοητό κάτι. Η επιστήμη βασίζεται στη νοημοσύνη, στη διαίρεση, στην ανάλυση, στην ανατομή. Η ευφυΐα συνενώνει τα πράγματα, συνθέτει ένα σύνολο από τα επιμέρους τμήματα – επειδή αυτή είναι μια από τις μεγαλύτερες αλήθειες: ότι τα μέρη υφίστανται μέσα στον όλον, και όχι το αντίθετο. Και το όλον δεν είναι απλά το σύνολο των μερών, είναι κάτι περισσότερο από το σύνολο.

Για παράδειγμα, μπορεί να έχεις ένα τριαντάφυλλο και μπορείς να πας σε έναν επιστήμονα, σε έναν κάτοχο της επιστημονικής γνώσης και να τον ρωτήσεις το εξής: «Θέλω να καταλάβω την ουσία αυτού του τριαντάφυλλου». Τί θα κάνει; Θα το κόψει, και θα το χωρίσει στα μέρη εκείνα τα οποία συνθέτουν το λουλούδι. Όταν θα πας την άλλη ημέρα, το λουλούδι θα έχει χαθεί. Αντί για το λουλούδι θα δεις μερικά μπουκάλια με ετικέτες. Τα επιμέρους τμήματα θα έχουν διαχωριστεί, ένα πράγμα, όμως, είναι βέβαιο: δεν θα υπάρχει κάποιο μπουκάλι που η ετικέτα του να γράφει "ομορφιά".

Η ομορφιά δεν είναι κάτι το υλικό, και η ομορφιά δεν μπορεί να χωριστεί σε επιμέρους τμήματα. Από τη στιγμή που θα κάνεις ανατομή σε ένα λουλούδι, από τη στιγμή που η ολότητά του θα έχει χαθεί, θα έχει χαθεί και η ομορφιά του. Η ομορφιά είναι κάτι που αναφέρεται στο σύνολο, είναι η χάρη που προκύπτει από τη σύνθεση, από τη θέαση του όλου. Είναι κάτι πολύ περισσότερο από το σύνολο των μερών. Μπορείς να κάνεις ανατομή σε ένα ανθρώπινο πλάσμα. Τη στιγμή, όμως, που το κάνεις αυτό η ζωή εξαφανίζεται. Έπειτα το μόνο που γνωρίζεις είναι ένα νεκρό σώμα, ένα πτώμα. Μπορείς να υπολογίσεις πόσο αλουμίνιο υπάρχει εκεί και πόσος σίδηρος και πόσο νερό, μπορείς να ερευνήσεις τον τρόπο λειτουργίας του όλου μηχανισμού, τα πνευμόνια, τους νεφρούς, τα πάντα. Ένα πράγμα, όμως, απουσιάζει, και αυτό είναι η ζωή. Ένα πράγμα απουσιάζει, και αυτό είναι το πιο αξιόλογο. Ένα πράγμα δεν είναι εκεί, και αυτό είναι που θέλαμε πραγματικά να κατανοήσουμε. Όλα τα άλλα είναι εκεί.

Πού είναι αυτή η ευπάθεια; Πού είναι αυτή η ζωτικότητα, αυτός ο παλμός της ζωής; Όταν ήταν παρών και αισθητός στο τριαντάφυλλο τα πράγματα ήταν εντελώς διαφορετικά και η ζωή ήταν παρούσα. Ήταν πλήρης παρουσίας, η ζωή ήταν εκεί και χτυπούσε μέσα στην καρδιά του. Όλα τα μέρη είναι εκεί, δεν μπορείς, όμως, να πεις ότι τα μέρη είναι το ίδιο πράγμα. Δεν μπορούν να είναι, επειδή τα μέρη δεν υφίστανται παρά μόνο εν τω συνόλω. Η νοημοσύνη, αναλύει, ανατέμνει. Είναι το εργαλείο της επιστήμης. Η διάνοια είναι το εργαλείο της θρησκείας. Είναι εκείνη που ενώνει. Γι' αυτό άλλωστε ονομάσαμε *γιόγκα* μια από τις μεγαλύτερες επιστήμες της πνευματικότητας. Η λέξη *γιόγκα* αναφέρεται στη μεθοδολογία της συναρμογής. *Γιόγκα* σημαίνει "τοποθετώ τα πράγματα σε μια σειρά από κοινού". Ο Θεός είναι η μεγαλύτερη πληρότητα, όλα τα πράγματα μαζί. Ο Θεός δεν είναι ένα πρόσωπο, ο Θεός είναι μια παρουσία, η παρουσία όπου τα πάντα λειτουργούν απολύτως αρμονικά: τα δένδρα και τα πουλιά, και η γη, και τα αστέρια, και η σελήνη, και ο ήλιος, και τα ποτάμια, και ο ωκεανός, όλα μαζί. Αυτή η *σύμπνοια* είναι ο Θεός. Εάν τη διαμοιράσεις δεν θα βρεις ποτέ τον Θεό. Κάνε ανατομή σε έναν άνθρωπο, δεν μπορείς να εντοπίσεις την ουσία που τον καθιστούσε ζωντανό. Κάνε μια ανατομή του Κόσμου, δεν μπορείς να εντοπίσεις την παρουσία του Θεού.

Η νοημοσύνη είναι η μέθοδος του να τοποθετείς τα πράγματα από κοινού στη βάση της αρμονίας. Ένα έξυπνο άτομο είναι ιδιαίτερα συνθετικό ως προς τη σκέψη του. Αναζητά πάντοτε ένα ανώτερο όλον, επειδή το νόημα βρίσκεται ακριβώς σε αυτό το ανώτερο όλον. Αναζητά πάντοτε κάτι το ανώτερο στη βάση του οποίου αναλύεται το κατώτερο του οποίου αποτελεί μέρος, λειτουργώντας ως νότα στην αρμονία του συνόλου, συνεισφέροντας με τον δικό του τρόπο στην ορχήστρα του συνόλου, χωρίς, όμως, να ξεχωρίζει απ' αυτήν. Η διάνοια κινείται προς τα επάνω, ενώ η νόηση προς τα κάτω. Η νόηση αναζητά τα αίτια.

Παρακαλώ ακολουθήστε την, η ουσία είναι λεπτή. Η νόηση κινείται προς την αιτία, η νοημοσύνη προς τον στόχο. Η νοημοσύνη κινείται προς το μέλλον, η νόηση προς το παρελθόν. Η νόηση υποβιβάζει τα πάντα στο επίπεδο του κατώτερου παρονομαστή. Εάν ρωτήσεις τί είναι η αγάπη, η νόηση θα σου απαντήσει ότι δεν είναι τίποτε άλλο πέρα από σεξ –ο κατώτερος παρονομαστής. Εάν ρωτήσεις τί είναι η προσευχή, η νόηση θα πει απλά ότι δεν είναι παρά καταπιεσμένο σεξ.

Ρωτήστε τη νοημοσύνη τί είναι το σεξ, και αυτή θα πει ότι δεν είναι τίποτε άλλο παρά ο καρπός της προσευχής. Είναι η εν δυνάμει αγάπη. Η νόηση υποβιβάζει τα πάντα στο κατώτερο επίπεδο, μειώνει τα πάντα στο κατώτερο επίπεδο.

Ρωτήστε τη νόηση τί είναι ο λωτός, και θα απαντήσει ότι δεν είναι τίποτε, απλά μια οφθαλμαπάτη, η πραγματικότητα είναι η λάσπη· επειδή ο λωτός προέρχεται από τη λάσπη και επιστρέφει ξανά μέσα στη λάσπη. Η λάσπη είναι η πραγματικότητα, ο λωτός δεν είναι παρά μια οφθαλμαπάτη. Η λάσπη μένει, ο λωτός έρχεται και παρέρχεται. Ρωτήστε τη νοημοσύνη τί είναι η λάσπη και αυτή θα απαντήσει: «Είναι η δυνατότητα να εξελιχθεί σε λωτό». Έπειτα η λάσπη εξαφανίζεται, και εκατομμύρια λωτοί ανθίζουν.

Η νοημοσύνη πηγαίνει όλο και ψηλότερα, και η όλη προσπάθειά της συνίσταται στο να φθάσει στο απόλυτο, στο απόγειο της ύπαρξης. Και αυτό επειδή τα πράγματα μπορούν να ερμηνευθούν μόνο μέσω της αναγωγής στο ανώτερο και όχι στο κατώτερο. Δεν εξηγείς μέσω της αναγωγής στο κατώτερο, αλλά μάλλον απομακρύνεσαι από την ερμηνεία. Και όταν το κατώτερο αποκτήσει σημασία, χάνεται όλη η ομορφιά, όλη η αλήθεια, καθετί καλό. Καθετί που έχει κάποια σημασία έχει χαθεί. Έπειτα αρχίζεις να φωνάζεις: «Πού είναι το νόημα της ζωής;»

Στη Δύση η επιστήμη κατέστρεψε κάθε αξία και υποβίβασε τα πάντα στο επίπεδο της ύλης. Τώρα ο καθένας ανησυχεί για το νόημα της ζωής, επειδή το νόημα δεν υφίσταται παρά μόνο στα πλαίσια του ανώτερου όλου. Δες, είσαι μόνος σου, και αναρωτιέσαι: «Ποιό είναι το νόημα της ζωής;» Έπειτα ερωτεύεσαι μια γυναίκα και προκύπτει κάτι συγκεκριμένο. Τώρα τα δύο έχουν γίνει ένα· έχουμε φθάσει λίγο ψηλότερα. Ένας άνθρωπος μόνος του είναι σε χαμηλότερο επίπεδο από ένα ζευγάρι. Ένα ζευγάρι είναι λίγο ψηλότερα. Δύο έχουν ενωθεί μαζί. Δύο αντίθετες δυνάμεις έχουν ενωθεί, η δύναμη του θηλυκού και η δύναμη του αρσενικού. Τώρα το σχήμα μοιάζει περισσότερο με κύκλο.

Αυτός είναι ο λόγος που στην Ινδία διατηρούν την αντίληψη του Αρντανορισβάρ. Ο θεός Σίβα απεικονίζεται, μισός άνδρας και μισός γυναίκα. Η αντίληψη αυτή του Αρντανορισβάρ θέλει τον άνδρα να είναι μισός και τη γυναίκα να είναι μισή. Όταν ένας άνδρας και μια γυναίκα ερωτεύονται, προκύπτει μια ανώτερη πραγματικότητα: σίγουρα ανώτερη, πιο σύνθετη, επειδή οι δυο δυνάμεις συναντιούνται. Έπειτα γεννιέται ένα παιδί. Τώρα υπάρχει μια οικογένεια, άρα περισσότερο νόημα. Τώρα ο πατέρας αισθάνεται ότι η ζωή του αποκτά κάποιο νόημα. Το παιδί θα πρέπει να ανατραφεί. Αγαπά το παιδί του, εργάζεται σκληρά, η δουλειά του, όμως, δεν είναι πλέον δουλειά. Δουλεύει για το παιδί του, για την αγαπημένη του, για το σπίτι του. Δουλεύει, η δυσκολία όμως της εργασίας έχει χαθεί. Δεν τη διεκπεραιώνει με τρόπο βαρετό. Καταπονημένος από τον κάματο της ημέρας επιστρέφει στο σπίτι χορεύοντας. Βλέποντας το χαμόγελο στο πρόσωπο του παιδιού του είναι ιδιαίτερα χαρούμενος. Μια οικογένεια είναι μια ανώτερη μονάδα απ' ό,τι το ζευγάρι, και ούτω καθεξής. Και ο Θεός δεν είναι τίποτε άλλο παρά η κοινότητα όλων, η μεγαλύτερη απ' όλες τις οικογένειες. Αποτελείς μέρος μιας μεγαλύτερης ενότητας, μεγαλύτερης από εσένα. Το νόημα αναδύεται αμέσως, κάθε φορά που γίνεσαι μέρος μιας ευρύτερης ενότητας.

Όταν ένας ποιητής γράφει ένα ποίημα, προκύπτει ένα νόημα –επειδή ο ποιητής δεν είναι μόνος του, έχει δημιουργήσει κάτι. Όταν ο χορευτής χορεύει, προκύπτει ένα νόημα. Όταν μια μητέρα γεννά το παιδί της, προκύπτει κάποιο νόημα. Μένοντας κατά μέρος, αποκομμένος από κάθε άλλον άνθρωπο, απομονωμένος σαν ένα νησί, χάνεις κάθε νόημα. Όταν είσαι μαζί με τους άλλους η ζωή σου αποκτά κάποιο νόημα. Όσο περισσότεροι τόσο καλύτερα· το περισσότερο είναι που έχει νόημα. Σε αυτό το επίπεδο ερμηνείας, ο Θεός είναι το μεγαλύτερο αντιληπτό όλον, και χωρίς τον Θεό δεν μπορείς να συλλάβεις το υψηλότερο νόημα. Ο Θεός δεν είναι ένα πρόσωπο, ο Θεός δεν κάθεται κάπου. Αυτές οι ιδέες είναι απλά ανόητες. Ο Θεός είναι η συνολική παρουσία της ύπαρξης, της ουσίας, το θεμέλιο της ουσίας. Ο Θεός υπάρχει, όπου υπάρχει ενότητα, όπου υπάρχει ένωση, ο Θεός αποκτά οντότητα. Βαδίζεις μόνος σου, ο Θεός βρίσκεται σε βαθύ ύπνο. Έπειτα βλέπεις ξαφνικά κάποιον και χαμογελάς. Ο Θεός τότε ξυπνά, ο άλλος έχει έλθει. Το χαμόγελο σου δεν είναι ξεκομμένο, είναι ένα είδος γέφυρας. Έχεις ρίξει μια γέφυρα προς τον άλλο. Ο άλλος σου χαμογελά επίσης και υπάρχει μια ανταπόκριση. Μεταξύ σας αναδύεται ο χώρος εκείνος που ονομάζεται Θεός, ένας ανεπαίσθητος παλμός. Όταν φθάνεις στο δένδρο και κάθεσαι δίπλα σ' αυτό, αγνοώντας εντελώς την ύπαρξη του Θεού, ο Θεός κοιμάται βαθιά. Τότε ξαφνικά κοιτάζεις το δένδρο και μέσα σου ξεπηδούν αισθήματα για το δένδρο. Ο Θεός έχει κάνει την εμφάνισή του. Όπου υπάρχει αγάπη, υπάρχει και Θεός, όπου υπάρχει ανταπόκριση υπάρχει και Θεός. Ο Θεός είναι ο ενδιάμεσος χώρος, υπάρχει εκεί όπου υπάρχει και ενότητα. Αυτός είναι ο λόγος για τον οποίο λέγεται ότι η αγάπη είναι η πιο αγνή όψη του Θεού, επειδή συνιστά την πιο ανεπαίσθητη ενότητα δυνάμεων.

Εξ αυτού προκύπτει το περιεχόμενο κάποιων μυστικιστικών παραδόσεων σύμφωνα με τις οποίες ο Θεός είναι αγάπη: «Ξεχάστε τον Θεό, η αγάπη αρκεί. Μην ξεχνάτε, όμως, την αγάπη, γιατί ο Θεός από μόνος του δεν επαρκεί». Η νοημοσύνη είναι διάκριση, κατανόηση. Η αλήθεια είναι η λέξη-κλειδί, η *σατ*. Εκείνος ο οποίος κινείται με γνώμονα τη νοημοσύνη, κινείται προς την κατεύθυνση της αλήθειας, της *σατ*.

Σε επίπεδο ανώτερο από εκείνο της νοημοσύνης βρίσκεται ο έκτος τύπος θρησκείας. Την ονομάζω "θρησκεία του διαλογισμού".

Ο διαλογισμός είναι συναίσθηση, αυθορμητισμός. Η ελευθερία είναι μη-παραδοσιακή, είναι ριζοσπαστική, επαναστατική, μεμονωμένη. Η λέξη κλειδί είναι *τσιτ*, συναίσθηση. Η ευφυΐα εξακολουθεί να συνιστά την ανώτερη μορφή σκέψεως, την πιο αγνή μορφή σκέψεως. Η κλίμακα είναι η ίδια. Η διάνοια πηγαίνει προς τα κάτω στην ίδια κλίμακα, η ευφυΐα πηγαίνει προς τα πάνω, αλλά είναι η ίδια κλίμακα. Στον διαλογισμό η κλίμακα καταρρίπτεται. Τώρα δεν υπάρχει πλέον κινητικότητα στην ίδια κλίμακα, ούτε προς τα πάνω, ούτε προς τα κάτω. Τώρα δεν υπάρχει κίνηση, αλλά επικρατεί μια ακινησία στο εσωτερικό, μια βύθιση στο εσωτερικό, ένα βούλιαγμα. Η διάνοια έχει ως άξονα αναφοράς τον άλλον και η νοημοσύνη το ίδιο. Η διάνοια κατατέμνει τον άλλον ενώ η νοημοσύνη ενώνει τον έναν με τον άλλον, είναι, όμως, και οι δυο προσανατολισμένοι αλλού. Οπότε, αν καταλάβατε καλά, δεν χαρακτηρίζω τους τέσσερεις πρώτους τύπους της θρησκείας ως όντως θρησκείες. Δεν τις χαρακτηρίζω καν θρησκείες. Είναι ψευδοθρησκείες. Οι πραγματικές θρησκείες ξεκινούν με τον πέμπτο τύπο και ο πέμπτος είναι ο πιο χαμηλός, αλλά είναι πραγματικός.

Ο πέμπτος τύπος της θρησκείας είναι εκείνος της διανόησης, της συναίσθησης, του *τσιτ*. Κάποιος κινείται απλά με κατεύθυνση το εσωτερικό του. Όλες οι κατευθύνσεις δεν υφίστανται, όλες οι διαστάσεις δεν υφίστανται. Κάποιος προσπαθεί απλά να είναι ο εαυτός του, προσπαθεί απλά να *είναι*. Εκεί ακριβώς υπάρχει το Ζεν, στον έκτο τύπο. Η ίδια η λέξη Ζεν προέρχεται από τη λέξη *ντγιάνα*, που σημαίνει διαλογισμός.

Έπειτα ακολουθεί ο ανώτερος τύπος, ο έβδομος: η θρησκεία της έκστασης, του Σαμάντγι, του φωτισμού. Ακριβώς όπως ο πέμπτος τύπος έχει τη λέξη-κλειδί *σατ*, αλήθεια και ο έκτος τύπος, η θρησκεία του διαλογισμού έχει τη λέξη κλειδί *τσιτ*, συναίσθηση, ο έβδομος και ανώτερος έχει τη λέξη-κλειδί *ανάντ*, ευδαιμονία, έκσταση. Μαζί συνθέτουν τη λέξη-κλειδί *σατσιτανάντα*, αλήθεια, συναίσθηση, έκσταση.

Ο έβδομος τύπος είναι χαρά, εορτασμός, τραγούδι, χορός, έκσταση, *ανάντ*. Ο διαλογισμός φέρνει ιδιαίτερη χαρά, επειδή κάποιος μπορεί να είναι στοχαστικός και να γίνει δυστυχισμένος. Ένας άνθρωπος μπορεί να είναι στοχαστικός και να γίνει ιδιαίτερα σιωπηλός, και μπορεί να χάσει τη μακαριότητα. Επειδή ο διαλογισμός μπορεί να σας κάνει σιωπηλό, απολύτως ακίνητο, αλλά αν δεν υπάρχει *ρυθμός* μέσα σε αυτόν, τότε λείπει κάτι. Η γαλήνη είναι καλή, η γαλήνη είναι κάτι πολύ όμορφο, αλλά κάτι της λείπει: της λείπει η ευδαιμονία. Όταν η γαλήνη αρχίζει να αποκτά *ρυθμό* εξελίσσεται σε μακαριότητα. Όταν η ειρήνη αποκτά μια δυναμική, ξεχειλίζει, τότε εξελίσσεται σε μακαριότητα. Όταν η μακαριότητα κλείνεται μέσα σε έναν σπόρο, είναι γαλήνη. Και όταν ο σπόρος βλαστήσει, και όχι μόνο αυτό, αλλά και το δένδρο ανθίσει, και τα λουλούδια βλαστήσουν, και ο σπόρος έχει γίνει άνθος, τότε αυτός είναι ο Φωτισμός. Αυτός είναι ο ανώτερος τύπος θρησκευτικότητας. Η γαλήνη πρέπει να χορεύει και η σιωπή θα πρέπει να τραγουδά. Και αν η εσωτερική σου συνειδητοποίηση δεν γίνει χαμόγελο, τότε και πάλι κάτι λείπει. Κάτι πρέπει να γίνει ακόμη.

ΔΥΝΑΜΗ ΚΑΙ ΔΙΑΦΘΟΡΑ: ΟΙ ΚΑΤΑΒΟΛΕΣ ΤΗΣ ΕΣΩΤΕΡΙΚΗΣ ΚΑΙ ΤΗΣ ΕΞΩΤΕΡΙΚΗΣ ΣΥΜΠΕΡΙΦΟΡΑΣ

Ένα από τα δομικά στοιχεία του φασισμού έχει να κάνει με την αρχή ότι εκείνο που μετράει δεν είναι το άτομο, αλλά η ομάδα· η ομάδα είναι εκείνη που καθορίζει τι είναι αληθινό. Τότε, όμως, προκύπτει το εξής πρόβλημα: πού θα μπει ένα όριο σε αυτό; Εάν η ομάδα είναι κάτι που υφίσταται και τα άτομα δεν υφίστανται, ή αποτελούν απλά μέρη του συνόλου, τότε η *εκκλησία* είναι πολύ πιο υπαρκτή, είναι μια ευρύτερη ομάδα, τότε το *έθνος* είναι πολύ πιο υπαρκτό επειδή είναι ένα ακόμη μεγαλύτερο σύνολο. Τότε και όλη η ανθρωπότητα είναι πιο υπαρκτή επειδή είναι ένα ακόμη μεγαλύτερο σύνολο. Το άτομο είναι εντελώς χαμένο. Και όποτε προκύπτει μια σύγκρουση ανάμεσα στο άτομο και στην ομάδα, φυσικά το άτομο είναι εκείνο που καλείται να θυσιάσει τον εαυτό του, επειδή δεν είναι κάτι το υπαρκτό. Δεν υφίσταται παρά μόνο ως μέρος της ομάδας.

Αυτός είναι ο τρόπος διαμέσου του οποίου μπορείς να καταστρέψεις ολοσχερώς την όποια πιθανότητα εξέγερσης. Όλες οι κοινωνίες, όμως, αγαπούν τον φασισμό. Καμμία κοινωνία δεν επιθυμεί την ύπαρξη μεμονωμένων προσωπικοτήτων, επειδή η ίδια η ύπαρξη του ατόμου θέτει αφεαυτής ένα ερωτηματικό σε πολλά από εκείνα τα οποία η κοινωνία συνεχίζει να κάνει. Ένας άνθρωπος μόνος του έχει την τάση να είναι επαναστάτης. Ένας άνθρωπος μόνος του είναι αντικομφορμιστής, δεν μπορεί να συμβιβαστεί. Μπορεί να αποδεχθεί και να πει *ναι* σε εκείνα τα πράγματα τα οποία κρίνει ότι αξίζουν, αλλά αυτό εξαρτάται από τα δικά του αισθήματα, από τη δική του διαισθητική αντίληψη, από τη δική του ευφυΐα. Δεν μπορεί να εξαναγκαστεί να υποκύψει. Μπορεί να παραδοθεί από αγάπη, αλλά δεν μπορεί να εξαναγκαστεί να παραδοθεί. Δεν μπορεί να είναι ένας υπάκουος σκλάβος· όχι ότι δεν ξέρει να υπακούει. Όταν τρέφει αισθήματα για κάτι, όταν είναι αφοσιωμένος σε κάτι, έχει εμπλακεί σε κάτι, υπακούει, υπακούει ολοκληρωτικά, αλλά στην πραγματικότητα υπακούει στη δική του διαίσθηση, δεν ακολουθεί κάποιες εντολές απ' έξω.

Το να είσαι μόνος σημαίνει να είσαι μη-πολιτικός. Το σύνολο της πολιτικής εξαρτάται από άτομα τα οποία δεν είναι μεμονωμένα, που είναι μόνο κατ' όνομα μεμονωμένες προσωπικότητες, οι οποίοι φαίνεται να ξεχωρίζουν, αλλά δεν ξεχωρίζουν, είναι απόλυτα εξαρτημένοι από την ομάδα, εξ ολοκλήρου εξαρτημένοι προκειμένου για την ασφάλεια τους, την προστασία, την υπόληψη, την ισχύ, το κύρος: για τις ανάγκες του εγώ τους.

Ο πραγματικά ξεχωριστός άνθρωπος δεν έχει εγώ, ως εκ τούτου δεν χρειάζεται να εξαρτάται από την κοινωνία. Η κοινωνία είναι που σου δίνει αυτό το εγώ, και αν επιθυμείς να ζεις σε αυτό το πλαίσιο, θα πρέπει να εξαρτάσαι από τους άλλους ανθρώπους. Μόνο αυτοί είναι σε θέση να συντηρήσουν το εγώ σου. Ο ξεχωριστός άνθρωπος γνωρίζει ποιός πραγματικά είναι, άρα δεν έχει ανάγκη το εγώ. Το να είσαι ξεχωριστός σημαίνει να είσαι πλήρης και υγιής.

Η ψυχανάλυση εξελίχθηκε σε ιδιαίτερα σημαντική διαδικασία ακριβώς επειδή απομακρύναμε τα ιδιαίτερα στοιχεία της ατομικότητας του καθενός μας. Τους προσφέραμε ψεύτικα εγώ τα οποία δεν ικανοποιούν. Είναι σαν το πρόχειρο φαγητό —γευστικό, νόστιμο, αλλά χωρίς καμμία θρεπτική αξία. Και εκείνος που ζει με το εγώ του, χάνει πάντοτε τον εαυτό του. Αισθάνεται πάντοτε ένα κενό, ότι η ζωή του δεν έχει κανένα νόημα. Επιθυμεί να γεμίσει το κενό αυτό με κάτι. Μπορεί να παθιαστεί με το φαγητό απλά για να νιώσει κορεσμό. Μπορεί να αρχίσει να τρώει πάρα πολύ, να γίνει βουλιμικός. Ή μπορεί πάλι να παθιαστεί με τα χρήματα, με τον χρυσό, με τη δύναμη. Όλοι αυτοί είναι τρόποι για να νιώσει κάποιος σημαντικός. Τίποτε, όμως, από αυτά δεν πετυχαίνει, όλα αποτυγχάνουν. Μπορείς να ελπίζεις μόνο για όσο καιρό αυτά που επιθυμείς είναι μακριά σου. Μόλις τα επιτύχεις, αντιλαμβάνεσαι ξαφνικά ότι κυνηγούσες απλά σκιές.

Δεν νιώθεις κενός, επειδή απλά δεν έχεις αρκετά χρήματα. Νιώθεις κενός, επειδή δεν έχεις ακόμη έλθει αντιμέτωπος με τον αληθινό σου εαυτό, δεν έχεις προσεγγίσει ακόμη την αυθεντική ατομικότητά σου. Η ατομικότητα είναι εκείνη η οποία φωτίζει το εσωτερικό σου.

Ένα άτομο είναι ένα σύμπαν από μόνο του. Καμμία κοινωνία, όμως, δεν θέλει τα μεμονωμένα άτομα, έτσι επί αιώνες η ατομικότητα καταστρεφόταν και στη θέση της έμπαινε κάτι ψεύτικο, κάτι πλαστικό. Αυτό το πλαστικό ονομάζεται *προσωπικότητα*.

Οι άνθρωποι συγχέουν την έννοια της προσωπικότητας με εκείνη της *ατομικότητας*. Πιστεύουν ότι η προσωπικότητα είναι η ατομικότητα. Δεν είναι· στην πραγματικότητα, είναι το σύνορο. Δεν θα αποκτήσεις ποτέ την ατομικότητα αν δεν είσαι έτοιμος να αποποιηθείς την προσωπικότητα σου. Η ατομικότητα γεννιέται μαζί σου, είναι η ίδια η ύπαρξη σου. Η προσωπικότητα είναι ένα κοινωνικό φαινόμενο, είναι κάτι που σου δίνεται. Όταν κάθεσαι σε μια σπηλιά στα Ιμαλάια δεν έχεις προσωπικότητα, έχεις, όμως, ατομικότητα. Η προσωπικότητα δεν μπορεί να υπάρξει παρά μόνο σε άξονα αναφοράς με τους άλλους. Όσο περισσότερους ανθρώπους γνωρίζεις, τόσο περισσότερη προσωπικότητα έχεις· εξ αυτού προκύπτει η επιθυμία για φήμη και δόξα. Όσο περισσότεροι άνθρωποι σε σέβονται, τόσο περισσότερο απολαμβάνεις την προσωπικότητα σου, τόσο περισσότερο ενισχύεται.

Εξ αυτού προκύπτει ο πόθος για υπόληψη. Μπορείς να την αποκτήσεις με την απόκτηση χρημάτων ή με την αποποίηση των χρημάτων. Μπορείς να την αποκτήσεις είτε τρώγοντας πάρα πολύ, είτε τρώγοντας πολύ λίγο, νηστεύοντας. Μπορείς να την αποκτήσεις είτε αποθησαυρίζοντας πράγματα, είτε συσσωρεύοντας γνώση. Το όλο θέμα, όμως, είναι το εξής: κοιτάς στα μάτια των άλλων για να δεις τι πιστεύουν για σένα. Μπορεί να γίνεις πολύ ταλαντούχος, πολύ ηθικός, απλά για να αποκτήσεις μια προσωπικότητα, η προσωπικότητα όμως αυτή δεν είναι κάτι που θα σε ικανοποιήσει. Και με την πάροδο των αιώνων η ατομικότητα έχει καταστραφεί, και οι άνθρωποι φέρουν πλέον προσωπικότητες-προσωπεία.

Οι άνθρωποι που έχουν χάσει την επαφή με τον εαυτό τους, οι άνθρωποι που έχουν περιοριστεί στα πλαίσια των προσωπικοτήτων τους και δεν έχουν ιδέα περί ατομικότητας είναι έτοιμοι να αποτελέσουν μέρος μιας ομάδας. Αισθάνονται πολύ άνετα με την ιδέα αυτή, επειδή από τη στιγμή που αποτελούν μέρος μιας ομάδας δεν έχουν καμμία ευθύνη. Μπορούν να χαλαρώσουν, δεν έχουν λόγο ανησυχίας. Τώρα η ομάδα είναι εκείνη που αναλαμβάνει την ευθύνη.

Αυτός είναι ο λόγος για τον οποίο οι άνθρωποι γίνονται Ινδουιστές και Χριστιανοί και Μωαμεθανοί. Γιατί; Γιατί οι άνθρωποι ανήκουν σε φθαρμένες, εντελώς ετεροχρονισμένες, αποκαλούμενες ιδεολογίες; Για έναν απλό λόγο και μόνο: η ένταξη αυτή σου παρέχει ασφάλεια, την αίσθηση του *ανήκειν*, ότι υπάρχουν άνθρωποι οι οποίοι είναι μαζί σου —δεν είσαι μόνος. Οι Χριστιανοί γνωρίζουν ότι εκατομμύρια άλλοι άνθρωποι είναι Χριστιανοί. Ο Ινδουιστής γνωρίζει ότι δεν είναι μόνος, εκατομμύρια άνθρωποι ασπάζονται τις ίδιες ιδέες με αυτόν, άρα πώς μπορεί να κάνει λάθος; Πώς είναι δυνατόν εκατομμύρια άνθρωποι να κάνουν λάθος; Άρα, θα πρέπει να έχει δίκιο. Δεν ξέρει τίποτε αναφορικά με το τι είναι σωστό και τι λάθος, το πλήθος, όμως, των ανθρώπων που τον περιβάλλει του δίνει την αίσθηση ότι όντως γνωρίζει· μια ψευδής αίσθηση προφανώς.

Η αλήθεια δεν έχει να κάνει με το πλήθος. Η αλήθεια αποτελούσε πάντοτε κτήμα των ολίγων. Ένας Βούδας την κατέχει, ένας Ιησούς, ένας Μωάμεθ, ένας Μωυσής, ένας Ζαρατούστρας.

Κατέκτησαν την αλήθεια, όμως όταν ήταν εντελώς μόνοι, βυθισμένοι σε μια κατάσταση διαλογισμού, όταν είχαν λησμονήσει τα πάντα αναφορικά με τον κόσμο και τους άλλους, όταν δεν επηρεάζονταν καθ' οιονδήποτε τρόπο από τον άλλον, όταν ήταν εντελώς μόνοι βυθισμένοι στον κόσμο της συνείδησης τους και προσεγγίζοντας τον βαθύτερο πυρήνα της. Τότε μόνον αντιλήφθηκαν ποιά ήταν η αλήθεια.

Το πλήθος, όμως, σε κρατά μακριά από τον εαυτό σου. Το πλήθος είναι μια διαφυγή από τον κόσμο της ύπαρξής σου. Το πλήθος σου δίνει τη δυνατότητα να ασχολείσαι με τις υποθέσεις των άλλων. Δεν σου επιτρέπει να έρθεις αντιμέτωπος με τον εαυτό σου.

Εάν αποτελέσεις μέρος μιας ομάδας αποποιούμενος την ατομικότητα σου, είναι σαν να αυτοκτονείς. Και αυτό ακριβώς κάνουν οι άνθρωποι. Οι άνθρωποι έχουν κουραστεί από τον εαυτό τους και θέλουν να αυτοκτονήσουν. Μπορεί να μην έχουν το θάρρος που απαιτείται για κάτι τέτοιο, αυτές οι ομάδες, όμως, τους υποδεικνύουν μέσα ψυχολογικής αυτοκτονίας: «Αποτελέστε μέρος της ομάδας».

Και η ομάδα μπορεί να έχει μια σκέψη, όχι, όμως, μια ψυχή. Μια ομάδα μπορεί εύκολα να διαθέτει ενιαίο σκεπτικό, έτσι είναι οι άνθρωποι. Οι Καθολικοί έχουν έναν συγκεκριμένο τρόπο σκέψεως, οι Μωαμεθανοί το ίδιο, οι Ινδουιστές επίσης... Οι άνθρωποι οι οποίοι στερούνται ατομικότητας αρχίζουν να διαπνέονται από μια συγκεκριμένη νοοτροπία· τη νοοτροπία του όχλου. Στον στρατό καταβάλλεται κάθε προσπάθεια να καταστρέψουν το άτομο και να σου δώσουν μια στολή και ένα νούμερο. Δίνοντας σου ένα νούμερο κατορθώνουν με έξυπνο τρόπο να υπονομεύσουν την ατομικότητα σου. Ένα όνομα σου προσδίδει μια μοναδικότητα, ο "Αριθμός 11" είναι εκείνος που αναιρεί τη μοναδικότητα σου.

Το να έχεις ένα όνομα, παραδείγματος χάριν "Φρανκ", είναι ένα εντελώς διαφορετικό ζήτημα· εάν πεθάνει ο Φρανκ, εάν πεθάνει ο Ρόμπερτ, πεθαίνει ένα πρόσωπο. Εάν πεθάνει ο Αριθμός 11 ποιός νοιάζεται; Ο Φρανκ δεν μπορεί να αντικατασταθεί από κάποιον άλλο, ο Αριθμός 11 όμως; Δεν υπάρχει απολύτως κανένα πρόβλημα. Μπορείς να δώσεις έναν αριθμό στον καθένα, και αυτός στη συνέχεια ταυτίζεται με αυτόν τον αριθμό. Στον στρατό, επιστημονικά, τεχνολογικά, η ατομικότητα καταστρέφεται. Το όνομα σου εξαφανίζεται και γίνεσαι ένας αριθμός. Τα μαλλιά όλων κόβονται με τον ίδιο τρόπο. Αναγκάζεσαι να ακολουθήσεις ανόητες διαταγές οι οποίες μένουν απαράλλακτες στον χρόνο: κλίνατε επί δεξιά, κλίνατε επ' αριστερά, μετάαβοληηή!... Για ποιόν λόγο;

Στον στρατό δεν υπάρχει "γιατί". Σου λένε απλά να κάνεις κάτι, και είσαι υποχρεωμένος να το κάνεις. Στην πραγματικότητα, όσο πιο βλακώδες είναι κάτι, τόσο το καλύτερο· σε προετοιμάζει για το έργο το οποίο πρόκειται να επιτελέσεις στον στρατό. Έχοντας ακολουθήσει διαταγές επί χρόνια ολόκληρα, κάποια ημέρα σου λένε: «Πυροβόλησε αυτόν τον άνδρα!» και εσύ τον πυροβολείς σαν ρομπότ, χωρίς να ρωτάς, γιατί έχεις ξεχάσει πώς είναι να ρωτάς *γιατί*. Στον στρατό αναδύεται η συλλογική σκέψη, όχι η ομαδική ψυχή, να το θυμάσαι.

Η ψυχή είναι πάντοτε μεμονωμένη, η σκέψη είναι πάντοτε ομαδική. Προσέξτε και θα δείτε ότι κάθε τρόπος σκέψεως ανήκει σε κάποια ομάδα. Εάν πιστεύετε στον Θεό, αυτό σημαίνει ότι ανήκετε σε μια συγκεκριμένη ομάδα η οποία πιστεύει στον Θεό. Σας έχουν δώσει την ιδέα, τη βάση. Ποιές είναι οι πεποιθήσεις σας; Από πού πηγάζουν; Πηγάζουν από τη συλλογική σκέψη – από την Εκκλησία, από την Πολιτεία, μπορείτε να εντοπίσετε την πηγή προέλευσής τους. Μπορείτε να παρατηρήσετε τις σκέψεις σας και θα διαπιστώσετε ότι όλα όσα έχετε μέσα στο μυαλό σας και τα οποία πιστεύετε, δεν είναι δικά σας. Προέρχονται από διαφορετικές πηγές: γονείς, δασκάλους, ιερείς, πολιτικούς... Άλλοι σάς έχουν προσδώσει αυτή τη νοοτροπία. Υπάρχει κάτι το οποίο θα μπορούσε να περιγραφεί ως χριστιανική νοοτροπία, και κάτι το οποίο θα μπορούσε να περιγραφεί ως μωαμεθανική ή ισλαμική νοοτροπία, και κατ' αντιστοιχίαν εβραϊκή νοοτροπία και βουδιστική νοοτροπία. Αλλά δεν υπάρχει βουδιστική ψυχή, δεν υπάρχει χριστιανική ψυχή, και ούτω καθεξής. Οι νοοτροπίες υπάγονται σε ομαδοποιήσεις. Στον στρατό διακρίνεις με απόλυτη ευκρίνεια ότι οι ξεχωριστοί άνθρωποι χάνουν το μυαλό τους. Αντ' αυτού η σκέψη ανήκει στο σύνταγμα. Και σε κατώτερο επίπεδο το ίδιο ισχύει στην περίπτωση της κοινωνίας. Αλλά η ψυχή είναι πάντοτε ξεχωριστή, δεν μπορεί να σας δοθεί από κάποιον. Είναι ήδη μέσα σας: θα πρέπει να ανακαλυφθεί.

Η μεγαλύτερη περιπέτεια η οποία μπορεί να συμβεί σε ένα ανθρώπινο πλάσμα είναι η μετατόπιση από τη σκέψη στη μη-σκέψη, η μετατόπιση από την προσωπικότητα στην ατομικότητα. Η μη-σκέψη έχει μια ατομικότητα. Η σκέψη είναι κοινωνική.

● Λένε ότι η εξουσία διαφθείρει, και η απόλυτη
● εξουσία διαφθείρει απόλυτα. Συμφωνείτε;

Έχω μελετήσει από όλες τις πλευρές τη γνωστή δήλωση του Λόρδου Άκτον, και διαπίστωσα ότι κάθε φορά ανακαλύπτω και μια νέα διάσταση. Ισχυρίζεται ότι *η εξουσία διαφθείρει και η απόλυτη εξουσία διαφθείρει απόλυτα.* Δεν πιστεύω ότι συμβαίνει κάτι τέτοιο, επειδή δεν θεωρώ ότι γίνεται κατ' αυτόν τον τρόπο. Ο Λόρδος Άκτον, όμως, μιλούσε με βάση τη δική του συνολική εμπειρία από τη ζωή. Ο ίδιος ήταν πολιτικός, οπότε ό,τι έλεγε δεν ήταν χωρίς έρεισμα.

Ωστόσο, τολμώ να διαφωνήσω μαζί του, επειδή η άποψή μου είναι πως η εξουσία σίγουρα διαφθείρει, αλλά δεν διαφθείρει παρά μόνο κάποιον ο οποίος είναι επιρρεπής ή δεκτικός στη διαφθορά. Μπορεί να μην ήταν πριν γνωστός ως διεφθαρμένος, επειδή δεν είχε την ευκαιρία να διαφθαρεί, αφού δεν είχε στα χέρια του εξουσία. Αλλά η εξουσία από μόνη της δεν είναι σε θέση να διαφθείρει κάποιον ο οποίος δεν εμφανίζει ανάλογες τάσεις. Οπότε δεν είναι η εξουσία εκείνη που διαφθείρει το άτομο. Στην πραγματικότητα η εξουσία είναι εκείνη που αποκαλύπτει τον πραγματικό χαρακτήρα του ανθρώπου. Η εξουσία καθιστά υλοποιήσιμο εκείνο το οποίο δεν ήταν πριν παρά ένα ενδεχόμενο.

Εάν κοιτάξεις σε έναν καθρέφτη και δεις ένα απαίσιο πρόσωπο, μπορείς να πεις ότι ο καθρέφτης είναι εκείνος ο οποίος παραμορφώνει το είδωλο; Ο καημένος ο καθρέφτης απλά αντανακλά την εικόνα ως έχει. Αν έχεις ένα άσχημο πρόσωπο, τί μπορεί να κάνει γι' αυτό ο καθρέφτης;

Άκουσα κάποτε για μια τρελή γυναίκα η οποία κάθε φορά που συναντούσε έναν καθρέφτη αμέσως τον κατέστρεφε. Ήταν άσχημη, πίστευε, όμως, ότι οι καθρέφτες ευθύνονταν για την ασχήμια της. Εάν δεν υπήρχαν καθρέφτες, τότε και αυτή δεν θα ήταν άσχημη! Τέλεια λογική! Κατά κάποιον τρόπο, βέβαια, δεν είναι εντελώς παράλογη. Εάν ήταν μόνη της επάνω στη γη, χωρίς να υπάρχουν καθρέφτες, ούτε μάτια, επειδή τα μάτια είναι επίσης καθρέφτες, πιστεύετε ότι θα ήταν άσχημη; Μόνη της επάνω στη γη χωρίς καθρέφτες, χωρίς μάτια να καθρεφτίζουν το είδωλο της, θα ήταν απλά εκεί μόνη της, ούτε άσχημη, ούτε όμορφη. Θα ήταν, όμως, η ίδια. Η μόνη διαφορά είναι ότι τώρα δεν μπορεί να διακρίνει την αντανάκλαση του ειδώλου της. Τίποτε δεν έχει αλλάξει, αυτό που κάνει τη διαφορά είναι τα κάτοπτρα.

Το ίδιο ισχύει και στην περίπτωση του διάσημου αποφθέγματος του Λόρδου Άκτον (και που πριν απ' αυτόν βέβαια το έχουν πει αυτό και πολλοί άλλοι, μεταξύ τους και ο Πλάτων που αρνήθηκε να ασχοληθεί με την πολιτική): "Η εξουσία φθείρει και διαφθείρει", όπως φαίνεται.

Θα έλεγα καλύτερα ότι εάν είσαι δυνάμει έτοιμος να διαφθαρείς, η εξουσία είναι εκείνη που θα σου δώσει την ευκαιρία. Και αν είσαι απόλυτα διατεθειμένος για κάτι τέτοιο, όπως ήταν ο Αδόλφος Χίτλερ, ο Ιωσήφ Στάλιν, ο Μουσολίνι, τότε τί μπορεί να κάνει γι' αυτό η εξουσία; Η ισχύς είναι απλά στη διάθεση σου. Μπορείς να κάνεις πολλά με αυτήν. Εάν είσαι ένας διεφθαρμένος άνθρωπος θα κάνεις ό,τι ήθελες να κάνεις πάντοτε, αλλά δεν είχες την ευκαιρία να το κάνεις. Αν, όμως, δεν είσαι επιρρεπής στη διαφθορά, τότε είναι αδύνατον η εξουσία να σε διαφθείρει. Θα κάνεις χρήση της εξουσίας, δεν θα είναι όμως διαφθορά, θα είναι δημιουργία. Δεν θα είναι καταστροφή, θα είναι ευλογία για τους ανθρώπους.

Και αν υπάρχει το ενδεχόμενο η διαχείριση της εξουσίας εκ μέρους σου να αποβεί μια ευλογία για τους ανθρώπους, τότε η απόλυτη εξουσία θα είναι μια απόλυτη ευλογία για τον κόσμο. Η ανθρώπινη ζωή, όμως, έχει πολλές μυστήριες όψεις. Μόνο ο δυνάμει διεφθαρμένος επιζητά την εξουσία κινούμενος προς το μέρος της. Ο δυνάμει αγαθός άνθρωπος δεν τρέφει καμμία απολύτως επιθυμία γι' αυτήν. Η επιθυμία για την εξουσία είναι μια από τις ανάγκες ενός διεφθαρμένου πλάσματος, επειδή γνωρίζει ότι χωρίς την εξουσία δεν θα είναι σε θέση να κάνει ό,τι θέλει.

Ο Αδόλφος Χίτλερ ήθελε αρχικά να γίνει αρχιτέκτονας, όλες οι σχολές της αρχιτεκτονικής, όμως, τον απέρριψαν επειδή δεν είχε τις δυνατότητες για κάτι τέτοιο. Δεν μπορούσε να χαράξει καν μια ευθεία γραμμή. Ήθελε να γίνει ζωγράφος, αν όχι αρχιτέκτονας. Όμως, καμμία σχολή δεν τον έκανε δεκτό. Εάν η σχολή της αρχιτεκτονικής δεν μπορούσε να τον κάνει δεκτό, τότε ήταν σαφές ότι η τέχνη, ειδικά η ζωγραφική, απαιτούσε ακόμη μεγαλύτερο ταλέντο, και αυτός δεν διέθετε καθόλου. Απογοητευμένος από όλα, έχοντας απορριφθεί από παντού, άρχισε να κινείται προς την εξουσία.

Η θέληση του Αδόλφου Χίτλερ για εξουσία ήταν πράγματι ισχυρή. Ένας άνθρωπος ο οποίος δεν κατόρθωσε να γίνει αρχιτέκτονας ή ζωγράφος έγινε τόσο ισχυρός, ώστε η μοίρα όλης της ανθρωπότητας βρέθηκε απ' τη μια στιγμή στην άλλη στα χέρια του. Και ένα από τα πρώτα πράγματα που άρχισε να κάνει όταν απέκτησε εξουσία, απόλυτη εξουσία, ήταν να αρχίσει να σχεδιάζει κτήρια, να ασχολείται με την αρχιτεκτονική. Έκανε τα σχέδια πολλών απαίσιων οικοδομημάτων και η κυβέρνηση ήταν υποχρεωμένη να τα κτίσει επειδή παρ' όλο που κανείς αρχιτέκτονας δεν ήταν έτοιμος να παραδεχθεί ότι αυτά τα σχέδια άξιζαν καν μια δεύτερη ματιά, εφόσον προέρχονταν από τον Αδόλφο Χίτλερ δεν μπορούσαν να απορριφθούν. Η απόρριψή τους θα ισοδυναμούσε με τον θάνατο ή τη φυλάκισή σου, επειδή αυτή ήταν η μόνη γλώσσα που γνώριζε: «Ή είστε μαζί μου, ή δεν υπάρχετε πια». Τα σχέδιά του, όμως, τα οποία υπάρχουν ακόμη, αρκούν για να καταδείξουν σ' αυτόν που τα βλέπει, ότι ο άνθρωπος αυτός δεν είχε κανένα ταλέντο στο να σχεδιάζει κτήρια.

Αφότου ο Αδόλφος Χίτλερ ανέβηκε στην εξουσία, στον ελεύθερο χρόνο του ζωγράφιζε. Τότε φυσικά ο καθένας όφειλε να δείξει την εκτίμησή του για τους πίνακές του! Κανένας από αυτούς δεν άξιζε να χαρακτηριστεί έργο τέχνης· ήταν απλά μια σπατάλη χρώματος και καμβά, χωρίς καμμία σημασία. Όχι μόνο αυτό, αλλά ήταν και απαίσιοι· εάν κρατούσες τον πίνακα του στο υπνοδωμάτιο σου τη νύχτα, θα υπέφερες από εφιάλτες! Η εξουσία φέρνει στην επιφάνεια εκείνα που είναι κρυμμένα μέσα σου!

Κατά παράδοξο τρόπο, όμως, ο καλός άνθρωπος δεν χρειάζεται να είναι ισχυρός, επειδή το καλό μπορεί να φανερωθεί και χωρίς την παρουσία της εξουσίας. Δεν είναι ανάγκη το καλό να έχει δύναμη. Το καλό διαθέτει τη δική του εγγενή δύναμη. Το κακό είναι εκείνο το οποίο χρειάζεται κάποια εξωτερική στήριξη.

Ο Χαλίλ Γκιμπράν έγραψε μια πολύ όμορφη ιστορία. Αυτός ο άνθρωπος έχει γράψει τόσες πολλές όμορφες ιστορίες, που φαντάζομαι ότι δεν θα πρέπει να έχει τον όμοιο του σε όλη τη γη! Αυτή εδώ είναι μια πολύ μικρή ιστορία, κι εκεί ακριβώς έγκειται η ομορφιά του λόγου του Χαλίλ Γκιμπράν. Δεν γράφει μακροσκελείς ιστορίες οι οποίες μπορούν να γίνουν κινηματογραφικές ταινίες. Οι ιστορίες του ξετυλίγονται μέσα σε λίγες μόνο αράδες, αλλά κατορθώνουν να διεισδύσουν στα βάθη της ανθρώπινης ύπαρξης.

Η ιστορία λέει το εξής: ο Θεός δημιούργησε τον κόσμο και καθετί άλλο το οποίο ήταν αναγκαίο. Κοίταξε γύρω του και ένιωσε ότι δυο πράγματα έλειπαν: η ομορφιά και η ασχήμια. Οπότε αυτά τα δυο πράγματα ήταν τα τελευταία τα οποία δημιούργησε. Όπως ήταν φυσικό, έδωσε όμορφα ρούχα στην Ομορφιά και στην Ασχήμια έδωσε άσχημα ρούχα. Στη συνέχεια τις έστειλε και τις δυο από τον Ουρανό στη Γη.

Ήταν μακρινό το ταξίδι και μόλις οι δυο κοπέλες έφθασαν στην Γη, ένιωθαν κουρασμένες και σκονισμένες, οπότε το πρώτο πράγμα που αποφάσισαν να κάνουν ήταν ένα μπάνιο. Ήταν πρωί, ο ήλιος μόλις άρχιζε να ανατέλλει... Πήγαν σε μια λίμνη, έβγαλαν τα ρούχα τους στην όχθη και βούτηξαν και οι δύο στο νερό. Το μπάνιο ήταν όντως αναζωογονητικό και δροσιστικό, και το απόλαυσαν!

Η Ομορφιά παρασυρμένη συνέχισε να κολυμπά στα ανοιχτά της λίμνης. Όταν σε κάποια στιγμή κοίταξε προς τα πίσω, έμεινε έκπληκτη. Η Ασχήμια έλειπε. Γύρισε τότε και βγήκε στην όχθη, όπου διαπίστωσε ότι έλειπαν τα ρούχα της, όχι όμως και της Ασχήμιας. Τότε η Ομορφιά κατάλαβε τι είχε γίνει: η Ασχήμια είχε πάρει τα δικά της ρούχα και το είχε σκάσει, αφήνοντάς της τα δικά της κουρέλια. Η ιστορία τελειώνει με τη ρήση ότι από τότε η ασχήμια είναι κρυμμένη μέσα στα ρούχα της ομορφιάς και η ομορφιά υποχρεωτικά φορά τα ρούχα της ασχήμιας. Η ομορφιά τρέχει πίσω από την ασχήμια αναζητώντας την, αλλά δεν έχει ακόμη κατορθώσει να τη βρει....

Είναι μια όμορφη ιστορία, αυτή. Η ασχήμια χρειάζεται κάτι πίσω από το οποίο να μπορεί να κρυφτεί, που θα τη βοηθήσει να μεταμφιεστεί, να φορέσει ένα ψεύτικο προσωπείο. Η ομορφιά δεν το σκέφθηκε καν αυτό. Δεν της είχε περάσει ποτέ από το μυαλό ότι θα ήταν πιθανό η Ασχήμια να κλέψει τα ρούχα της και να φύγει μακριά!

Όταν έχεις μια καρδιά που χτυπά από καλοσύνη και αγαθότητα, δεν αισθάνεσαι την ανάγκη να είσαι πρωθυπουργός ή πρόεδρος. Δεν έχεις χρόνο για χάσιμο σε αυτό το απαίσιο παιχνίδι της πολιτικής! Έχεις άφθονη ενέργεια, αυτή η ενέργεια έρχεται με την καλοσύνη. Θα συνθέσεις μουσική, θα γράψεις ποίηση, θα σκαλίσεις την ομορφιά στο μάρμαρο, θα κάνεις κάτι για το οποίο δεν χρειάζεται να έχεις εξουσία! Εκείνο που χρειάζεσαι είναι ήδη στη διάθεση σου! Αυτή είναι η ομορφιά του καλού: διαθέτει μια εγγενή δύναμη.

Ας το καταστήσουμε απολύτως σαφές: μπορείς να είσαι βέβαιος ότι καθετί που χρειάζεται εξωτερική στήριξη δεν είναι καλό. Είναι κάτι το εγγενώς ανίκανο, θα ζήσει με δανεική ζωή.

Οπότε στη ζωή συμβαίνει το εξής παράδοξο: οι κακοί άνθρωποι καταλαμβάνουν τις καλές θέσεις, εξελίσσονται σε σεβαστά και τιμώμενα πρόσωπα, όχι μόνο στον καιρό τους, αλλά καθ᾽ όλη τη διάρκεια της Ιστορίας. Η Ιστορία είναι γεμάτη με τα ονόματα τους.

Στην ιστορία υπήρξαν άνθρωποι όπως ο Γκαουτάμα Βούδας, ο Μαχαβίρα, ο Λάο Τσε, ο Χουάνγκ Τζου, ο Λιέχ Τζου. Ανθρώπους, όμως, σαν κι αυτούς δεν θα τους συναντήσεις ούτε στις υποσημειώσεις των βιβλίων της Ιστορίας. Υπήρξαν, όμως, και άνθρωποι όπως ο Ιούλιος Καίσαρας, ο Τζένγκις Χάν, ο Ταμερλάνος, ο Αττίλας, ο Αλάριχος, ο Ναντιρσάχ, ο Ναπολέων Βοναπάρτης, ο Αδόλφος Χίτλερ, ο Στάλιν... Αυτοί καταλαμβάνουν το μεγαλύτερο μέρος στην Ιστορία. Στην πραγματικότητα θα πρέπει να γράψουμε την Ιστορία ξανά, για τον λόγο ότι όλοι αυτοί οι άνθρωποι θα πρέπει να σβηστούν. Ούτε καν η μνήμη τους δεν θα πρέπει να περνά στις επόμενες γενιές, επειδή ακόμη και αυτή μπορεί να ασκήσει κακή επίδραση. Μια καλύτερη ανθρωπότητα δεν θα άφηνε χώρο για τα ονόματα αυτά ούτε καν στις υποσημειώσεις. Δεν υπάρχει λόγος. Δεν ήταν παρά εφιάλτες. Είναι καλύτερο η μνήμη τους να ξεχαστεί εντελώς ώστε να μην πέφτει επάνω στις νεότερες γενιές σαν σκιά.

Θα πρέπει να ανακαλύψουμε ξανά τους ανθρώπους εκείνους οι οποίοι έζησαν στη γη αυτή και την έκαναν όμορφη με κάθε τρόπο. Ανθρώπους οι οποίοι μοιράστηκαν τη χαρά τους, τον χορό, τη μουσική, τα οράματα τους, αλλά έζησαν ανώνυμα. Οι άνθρωποι λησμόνησαν εντελώς ακόμη και τα ονόματα τους. Οι άνθρωποι δεν έχουν ιδέα πόσοι πολλοί μυστικιστές έζησαν σε αυτή τη γη και όμως δεν είναι γνωστοί. Ο λόγος για τον οποίο δεν ξέρεις παρά μόνο τα λίγα ονόματα τα οποία είναι γνωστά δεν έχει να κάνει με το γεγονός ότι ήταν μυστικιστές. Υπάρχουν κάποιοι περαιτέρω λόγοι. Σκεφθείτε απλά: Εάν ο Ιησούς δεν είχε σταυρωθεί, θα είχατε ακούσει ποτέ το όνομα του; Οπότε δεν είναι ο Ιησούς καθαυτός, όχι τα χαρακτηριστικά του, όχι η αγαθότητα του, αλλά το γεγονός της σταύρωσης που τον καθιστά ιστορική μορφή. Γνωρίζετε τον Γκαουτάμα Βούδα, όχι επειδή ήταν ένας φωτισμένος άνθρωπος, αλλά επειδή ήταν γυιός ενός μεγάλου βασιλιά. Όταν ο γυιός ενός τόσο μεγάλου βασιλιά αποκηρύσσει τη βασιλεία του, είναι φυσικό όλη η χώρα να βουίζει με το όνομα του. Και όχι επειδή ήταν θρησκευόμενος, αλλά επειδή είχε αποκηρύξει ένα τόσο μεγάλο βασίλειο, το ίδιο εκείνο βασίλειο το οποίο ονειρευόσασταν εδώ και πολλές ζωές. «Αυτός ο άνθρωπος έχει τσαγανό, εγκαταλείπει έτσι απλά ολόκληρο βασίλειο χωρίς καν να κοιτάξει πίσω!» Αυτός είναι ο λόγος για τον οποίο η ιστορία διέσωσε το όνομα του Γκαουτάμα Βούδα. Κατά κάποιον τρόπο θα έπρεπε να αναφέρουν το όνομά του επειδή ήταν ένας βασιλιάς ο οποίος αποκήρυξε το βασίλειο του. Εάν ήταν ο γυιός ενός φτωχού, τότε κανείς δεν θα είχε ακούσει ποτέ γι' αυτόν. Υπάρχουν πολλοί, το όνομα των οποίων είναι εντελώς άγνωστο. Ακόμη και όταν ήταν ζωντανοί, λίγοι άνθρωποι ήταν σε θέση να αντιληφθούν τη διαφορετικότητα της παρουσίας τους.

Η καλοσύνη έχει τη δική της εγγενή δύναμη, και έχει το δικό της προτέρημα: την ευλογία.

Μπορείτε να πείτε κάτι περισσότερο για την πνευματική σημασία της δύναμης; Όχι ως μέρος της πολιτικής, αλλά ως ενέργεια της αγαθότητας και της ίδιας της ζωής;

Με την πνευματική έννοια, η δύναμη και η ισχύς δεν γίνονται ποτέ ένα. Η δύναμη είναι κάτι το οποίο ακτινοβολεί από μέσα μας, είναι *η πηγή του είναι* μέσα μας. Η ισχύς είναι κάτι το βίαιο.

Η ισχύς είναι παράβαση, καταπάτηση της ελευθερίας των άλλων. Συνήθως οι άνθρωποι δεν καταφέρνουν να διακρίνουν ανάμεσα στις δυο λέξεις. Τις χρησιμοποιούν κατά τρόπο ταυτόσημο. Η αγάπη είναι δύναμη, αλλά όχι εξουσία. Ένας πρόεδρος έχει εξουσία, αλλά όχι δύναμη. Η δύναμη δεν πληγώνει ποτέ κανέναν, είναι πάντοτε μια θεραπευτική ενέργεια. Σε κατακλύζει όπως σε κατακλύζουν τα λουλούδια. Είναι μια αίσθηση η οποία σε προσεγγίζει πολύ σιωπηλά, χωρίς να κάνει κανέναν θόρυβο. Εξαρτάται από εσένα το αν θα τη δεχτείς ή όχι. Δεν σε αναγκάζει να τη δεχτείς. Η δύναμη διατηρεί την αξιοπρέπειά σου ανέπαφη και στην πραγματικότητα την ενισχύει. Σε καθιστά περισσότερο αυτόνομο, σου παρέχει περισσότερη ελευθερία. Δεν θέτει προϋποθέσεις. Η ισχύς είναι το εντελώς αντίθετο της δύναμης. Η ισχύς ισοδυναμεί με άσκηση βίας ενάντια στον άλλο. Αυτές, όμως, οι λέξεις γίνονται συνώνυμες, ταυτίζονται, και θα πρέπει να υπάρχει συγκεκριμένος λόγος που γίνεται αυτό. Έχει να κάνει με το γεγονός ότι στη ζωή βιώνουμε τη μεταστροφή της δύναμης σε ισχύ.

Για παράδειγμα, αγαπάς κάποιον. Αυτό είναι δύναμη. Έπειτα, όμως παντρεύεσαι, είσαι πια σύζυγος και είναι σύζυγος: μια μορφή κοινωνικής σύμβασης. Είναι πλέον μια επιχείρηση. Τώρα η δύναμη εξαφανίζεται και στη θέση της προβάλλει η ισχύς. Εξακολουθείς να χρησιμοποιείς τις ίδιες λέξεις, αλλά δεν έχουν το ίδιο νόημα. Εξακολουθείς να λες "σ' αγαπώ", ξέρεις, όμως, ότι δεν είναι παρά μόνο κούφια λόγια. Ναι, κάποτε είχαν ζωντάνια, κάποτε είχαν τεράστια σημασία. Κάποτε είχαν χυμό μέσα τους, τώρα τα πάντα έχουν ξηρανθεί. Είσαι υποχρεωμένος να πεις "σ' αγαπώ". Δεν βγαίνει από την καρδιά σου, αλλά από το μυαλό σου. Ο χώρος έχει αλλάξει. Εξακολουθείς να φιλάς τη γυναίκα σου, όμως αυτό δεν είναι τίποτε άλλο από μια κίνηση των χειλιών, πίσω από τα χείλη δεν υπάρχει κανένας. Μπορεί εκείνη τη στιγμή ο νους σου να τρέχει αλλού, να σκέπτεσαι τη γραμματέα σου. Η σκέψη της γυναίκας σου μπορεί να τρέχει μακριά, να σκέπτεται το αφεντικό της. Τώρα η δύναμη που ήταν κάποτε μια ακτινοβολία, ένα ενεργειακό πεδίο, έχει εξαφανιστεί. Στη θέση της υπάρχει μόνο η ισχύς. Η αγάπη έχει χαθεί. Ο νόμος έχει υπεισέλθει στη ζωή.

Εξαιτίας αυτών των μεταλλαγών της δύναμης σε ισχύ, οι λέξεις έχουν γίνει ταυτόσημες, ακόμη και για τους γλωσσολόγους, που θα έπρεπε να γνωρίζουν καλύτερα. Η διαφορά είναι πολύ ανεπαίσθητη. Η ισχύς είναι πάντοτε εκείνη που ορίζεται από το ξίφος, και το ξίφος μπορεί να εξελιχθεί σε πυρηνικό όπλο. Η δύναμη ορίζεται πάντοτε από την αγάπη. Μπορεί να αναπτυχθεί μόνο στο εσωτερικό βαθύτερων μυστηρίων, πιο άγνωστων πεδίων. Εν τέλει είναι εκείνη που μπορεί να ανοίξει καί για τους δυο εραστές τις πόρτες σε κάτι υπερβατικό. Μπορεί να τους βοηθήσει να γίνουν ένα με το Σύμπαν. Τις στιγμές που εκδηλώνεται η αγάπη τους, οι δυνάμεις τους συναντιούνται, είναι δυο σώματα, αλλά όχι δυο ψυχές. Τις στιγμές αυτές αρχίζουν να νιώθουν έντονο συγχρονισμό με το ίδιο το γεγονός της ύπαρξης, με το γρασίδι, με τα δένδρα, με τα πουλιά, με τα σύννεφα, με τα αστέρια, κάτι το οποίο μόνο η καρδιά είναι σε θέση να αντιληφθεί. Δεν είναι κάτι που έχει να κάνει με τη λογική, αλλά με την εμπειρία.

Οπότε κατ' αυτήν την έννοια η δύναμη είναι πνευματική. Η ισχύς είναι κάτι το ζωώδες.

Η αγάπη είναι το μεγαλύτερο θαύμα της ύπαρξης. Φυσικά δεν υπάρχει ανώτερη δύναμη από εκείνη της αγάπης. Αλλά η αγάπη δεν είναι μια ισχύς. Η ίδια η λέξη "ισχύς", η ίδια η ηχώ της λέξης, υποδηλώνει ότι παρεμβαίνεις στη ζωή κάποιου. Καταστρέφεις κάποιον, υποβιβάζεις κάποιον στο επίπεδο του αντικειμένου.

Οπότε να θυμάσαι: *η δύναμη δεν εξελίσσεται ποτέ σε ισχύ.* Μεγαλώνει όλο και περισσότερο, μπορεί να λάβει παγκόσμιες διαστάσεις, αλλά εξακολουθεί να διατηρεί τον χαρακτήρα της δύναμης. Είναι μια ευεργεσία, μια ευλογία. Η ισχύς είναι κάτι το απαίσιο. Είναι κάτι το απάνθρωπο. Μην σας ξεγελά το γεγονός ότι στα λεξικά έχουν ταυτόσημη σημασία. Δεν είναι όλα τα λεξικά γραμμένα από φωτισμένους ανθρώπους, διαφορετικά οι λέξεις θα είχαν διαφορετικά νοήματα, διαφορετικές σημασίες, και η γλώσσα θα διακρινόταν από μια καθαρότητα. Ασυνείδητοι, όμως, άνθρωποι εξακολουθούν να γράφουν λεξικά και βιβλία γλωσσολογίας. Δεν γνώρισαν ποτέ τη δύναμη· το μόνο που γνωρίζουν καλά είναι η ισχύς. Φυσικά, γι' αυτούς οι λέξεις είναι ταυτόσημες. Για εμένα, όμως, έχουν αντίθετο νόημα. Κρατήστε τις σε απόσταση, δύναμη και ισχύ, ποτέ μην παρασυρθείτε προς την κατεύθυνση της ισχύος. Να είστε γεμάτοι δύναμη, η οποία θα είναι δική σας. Και να την επεκτείνετε. Αφήστε τους άλλους να τη μοιραστούν μαζί σας.

ΧΑΝΟΝΤΑΣ ΚΑΙ ΒΡΙΣΚΟΝΤΑΣ: ΣΕ ΑΝΑΖΗΤΗΣΗ ΤΗΣ ΚΑΝΟΝΙΚΟΤΗΤΑΣ

Ο καθένας κυνηγά το ασυνήθιστο. Αυτή είναι η αναζήτηση του εγώ: να είσαι κάποιος ο οποίος είναι ξεχωριστός, να είσαι κάποιος ο οποίος είναι μοναδικός, ασύγκριτος. Και αυτό είναι το παράδοξο της υπόθεσης: όσο πιο πολύ προσπαθείς να είσαι εξαιρετικός, τόσο πιο συνηθισμένος δείχνεις, επειδή όλοι κυνηγούν το εξαιρετικό. Είναι μια τόσο συνηθισμένη επιθυμία. Εάν γίνεις συνηθισμένος, η ίδια η αναζήτηση του συνηθισμένου είναι κάτι το ασυνήθιστο, επειδή σπάνια κάποιος θέλει να είναι ο κανένας, σπάνια κάποιος επιθυμεί να είναι ένα κενό. Αυτό είναι κατά κάποιον τρόπο ασυνήθιστο, επειδή κανείς δεν το επιθυμεί. Και όταν γίνεσαι συνηθισμένος, γίνεσαι παράλληλα και ασυνήθιστος, και φυσικά ξαφνικά ανακαλύπτεις ότι χωρίς να ψάξεις έχεις γίνει μοναδικός!

Στην πραγματικότητα ο καθένας είναι μοναδικός. Εάν μπορέσεις έστω και μια στιγμή να διακόψεις το συνεχές κυνηγητό των υψηλότερων στόχων, θα συνειδητοποιήσεις ότι είσαι μοναδικός. Η μοναδικότητά σου δεν είναι κάτι το οποίο θα πρέπει να επινοηθεί, είναι ήδη εκεί. Είναι κάτι που ισχύει εξ ορισμού· το γεγονός ότι υπάρχεις σημαίνει ότι είσαι μοναδικός. Δεν υφίσταται άλλος τρόπος ύπαρξης. Κάθε φύλλο ενός δένδρου είναι μοναδικό, κάθε βότσαλο της θάλασσας είναι μοναδικό· δεν υπάρχει κάποιος άλλος τρόπος ύπαρξης. Πουθενά σε όλη τη Γη δεν θα μπορέσεις να βρεις δυο ίδια βότσαλα.

Δύο ταυτόσημα πράγματα δεν υφίστανται καν, οπότε δεν χρειάζεται να είστε "κάποιος". Να είστε απλά ο εαυτός σας, και ξαφνικά θα είστε μοναδικός και ασύγκριτος. Αυτός είναι ο λόγος για τον οποίο λέω ότι κάτι τέτοιο είναι παράδοξο: εκείνοι που ερευνούν αποτυγχάνουν, και εκείνοι που δεν ασχολούνται καθόλου αποκτούν ξαφνικά την ιδιότητα αυτή. Μην μπερδεύεστε, όμως, με τις λέξεις. Επιτρέψτε μου να επαναλάβω: η επιθυμία να είσαι ξεχωριστός είναι πολύ συνηθισμένη, επειδή ο καθένας διακατέχεται από αυτήν. Και το να αντιλαμβάνεσαι ότι θα πρέπει να είσαι συνηθισμένος είναι κάτι το ιδιαίτερα ασυνήθιστο, επειδή σπάνια συμβαίνει. Ένας Βούδας, ένας Σωκράτης, ένας Λάο Τσε, ένας Ιησούς εμφανίζουν το χαρακτηριστικό αυτό.

Το να προσπαθείς να είσαι μοναδικός είναι κάτι το οποίο υπάρχει στη σκέψη όλων, και όλοι αυτοί οι άνθρωποι αποτυγχάνουν, και αποτυγχάνουν ολοκληρωτικά. Πώς μπορείς να γίνεις πιο μοναδικός απ' ό,τι είσαι ήδη; Η μοναδικότητα είναι εκεί, θα πρέπει να την ανακαλύψεις. Δεν χρειάζεται να την επινοήσεις, είναι κρυμμένη εκεί στο εσωτερικό σου, θα πρέπει να τη φέρεις στην επιφάνεια, αυτό είναι όλο. Αυτή η μοναδικότητα δεν μπορεί να καλλιεργηθεί. Είναι ο θησαυρός σου, τον κουβαλούσες πάντοτε μέσα στην ψυχή σου. Είναι η ίδια η ύπαρξη σου, ο ίδιος ο πυρήνας της ύπαρξής σου. Θα πρέπει απλά να κλείσεις τα μάτια και να κοιτάξεις τον εαυτό σου, θα πρέπει απλά να σταθείς για λίγο, να ξεκουραστείς και να κοιτάξεις.

Τρέχεις, όμως, τόσο γρήγορα, έχεις τόση βιασύνη να πετύχεις τον σκοπό σου, που στο τέλος θα τον χάσεις!

Ειπώθηκε από έναν από τους μεγαλύτερους μαθητές του Λάο Τσε, τον Λιέχ Τζου, ότι κάποτε ένας ανόητος έψαχνε για φωτιά κρατώντας στα χέρια του ένα κερί. Έλεγε, λοιπόν, ο Λιέχ Τζου: «Αν γνώριζε τι είναι η φωτιά, θα είχε μαγειρέψει το ρύζι του νωρίτερα». Έμεινε νηστικός όλη τη νύχτα επειδή έψαχνε για φωτιά, αλλά δεν μπορούσε να τη βρει, και, εν τω μεταξύ στα χέρια του κρατούσε ένα κερί, γιατί πώς είναι δυνατόν να ψάξεις στο σκοτάδι χωρίς να κρατάς κερί;

Αναζητάς τη μοναδικότητα και την κρατάς στο χέρι σου· αν το καταλάβεις, θα μπορέσεις να μαγειρέψεις το ρύζι σου πιο γρήγορα. Μαγείρεψα το ρύζι μου και το γνωρίζω. Μένεις νηστικός χωρίς λόγο! Το ρύζι είναι εκεί, το κερί είναι εκεί, το κερί είναι φωτιά. Δεν χρειάζεται να πάρεις το κερί και να αρχίσεις να ψάχνεις! Εάν πάρεις ένα κερί στο χέρι και αρχίσεις να ψάχνεις σε όλο τον κόσμο, δεν θα βρεις τη φωτιά, επειδή δεν καταλαβαίνεις τι είναι η φωτιά. Διαφορετικά θα καταλάβαινες ότι την έχεις μέσα στο χέρι σου.

Συμβαίνει μερικές φορές στους ανθρώπους οι οποίοι φορούν γυαλιά. Φορούν τα γυαλιά τους και παρ' όλα αυτά τα ψάχνουν. Μπορεί να βιάζονται, και όταν βιάζονται ψάχνουν παντού· ξεχνούν εντελώς ότι φορούν τα γυαλιά τους. Κάποιος μπορεί να πανικοβληθεί. Μπορεί να έχετε βιώσει ανάλογες εμπειρίες στη ζωή σας. Εξαιτίας της έντασης της αναζήτησης πανικοβάλλεστε και ανησυχείτε τόσο πολύ, που η όραση σας δεν είναι πια ξεκάθαρη, και δεν μπορείτε να δείτε κάτι το οποίο είναι μπροστά στα μάτια σας.

Αυτό είναι το θέμα. Δεν χρειάζεται να ψάχνετε για τη μοναδικότητα, είστε ήδη μοναδικός. Δεν υπάρχει τρόπος να καταστήσετε ένα πράγμα περισσότερο μοναδικό. Η φράση "περισσότερο μοναδικό" είναι πλεονασμός, άρα παράλογη. Η λέξη "μοναδικό" αρκεί. Δεν υπάρχει κάτι το οποίο θα μπορούσε να χαρακτηριστεί ως "περισσότερο μοναδικό". Είναι το ίδιο με τη λέξη "κύκλος". Ο κύκλος υπάρχει. Δεν υφίσταται η έννοια του "περισσότερο κύκλου". Κάτι τέτοιο είναι παράλογο. Ένας κύκλος είναι πάντοτε τέλειος, το "περισσότερο" δεν χρειάζεται.

Δεν υπάρχουν επίπεδα κυκλικότητας· ένας κύκλος είναι ένας κύκλος, καθετί περισσότερο ή λιγότερο είναι άχρηστο.

Η μοναδικότητα είναι μοναδικότητα, το λιγότερο και το περισσότερο δεν ταιριάζουν σε αυτήν. Είσαι ήδη μοναδικός. Κάποιος το συνειδητοποιεί αυτό μόνο όταν είναι έτοιμος να γίνει συνηθισμένος, και αυτό είναι το παράδοξο. Αν το αντιληφθείς, όμως, δεν υπάρχει κάποιο πρόβλημα· το παράδοξο είναι εκεί, και είναι όμορφο, και δεν υπάρχει κανένα πρόβλημα. Ένα παράδοξο δεν είναι κατ' ανάγκην πρόβλημα. Δίνει την εντύπωση προβλήματος, αν δεν το καταλαβαίνεις. Εάν το καταλάβεις, τότε είναι κάτι όμορφο, είναι ένα μυστήριο.

Γίνε συνηθισμένος και θα γίνεις μοναδικός, προσπάθησε να γίνεις μοναδικός, και θα μείνεις συνηθισμένος.

● **Μιλήστε, παρακαλώ, για τη διαφορά**
● **ανάμεσα στο μέτρο και στη μετριότητα.**

Η μετριότητα είναι η λέξη η οποία χαρακτηρίζει σε γενικές γραμμές την κατάσταση στην οποία βρίσκεται η ανθρωπότητα. Πρόκειται για μια υστέρηση της νοημοσύνης. Κανείς δεν θέλει να είσαι νοήμων, επειδή όσο πιο νοήμων είσαι, τόσο πιο δύσκολο είναι να σε εκμεταλλευτεί. Κάθε κατοχυρωμένο συμφέρον σε θέλει μετριότητα. Ένας μέτριος άνθρωπος μοιάζει με το δένδρο εκείνο του οποίου κόβουν συνέχεια τις ρίζες ώστε να μην μπορέσει να μεγαλώσει. Ο μέτριος άνθρωπος ποτέ δεν ανθίζει και δεν καρποφορεί εσωτερικά. Αυτή, όμως, είναι η συνήθης κατάσταση. Και προκειμένου να διατηρήσεις τον μέσο άνθρωπο σε κατάσταση μετριότητας, πρέπει να του εμφυτεύσεις στο μυαλό μια παράξενη ιδέα: ότι δηλαδή είναι εξαιρετικός.

Ο Γκουρτζίεφ συνήθιζε να λέει μια ενδιαφέρουσα ιστορία, την εξής:

Υπήρχε κάποτε ένας βοσκός ο οποίος ήταν μάγος και είχε πολλά πρόβατα. Προκειμένου να τα φροντίζει, και να μην τα έχει να περιπλανώνται αδέσποτα στο δάσος, κινδυνεύοντας από τα άγρια ζώα, επινόησε το εξής τέχνασμα. Υπνώτισε όλα τα πρόβατα και τους είπε: «Δεν είστε πρόβατα, είσαστε λιοντάρια». Από εκείνη την ημέρα και ύστερα τα πρόβατα άρχισαν να συμπεριφέρονται σαν λιοντάρια. Ο μέτριος άνθρωπος θα εξεγερθεί ενάντια στη μετριότητα, επειδή είναι κάτι το άσχημο. Η κοινωνία, όμως, με πολλούς τρόπους δίνει στον άνθρωπο την αίσθηση ότι είναι "μοναδικός". Ως εκ τούτου είναι πολύ δύσκολο να βρεις κάποιον ο οποίος βαθιά μέσα του δεν πιστεύει ότι είναι ξεχωριστός, ο μονογενής υιός του Θεού. Μπορεί να μην ομολογεί κάτι τέτοιο, επειδή γνωρίζει τι συμβαίνει στην περίπτωση που ισχυρίζεσαι ότι είσαι ο μονογενής υιός του Θεού. Τότε η σταύρωση είναι βέβαιη, και όσο για την ανάσταση, κανείς δεν ξέρει αν όντως συνέβη ή όχι. Οπότε το κρατάει μέσα του. Αυτό τον βοηθά να παραμείνει μέτριος. Εάν αντιληφθεί ότι δεν είναι παρά μια μετριότητα, αυτή καθαυτή η γνώση θα υπονομεύσει τη μετριότητά του. Το να αντιληφθείς ότι είσαι μια μετριότητα, προϋποθέτει ένα τεράστιο διανοητικό άλμα.

Το συνηθισμένο άτομο είναι το φυσιολογικό άτομο. Η Φύση δεν δημιουργεί ξεχωριστούς ανθρώπους. Δημιουργεί μοναδικούς ανθρώπους αλλά όχι ξεχωριστούς. Ο καθένας με τον τρόπο του είναι μοναδικός.

Ο μεγάλος πεύκος και η μικρή τριανταφυλλιά... Ποιό από τα δύο είναι υψηλότερο; Ούτε ο μεγάλος πεύκος καυχιέται ποτέ ότι είναι ψηλότερος, ούτε η τριανταφυλλιά καυχιέται ποτέ λέγοντας: «Μπορεί να είσαι εσύ υψηλότερος, πού είναι, όμως, τα τριαντάφυλλα σου; Το πραγματικό ανάστημα έχει να κάνει με τα τριαντάφυλλα και το άρωμα, έχει να κάνει με την ανθοφορία. Το ύψος καθαυτό δεν επαρκεί για να σε καταστήσει υψηλότερο από εμένα!» Όχι, η τριανταφυλλιά και ο πεύκος συνυπάρχουν από κοινού, χωρίς φιλονικίες και ανταγωνισμούς, για τον απλό λόγο ότι και τα δυο αντιλαμβάνονται πως αποτελούν κομμάτι του ίδιου φυσικού περιβάλλοντος.

Όταν κάνω λόγο για κανονικότητα, εννοώ να αποβάλλετε την ιδέα να γίνετε ξεχωριστοί, μια ιδέα η οποία σας κρατά σε κατάσταση μετριότητας. Το να είσαι συνηθισμένος είναι το πιο ασυνήθιστο πράγμα στον κόσμο. Παρατήρησε απλά τον εαυτό σου.

218 ΤΟ ΒΙΒΛΙΟ ΤΗΣ ΚΑΤΑΝΟΗΣΗΣ

Πονάει πάρα πολύ, είναι οδυνηρό να αποδεχτείς ότι δεν είσαι ξεχωριστός. Δες τότε τι συμβαίνει όταν συμβιβάζεσαι με την ιδέα ότι είσαι συνηθισμένος. Ένα μεγάλο βάρος φεύγει από πάνω σου. Ξαφνικά βρίσκεσαι σε ανοικτό χώρο και νιώθεις φυσιολογικά, άνετα με τον εαυτό σου. Το φυσιολογικό άτομο διαθέτει μια μοναδικότητα και μια απλότητα, μια ταπεινότητα. Μέσα από αυτή του την απλότητα, την ταπεινότητα και τη μοναδικότητα έχει γίνει ξεχωριστός, αλλά δεν έχει ιδέα περί αυτού.

Οι άνθρωποι οι οποίοι είναι ταπεινοί και αποδέχονται απλά ότι είναι συνηθισμένοι άνθρωποι όπως όλοι, θα διακρίνεις στα μάτια τους ένα φως. Θα διακρίνεις μια χάρη στις ενέργειές τους. Δεν θα τους δεις να είναι ανταγωνιστικοί, δεν θα τους δεις να κλέβουν. Δεν θα τους δεις να προδίδουν. Δεν θα αμφιταλαντεύονται. Δεν θα είναι υποκριτές.

Εάν είσαι ένας συνηθισμένος άνθρωπος ποιός ο λόγος να είσαι υποκριτής; Μπορείς να ανοίξεις την καρδιά σου στον καθένα, επειδή δεν υποκρίνεσαι πως είσαι κάτι. Αρχίζεις να γίνεσαι μυστικοπαθής όταν αρχίζεις να υποκρίνεσαι. Αρχίζεις να αισθάνεσαι πολύ μεγάλος. Μπορεί να το ομολογείς, μπορεί και όχι, αλλά μέσα από την υποκρισία σου, πίσω από τις μάσκες, το μυαλό σου παίρνει όλο και πιο πολύ αέρα. Είναι μια αρρώστια.

Και ποιός είναι εκείνος που θεωρεί τον εαυτό του ξεχωριστό; Είναι εκείνος ο οποίος πάσχει από σύνδρομο κατωτερότητας. Προκειμένου να συγκαλύψει την ανεπάρκειά του αυτή προβάλλει ακριβώς το αντίθετο. Το μόνο που κάνει, όμως, είναι να εξαπατά τον εαυτό του. Δεν κατορθώνει να εξαπατήσει κανένα άλλον.

Ένας φυσιολογικός άνθρωπος δεν έχει ανάγκη να είναι υποκριτής, δεν χρειάζεται να προσποιείται. Είναι απλά ανοιχτός, δεν χρειάζεται να είναι μυστικοπαθής. Και σε αυτήν την απλότητα και τη φιλική διάθεση, υπάρχει ομορφιά.

Ο καθένας θα πρέπει να κοιτάξει μέσα του. Οι άνθρωποι, όμως, είναι τόσο καλοί στο να εξαπατούν, που εξαπατώντας τους άλλους, αρχίζουν σταδιακά να εξαπατούν τον ίδιο τον εαυτό τους! Γίνονται τέλειοι ως προς αυτό. Είναι επικίνδυνο να είσαι υποκριτής, επειδή αργά ή γρήγορα θα αρχίσεις να πιστεύεις ότι αυτό είναι το αληθινό σου πρόσωπο.

Καθ' όλη τη διάρκεια των δεκαετιών που δουλεύω με τους ανθρώπους, πραγματικά συνάντησα χιλιάδες ανθρώπους, εξοικειώθηκα μαζί τους και προβληματίστηκα με τον τρόπο με τον οποίο οι άνθρωποι αυτοί κατόρθωναν να εξαπατούν τον εαυτό τους. Το να εξαπατάς τους άλλους είναι κατανοητό, αυτοί όμως εξαπατούσαν τον εαυτό τους. Και δεν μπορείς να τους αποσπάσεις από αυτήν την πλάνη, επειδή αυτή η πλάνη είναι ο μοναδικός τους θησαυρός. Γνωρίζουν ότι πίσω από αυτήν την πλάνη δεν υπάρχει παρά μόνο σκοτάδι, κενό, και ένα σύμπλεγμα κατωτερότητας. Οπότε γαντζώνονται γερά από την πλάνη τους.

Αυτό είναι ένα πρόβλημα με όλους τους μέτριους ανθρώπους. Δεν μπορούν να ανεχτούν οιονδήποτε είναι καλύτερος από αυτούς, ακριβώς επειδή καταστρέφει την ψευδαίσθηση της μοναδικότητάς τους. Κανείς, όμως, δεν μπορεί να σου αφαιρέσει την κανονικότητά σου. Δεν πρόκειται για μια προβολή, αλλά για μια πραγματικότητα.

Η τριανταφυλλιά είναι φυσιολογική, ο πεύκος είναι φυσιολογικός, το ελάφι είναι φυσιολογικό. Γιατί θα πρέπει το οποιοδήποτε ανθρώπινο πλάσμα να είναι αφύσικο; Μόνο τα ανθρώπινα πλάσματα φαίνεται πως αρρωσταίνουν. Όλη η πλάση ζει σε καθεστώς απόλυτης φυσικότητας, και ως εκ τούτου είναι ευτυχισμένη, είναι πράγματι μια ευλογία. Αλλά το ανθρώπινο ον είναι άρρωστο. Η αρρώστια του έχει να κάνει με το γεγονός ότι δεν μπορεί να αποδεχτεί τον εαυτό του ως έχει. Θέλει να είναι κάποιος μεγάλος: Ας πούμε... ο Αλέξανδρος ο Μέγας, ή η Μαντόνα... Κάτι λιγότερο από αυτό δεν του κάνει.

Ξεχνά, όμως, τί κέρδισε στο τέλος ο Αλέξανδρος. Έζησε μόνο τριάντα τρία χρόνια, πέρασε όλη του τη ζωή πολεμώντας. Δεν είχε την ευκαιρία να ζήσει, δεν είχε τον χρόνο να ζήσει σαν φυσιολογικό πλάσμα.

Είναι γνωστή η συνάντηση του Αλεξάνδρου με τον κυνικό φιλόσοφο, τον Διογένη. Πλησιάζει, λοιπόν, ο Αλέξανδρος τον Διογένη, και του λέει με βασιλική υπεροψία: «Είμαι ο βασιλεύς Αλέξανδρος». Ο Διογένης ατάραχος του απαντά: «Και εγώ είμαι ο Διογένης ο Κύων». «Και δεν με φοβάσαι;» ρώτησε ο Αλέξανδρος εντυπωσιασμένος από την αδιαφορία και την ειρωνεία του φιλοσόφου. Ο Διογένης τότε του απήντησε: «Μπα, και τί είσαι; Καλό ή κακό». Ο Αλέξανδρος έμεινε σκεπτικός για λίγο. Δεν μπορεί, βέβαια ένας βασιλιάς να πει ότι είναι κάτι κακό. Και αν είναι κάτι καλό, τότε γιατί κάποιος να φοβάται το καλό; «Ποιός είναι, κατά τη γνώμη σου ο καλός βασιλιάς», ρώτησε ο Αλέξανδρος. «Απάντησέ μου πρώτα σ' αυτό». Τότε ο Διογένης του είπε: «Καλός είναι ο βασιλιάς μόνο αν είναι ωφέλιμος στον λαό». Και για να δώσει ένταση σε αυτόν τον ισχυρισμό πρόσθεσε: «Εάν κατακτήσεις όλον τον κόσμο και δεν ωφελήσεις τον λαό, τότε δεν είσαι ωφέλιμος. Εάν κατακτήσεις όλη την Αφρική και την Ασία, και δεν ωφελήσεις τον λαό, πάλι δεν είσαι ωφέλιμος. Ακόμη κι εάν περάσεις τις στήλες του Ηρακλέους και διανύσεις όλο τον Ωκεανό και κατακτήσεις αυτήν την ήπειρο που είναι μεγαλύτερη της Ασίας και δεν ωφελήσεις τον λαό, πάλι δεν είσαι ωφέλιμος!»

Στριμωγμένος ο Αλέξανδρος από τον κυνικό φιλόσοφο, για τον οποίο έτρεφε μεγάλο σεβασμό, πράγμα που δείχνει και τη δική του μεγαλοσύνη, αντί άλλης απάντησης του είπε: «Τί χάρη θέλεις να σου κάνω, Διογένη;» Και ο Διογένης του είπε το περίφημο: «Αποσκότησόν με!» Δηλαδή, αν το αναλύσουμε φιλοσοφικά, "Μη με σκοτίζεις. Βγάλε με, από το σκότος, από τη λήθη, και δείξε μου την αλήθεια". Το έξυπνο λογοπαίγνιο του Διογένη μπορεί και να εννοηθεί ως: "Μη μου κρύβεις τον ήλιο", όπως επικράτησε τελικώς να ερμηνεύεται η φράση του, καθώς οι Κυνικοί πίστευαν πώς η ευτυχία του ανθρώπου βρίσκεται στη λιτότητα, στη ζεστασιά του ήλιου, και δεν έχει να κάνει με τα υλικά πλούτη. Μόλις το άκουσε αυτό ο Αλέξανδρος είπε το περίφημο: «Εάν δεν ήμουν Αλέξανδρος, θα ήθελα να ήμουν Διογένης». Έτσι ο

Αλέξανδρος που κι ο ίδιος ήταν φίλος της σοφίας, έπιασε το μήνυμα και του είπε: «Καταλαβαίνω απόλυτα το νόημα των όσων είπες. Όταν θα επιστρέψω, θα προσπαθήσω να ακολουθήσω τις συμβουλές σου». Ο Διογένης τότε του είπε: «Να θυμάσαι, κανείς δεν επιστρέφει ποτέ από ένα εγωιστικό ταξίδι. Η ζωή σου θα φθάσει στο τέρμα προτού τελειώσει αυτό το ταξίδι». Και όντως αυτό συνέβη. Ο Αλέξανδρος δεν επέστρεψε ποτέ στην πατρίδα του. Πέθανε στο δρόμο της επιστροφής. Και καθώς πέθαινε, θυμήθηκε τη ρήση του Διογένη ότι κανείς δεν επιστρέφει ποτέ: «Το εγώ είναι που σε οδηγεί και δεν έχει τέλος. Δημιουργεί περισσότερους στόχους, νέους στόχους, υψηλότερους στόχους».

Σε ένδειξη σεβασμού προς τον Διογένη, ο Αλέξανδρος είπε στους άνδρες του, λίγο πριν ξεψυχήσει: «Να αφήσετε τα χέρια μου έξω από τη σαρκοφάγο».

Του είπαν: «Μα δεν είναι αυτή η παράδοση! Τα χέρια θα πρέπει να βρίσκονται μέσα στη σαρκοφάγο...»

Ο Αλέξανδρος απάντησε με τρόπο λίαν φιλοσοφικό: «Πρέπει να κρέμονται έξω, γιατί θέλω ο κόσμος να δει ότι με άδεια χέρια ήλθα στον κόσμο, με άδεια χέρια έζησα, και με άδεια χέρια φεύγω από τον κόσμο αυτόν».

Αυτά τα άδεια χέρια του Μεγάλου Αλεξάνδρου αντιπροσωπεύουν σχεδόν τα χέρια όλων μας.

Εάν θέλεις να ζήσεις αυθεντικά και με ειλικρίνεια, τότε να είσαι φυσικός. Τότε κανείς δεν θα μπορεί να σε ανταγωνιστεί. Είσαι εκτός της κούρσας του ανταγωνισμού ο οποίος είναι καταστρεπτικός.

Ξαφνικά είσαι ελεύθερος να ζήσεις. Έχεις χρόνο για να ζήσεις. Έχεις χρόνο για να κάνεις αυτό που θέλεις. Μπορείς να γελάσεις, μπορείς να τραγουδήσεις, μπορείς να χορέψεις. Είσαι ένα φυσιολογικό άτομο. Τί κι αν όλος ο κόσμος γελά με αυτό; Είναι όλοι ξεχωριστοί άνθρωποι, έχουν το δικαίωμα να γελούν. Εσύ έχεις το δικαίωμα να χορέψεις. Το γέλιο τους είναι ψεύτικο, ο χορός σου είναι πραγματικός.

Το μέτριο μυαλό, όμως, δεν είναι σε θέση να καταλάβει. Το διανοητικό του επίπεδο είναι κολλημένο στην ηλικία των δεκατριών ετών ή και πιο κάτω από αυτήν. Ο άνθρωπος μπορεί να είναι σαράντα, πενήντα, εβδομήντα ετών, αυτό δεν έχει σημασία, αυτή είναι η σωματική του ηλικία. Μεγάλωσε ηλικιακά, αλλά ποτέ δεν ωρίμασε διανοητικά. Θα πρέπει να προσέξετε τη διαφορά. Το να μεγαλώνεις σωματικά είναι κάτι το οποίο το κατορθώνει κάθε ζώο. Το να αναπτύσσεσαι, όμως, διανοητικά είναι κάτι το οποίο *ελάχιστοι* άνθρωποι κατορθώνουν. Και το πρώτο σκαλοπάτι για την επίτευξη αυτής της διανοητικής ανάπτυξης έχει να κάνει με την αποδοχή της απλότητάς σου, της ταπεινότητάς σου.

Πώς είναι δυνατόν να είσαι εγωιστής όταν ζεις σε ένα τόσο όμορφο, αχανές, απέραντο, απόλυτο, Σύμπαν; Τί είδους εγωισμό μπορείς να έχεις; Το εγώ σου μπορεί να είναι απλά μια σαπουνόφουσκα. Μπορεί να κρατήσει για μόνο λίγα δευτερόλεπτα, ανεβαίνοντας ψηλά στον αέρα. Ίσως για λίγα δευτερόλεπτα να καθρεπτίσει ένα ουράνιο τόξο, αλλά μόνο για λίγα δευτερόλεπτα. Μέσα σε αυτήν την απέραντη και αιώνια πλάση, τα εγώ σας εξακολουθούν να σκάνε κάθε λεπτό.

Είναι καλύτερο να μην είστε προσκολλημένοι στις σαπουνόφουσκες. Μπορείτε να παίξετε με αυτές όταν είστε στη μπανιέρα. Μπορείτε να παίζετε σκάζοντας αυτές τις σαπουνόφουσκες, και λέγοντας στον εαυτό σας: «Αυτό είναι το εγώ μου, το οποίο εγώ ο ίδιος το καταστρέφω». Οπότε όταν βγαίνετε από τη μπανιέρα είστε πλέον ένα φυσιολογικό άτομο, αναζωογονημένος, ταπεινός, καθαρός.

Η επιθυμία του ανθρώπου να εξουσιάζει τους άλλους, αυτή καθαυτή η επιθυμία του για εξουσία, είναι ένα από τα μεγαλύτερα εγκλήματα τα οποία διέπραξε ο άνθρωπος. Θα πρέπει πάντοτε να το έχετε υπ' όψιν σας αυτό. Εξ ου και η επιμονή μου να είστε φυσιολογικοί. Και είναι κάτι το ωραίο. Το λέω από προσωπική μου πείρα.

Κανείς εγωιστής στην ιστορία της ανθρωπότητας δεν είπε ότι ο εγωκεντρισμός είναι κάτι όμορφο, ότι του χάρισε μεγάλα βιώματα. Όλοι οι εγωιστές πέθαναν μέσα στην απογοήτευση και στην απελπισία, επειδή το εγώ δεν γνωρίζει όρια. Οπότε πάντοτε απογοητεύεστε.

Μπορώ να σας πω από την εμπειρία μου ως φυσιολογικό άτομο ότι η αίσθηση αυτή είναι η απόλυτη έκσταση. Σε πλημμυρίζει με ουσία. Δεν υπάρχει φραγμός. Σε πλημμυρίζει με τα αστέρια και με τον ουρανό και με τη γη. Δεν είσαι πλέον κάτι το ξεχωριστό. Το εγώ είναι εκείνο που σε χωρίζει. Και η αίσθηση της ενότητας με αυτήν την εξαίσια ύπαρξη είναι κατ' εμέ εκείνη που αντιπροσωπεύει τη θρησκευτικότητα.

Εάν ο καθένας αποδεχόταν την κανονικότητα του, κάτι τέτοιο θα έλυνε άραγε τα προβλήματα της ανισότητας στον κόσμο;

Στο παρελθόν αυτές ήταν οι μόνες δύο εναλλακτικές: είτε όλοι ήταν ίσοι –ισότητα όλων των ανθρωπίνων όντων– ή επικρατούσε ανισότητα μεταξύ των ανθρώπων. Η εναλλακτική σε αυτήν τη θεώρηση είναι να κατανοήσει κανείς ότι οι άνθρωποι είναι μοναδικοί και δεν τίθεται θέμα σύγκρισης μεταξύ τους. Δεν μπορούν να συγκριθούν, οπότε πώς μπορείς να πεις ποιός είναι ανώτερος και ποιός κατώτερος; Είναι το άνθος του κατιφέ κατώτερο από εκείνο της τριανταφυλλιάς; Πώς μπορεί να κρίνει κάποιος; Είναι μοναδικά μέσα στην ατομικότητα τους. Η όλη Πλάση δεν δημιουργεί παρά μόνο μοναδικούς ανθρώπους, δεν πιστεύει στα πιστά αντίγραφα. Οπότε, δεν τίθεται ερώτημα περί ισότητας ή ανισότητας. Αυτή η ερμηνεία χτυπά το πρόβλημα στη ρίζα του.

Είναι γνωστή η ιστορία του Προκρούστη. Αυτός ο τρελός βασιλιάς είχε ένα πολύ όμορφο σπίτι φτιαγμένο αποκλειστικά για τους καλεσμένους του, και είχε φτιάξει εκεί κι ένα ολόχρυσο κρεβάτι. Όταν ο καλεσμένος έμπαινε στο σπίτι δεν μπορούσε να πιστέψει ότι γινόταν δεκτός με τέτοια θέρμη, με τέτοιο σεβασμό και τιμή! «Και μετά οι άλλοι λένε ότι ο άνθρωπος αυτός είναι τρελός! Δεν είναι!» έλεγε μέσα του, όταν έβλεπε τόση περιποίηση.

Πολύ σύντομα, όμως, επρόκειτο να ανακαλύψει ότι όντως ήταν τρελός ο Προκρούστης. Η τρέλα του είχε να κάνει με το γεγονός ότι ο καλεσμένος του έπρεπε να χωράει ίσα-ίσα στο χρυσό κρεβάτι που του παραχωρούσε. Αν ήταν πιο ψηλός τότε θα έπρεπε να τον κοντύνει –κόβοντας ένα μικρό μέρος από τα πόδια του.

Εάν ήταν πιο κοντός –πιστεύω ότι αυτός ο τρελός άνθρωπος ήταν εκείνος που επινόησε τις εκτάσεις– ο βασιλιάς είχε μεγαλόσωμους παλαιστές οι οποίοι τραβούσαν τον καλεσμένο από τα χέρια και τα πόδια για να τον κάνουν να χωρέσει στο κρεβάτι. Το αν θα ζούσε ή θα πέθαινε δεν είχε καμμία σημασία! Εκείνο που μετρούσε ήταν το μέγεθος του κρεβατιού! Τις περισσότερες φορές οι άνθρωποι που υποβάλλονταν στις δοκιμασίες αυτές πέθαιναν!

Αυτή η ιδέα του να τους κάνουμε όλους ίσους, κόβοντας τους στο ίδιο μέγεθος –μορφωτικά, οικονομικά, με όποιον άλλο τρόπο– είναι παράλογη, επειδή η ανεπάρκεια θα καταστεί εμφανής σε άλλες διαστάσεις. Οι άνθρωποι δεν είναι το ίδιο όμορφοι, οπότε η πλαστική χειρουργική θα πρέπει να τους κάνει το ίδιο όμορφους όλους! Το χρώμα τους δεν είναι το ίδιο, οπότε κάποια ημέρα θα πρέπει να τους χορηγήσουν χρωστικές υπό μορφή ένεσης ώστε να αποκτήσουν όλοι το ίδιο χρώμα. Ξανθοί, γαλανομάτηδες, για παράδειγμα!

Το καθετί είναι μοναδικό. Δεν μπορείς να βρεις δυο ανθρώπους οι οποίοι να μοιάζουν απόλυτα. Και ο κομμουνισμός, για παράδειγμα, κήρυττε την ιδέα ότι όλοι οι άνθρωποι είναι ίσοι. Διανοητικά δεν μπορείς να τους κάνεις ίσους. Η ευφυΐα ενός μουσικού και η ευφυΐα ενός μαθηματικού ανήκουν σε εντελώς διαφορετικές σφαίρες. Εάν θες να τους καταστήσεις ίσους, τότε θα πρέπει να καταστρέψεις τις κορυφές, τα ύψη της ιδιοφυΐας και να τους υποβιβάσεις στον κατώτερο παρονομαστή. Σε αυτήν την περίπτωση ο κομμουνισμός θα είναι η μεγαλύτερη σφαγή που θα έχει λάβει χώρα καθ' όλη τη διάρκεια της ιστορίας της ανθρωπότητας.

Υπερασπίζομαι με σθένος τη μοναδικότητα του ανθρώπου. Ναι, σε κάθε άνθρωπο θα πρέπει να δίνεται η ευκαιρία να είναι ο εαυτός του! Με άλλα λόγια, κάθε ένας θα πρέπει να έχει την ευκαιρία να είναι άνισος, να είναι μοναδικός! Οι ευκαιρίες μπορεί να δοθούν, αλλά ο μαθηματικός θα πρέπει να γίνει μαθηματικός, και ο μουσικός θα πρέπει να γίνει μουσικός.

Καμμία κοινωνία, όμως, μέχρι σήμερα δεν έχει δώσει στο άτομο την ελευθερία που του ανήκει. Νομίζετε ότι είστε ελεύθεροι. Στην πραγματικότητα ζείτε σε μια αυταπάτη. Η ανθρωπότητα θα αποκτήσει πραγματικά την ελευθερία της την ημέρα εκείνη που θα πάψει να καλλιεργείται στα παιδιά το σύνδρομο κατωτερότητας, διαφορετικά η ελευθερία δεν είναι παρά υποκρισία. Οι άλλοι προσπαθούν να σε κάνουν μαριονέτα.

Οι προθέσεις των γονέων δεν είναι κακές, οι προθέσεις των δασκάλων δεν είναι κακές. Δεν υποπτεύομαι ποτέ τις προθέσεις· εκείνο, όμως, που υποπτεύομαι είναι η ευφυΐα τους. Εκείνο που υποπτεύομαι είναι ο βαθμός κατανόησης εκ μέρους τους της ανθρώπινης φύσης, της προόδου και των δυνατοτήτων της!

Εάν μέσα σου είσαι καθαρός και δεν φέρεις το στίγμα της κατωτερότητος, τότε ποιός νοιάζεται για το τί περιμένουν οι άνθρωποι από εσένα; Δεν εκπλήρωσες ποτέ τις προσδοκίες κανενός. Έζησες απλά τη ζωή σου σύμφωνα με τη δική σου διαίσθηση και ενόραση. Και έτσι πρέπει να είναι. Ένας υγιής άνθρωπος δεν θα πρέπει να διακατέχεται από σύμπλεγμα κατωτερότητας!

Και η άλλη όψη της ιστορίας έχει ως εξής: εάν δεν έχεις σύνδρομο κατωτερότητας, δεν θα προσπαθήσεις ποτέ να γίνεις ανώτερος. Δεν υπάρχει λόγος να είσαι ανώτερος από κάποιον, να κυριαρχείς επάνω σε κάποιον, να έχεις το πάνω χέρι, να ελέγχεις κάποιον. Δεν θα γίνεις ποτέ πολιτικός. Βασικά μόνο οι άνθρωποι οι οποίοι υποφέρουν από σύνδρομο κατωτερότητας ελκύονται από την πολιτική. Η ίδια η έλξη τους συνιστά απόδειξη της φύσης του προβλήματός τους. Κάθε ένας ο οποίος ελκύεται από την πολιτική θα πρέπει να τυγχάνει άμεσα ψυχολογικής παρακολούθησης. Όλοι οι πολιτικοί είναι άρρωστοι, μηδενός εξαιρουμένου. Αν δεν ήταν άρρωστοι, δεν θα ασχολούνταν με την πολιτική.

Ένας άνθρωπος ο οποίος δεν επιθυμεί να ασκεί εξουσία επάνω σε άλλους, να αποδεικνύει στον εαυτό του ότι αξίζει, επειδή ακριβώς δεν υπάρχει λόγος να συμβεί κάτι τέτοιο, είναι ζωντανός, αναπνέει, δρα. Και μόνο αυτό αρκεί ως απόδειξη. Έχει δώσει το στίγμα του, και σίγουρα φέρει τη δική του υπογραφή και όχι κάποιου άλλου. Και να θυμάστε: αν το δακτυλικό σας αποτύπωμα είναι μοναδικό στον κόσμο, πόσο μάλλον η συνολική παρουσία σας! Εάν η Φύση δεν δημιουργεί δυο ίδιους αντίχειρες, δείτε πόσο πολύ ενδιαφέρεται για τη μοναδικότητα αυτή! Ούτε καν από λάθος δυο αντίχειρες δεν έχουν το ίδιο αποτύπωμα, και υπάρχουν δισεκατομμύρια άνθρωποι στη γη!

Το να υπάρχεις είναι τόσο σημαντικό που είναι αναντικατάστατο. Είσαι απλά ο εαυτός σου. Κάνε κάτι το οποίο πηγάζει από σένα, όχι για να επιβληθείς, αλλά για να εκφραστείς! Τραγούδησε το τραγούδι σου, χόρεψε τον χορό σου, νιώσε χαρά που είσαι εκείνο που η Φύση η ίδια διάλεξε να είσαι! Για να το κάνει, αυτή ξέρει!

Το να μπορέσουμε να καταστρέψουμε το σύνδρομο κατωτερότητας, είναι πλέον πολύ απλό: οι δάσκαλοι και οι γονείς θα πρέπει να προσέξουν ώστε να μην επιβάλλουν τη θέληση τους στα αβοήθητα παιδιά. Μέσα στο χρονικό διάστημα δυο δεκαετιών η νέα γενιά θα έχει απαλλαγεί από το σύνδρομο κατωτερότητας. Και μαζί με αυτό θα ακολουθήσουν όλοι οι πολιτικοί, όλοι οι πρόεδροι και όλοι οι πρωθυπουργοί. Και η αποχώρησή τους θα είναι μεγάλη ανακούφιση για όλους!

Οι άνθρωποι θα μπορούν να εκφράσουν τη δημιουργικότητά τους. Θα υπάρχουν μουσικοί, θα υπάρχουν χορευτές, θα υπάρχουν ζωγράφοι, ξυλουργοί. Κάθε μορφή δημιουργικότητας θα εκδηλωθεί στον κόσμο. Κανείς, όμως, δεν ανταγωνίζεται τον άλλο, απλά κάνει ό,τι καλύτερο μπορεί. Είναι χαρά του. Η χαρά δεν βρίσκεται στον ανταγωνισμό, η χαρά δεν έχει να κάνει με την πρωτιά, η χαρά έχει να κάνει με τη δραστηριότητα. Δεν είναι κάτι ξεχωριστό από την πράξη, αλλά κάτι εγγενές. Αυτό είναι το όραμά μου για τη νέα ανθρωπότητα. Θα δουλεύουμε, αλλά η δουλειά μας θα είναι η ζωή μας, θα δίνουμε όλη μας την ψυχή. Ό,τι και αν κάνουμε, δεν έχει σημασία.

Μου έρχεται στο μυαλό ο Αβραάμ Λίνκολν. Όταν έγινε πρόεδρος της Αμερικής, πήρε κι έδωσε στον τύπο της εποχής ότι ο πατέρας του ήταν τσαγκάρης. Και φυσικά οι εγωιστές και υπερφίαλοι άνθρωποι προσβλήθηκαν από το γεγονός ότι ο γυιός ενός τσαγκάρη γινόταν πρόεδρος. Ήταν αριστοκράτες οι οποίοι πίστευαν ότι είχαν εκ γενετής το δικαίωμα να καταλαμβάνουν τα ανώτερα κυβερνητικά κλιμάκια. Ο γυιός ενός τσαγκάρη, λοιπόν; Την πρώτη ημέρα, καθώς ο Αβραάμ Λίνκολν εισήλθε στο κοινοβούλιο για να εκφωνήσει τον πρώτο του λόγο, ακριβώς στη μέση της αίθουσας, ένας άνδρας σηκώθηκε όρθιος. Ήταν ένας πολύ πλούσιος αριστοκράτης. Είπε: «Κύριε Λίνκολν, δεν θα πρέπει να ξεχνάτε ότι ο πατέρας σας έφτιαχνε παπούτσια για τα μέλη της οικογένειάς μου». Όλη η Γερουσία ξέσπασε σε γέλια. Πίστευαν ότι είχαν ρεζιλέψει τον Αβραάμ Λίνκολν.

Ο Λίνκολν, όμως –και αυτός ο τύπος ανθρώπου είναι φτιαγμένος από εντελώς διαφορετική στόφα– κοίταξε τον άνδρα εκείνον ήρεμα, και του είπε: «Κύριε, γνωρίζω πολύ καλά ότι ο πατέρας μου συνήθιζε να φτιάχνει παπούτσια στο σπίτι σας για την οικογένεια σας, αν και δεν θα πρέπει να είστε ο μόνος εδώ... επειδή έφτιαχνε παπούτσια με τέτοιο τρόπο που κανείς άλλος δεν μπορούσε να τον μιμηθεί. Ήταν ένας δημιουργός. Τα παπούτσια του δεν ήταν απλά παπούτσια, έδινε σε αυτά όλο του το είναι. Θα ήθελα να σας ρωτήσω: έχετε κάποιο παράπονο; Επειδή ξέρω κι εγώ να φτιάχνω παπούτσια. Αν έχετε κάποιο παράπονο, μπορώ να σας φτιάξω ένα άλλο ζευγάρι παπούτσια, δωρεάν. Απ' ό,τι ξέρω, όμως, κανείς δεν παραπονέθηκε ποτέ για τα παπούτσια του πατέρα μου. Ήταν μια ιδιοφυΐα, ένας μεγάλος δημιουργός, και είμαι υπερήφανος για τον πατέρα μου!»

Όλη η Σύγκλητος έμεινε άφωνη. Δεν μπορούσαν να καταλάβουν τί είδους άνθρωπος ήταν ο Αβραάμ Λίνκολν. Είχε αναδείξει την υποδηματοποιία σε τέχνη, σε δημιουργικότητα.

Και ήταν υπερήφανος, γιατί ο πατέρας του έκανε τη δουλειά του τόσο καλά, που δεν είχε ακούσει ποτέ κανένα παράπονο από κανέναν πελάτη του. Και παρόλο που εκείνος ήταν πλέον ο πρόεδρος της Αμερικής, ήταν έτοιμος να φτιάξει ένα άλλο ζευγάρι παπούτσια σε αντικατάσταση, αν υπήρχε κάποιο παράπονο από τον συγκεκριμένο γερουσιαστή για κακοτεχνία των υποδημάτων του. Ο γερουσιαστής είχε μείνει, εννοείται, άφωνος. Ο Λίνκολν τότε επέμεινε: «Πρέπει να μιλήσετε! Γιατί χάσατε τη μιλιά σας, κύριε; Θέλατε να με γελοιοποιήσετε και τώρα κοιτάξτε γύρω σας: γελοιοποιηθήκατε μόνος σας».

Δεν έχει σημασία με τι ασχολείσαι. Εκείνο που έχει σημασία είναι πώς το κάνεις. Σύμφωνα με τη δική σου βούληση, με τη δική σου αγάπη. Τότε ό,τι και αν πιάνεις θα γίνεται χρυσός.

ΚΟΙΝΩΝΙΚΗ ΣΥΝΕΙΔΗΣΗ ΕΝΑΝΤΙ ΕΝΣΥΝΑΙΣΘΗΣΗΣ

Κατανοώντας την Ελευθερία της Ευθύνης

Δεν υπάρχει ανάγκη να καλλιεργήσουμε καν μια συνείδηση. Εκείνο που χρειάζεται είναι ενσυναίσθηση όχι συνείδηση. Η συνείδηση είναι κάτι ψεύτικο. Η συνείδηση είναι κάτι που δημιουργείται μέσα σου από την ίδια την κοινωνία, και είναι μια υπόγεια μέθοδος υποδούλωσής σου. Η κοινωνία είναι εκείνη που σε διδάσκει τι είναι λάθος και τι σωστό. Και αρχίζει να διδάσκει το παιδί, προτού το παιδί ακόμη καταλάβει, προτού να είναι σε θέση να κρίνει μόνο του ποιό είναι το σωστό και ποιό το λάθος. Τα μεγαλώνουμε σύμφωνα με τις δικές μας ιδέες, ιδέες τις οποίες έχουμε πάρει από τους γονείς μας, από τους ιερείς, τους δασκάλους, τους πολιτικούς, τους αγίους μας, κι όλες αυτές οι ιδέες συνωθούνται μέσα στο μυαλό του παιδιού και με την πάροδο του χρόνου συγκροτούν τη "συνείδησή" του.

Εξαιτίας αυτής της κοινωνικής συνείδησης το παιδί δεν θα μπορέσει ποτέ να αναπτύξει την ενσυναίσθηση. Η συνείδηση είναι ένα ψεύτικο υποκατάστατο της ενσυναίσθησης, και αν είσαι ικανοποιημένος με το ψέμα, δεν θα σκεφθείς ποτέ ξανά το αληθινό.

Είναι απατηλός ο τρόπος με τον οποίο μεγαλώνουμε τα παιδιά μας· είναι πολύ απατηλός και αποτρόπαιος, είναι μια μορφή άσκησης βίας ενάντια στην ανθρωπότητα. Αυτός είναι ο λόγος για τον οποίο εκατομμύρια άνθρωποι ζουν χωρίς συναίσθηση. Προτού να κατορθώσουν να αναπτύξουν τη ενσυναίσθησή τους, τους δώσαμε ψεύτικα παιχνίδια για να παίζουν. Καθ' όλη τη διάρκεια της ζωής τους πιστεύουν ότι αυτό είναι το μόνο που χρειάζεται προκειμένου να ζήσουν μια καλή ζωή. Καθ' όλη τη διάρκεια της ζωής τους πιστεύουν ότι θα ανταμειφθούν αν ακολουθήσουν τη φωνή της συνείδησης τους, και θα τιμωρηθούν αν κάνουν το αντίθετο. Θα τιμωρηθούν και θα ανταμειφθούν· τόσο απ' έξω, όσο και από μέσα. Κάθε φορά που κάνεις κάτι το οποίο η συνείδηση σου, σου λέει ότι είναι λάθος, νιώθεις ενοχές. Υποφέρεις, βιώνεις έναν εσωτερικό πόνο, φοβάσαι, τρέμεις, και το αίσθημα αυτό σου προξενεί βαθιά ανησυχία. Φοβάσαι ότι μπορεί να χάσεις την ευκαιρία να πας στον Παράδεισο, ότι μπορεί να βυθιστείς στην Κόλαση, και με πόση μεγάλη επινοητικότητα σου έχουν παραστήσει οι άγιοι τις χαρές του Παραδείσου και τη δυστυχία της Κόλασης!

Αυτή είναι η κοινωνική συνείδηση. Η συνείδηση αυτή είναι τεχνητή, αυθαίρετη. Αντί να σε κάνει έξυπνο, σου προσφέρει προκαθορισμένους κανόνες συμπεριφοράς: «Κάνε αυτό, μην κάνεις εκείνο...»

Την ημέρα που η ανθρωπότητα θα απαλλαγεί από όλες τις σχετικές ανοησίες περί κοινωνικής συνείδησης και θα αρχίσει να βοηθά τα παιδιά ώστε να αναπτύξουν την ενσυναίσθησή τους, τότε είναι που θα λάβει χώρα η πραγματική γέννηση της ανθρωπότητας, ενός νέου ανθρώπινου πλάσματος και μιας νέας γης. Τότε θα βοηθήσουμε τα παιδιά να γίνουν πιο ευφυή, οπότε κάθε φορά που ανακύπτει ένα πρόβλημα, το παιδί να είναι αρκετά έξυπνο για να το αντιμετωπίσει, να ανταποκριθεί σε αυτό.

Και να θυμάστε: η ευφυΐα δεν έχει να κάνει με τη σκέψη. Στην πραγματικότητα σκέπτεστε πολύ. Έχει να κάνει με το πώς θα σταματήσετε να σκέπτεστε κοινωνικά και να διακρίνετε την ουσία της κατάστασης με την οποία έρχεστε κάθε φορά αντιμέτωποι. Εάν δεν υπάρχει κοινωνική σκέψη, δεν υπάρχει και φραγμός, δεν υπάρχει σκόνη στα μάτια σας, μπορείτε να δείτε καθαρά. Όταν αυτή η σαφήνεια είναι εκεί, δεν έχετε τις εναλλακτικές του "καλού" και του "κακού". Αυτή η σαφήνεια σας προσδίδει μια βούληση η οποία δεν αμφιταλαντεύεται. Κάνετε απλά εκείνο που είναι σωστό, χωρίς να προσπαθείτε ιδιαίτερα γι' αυτό. Έρχεται χωρίς ιδιαίτερη προσπάθεια στο άτομο εκείνο που διαθέτει ενσυναίσθηση, επαγρύπνηση, αντίληψη. Δεν μπορείς να φανταστείς το κακό, το πονηρό. Η όλη συνειδητοποίησή σου σε κατευθύνει απλά προς το καλό.

Η διάκριση του καλού δεν αποτελεί μέρος της κοινωνικής σκέψεως. Εάν γνωρίζετε, όμως, μόνο τη σκέψη, δεν έχετε σαφήνεια. Εκατοντάδες κοινωνικές σκέψεις κινούνται συνεχώς μέσα στο μυαλό σας. Καί οι είκοσι τέσσερις ώρες της ημέρας είναι ώρες αιχμής, ένα πλήθος σκέψεων ρέει, τα νέφη των σκέψεων κινούνται τόσο γρήγορα που είστε σχεδόν καλυμμένος από αυτά. Τα μάτια σας σχεδόν δεν βλέπουν. Η εσωτερική σας ευαισθησία είναι σχεδόν εξ ολοκλήρου καλυμμένη από τις σκέψεις σας.

Μέσω της σκέψεως δεν μπορείς να ξέρεις τι είναι καλό και τι είναι κακό. Θα πρέπει να εξαρτηθείς από τη σκέψη των άλλων. Αυτή η εξάρτηση είναι απόλυτα φυσιολογική, επειδή η σκέψη είναι ένα εξαρτημένο φαινόμενο, εξαρτάται από τους άλλους, όλη η γνώση της είναι δανεική. Το μυαλό ζει με δανεική γνώση. Σε κάθε περίπτωση η κοινωνική σκέψη χρειάζεται κάποιον να την καθοδηγεί.

Όλη η ζωή σας καθοδηγείται από τους άλλους. Από την αρχή της ζωή σας μαθαίνετε από τους γονείς σας τί είναι σωστό και τί είναι λάθος. Έπειτα ακολουθούν οι δάσκαλοι, ύστερα οι ιερείς, μετά οι γείτονες —όχι ότι αυτοί είναι κάτοχοι της γνώσης, αφού και αυτοί με τη σειρά τους την έχουν δανειστεί από άλλους! Αυτός ο δανεισμός εξακολουθεί αιώνα τον αιώνα, από τη μια γενεά στην άλλη. Κάθε ασθένεια εξακολουθεί να κληροδοτείται στη νέα γενιά. Κάθε νέα γενιά δεν είναι παρά ένα αντίγραφο της παλαιότερης γενιάς, μια αντανάκλαση, μια σκιά· έχει, όμως, τη δική της πρωτοτυπία. Εξαιτίας αυτού είναι που χρειάζεσαι έναν Θεό, έναν απόλυτο οδηγό. Δεν μπορείς να εξαρτάσαι από τους γονείς σου, γιατί καθώς μεγαλώνεις αρχίζεις να διακρίνεις τα ψέματα και τις αναλήθειές τους. Αρχίζεις να αντιλαμβάνεσαι ότι οι συμβουλές τους δεν είναι τέλειες, δεν είναι και αυτοί παρά άνθρωποι που υπόκεινται σε σφάλματα. Το μικρό παιδί, όμως, πιστεύει ότι ο πατέρας του είναι αλάνθαστος. Δεν φταίνε αυτά, η στάση τους αυτή έχει να κάνει με την αθωότητα του μικρού παιδιού. Εμπιστεύεται τον πατέρα και τη μητέρα που αγαπούν τα παιδιά τους. Το παιδί, όμως, εν τέλει συνειδητοποιεί, καθώς πλησιάζει προς την ωριμότητα, ότι όσα έλεγαν αυτοί οι άνθρωποι δεν ήταν κατ' ανάγκην αλήθειες. Βαθιά μέσα σου δεν συμφωνείς με αυτά. Βαθιά μέσα σου υπάρχει αμφιβολία.

Και βαθιά μέσα σου συνειδητοποιείς ότι κάτι μπορεί να είναι καλό σε μια περίσταση, και το ίδιο πράγμα να είναι κακό υπό διαφορετικές συνθήκες. Μερικές φορές, ακόμη και το δηλητήριο μπορεί να δράσει σαν φάρμακο, και το φάρμακο να δράσει σαν δηλητήριο· θα πρέπει να είσαι σε θέση να αντιληφθείς τη μεταβαλλόμενη ροή της ζωής.

Οπότε η σκέψη δεν είναι εκείνη που θα καθορίσει τις πράξεις σου. Δεν έχει να κάνει με την απόφαση ως λογικό συμπέρασμα, είναι ένα ζήτημα που έχει να κάνει με τη μη αμφιταλαντευόμενη συνειδητοποίηση. Χρειάζεσαι ένα μυαλό χωρίς σκέψεις. Με άλλα λόγια χρειάζεσαι μια μη-σκέψη, απλά μια σιωπή, ώστε να είσαι σε θέση να διακρίνεις την ουσία των πραγμάτων. Και μέσα από αυτή τη σαφήνεια η επιλογή θα έλθει από μόνη της, εσύ δεν επιλέγεις. Θα ενεργείς ακριβώς όπως ενεργεί ένας Βούδας. Η ενέργεια σου θα έχει ομορφιά, οι πράξεις σου θα κρύβουν αλήθεια, θα αναδίδουν το άρωμα του θεϊκού. Δεν θα χρειάζεται να επιλέξεις.

Είσαι υποχρεωμένος να ψάξεις για καθοδήγηση, επειδή δεν γνωρίζεις ότι ο εσωτερικός οδηγός είναι κρυμμένος μέσα σου.

Θα πρέπει να βρεις τον εσωτερικό οδηγό, και αυτό είναι που εγώ αποκαλώ μαρτυρία. Αυτό εννοώ όταν κάνω λόγο για τον "εγγενή Βούδα". Θα πρέπει να ξυπνήσεις αυτόν τον Βούδα στο εσωτερικό σου, και η ζωή σου θα κατακλυσθεί από ευλογίες και ευεργεσία. Η ζωή σου θα ακτινοβολήσει τόσο πολύ από το αγαθό, από την αίσθηση της παρουσίας του θείου, περισσότερο απ' όσο είσαι σε θέση να το αντιληφθείς. Είναι κάτι σαν το φως. Το δωμάτιο σου είναι σκοτεινό, απλά φέρνεις το φως μέσα σε αυτό. Ακόμη και ένα μικρό κερί αρκεί για να διαλύσει τα σκοτάδια. Και από τη στιγμή που έχεις ένα κερί, ξέρεις κατά πού πέφτει η πόρτα. Δεν χρειάζεται να αναρωτηθείς: «Πού είναι η πόρτα;» Μόνο οι τυφλοί άνθρωποι σκέπτονται κάτι τέτοιο. Οι άνθρωποι που έχουν μάτια, και το φως είναι εκεί, δεν σκέπτονται κάτι τέτοιο. Σας πέρασε ποτέ από το μυαλό η σκέψη: «Πού είναι η πόρτα;» Σηκώνεστε απλά και βγαίνετε έξω. Δεν σκέπτεστε καν πού είναι η πόρτα. Δεν αρχίζετε να ψηλαφείτε το δωμάτιο ψάχνοντας για την πόρτα ή χτυπώντας το κεφάλι σας στον τοίχο. Απλά βλέπετε και δεν σας περνά η παραμικρή σκέψη. Απλά βγαίνετε έξω.

Ακριβώς το ίδιο ισχύει όταν έχετε υπερβεί τη σκέψη σας. Όταν δεν υπάρχουν σύννεφα και ο ήλιος λάμπει στον ουρανό, δεν χρειάζεται να σκεφθείτε: «Πού είναι ο ήλιος;» Όταν υπάρχουν σύννεφα που καλύπτουν τον ήλιο τότε θα πρέπει να το σκεφθείτε αυτό.

Η ίδια η ύπαρξή σας καλύπτεται με σκέψεις, με αισθήματα, και όλα εκπορεύονται από τη σκέψη σας. Αφήστε τα απλά κατά μέρος, και τότε ό,τι και αν κάνετε, θα είναι καλό· όχι ότι θα ακολουθείτε συγκεκριμένες επιταγές, όχι ότι θα ακολουθείτε συγκεκριμένες εντολές, όχι ότι θα ακολουθείτε συγκεκριμένους πνευματικούς ηγέτες... Είστε ελεύθεροι να καθορίσετε τη ζωή σας. Και εκεί υπάρχει η αξιοπρέπεια του ανθρώπινου πλάσματος: το να είναι σε θέση να καθορίσει το ίδιο τη ζωή του. Αυτή η δυνατότητα σε μεταμορφώνει σε λιοντάρι, και παύεις πλέον να είσαι πρόβατο που αναζητά πάντοτε κάποιον για να το υπερασπιστεί.

Αυτό, όμως, είναι το πρόβλημα που αντιμετωπίζει όλη η ανθρωπότητα. Το τι είναι σωστό και τι λάθος για όλους εμάς έχει προκαθοριστεί από άλλους. Από αυτούς που έχουν την εξουσία στα χέρια τους. Από τους ποιμένες που έχουν χτίσει το μαντρί για να βάζουν μέσα τα πρόβατα. Η αλήθεια δεν μπορεί να προβάλει παρά μόνο μέσα σου. Κανείς άλλος δεν μπορεί να σου τη δώσει. Και μαζί με την αλήθεια, έρχεται και η ομορφιά που ακολουθείται από το καλό. Αυτή είναι η αυθεντική τριάδα ενός πραγματικά θρησκευόμενου ατόμου: *αλήθεια, ομορφιά, αγαθό.* Αυτές τις τρεις εμπειρίες βιώνεις, όταν εισέρχεσαι στη δική σου υποκειμενικότητα, όταν ερευνάς το εσωτερικό της ύπαρξής σου.

Τόσον καιρό ζούσες στον εξώστη, έξω από την κατοικία της ύπαρξής σου. Δεν είχες ποτέ μπει μέσα. Μόλις μπεις μέσα θα βρεις τον Βούδα σου, την αντίληψη, τη σταθερή συναίσθηση. Τότε δεν θα χρειάζεται να αποφασίσεις τι είναι λάθος και τι σωστό. Αυτή η σταθερή συνείδηση σε κατευθύνει προς το καλό χωρίς ιδιαίτερη προσπάθεια. Είναι κάτι το ξεκούραστο.

Δεν χρειάζεται κάποιος να σου πει τι είναι σωστό και τι λάθος. Το μόνο που χρειάζεται είναι ένα ξύπνημα μέσα σου της ενσυναίσθησης η οποία σου επιτρέπει να δεις τα πράγματα όπως ακριβώς είναι. Τότε πια δεν τίθεται ζήτημα επιλογής.

Κανένας δεν επιλέγει το κακό συνειδητά. Είναι το ασυνείδητο, το σκοτάδι μέσα σου εκείνο το οποίο επιλέγει το κακό. Η ενσυναίσθηση φωτίζει όλη την ύπαρξή σου, γίνεσαι όλος φωτεινός. Δεν μπορείς να κάνεις κάτι που θα αποβεί βλαπτικό για κάποιον. Δεν μπορείς να κάνεις κάτι που θα βλάψει εσένα τον ίδιο. Αντιλαμβάνεσαι ξαφνικά ότι είσαι ένα με όλο το Σύμπαν. Οπότε οι πράξεις σου είναι καλές, όμορφες, χαριτωμένες. Τα λόγια σου αρχίζουν να κρύβουν μια ποιητική, η σιωπή σου γίνεται τόσο βαθιά, τόσο μακάρια, που η μακαριότητά σου αρχίζει να κατακλύζει τους γύρω σου.

Αυτό το ξεχείλισμα της ευλογίας είναι το μόνο σημαντικό σημάδι κάποιου ο οποίος έχει αφυπνισθεί. Και μόνο το να είσαι κοντά σε αυτόν τον άνθρωπο, και μόνο η παρουσία αυτού του ανθρώπου αρκεί για να λάβεις μια αίσθηση του επέκεινα. Δεν έχει, όμως, να κάνει με οποιονδήποτε άλλο, παρά μόνο με τη δική σου ενσυναίσθηση. Από τη στιγμή που θα λάβεις γνώση του εσωτερικού σου εαυτού, θα αντιληφθείς ότι αυτή η ίδια ενσυναίσθηση, έχει παλμό, χορεύει μέσα σου. Στα δένδρα, στα ποτάμια, στα βουνά, στους ωκεανούς, στα μάτια των ανθρώπων, στις καρδιές τους, είναι το ίδιο τραγούδι, είναι ο ίδιος χορός και εσύ συμμετέχεις σε αυτόν. Η συμμετοχή σου είναι κάτι καλό. Η μη συμμετοχή σου είναι κάτι κακό.

ΚΑΛΟ ΚΑΙ ΚΑΚΟ: ΜΑΘΑΙΝΟΝΤΑΣ ΝΑ ΖΕΙΤΕ ΣΤΗΝ ΒΑΣΗ ΤΩΝ ΔΙΚΩΝ ΣΑΣ ΕΠΙΤΑΓΩΝ

Κάθε θρησκεία έχει δημιουργήσει τις δικές της εντολές· παράξενες, αφύσικες· από φόβο ή από απληστία, σε κάθε περίπτωση, όμως, κατόρθωσαν να διαμορφώσουν την ανθρωπότητα αυτή που βλέπετε σε όλον τον κόσμο.

Ακόμη και ο πιο πλούσιος άνθρωπος είναι φτωχός επειδή δεν είναι ελεύθερος να ενεργήσει σύμφωνα με τις επιταγές της συνείδησής του. Είναι υποχρεωμένος να ενεργεί στη βάση αρχών που έχουν καθοριστεί από κάποιον άλλο· δεν ξέρει κανείς αν αυτός ο κάποιος άλλος ήταν ένας απατεώνας, ένας ψεύτης, ή απλά ένας ποιητής, ένας ονειροπόλος. Δεν υπάρχουν αποδεικτικά στοιχεία, επειδή πολλοί άνθρωποι ισχυρίστηκαν πως είναι οι ενσαρκώσεις του Θεού, πως είναι οι απεσταλμένοι του Θεού, πως είναι οι προφήτες του Θεού και ότι όλοι κομίζουν διαφορετικά μηνύματα. Ή ο Θεός είναι τρελός, ή αυτοί οι άνθρωποι απλά ψεύδονται! Το πιο πιθανό είναι ότι ψεύδονται.

Το αίσθημα ότι είσαι προφήτης, μεσσίας, σου προσδίδει έναν ιδιαίτερο εγωισμό, σε κάνει να νιώθεις κάπως ξεχωριστός, και όχι φυσιολογικός άνθρωπος. Τότε μπορείς να κυριαρχήσεις. Αυτό είναι ένα άλλο είδος πολιτικής. Όπου υπάρχει κυριαρχία, υπάρχει και πολιτική.

Ο πολιτικός κυριαρχεί στηριζόμενος στην ισχύ: με τη βοή- θεια του στρατού, των εξοπλισμών, των πυρηνικών όπλων, ασκεί εξουσία διά του φόβου. Οι θρησκευτικοί προφήτες, οι μεσσίες, οι σωτήρες κυριαρχούν επάνω σου πνευματικά, πάλι καλλιεργώ- ντας μέσα σου τον φόβο. Η κυριαρχία τους είναι πιο επικίνδυνη, είναι πολύ πιο αποτελεσματική από εκείνη των πολιτικών. Αυτοί εξουσιάζουν τη ζωή σου όχι μόνο από έξω, αλλά κυρίως από μέσα. Έχουν καταλάβει το εσωτερικό σου, διά των όπλων του Φόβου και των Ενοχών, έχουν ορίσει την ηθική σου, τη συνεί- δησή σου, έχουν καταλάβει την πνευματικότητά σου. Συνεχίζουν να κυριαρχούν στο εσωτερικό σου, λέγοντάς σου τι είναι σωστό και τι είναι λάθος. Θα πρέπει να τους ακολουθήσεις· διαφορετικά αρχίζεις να αισθάνεσαι, αφύσικος, νευρωτικός, αντικοινωνικός, κοντολογίς διεστραμμένος, ακριβώς επειδή δεν ακολουθείς τις επιταγές της φύσης σου και της Φύσης της ίδιας. Εάν ακολου- θήσεις τις επιταγές της φύσης σου, δεν υπακούς σε εκείνες των προφητών και των σωτήρων σου! Πας ενάντια στην κοινωνική συνείδηση την οποία εκείνοι καλλιέργησαν και σου την εμφύ- τευσαν.

Όλες αυτές οι θρησκείες δημιούργησαν μια κατάσταση στα πλαίσια της οποίας δεν μπορούμε να νιώσουμε άνετα, δεν μπο- ρούμε να απολαύσουμε τη ζωή μας, δεν μπορούμε να τη βιώ- σουμε σε όλη της την πληρότητα. Οπότε εκείνο που προτείνω είναι να αφήσουμε την ανθρωπότητα να αποδεσμευτεί από όλες αυτές τις παλαιές προκαταλήψεις οι οποίες κυριάρχησαν τόσο πολύ και διαστρέβλωσαν την ανθρώπινη φύση τόσο πολύ. Μπορείτε να δείτε την ανθρωπότητα που προέκυψε από αυτό. Λένε ότι το δένδρο γνωρίζεται από τους καρπούς του. Εάν κάτι τέτοιο ισχύει, που όντως ισχύει, τότε όλο το παρελθόν των προ- φητών, των διαφόρων σωτήρων, του Θεού, του διαβόλου, θα πρέ- πει να κριθεί στη βάση της ανθρωπότητας την οποία συναντούμε στις ημέρες μας.

Αυτή η παράλογη ανθρωπότητα, η δυστυχισμένη, η δεινοπα- θούσα, είναι γεμάτη υποδόριο θυμό, οργή και μίσος. Εάν αυτό είναι το αποτέλεσμα όλων των θρησκειών, όλων των ηγετών σας, είτε πολιτικών, είτε θρησκευτικών, τότε είναι προτιμότερο να αφήσουμε και τον Θεό και τον Διάβολο να πεθάνουν. Χωρίς τον Θεό και τον Διάβολο οι πολιτικοί ηγέτες και οι θρησκευτικοί ηγέτες δεν θα έχουν κανένα υπόβαθρο, κανένα στήριγμα, θα είναι οι επόμενοι που θα χαθούν!

Θέλω οι άνθρωποι να είναι πολιτικά ελεύθεροι, θρησκευτικά ελεύθεροι, κάθε άνθρωπος να είναι ελεύθερος από κάθε άποψη να λειτουργεί στη βάση της δικής του ενσυνείδησης. Και αυτός θα ήταν ένας όμορφος κόσμος, μια πραγματική επανάσταση.

Λέτε ότι δεν υπάρχει ανάγκη για συνείδηση. Τότε πώς κάποιος θα καλλιεργήσει έναν οδηγό μέσα του ο οποίος θα τον βοηθήσει να πάρει τις σωστές αποφάσεις στη ζωή;

Η συνείδηση είναι μια φωτογραφική πλάκα και η συναίσθηση είναι ένας καθρέφτης. Και τα δυο καθρεφτίζουν την πραγματικότητα, αλλά ο καθρέφτης ποτέ δεν αποτυπώνει κάποια αντανάκλαση. Παραμένει κενός, και κατ' αυτόν τον τρόπο κατορθώνει να δείχνει νέα πράγματα. Εάν είναι πρωί καθρεφτίζει το πρωί. Εάν είναι βράδυ καθρεφτίζει το βράδυ. Η φωτογραφική πλάκα είναι μια σταθερή αντανάκλαση μιας πραγματικότητας η οποία δεν υπάρχει πια. Εάν την εκθέσεις το πρωί, τότε η φωτογραφία θα δείχνει πάντοτε το πρωί, δεν θα δείξει ποτέ τη νύχτα.

Δεν υπάρχει λόγος να καλλιεργήσεις μια συνείδηση. Εκείνο που χρειάζεται είναι να αποβάλεις την κοινωνική σου συνείδηση, την τεχνητή δηλαδή συνείδησή σου, και να καλλιεργήσεις την πραγματική συναίσθηση, την ενσυναίσθηση! Απόβαλε όλα όσα σου δίδαξαν οι άλλοι, και άρχισε να ζεις μόνος σου, να ερευνάς και να αναζητάς. Ναι, στην αρχή θα είναι δύσκολο, επειδή δεν θα έχεις στη διάθεση σου κάποιον χάρτη. Ο χάρτης είναι μέσα στην ίδια την προσωπική σου συνείδηση. Θα πρέπει να προχωρήσεις χωρίς τον χάρτη, θα πρέπει να προχωρήσεις στο ανεξερεύνητο, χωρίς καμμία καθοδήγηση. Οι δειλοί δεν μπορούν να προχωρήσουν χωρίς καθοδήγηση, οι δειλοί δεν μπορούν να ταξιδέψουν χωρίς χάρτες. Και όταν μετακινείσαι με χάρτες και καθοδήγηση, στην πραγματικότητα δεν μπαίνεις σε νέες περιοχές, σε νέα βασίλεια, αλλά απλά κάνεις κύκλους. Εξακολουθείς να κινείσαι στα γνωστά πλαίσια. Ποτέ δεν τολμάς το άλμα στο άγνωστο. Μόνο το θάρρος είναι εκείνο που μπορεί να αποβάλει την τεχνητή συνείδηση.

Συνείδηση είναι όλη η γνώση την οποία έχεις συσσωρεύσει, και ενσυναίσθηση σημαίνει να είσαι κενός, απόλυτα κενός και να κινείσαι μέσα στη ζωή με αυτήν την κενότητα, να βλέπεις μέσα από αυτήν την κενότητα και να ενεργείς μέσα από αυτήν την κενότητα, τότε οι πράξεις σου έχουν ιδιαίτερη χάρη και ό,τι και αν κάνεις είναι σωστό. Δεν έχει να κάνει με το τι είναι σωστό και τι λάθος, επειδή κάτι που είναι σήμερα σωστό μπορεί αύριο να είναι λάθος. Και η δανεική γνώση δεν βοηθά ποτέ.

Ο Όμηρος και ο Μπίλλυ Μποπ έσκαβαν σε ένα χαντάκι κάτω από τον καυτό ήλιο του Μισσισιπί. Βλέποντας το αφεντικό να κάθεται στη σκιά από πάνω τους και να δροσίζεται, ο Όμηρος ακούμπησε κάτω το φτυάρι του και είπε:

«Πώς γίνεται αυτός να είναι εκεί πάνω και εμείς να είμαστε εδώ κάτω;»

«Δεν ξέρω», απάντησε ο Μπίλλυ Μποπ.

Ο Όμηρος πλησίασε το αφεντικό και το ρώτησε: «Πώς γίνεται αφεντικό εσύ να στέκεσαι εδώ πάνω και εμείς να δουλεύουμε εκεί κάτω;»

Το αφεντικό απάντησε: «Επειδή εγώ είμαι έξυπνος».

«Τί είναι "έξυπνος";» ρώτησε ο Όμηρος.

«Εδώ», του είπε το αφεντικό, ακουμπώντας το χέρι του σε ένα δένδρο, «θα σου δείξω. Προσπάθησε να χτυπήσεις το χέρι μου».

Ο Όμηρος σήκωσε το χέρι του και το τίναξε με φόρα. Όμως το αφεντικό του τράβηξε απότομα το χέρι του μακριά και έτσι το χέρι του Όμηρου χτύπησε επάνω στο δένδρο.

«Ωωωωχ!» έβγαλε μια κραυγή πόνου.
Το αφεντικό του απάντησε με ψυχραιμία: «Τώρα είσαι
και εσύ έξυπνος».
Ο Όμηρος επέστρεψε στο χαντάκι. Ο Μπίλλυ Μποπ τον
ρώτησε τί συνέβη και ο Όμηρος είπε: «Τώρα είμαι και εγώ
έξυπνος».
«Τί ακριβώς εννοείς;»
Ο Όμηρος είπε στον άλλον: «Θα σου δείξω».
Κοίταξε ολόγυρα ψάχνοντας για κάποιο δένδρο, και
καθώς δεν έβλεπε κάποιο, έβαλε το χέρι του μπροστά στο
πρόσωπο του. «Εδώ», του είπε: «Προσπάθησε να χτυπήσεις
το χέρι μου...»

Αυτό συμβαίνει με την αποκαλούμενη γνώση, συνείδηση·
οι καταστάσεις μεταβάλλονται, τα δένδρα δεν υπάρχουν πλέον,
αλλά έχεις διδαχθεί μια καθιερωμένη ρουτίνα και δεν μπορείς να
κάνεις κάτι άλλο. Εξακολουθείς να επαναλαμβάνεις τη ρουτίνα
σου, και η ζωή δεν έχει καμμία υποχρέωση να ταιριάξει με τη
ρουτίνα σου. Θα πρέπει εσύ να ταιριάξεις με τη ζωή.
Οι μυστικιστές γνώριζαν πάντοτε ότι η ζωή δεν ακολουθεί
κάποια λογική, ότι βασικά η ζωή είναι πέρα από τη λογική, ότι
η ζωή δεν κινείται βάση κάποιας λογικής, ότι κατά βάσιν είναι
παράλογη. Η συνείδηση είναι τεχνητή, αυθαίρετη. Σου δίνει ένα
σταθερό πρότυπο, έναν συγκεκριμένο τύπο και η ζωή εξακολου-
θεί να μεταβάλλεται. Η πορεία της είναι αβέβαιη, κινείται ελικο-
ειδώς. Αν δεν έχεις καλλιεργημένη συνείδηση, δεν θα μπορέσεις
να ζήσεις πραγματικά τη ζωή σου σε όλες τις διαστάσεις. Η ζωή
σου δεν θα είναι παρά μια προσποίηση, ένα ψευδές φαινόμενο.
Θα χάνεις πάντοτε το τρένο.
Και το να χάνει κάποιος συνέχεια το τρένο είναι κάτι το οποίο
προκαλεί συνέχεια φόβο στον άνθρωπο. Σκεφθείτε την εικόνα
του εαυτού σας να χάνει πάντοτε το τρένο: να σπεύδετε στον
σταθμό και, κάθε φορά που φθάνετε εκεί, το τρένο να εγκατα-
λείπει την πλατφόρμα. Αυτό συμβαίνει στον άνθρωπο ο οποίος

ζει σύμφωνα με τις επιταγές της κοινωνικής συνείδησής του: δεν προλαβαίνει ποτέ το τρένο. Δεν μπορεί! Ακολουθεί ένα συγκεκριμένο πρότυπο στη ζωή του, και η ζωή είναι κάτι ρευστό. Το εσωτερικό του είναι παγιωμένο ενώ η ζωή μοιάζει με το ρέον ύδωρ, είναι ρευστή. Να είστε συνειδητοποιημένος. Μη ρωτάτε πώς θα μπορέσετε να το κάνετε αυτό.

Εδώ προσπαθούμε να κάνουμε ακριβώς το αντίθετο: καταστρέφουμε τη συνείδηση, τη χριστιανική συνείδηση, την ινδουιστική συνείδηση, τη μωαμεθανική συνείδηση, τη συνείδηση των οπαδών του Ζεν... Καταστρέφουμε κάθε μορφή τέτοιας κοινωνικής συνείδησης. Και οι κοινωνικές συνειδήσεις βγαίνουν σε όλα τα σχήματα και σε όλα τα μεγέθη.

Η ενσυναίσθηση δεν είναι ούτε χριστιανική, ούτε ινδουιστική, ούτε μωαμεθανική· είναι απλά εν-συναίσθηση. Η κοινωνική συνείδηση είναι εκείνη που χωρίζει τους ανθρώπους, η ενσυναίσθηση είναι εκείνη που τους ενώνει.

Ποιός ο λόγος να κουβαλάτε πάντοτε έναν οδηγό μαζί σας; Η ενσυναίσθησή σας αρκεί! Όποτε προκύπτει μια συγκεκριμένη ανάγκη, η ενσυναίσθησή σας θα ανταποκριθεί. Έχετε έναν καθρέφτη, θα δείξει αυτό που συμβαίνει, και η ανταπόκριση θα είναι αυθόρμητη.

Όταν ήμουν φοιτητής, οι καθηγητές μου στο πανεπιστήμιο ανησυχούσαν πολύ για μένα. Με αγαπούσαν και ανησυχούσαν πολύ, επειδή δεν προετοιμαζόμουν για τις εξετάσεις. Ανησυχούσαν ακόμη μήπως απαντήσω με τέτοιον τρόπο που και ο ίδιος ο εξεταστής δεν θα ήταν σε θέση να διακρίνει το νόημα των όσων έγραφα. Ο γηραιός καθηγητής μου Δρ. Σ.Κ. Σαξένα συνήθιζε να έρχεται πρωί και να με ξυπνάει για να διαβάσω. Καθόταν στο δωμάτιο μου και έλεγε: «Κάνε κάποια προετοιμασία!» Εν συνεχεία με οδηγούσε στην αίθουσα όπου γινόντουσαν οι εξετάσεις, επειδή φοβόταν ότι αλλιώς μπορεί να μην πήγαινα καν.

Όταν έφθασε η ώρα της τελικής προφορικής εξέτασης, ανησυχούσε πάρα πολύ μήπως πω κάτι το οποίο θα μπορούσε να προσβάλει τον εξεταστή. Θα ήταν και εκείνος παρών στις εξετάσεις, επειδή ήταν ο διευθυντής του τμήματος. Και με προειδοποίησε επανειλημμένως: «Προσπάθησε να μείνεις επικεντρωμένος σε αυτά που ζητά το ερώτημα! Ό,τι και αν σε ρωτήσει ο εξεταστής, απάντησε απλά σε αυτό και μόνον. Μην εμβαθύνεις, δώσε μια απλή απάντηση· η απάντηση η οποία δίνεται από τα βιβλία είναι επαρκής. Θα είμαι εκεί, και αν διαπιστώσω ότι ξεφεύγεις από το πνεύμα τα ερώτησης θα σε σκουντήσω με το πόδι μου κάτω από το τραπέζι. Τότε θα πρέπει να επανέλθεις στο πνεύμα της ερώτησης και να μείνεις προσηλωμένος σε αυτό».

Η πρώτη ερώτηση υποβλήθηκε και αμέσως το πρόβλημα ανέκυψε. Οι καθηγητές που είχαν έλθει για να με εξετάσουν με ρώτησαν: «Ποιά είναι η διαφορά ανάμεσα στην Ινδική φιλοσοφία και στην Δυτική φιλοσοφία;» Ο Δρ. Σαξένα φοβήθηκε επειδή γνώριζε ότι οι λέξεις "Ινδική" και "Δυτική" επαρκούσαν προκειμένου να αρχίσω, και αυτό πράγματι ίσχυε. Είπα: «Τί εννοείτε λέγοντας Ινδική; Μπορεί η φιλοσοφία να είναι Ινδική και Δυτική μαζί; Εάν η επιστήμη δεν είναι Ινδική και Δυτική, τότε γιατί θα πρέπει να είναι η φιλοσοφία; "

Ο καθηγητής Σαξένα άρχισε να με σκουντά με το πόδι του, και του είπα: «Μην το κάνεις αυτό! Κράτα το για σένα. Αυτό έχει να κάνει με εμένα και μ' αυτόν, δεν θα πρέπει να μου κάνεις υποδείξεις».

Τώρα ο γηραιός εξεταστής τα είχε χαμένα. Τί θα έπρεπε να κάνει; Ό,τι και αν ρωτούσε τού απαντούσα πάλι με ερώτηση. Τα είχε χαμένα, επειδή είχε απλά προκατασκευασμένες απαντήσεις. Του είπα: «Φαίνεται πως δεν ξέρετε πώς να απαντήσετε. Είναι πολύ απλό να πούμε ότι η φιλοσοφία είναι απλά φιλοσοφία και να αναρωτηθούμε τί δουλειά έχει με την Ανατολή και την Δύση; Πείτε κάτι!» Αυτός, όμως, λειτουργούσε στη βάση ενός συγκεκριμένου σκεπτικού: κάτι θα πρέπει να είναι Ινδικό, κάτι άλλο θα πρέπει να είναι Δυτικό, καθετί θα πρέπει να είναι αυτό ή εκείνο, υπάρχουν επίθετα και κατηγοριοποιήσεις για τα πάντα. Δεν μπορούμε να αντιληφθούμε τη γη αυτή ως κάτι το ενιαίο. Δεν μπορούμε να αντιληφθούμε αυτήν την ανθρωπότητα ως κάτι το ενιαίο. Τώρα, τί είναι ινδικό όσον αφορά τον Βούδα, και τί είναι ιουδαϊκό όσον αφορά τον Ιησού; Τίποτε απολύτως. Δοκίμασα τη διδασκαλία τόσο του Ιησού όσο και του Βούδα, και η γεύση είναι ακριβώς η ίδια. Η δανεική γνώση, όμως, παραμένει πάντοτε ως κάτι το σταθερό και κάθε φορά που απαντάς στη βάση κάποιων δεδομένων αντιλήψεων η απάντησή σου υπολείπεται των προσδοκιών. Δεν είναι μια αληθινή ερώτηση η οποία ανταποκρίνεται στην πραγματικότητα. Οπότε δεν υπάρχει λόγος να καλλιεργήσεις μια συνείδηση για να σε καθοδηγεί, δεν υπάρχει λόγος να έχεις καν οδηγό! Και το μόνο που χρειάζεται είναι η ευφυΐα, η ενσυναίσθηση, η ενσυνείδηση, ώστε να μπορείς να ανταποκριθείς σε οποιαδήποτε περίσταση. Η ζωή φέρνει προκλήσεις, και εσύ πρέπει να αντιμετωπίσεις τις προκλήσεις αυτές.

Ο διαλογισμός είναι ένα μέσον για να αποβάλεις την κοινωνική συνείδηση και να μεταφερθείς στο επίπεδο της ενσυναίσθησης. Και το θαύμα έγκειται στο γεγονός ότι αν αποβάλεις την κοινωνική συνείδηση, τότε η συναίσθηση έρχεται στην επιφάνεια μόνη της, επειδή η συναίσθηση είναι ένα φυσικό φαινόμενο. Γεννιέσαι μαζί της, μόνο που η συνείδηση δημιουργεί μια σκληρή κρούστα γύρω της και εμποδίζει τη ροή της. Η συνείδηση έχει γίνει ένας βράχος, και η μικρή πηγή της συναίσθησης εμποδίζεται από τον βράχο αυτόν. Μετακινήστε τον βράχο αυτόν και η πηγή θα αρχίσει να κυλά. Και μαζί με τη ροή αυτής της πηγής, η ζωή σας αρχίζει να κινείται με εντελώς διαφορετικό τρόπο, έναν τρόπο τον οποίο δεν είχατε φανταστεί ποτέ στο παρελθόν, τον οποίο δεν είχατε καν ονειρευτεί. Τα πάντα αρχίζουν να κινούνται σε αρμονία με το Σύμπαν. Και το να είσαι σε αρμονία με το Σύμπαν σημαίνει να είσαι σωστός. Το να μην τελείς σε αρμονία με το Σύμπαν είναι λάθος.

Οπότε η κοινωνική συνείδηση ως τέτοια είναι η γενεσιουργός αιτία όλων των κακών, επειδή δεν σου επιτρέπει να τελείς σε αρμονία με το Σύμπαν. Και κατά τον ίδιο ακριβώς τρόπο η ενσυναίσθηση είναι πάντοτε σωστή.

Και τί γίνεται με τους εγκληματίες; Πολλοί από αυτούς φαίνεται πως δεν έχουν ούτε ενσυνείδηση ούτε ενσυναίσθηση. Δεν νομίζετε ότι θα υπάρξει κάποια στιγμή η ανάγκη για ένα ποινικό σύστημα το οποίο να μπορέσει να προσπαθήσει να αποτρέψει τους ανθρώπους από το να κάνουν κακό στους άλλους;

Κανένα ανθρώπινο όν δεν γεννιέται εγκληματίας. Κάθε παιδί που γεννιέται είναι αγνό και αθώο. Είναι ένα συγκεκριμένο είδος ανατροφής, ένα συγκεκριμένο είδος κοινωνίας, μια συγκεκριμένη αγωγή που υποβιβάζει τους ανθρώπους στο επίπεδο του εγκληματία. Από τη στιγμή που θα εκλείψει η φτώχια, θα εκλείψει και το πενήντα τοις εκατό της εγκληματικότητας. Και μαζί με αυτό, θα εκλείψει το πενήντα τοις εκατό των δικαστών, το πενήντα τοις εκατό των δικαστηρίων, το πενήντα τοις εκατό των αρχών που επιβάλλουν τον νόμο, και το πενήντα τοις εκατό των νόμων. Απλά και μόνον εξαλείφοντας τη φτώχια.

Κατά δεύτερο λόγο η επιστήμη τώρα είναι βέβαιη ότι υπάρχουν εγκληματικές τάσεις οι οποίες είναι κληρονομικές. Τιμωρείτε χωρίς λόγο έναν άνθρωπο ο οποίος χρειάζεται συμπόνια και όχι τιμωρία.

Σε ορισμένες πρωτόγονες κοινωνίες, για παράδειγμα, η έννοια του βιασμού δεν υφίσταται, επειδή τα νέα παιδιά από τη στιγμή που αντιλαμβάνονται την εκδήλωση των σεξουαλικών τους ορμών και την έκρηξη της σεξουαλικότητας τους, δεν είναι πλέον απαραίτητο να μείνουν στο σπίτι των γονιών τους. Υπάρχει ένας χώρος στο χωριό, όλοι οι νέοι άνθρωποι μπορούν να ζήσουν εκεί. Όλα τα αγόρια και όλα τα κορίτσια έρχονται σε επαφή μεταξύ τους. Έχουν απόλυτη σεξουαλική ελευθερία υπό μια προϋπόθεση, η οποία φαίνεται πως είναι ιδιαίτερα σημαντική· μπορείς να είσαι φίλος ή φίλη κάποιου, αλλά μόνο για λίγες ημέρες. Έπειτα οι ρόλοι θα πρέπει να αλλάξουν.

Αυτό το γεγονός δίνει την ευκαιρία στον καθένα να βιώσει την εμπειρία της επαφής με κάθε άλλον και συνιστά μια ευκαιρία να αποβάλλουν κάθε αίσθημα ζήλιας. Είναι αδύνατον να νιώσεις ζήλια, επειδή η κοπέλα σου πηγαίνει με κάποιον άλλο. Δεν υπάρχει κάποια σταθερή σχέση. Μπορείς να είσαι με κάποιον μόνο για μερικές ημέρες, και έπειτα αλλάζεις σύντροφο. Την στιγμή που φθάνουν σε ηλικία γάμου έχουν αποκτήσει τόση εμπειρία μέσα από την επαφή με κάθε κοπέλα και κάθε αγόρι του χωριού, ώστε είναι σε θέση να διαλέξουν τον σωστό σύντροφο. Εκείνον με τον οποίο είχαν βιώσει την πιο αρμονική σχέση. Προκαλεί έκπληξη το γεγονός ότι σε μια τόσο ελευθεριάζουσα κοινωνία δεν απαντάται καμμία περίπτωση βιασμού ή διαζυγίου. Έχει βρει ο καθένας τον κατάλληλο σύντροφο, απλά επειδή του δόθηκε η ευκαιρία. Η αγάπη τους εξακολουθεί να μεγαλώνει, και η αρμονία τους γίνεται ημέρα με την ημέρα όλο και πιο πλήρης.

Με το αντισυλληπτικό χάπι στη διάθεση τους, οι άνδρες και οι γυναίκες μπορούν να πειραματιστούν έως ότου βρουν κάποιον τον οποίον αγαπούν πραγματικά και θέλουν να είναι για πάντα μαζί. Δεν χρειάζεται να τρέξουν αμέσως στην εκκλησία, μπορούν να περιμένουν. Για έναν χρόνο ή δύο μπορούν να δουν πώς εξελίσσεται η επαφή τους, είτε γίνεται βαθύτερη ή ξεθωριάζει όσο περνούν τα χρόνια. Προτού διαλέξει κανείς τον σύντροφο της ζωής του, φαντάζει λογικό ότι θα πρέπει να πειραματιστεί και να έλθει σε επαφή με όσο το δυνατόν περισσότερους ανθρώπους. Έτσι η μοιχεία θα εκλείψει, οι βιασμοί θα εκλείψουν.

Η επιστήμη θα διαπιστώσει, όπως διαπιστώνουμε ήδη, ότι υπάρχουν εγκλήματα τα οποία διαπράττει κάποιος υπό την επήρεια βιολογικών νόμων, εμφανίζει μια κληρονομική τάση να διαπράξει κάτι. Στην περίπτωση αυτή χρήζει νοσηλείας, ιατρικής φροντίδας, ή αν δεν πάει κάτι καλά με το μυαλό του θα πρέπει να νοσηλευθεί σε ψυχιατρική κλινική. Δεν υπάρχει, όμως, λόγος να χαρακτηρίζεται εγκληματίας, και δεν μπορεί να γίνει λόγος για επιβολή τιμωρίας.

Κάθε μορφή τιμωρίας είναι από μόνη της ένα έγκλημα. Ακριβώς επειδή δεν μπορέσαμε να εντοπίσουμε τα αίτια ή ίσως δεν επιθυμούμε να κάνουμε κάτι τέτοιο, επειδή το να εντοπίσουμε τα αίτια ενδεχομένως θα σήμαινε ότι θα έπρεπε να αλλάξουμε όλη την κοινωνική δομή, και δεν είμαστε έτοιμοι για μια τόσο μεγάλη επανάσταση. Ο επαναστάτης είναι έτοιμος για μια επανάσταση σε κάθε τομέα της ζωής. Εάν εκλείψει η αδικία, τότε δεν γίνεται λόγος για δικαιοσύνη.

Είναι πολύ δύσκολο να συλλάβουμε την εικόνα μιας ανθρωπότητας η οποία ζει χωρίς ζήλια, χωρίς θυμό, χωρίς ανταγωνιστικότητα, χωρίς δίψα για εξουσία· όλα, όμως, είναι πιθανά. Το μόνο που δεν σκεφθήκαμε ποτέ είναι να απομακρύνουμε τα αίτια.

Γιατί οι άνθρωποι ζητούν εξουσία; Επειδή ό,τι και αν κάνουν δεν γίνεται σεβαστό. Ένας τσαγκάρης δεν απολαμβάνει του ιδίου σεβασμού με τον πρόεδρο μιας χώρας. Στην πραγματικότητα μπορεί αναλογικά εκείνος να είναι καλύτερος ως τσαγκάρης απ' ό,τι είναι ο πρόεδρος σαν πρόεδρος. Η ποιότητα θα πρέπει να επαινείται. Εάν ένας τσαγκάρης είναι ένας καλύτερος τσαγκάρης, τότε δεν θα πρέπει να επιδεικνύει ενδιαφέρον προκειμένου να γίνει πρόεδρος. Η δική του τέχνη, η δική του δεξιότητα, είναι εκείνη που θα του προσδώσει την αξιοπρέπεια και τον σεβασμό των ανθρώπων.

Όταν ο καθένας απολαμβάνει τον σεβασμό γι' αυτό που είναι, όταν κάθε επάγγελμα είναι σεβαστό, όποιο και αν είναι αυτό, τότε κόβετε τις ρίζες του εγκλήματος ή της αδικίας.

Όταν δεν υπάρχουν χρήματα για να λειτουργούν ως μέσον ανταλλαγών, τότε κανείς δεν μπορεί να γίνει πιο πλούσιος, και κανείς δεν μπορεί να γίνει πιο φτωχός.

Ο αντάρτης θα εξετάσει κάθε πρόβλημα της ζωής στη ρίζα του. Δεν θα καταστείλει τα συμπτώματα, θα εξαλείψει τις αιτίες. Εάν όλες οι αιτίες της αδικίας εκλείψουν, τότε για πρώτη φορά η δικαιοσύνη θα έχει αποκατασταθεί.

Ακριβώς τώρα ζούμε όλοι υπό άδικες συνθήκες και επικρατεί μια πολυδιάστατη αδικία. Και προκειμένου να συντηρούμε την κατάσταση αυτή της αδικίας, διαθέτουμε στρατούς, αστυνομία, έχουμε φρουρούς, έχουμε δικαστήρια και κριτές. Αυτά τα

246 TO BIBΛIO THΣ KATANOHΣHΣ

επαγγέλματα είναι εντελώς άχρηστα! Όλοι αυτοί οι άνθρωποι θα πρέπει να διδαχθούν κάποια τέχνη: υποδηματοποιία, υφαντική, ταπητουργία. Εάν δεν μπορούν να κάνουν κάτι που απαιτεί ταλέντο και εξειδίκευση, τότε ας ασχοληθούν με μια μορφή ανειδίκευτης εργασίας· μπορούν τουλάχιστον να κουβαλούν τούβλα, συμμετέχοντας στην κατασκευή σπιτιών και δρόμων. Σε τελική ανάλυση, όλοι οι δικαστές και όλοι οι μεγάλοι νομομαθείς μπορούν να γίνουν κηπουροί!

Όλο, όμως, το ποινικό σύστημα είναι εκεί για να προστατεύσει τις πολλές αδικίες οι οποίες λαμβάνουν χώρα, και οι άνθρωποι που βρίσκονται στην εξουσία επιθυμούν αυτό το καθεστώς της αδικίας να εξακολουθεί να υφίσταται.

Ο κόσμος τον οποίο οραματίζομαι, ο κόσμος της νέας ανθρωπότητας, θα εξαλείψει όλα τα αίτια. Πολλές εγκληματικές συμπεριφορές, φόνοι, βιασμοί ακόμη και κλοπές, μπορεί να είναι κληρονομικές. Μπορεί να χρειάζεται να μεταβληθεί η χημεία σας, να ρυθμιστούν ανάλογα οι ορμόνες σας. Αρκετά εγκλήματα γίνονται επειδή έχετε κακή ψυχολογία. Χρειάζεστε ένα καλό καθάρισμα του εγκεφάλου και πιο ξεκάθαρη θέαση των πραγμάτων. Και κανένα από αυτά δεν θα πρέπει να θεωρηθεί ως ένα είδος τιμωρίας. Εάν κάποιος υποφέρει από φυματίωση τον στέλνετε στο νοσοκομείο, όχι στη φυλακή· και το να είσαι στο νοσοκομείο δεν θεωρείται κάτι το εγκληματικό. Από τη στιγμή που θα γίνεις πάλι υγιής και θα επιστρέψεις στην κοινωνία, η αξιοπρέπεια σου δεν πλήττεται.

Υπάρχουν πολλά προβλήματα με τα οποία η παλαιά ανθρωπότητα φαίνεται να μην ασχολήθηκε καν. Οι άνθρωποι στο παρελθόν τα απέφευγαν και ανέβαλλαν τη λύση τους. Ο μεγαλύτερός τους φόβος ήταν μήπως αποκαλυφθεί ότι οι ισχυροί άνθρωποι ήταν υπαίτιοι για όλα τα εγκλήματα, ότι οι πλούσιοι άνθρωποι ευθύνονταν για τα εγκλήματα, ότι οι ιερείς ευθύνονταν για τα σεξουαλικά εγκλήματα και τις σεξουαλικές διαστροφές. Δεν έφεραν τα αίτια αυτά ποτέ στο φως.

Η μελλοντική ανθρωπότητα θα καταστρέψει όλα τα αίτια της αδικίας. Και αν κάτι είναι κληρονομικό, είναι πολύ απλό να αλλάξουν οι ορμόνες σας, να αλλάξει η χημεία σας, να αλλάξει η ψυχολογία σας. Εάν κάτι έχει να κάνει με τον τρόπο σκέψεως, τότε και αυτό μπορεί με τη σειρά του να ρυθμιστεί.

Με την από κοινού συνεργασία της επιστήμης, της ψυχολογίας, της ψυχανάλυσης και της ψυχιατρικής, το επαναστατικό πνεύμα θα είναι σε θέση να εκτοπίσει κάθε αδικία, και δεν θα γίνεται καν λόγος γι' αυτήν.

> **Όλα αυτά φαντάζουν κάπως μη ρεαλιστικά ώστε να ελπίζουμε ότι θα μπορέσουν να υλοποιηθούν στο εγγύς μέλλον.** Τί μπορούμε να οραματιστούμε για το σύστημα δικαιοσύνης εν τω μεταξύ;

Θα ήθελα να καταστήσω κάτι σαφές: κάποιος μπορεί να ενεργήσει με λάθος τρόπο. Αυτό δεν σημαίνει ότι γίνεται κακός. Η πράξη είναι κάτι το μικρό. Ένας άνθρωπος είναι μια τεράστια πραγματικότητα. Και η ενέργειά του αυτή είναι ήδη παρελθόν: ο άνθρωπος έχει μπροστά του ένα αγνό μέλλον. Εάν κρύψει το γεγονός τότε υπονομεύει το ίδιο του το μέλλον, επειδή θα εξακολουθήσει να βιώνει ενοχικά μέσα του την πράξη αυτή. Εάν την ομολογήσει και είναι πρόθυμος να υποστεί οιαδήποτε τιμωρία, θα εξαγνιστεί ολοκληρωτικά. Το μέλλον του θα είναι αγνό.

Σε περίπτωση που ομολογεί στο δικαστήριο, ένας άνθρωπος θα πρέπει να λαμβάνει πιο επιεική ποινή. Και θα ήθελα οι δικαστές να καταλάβουν ότι κανείς εγκληματίας δεν χρήζει τιμωρίας, όλοι οι εγκληματίες χρήζουν θεραπείας.

Επί αιώνες οι εγκληματίες τιμωρούνταν αυστηρά, αλλά δεν καταφέρατε να αλλάξετε τίποτε. Ο αριθμός των εγκληματιών εξακολουθεί να αυξάνει. Κατ' αναλογίαν αυξάνει και ο αριθμός των δικαστηρίων και των δικηγόρων. Είναι ένα μη αναγκαίο βάρος. Και σε ό,τι αφορά τους εγκληματίες, ακόμη και αν τους φυλακίσεις, επιτελείς μια εντελώς παράλογη πράξη, επειδή το να ζεις πέντε ή δέκα χρόνια στη φυλακή είναι σαν να ζεις στο πανεπιστήμιο της εγκληματικότητας, όπου ζουν όλοι οι ειδήμονες του εγκλήματος. Θα μάθεις περισσότερα, και θα μάθεις ένα βασικό πράγμα από όλους τους μεγάλους εγκληματίες: ότι το να διαπράττεις ένα έγκλημα δεν είναι παράνομο, αλλά παράνομο είναι το να συλληφθείς. Οπότε εκείνο που πρέπει να κάνεις είναι... να μην συλληφθείς. Θα πρέπει να είσαι πιο έξυπνος, πιο πανούργος. Το πρόβλημα δεν είναι το έγκλημα. Το πρόβλημα είναι να πιαστείς. Οπότε κάθε ένας που μπαίνει στη φυλακή βγαίνει από αυτήν ακόμη μεγαλύτερος εγκληματίας. Όταν μπήκε στη φυλακή ήταν ίσως απλά ένας ερασιτέχνης· αυτός είναι ο λόγος για τον οποίο πιάστηκε τόσο εύκολα. Όταν βγαίνει από αυτήν, βγαίνει ως ειδικός, ως επαγγελματίας. Τώρα θα είναι δύσκολο να τον πιάσει κάποιος.

Οπότε εκείνο που λέω στα δικαστήρια του κόσμου είναι πως μέχρι τώρα εκείνο που κάνατε με τους εγκληματίες δεν είναι σωστό. Εκείνο που είναι προβληματικό με έναν εγκληματία είναι η ψυχολογία του. Χρειάζεται ψυχιατρική αντιμετώπιση. Αντί να κτίζετε φυλακές, δημιουργήστε χώρους όπου κάποιος θα είναι σε θέση να λάβει ψυχιατρική υποστήριξη, να διαλογιστεί, να μελετήσει, να γίνει πιο έξυπνος. Και αποδώστε του όλον τον σεβασμό που αρμόζει σε ένα ανθρώπινο πλάσμα. Οι πράξεις του δεν μετρούν· εκείνο που μετρά είναι η ύπαρξή του.

● Μπορείτε να πείτε κάτι περισσότερο αναφορικά με ❾ την καλλιέργεια της ενσυναίσθησης ώστε να μη γίνεται λόγος τουλάχιστον σε μεμονωμένο πλαίσιο για ενέργειες που βλάπτουν τον εαυτό μας ή τους άλλους;

Καθετί κρύβει μέσα του ενέργεια, ο φόβος, η οργή, η ζήλια, το μίσος. Δεν είστε σε θέση να αντιληφθείτε ότι όλα αυτά υπονομεύουν τη ζωή σας. Η ενέργεια σας διαρρέει από τόσες πολλές τρύπες. Με αυτόν τον τρόπο αργά ή γρήγορα θα χρεοκοπήσετε. Στην πραγματικότητα οι περισσότεροι άνθρωποι χρεοκοπούν από την ηλικία κιόλας των τριάντα ετών. Μετά από αυτό το όριο δεν υπάρχει τίποτε. Είναι μια μεταθανάτια ζωή η οποία σας σέρνει, κατά κάποιον τρόπο, προς τον τάφο.

Θα πρέπει να αντιμετωπίσετε τους φόβους σας. Και να κάνετε το ίδιο με τον θυμό, να κάνετε το ίδιο με τη ζήλια, να κάνετε το ίδιο με το μίσος. Και κάτι σημαντικό που θα πρέπει να θυμάστε είναι το εξής: αν αντιμετωπίσετε το οτιδήποτε, τον φόβο, την οργή, το μίσος, αν απλά τα παρατηρείτε καθώς εκδηλώνονται, χωρίς να τα κρίνετε ή να τα καταδικάζετε, τότε θα εξαφανιστούν αφήνοντας πίσω ένα μεγάλο ποσοστό ενέργειας το οποίο θα μπορέσετε να αξιοποιήσετε δημιουργικά. Θα πρέπει να το χρησιμοποιήσετε. Οι διαρροές έχουν εξαφανιστεί και ξεχειλίζετε από ενέργεια. Αν όμως, αντικρίσετε την αγάπη, τη συμπόνια, την ευγένεια και την ταπεινότητα, δεν θα εξαφανιστούν. Περικλείουν επίσης μεγάλη ενέργεια, όσο, όμως, τα παρατηρείτε τόσο πιο ισχυρά γίνονται μέσα σας, και σας κυριεύουν.

Οπότε αυτό είναι το κριτήριο για να αποφασίσετε ποιό είναι το σωστό και ποιό το λάθος. Εάν παρατηρώντας κάτι αυτό εξαφανίζεται αφήνοντας σας όλη την ενέργεια του, τότε ήταν κάτι εσφαλμένο.

Δεν σας δίνω έτοιμες απαντήσεις που φέρουν ετικέτες του τύπου: «Αυτό είναι λάθος και αυτό είναι σωστό, αυτό πρέπει να το κάνετε και αυτό δεν πρέπει». Δεν σας δίνω τις δέκα εντολές. Σας παραδίδω το μυστικό της πνευματικής ζωής: βλέπε, παρατήρησε, κατάλαβε. Εάν κάτι εξαφανίζεται και αφήνει πίσω του μεγάλο ποσοστό ενέργειας, τότε ήταν λάθος. Εάν παρατηρώντας κάποιο φαινόμενο, αυτό αποκτά όλο και μεγαλύτερες διαστάσεις και η αγάπη φθάνει ως τα Ιμαλάια, τότε αυτό σημαίνει πως αυτό είναι το καλό το οποίο αναζητούσατε. Εάν γίνετε πιο ευαισθητοποιημένοι σε ό,τι αφορά την ομορφιά και την ποίηση, αυτό σημαίνει ότι η αγάπη σας έχει ανθίσει. Και όλη η ενέργεια η οποία χρησιμοποιείτο από τον φόβο, τον θυμό και το μίσος, θα καταληφθεί από την αγάπη σας, από την ευαισθησία, από τη συμπόνια, από τη δημιουργικότητα. Αυτή είναι η αλχημεία που έχει να κάνει με τη μετατροπή των βασικών μετάλλων σε χρυσό.

Αυτό είναι που έκαναν στην πραγματικότητα οι αλχημιστές, εξαιτίας, όμως, του Χριστιανισμού δεν μπορούσαν να το εκφράσουν ανοικτά. Αυτό είναι ένα από τα θλιβερά πράγματα αναφορικά με τις θρησκείες: ότι αντί να βοηθούν τους πραγματικά θρησκευόμενους ανθρώπους, στην ουσία τους φέρνουν εμπόδια. Οπότε οι αλχημιστές στην Ευρώπη επινόησαν ένα τέχνασμα για να εξαπατήσουν τον πάπα και τους πράκτορές του. Είχαν μικρά εργαστήρια μέσα στα οποία υπήρχαν πολλοί σωλήνες και μπουκάλια, πολλά χρωματιστά υγρά και λίθοι. Το εργαστήριο έδινε την εντύπωση ότι ασχολείτο με κάτι το υλικό, ότι ήταν επιστήμονες, ότι δεν ήταν μυστικιστές – επειδή ο μυστικιστής ήταν επικίνδυνος για τον πάπα, ήταν επικίνδυνος για την οργανωμένη θρησκεία. Αυτοί οι άνθρωποι προσπαθούσαν απλά να μεταβάλλουν τα βασικά μέταλλα σε χρυσό, αυτή η ερμηνεία ταίριαζε απόλυτα. Στην πραγματικότητα, αν πετύχαιναν, τότε θα έμπαιναν στην υπηρεσία της Εκκλησίας. Οπότε μπορούσαν να δουλέψουν με τις ευλογίες του πάπα. Αυτό, όμως, δεν ήταν παρά ένα προσωπείο. Η πραγματικότητα ήταν κάτι άλλο, που εξελισσόταν πίσω από τη σκηνή. Η ιδιότητα του επιστήμονα δεν ήταν παρά η επιφανειακή μάσκα. Δεν έκαναν τίποτε τέτοιο. Ούτε ένα γραμμάριο βασικού μετάλλου δεν μεταβλήθηκε σε χρυσό στο διάστημα όλων αυτών των εκατονταετιών. Δεν το βλέπετε; Όλα αυτά τα μπουκάλια και οι σωλήνες, και τα υγρά με τα πολλά χρώματα που περνούσαν από το ένα μπουκάλι στο άλλο, χρησίμευαν απλά ως προκάλυμμα. Και ποιός δεν ενδιαφέρεται να μετατρέψει το μέταλλο σε χρυσό; Όλοι ενδιαφέρονται.

Οι αλχημιστές ήταν σεβαστοί για το προσωπείο τους. Εκείνο που πράγματι έκαναν ανήκε σε άλλη διάσταση. Προσπαθούσαν να μεταβάλλουν τον φόβο, την οργή, τον θυμό, το μίσος σε αγάπη, σε συμπόνια, σε δημιουργικότητα, σε ευαισθησία. Προσπαθούσαν να επιφέρουν έναν μετασχηματισμό του ψυχικού κόσμου του ανθρώπου.

Οπότε αυτή είναι η βασική αλχημεία: βλέπεις, παρατηρείς χωρίς να παρεμβαίνει κάποια κρίση. Δεν χρειάζεται κάποια κρίση. Εκείνο που είναι λάθος θα εκλείψει, αφήνοντας πίσω του ένα μεγάλο κενό ενέργειας. Και εκείνο το οποίο είναι καλό θα μεγαλώσει και θα αρχίσει να απορροφά την ενέργεια που έχει μείνει πίσω. Μόνο μια ευωδία αγάπης, φωτός και γέλιου είναι που μένει πίσω.

ΚΑΝΟΝΕΣ ΚΑΙ ΕΥΘΥΝΕΣ: ΠΕΡΠΑΤΩΝΤΑΣ ΣΤΟ ΤΕΝΤΩΜΕΝΟ ΣΧΟΙΝΙ ΤΗΣ ΕΛΕΥΘΕΡΙΑΣ

Δεν είμαι ενάντια στους κανόνες. Οι κανόνες, όμως, θα πρέπει να προκύπτουν μέσα από τη δική σας κατανόηση. Δεν θα πρέπει να επιβάλλονται απ' έξω. Δεν είμαι ενάντια στην πειθαρχία. Αλλά η πειθαρχία δεν θα πρέπει να γίνεται σκλαβιά! Κάθε πραγματική πειθαρχία δεν είναι παρά *αυτοπειθαρχία*. Και η αυτοπειθαρχία δεν είναι ποτέ ενάντια στην ελευθερία· στην πραγματικότητα είναι η σκάλα που οδηγεί προς την ελευθερία. Μόνο οι πειθαρχημένοι άνθρωποι γίνονται ελεύθεροι, αλλά η πειθαρχία τους δεν έχει να κάνει με την υπακοή απέναντι στους άλλους: η πειθαρχία τους έχει να κάνει με την υπακοή στη φωνή που είναι μέσα τους. Και είναι έτοιμοι να ρισκάρουν τα πάντα γι' αυτό.

Αφήστε τη δική σας αντίληψη να αποφασίσει για τον τρόπο της ζωής σας. Μην αφήνετε κάποιον άλλον να αποφασίζει γι' αυτήν. Αυτό είναι αμαρτία: το να επιτρέπετε σε κάποιον άλλον να αποφασίζει. Γιατί είναι η αμαρτία; Διότι δεν θα είστε ποτέ παρόντες στη ζωή σας. Θα παραμείνει σε μια επιφανειακή κατάσταση, θα είναι μια υποκρισία.

Ένα συνειδητοποιημένο άτομο δεν ελέγχεται ούτε από το παρελθόν ούτε από το μέλλον. Δεν έχετε κανέναν να σας αναγκάζει να συμπεριφέρεστε με ένα συγκεκριμένο τρόπο. Οι Βέδες δεν είναι πλέον στο μυαλό σας, ο Μαχαβίρα και ο Μωάμεθ και ο Χριστός δεν σας αναγκάζουν πλέον να κινηθείτε σε μια συγκεκριμένη κατεύθυνση. Είστε ελεύθερος. Αυτός είναι ο λόγος για τον οποίο στην Ινδία ένα τέτοιο πρόσωπο φέρει την ονομασία *μούκτα. Ένας μούκτα είναι κάποιος που είναι απόλυτα ελεύθερος. Ο ένας είναι ελεύθερος.* Στη φάση αυτή, όποια και αν είναι η κατάσταση, κάποιος ανταποκρίνεται με πλήρη συναίσθηση. Αυτή είναι η ευθύνη σας. Έχετε την ικανότητα να αντιδράτε. Η ευθύνη σας δεν είναι μια υποχρέωση, είναι μια ευαισθησία απέναντι στις παρούσες περιστάσεις. Το νόημα της ευθύνης μεταβάλλεται. Δεν είναι μια ευθύνη με την έννοια της υποχρέωσης, του καθήκοντος, του βάρους, δεν είναι κάτι το οποίο πρέπει να γίνει. Καμμία ευθύνη δεν είναι απλά μια ευαισθησία, ένα φαινόμενο αντικατοπτρισμού. Ό,τι και αν συμβεί, ένας συνειδητοποιημένος άνθρωπος ανταποκρίνεται με όλο του το είναι. Δεν διστάζει καθόλου, αυτός είναι ο λόγος για τον οποίο δεν μετανιώνει, αυτός είναι ο λόγος για τον οποίο δεν νιώθει ενοχές. Ό,τι είναι να κάνει, το έχει κάνει και έχει τελειώσει με αυτό. Ζει κάθε λεπτό στην πληρότητα και στην τελειότητά του.

Μέσα στην άγνοιά σας το καθετί είναι ατελές. Δεν έχετε ολοκληρώσει τίποτε. Εκατομμύρια εμπειρίες είναι μέσα σας περιμένοντας την εκπλήρωσή τους. Θέλατε να γελάσετε, αλλά η κοινωνία δεν σας το επέτρεπε. Καταπιέσατε την επιθυμία σας. Αυτό το γέλιο μένει πάντοτε μέσα σας σαν πληγή. Τί αξιοθρήνητη κατάσταση! Ακόμη και το γέλιο, γίνεται πληγή! Όταν δεν αφήνετε το γέλιο να εκδηλωθεί, γίνεται πληγή, ένα ατελές πράγμα στο εσωτερικό σας περιμένει κάποια ημέρα για να ολοκληρωθεί.

Αγαπούσατε κάποιον, αλλά δεν μπορούσατε να αγαπήσετε ολοκληρωτικά, ο χαρακτήρας σας σας το απαγόρευε, η συνείδηση σας δεν σας το επέτρεπε. Ακόμη και αν είστε με τον αγαπημένο σας μέσα στη σκοτεινή νύχτα, μόνοι μέσα στο δωμάτιο, η κοινωνία είναι παρούσα. Ο χωροφύλακας βρίσκεται εκεί και σας παρακολουθεί. Δεν είστε μόνος. Έχετε μια κοινωνική συνείδηση, το αγαπημένο σας πρόσωπο έχει μια κοινωνική συνείδηση: πώς μπορείτε να είστε μόνος; Όλη η κοινωνία είναι εκεί, όλη η αγορά βρίσκεται ένα γύρω. Και ο Θεός που κοιτά από ψηλά σάς βλέπει κι αυτός, παρατηρεί τι κάνετε! Ο Θεός φαίνεται πως είναι ο παγκόσμιος ματάκιας! Παρακολουθεί συνέχεια κρυφά τους ανθρώπους. Η κοινωνία χρησιμοποίησε το μάτι του Θεού για να σας ελέγξει και να σας κάνει σκλάβο. Δεν μπορείτε καν να αγαπήσετε ολοκληρωτικά, δεν μπορείτε να μισήσετε ολοκληρωτικά, δεν μπορείτε να οργιστείτε ολοκληρωτικά. Δεν μπορείτε να είστε πλήρης σε τίποτε! Τρώτε με μισή καρδιά, περπατάτε με μισή καρδιά, γελάτε με μισή καρδιά... Δεν μπορείτε να κλάψετε, συγκρατείτε χιλιάδες δάκρυα στα μάτια σας. Το καθετί είναι ένα βάρος, κουβαλάτε χωρίς λόγο το παρελθόν. Και αυτός είναι ο χαρακτήρας σας. Ένας Βούδας δεν έχει χαρακτήρα επειδή η φύση του είναι ρευστή και ευέλικτη. Η ύπαρξη του χαρακτήρα δηλώνει ακαμψία. Είναι σαν την πανοπλία. Σε προστατεύει από συγκεκριμένα πράγματα, αλλά στη συνέχεια σε σκοτώνει.

Δεν χρειαζόμαστε, ωστόσο, κάποια μορφή εσωτερικού ελέγχου; Φοβάμαι πως η ζωή μου μπορεί να εκφυλιστεί στο επίπεδο του χάους αν δεν κάνω κάποια προσπάθεια να πειθαρχήσω τον εαυτό μου.

Από τη στιγμή που θα θέσετε μεγάλο μέρος του εαυτού σας υπό έλεγχο, δεν επιτρέπετε στη ζωή σας να εκφραστεί. Θέτετε πολλές προϋποθέσεις, και η ζωή δεν μπορεί να εκπληρώσει αυτές τις προϋποθέσεις.

Η ζωή εκδηλώνεται στην πληρότητα της μόνο όταν την αποδέχεστε χωρίς όρους. Όταν είστε έτοιμοι να τη δεχτείτε όπως και αν έρχεται, οποιαδήποτε μορφή και αν παίρνει. Ο άνθρωπος, όμως, που επιβάλλει τον έλεγχο στη ζωή του, θέλει πάντοτε η ζωή να εξελίσσεται με έναν συγκεκριμένο τρόπο, να πληροί συγκεκριμένες προϋποθέσεις και η ζωή δεν ασχολείται με κάτι τέτοιο, απλά προσπερνά αυτούς τους ανθρώπους. Παραμένουν σχεδόν νεκροί, φυτοζωούν.

Όσο πιο γρήγορα διαρρήξετε τους περιορισμούς του ελέγχου τόσο το καλύτερο, επειδή κάθε μορφή ελέγχου απορρέει από το μυαλό. Και είστε πολύ μεγαλύτεροι από το μυαλό. Ένα τόσο μικρό μέρος του οργανισμού προσπαθεί να κυριαρχήσει επάνω σε εσάς, προσπαθεί να σας *υπαγορεύσει* τι συμβαίνει σε εσάς. Η ζωή εξακολουθεί να κινείται και εσείς μένετε πολύ πίσω και έπειτα απογοητεύεστε.

Η λογική του μυαλού είναι τέτοια που λέει: «Κοίταξε, δεν έλεγξες σωστά την κατάσταση, αυτός είναι ο λόγος για τον οποίο απέτυχες, οπότε άσκησε περισσότερο έλεγχο». Η αλήθεια έχει να κάνει ακριβώς με το αντίθετο: οι άνθρωποι αποτυγχάνουν εξαιτίας του υπερβολικού ελέγχου.

Να είστε σαν τον άγριο ποταμό και τα περισσότερα τα οποία δεν είχες καν ονειρευτεί, δεν είχες καν φανταστεί, δεν είχες καν ελπίσει, είναι στη διάθεσή σου εκεί στη διπλανή γωνία, εντός της εμβέλειάς σου. Θα πρέπει, όμως, να ανοίξεις το χέρι σου, να μην συνεχίζεις να ζεις τη ζωή της γροθιάς, γιατί αυτή είναι η ζωή του ελέγχου.

Ζήσε μια ζωή ανοικτών χεριών. Όλος ο ουρανός είναι στη διάθεση σου, μην ικανοποιείσαι με κάτι λιγότερο. Ποτέ μην ικανοποιείσαι με κάτι λιγότερο. Όλος ο ουρανός μας ανήκει κληρονομικά, είναι δικαίωμα μας να πετάξουμε στις πιο μακρινές γωνιές της ύπαρξης μας και να απολαύσουμε, και να χαρούμε, και να γιορτάσουμε όλα όσα μας έδωσε η ζωή.

● Υπάρχει κάποια διαφορά ανάμεσα στον αυτοέ-
▌ λεγχο και στην αυτοπειθαρχία; Ήμουν πάντοτε
▐ αυστηρός με τον εαυτό μου, και πιστεύω ότι εξαι-
τίας αυτού έχασα ένα μεγάλο μέρος από τις χαρές
της ζωής.

Δεν υφίσταται απλά μια διαφορά, αλλά μια τεράστια διαφορά: η αυτοπειθαρχία και ο αυτοέλεγχος είναι ακριβώς δυο αντιθετικοί πόλοι. Ο αυτοέλεγχος απορρέει από το εγώ, η αυτοπειθαρχία από το μη-εγώ. Το να ελέγχεις σημαίνει να χειρίζεσαι τον εαυτό σου. Το να πειθαρχείς σημαίνει να καταλαβαίνεις τον εαυτό σου.

Η αυτοπειθαρχία είναι κάτι φυσικό, ο αυτοέλεγχος είναι κάτι το αφύσικο, η αυτοπειθαρχία είναι κάτι το αυθόρμητο, ο αυτοέλεγχος είναι μια μορφή καταπίεσης. Η αυτοπειθαρχία δεν χρειάζεται παρά μόνο κατανόηση. Κατανοείς και ενεργείς σύμφωνα με την αντίληψη σου. Η αυτοπειθαρχία δεν έχει κάποιο ιδανικό για να ακολουθήσει, δεν έχει κάποιο δόγμα για να ακολουθήσει, δεν επιζητά την τελειότητα, η αυτοπειθαρχία σε καθοδηγεί μετά από λίγο στην πληρότητα. Ο αυτοέλεγχος ενέχει την έννοια της τελειομανίας, εμπεριέχει ένα ιδανικό το οποίο πρέπει να επιτευχθεί. Έχεις στο μυαλό σου μια ιδέα αναφορικά με το πώς θα πρέπει να είναι τα πράγματα. Ο αυτοέλεγχος διαθέτει πολλά *πρέπει* και *δεν πρέπει*, η αυτοπειθαρχία δεν έχει κανένα. Η αυτοπειθαρχία είναι μια φυσική αντίληψη, μια άνθιση.

Η ίδια η λέξη "αυτοπειθαρχία" σημαίνει ότι "άρχει η προσωπική μου πειθώ". Άρα δεν είναι κάτι που επιβάλλεται απ' έξω, αλλά από μέσα μας. Εμείς είμαστε υπεύθυνοι για την πειθαρχία που πρέπει να επιδείξουμε αφ' εαυτού.

Η αυτοπειθαρχία δεν έχει καθόλου να κάνει με τον αυτοέλεγχο. Στην πραγματικότητα ένα πειθαρχημένο μυαλό δεν είναι ποτέ ένα μυαλό που σκέπτεται με όρους ελέγχου, αφού δεν υπάρχει ανάγκη για κάτι τέτοιο. Ένα πειθαρχημένο μυαλό δεν χρειάζεται καν έλεγχο. Ένα πειθαρχημένο μυαλό είναι απολύτως ελεύθερο.

Ένα απειθάρχητο μυαλό χρειάζεται έλεγχο επειδή ένα απειθάρχητο μυαλό αισθάνεται ότι χωρίς τον έλεγχο υπάρχει κίνδυνος. Ένα απειθάρχητο μυαλό δεν μπορεί να εμπιστευτεί τον ίδιο τον εαυτό του, εξ ου προκύπτει και ο έλεγχος. Για παράδειγμα αν δεν ελέγξεις τον εαυτό σου, μπορεί να σκοτώσεις κάποιον, μέσα στην οργή, μέσα στον θυμό σου, μπορεί να γίνεις φονιάς. Χρειάζεσαι τον έλεγχο επειδή φοβάσαι τον εαυτό σου. Τον αυτοέλεγχο.

Ένας άνθρωπος της κατανόησης, ένας άνθρωπος που κατανοεί τον εαυτό του και τους άλλους, δείχνει πάντοτε συμπόνια.

Ακόμη και αν κάποιος είναι εχθρός σας, επιδεικνύετε συμπόνια απέναντι του επειδή ένας άνθρωπος με κατανόηση είναι σε θέση να κατανοήσει και τη γνώμη των άλλων. Καταλαβαίνει γιατί ο άλλος νιώθει έτσι όπως νιώθει, καταλαβαίνει γιατί ο άλλος είναι θυμωμένος, επειδή γνωρίζει τον εαυτό του, και γνωρίζοντας εαυτόν έχει γνωρίσει και όλους τους άλλους. Είναι συμπονετικός, δείχνει κατανόηση και ακολουθεί αυτήν την οδό. Όταν λέω κάτι τέτοιο μη με παρεξηγείτε. Το να κατανοείς κάποιον δεν σημαίνει κατ' ανάγκην ότι τον ακολουθείς. Η ίδια η λέξη "ακολουθώ" δίνει την εντύπωση ότι είσαι υποχρεωμένος να κάνεις κάτι: κατανοείς, και έπειτα είσαι υποχρεωμένος να κάνεις κάτι, θα πρέπει να ακολουθήσεις αυτό που αντιλήφθηκες. Όχι, φρόντισε απλά να κατανοήσεις και όλα θα τακτοποιηθούν από μόνα τους. Δεν χρειάζεται να ακολουθήσεις κάτι, απλά αρχίζει να συμβαίνει.

Οπότε είναι σημαντικό να κατανοήσουμε τη διαφορά ανάμεσα στον αυτοέλεγχο και στην αυτοπειθαρχία. Ο έλεγχος είναι ένα κάλπικο νόμισμα, που επινοήθηκε από την κοινωνία ως υποκατάστατο της πειθαρχίας. Έχει την ίδια ακριβώς όψη με την πειθαρχία: κάθε κάλπικο νόμισμα έχει αυτήν την όψη, διαφορετικά δεν θα μπορούσε να κυκλοφορήσει στην αγορά. Υπάρχουν πολλά κάλπικα νομίσματα στον εσωτερικό μας κόσμο. Ο έλεγχος είναι ένα κάλπικο νόμισμα που προσπαθεί να υποκαταστήσει το πραγματικό νόμισμα της πειθαρχίας.

Μην προσπαθείτε ποτέ να ελέγξετε τον εαυτό σας. Ποιός θα ασκήσει πράγματι τον έλεγχο; Αν καταλαβαίνετε, δεν υπάρχει ανάγκη για έλεγχο, αν δεν καταλαβαίνετε τότε ποιός θα ασκήσει τον έλεγχο; Αυτός είναι ο πυρήνας του όλου προβλήματος.

Εάν καταλαβαίνετε τότε ποιά η ανάγκη του ελέγχου; Καταλαβαίνετε, οπότε κάνετε εκείνο το οποίο είναι σωστό. Όχι ότι είστε υποχρεωμένοι να το κάνετε, απλά το κάνετε, γιατί πώς είναι δυνατόν να κάνετε το κακό; Εάν πεινάτε, δεν αρχίζετε να τρώτε πέτρες —καταλαβαίνετε ότι οι πέτρες δεν μπορούν να φαγωθούν, τέλος! Δεν χρειάζεται κάποιος να σας δώσει μια εντολή: «Ποτέ μην τρώτε πέτρες όταν είστε πεινασμένος». Θα ήταν απλά ανόητο να πει κανείς κάτι τέτοιο. Όταν είστε διψασμένος, πίνετε νερό. Ποιός ο λόγος να ορίσετε κάποια "πρέπει" ή "δεν πρέπει" αναφορικά με αυτό; Η ζωή είναι απλή όταν καταλαβαίνουμε. Δεν υπάρχουν κανόνες ή νόμοι που να την περιβάλλουν, δεν υπάρχει ανάγκη για κάτι τέτοιο, επειδή η ίδια η αντίληψη των πραγμάτων εκ μέρους σας είναι ο ανώτερος από όλους τους κανόνες. Υπάρχει μόνο ένας χρυσός κανόνας, και αυτός είναι η κατανόηση· όλοι οι άλλοι κανόνες είναι άχρηστοι, μπορούμε να απαλλαγούμε από αυτούς. Εάν καταλαβαίνεις τότε μπορείς να αποβάλεις κάθε έννοια ελέγχου, μπορείς να είσαι ελεύθερος επειδή ό,τι και αν κάνεις, θα το κάνεις μέσα από την κατανόηση.

Εάν μου ζητήσετε τον ορισμό του τι είναι σωστό, θα σας πω ότι είναι εκείνο το οποίο συντελείται μέσω της κατανόησης. Το σωστό και το λάθος δεν ορίζονται ως αντικειμενικές αξίες. Δεν υπάρχει κάτι το οποίο να μπορεί να χαρακτηριστεί ως σωστή πράξη και ως εσφαλμένη πράξη, υπάρχουν μόνο ενέργειες που γίνονται μέσω της κατανόησης και ενέργειες που γίνονται χωρίς κατανόηση. Οπότε κάποιες φορές είναι πιθανό μια πράξη να είναι εσφαλμένη εκείνη τη στιγμή, και σωστή την επόμενη επειδή η κατάσταση έχει αλλάξει και τώρα η αντίληψη των πραγμάτων έχει μεταβληθεί. Κατανόηση σημαίνει να ζεις λεπτό προς λεπτό με μια ευαισθητοποιημένη προσέγγιση απέναντι στη ζωή.

Δεν έχεις ένα σταθερό δόγμα αναφορικά με το πώς θα πρέπει να ενεργείς. Κοιτάς γύρω σου, αισθάνεσαι, βλέπεις και έπειτα ενεργείς στη βάση του συναισθήματος αυτού, αυτής της οπτικής και αυτής της γνώσης· η πράξη έρχεται από μόνη της.

Ένας άνθρωπος του ελέγχου δεν έχει κάποιο όραμα απέναντι στη ζωή, δεν τον χαρακτηρίζει κάποια ευαισθησία απέναντι στη ζωή. Όταν ο δρόμος ανοίγεται μπροστά του ορθάνοιχτος, αυτός ζητά να συμβουλευτεί έναν χάρτη, όταν η πόρτα είναι εκεί μπροστά του, ρωτά τους άλλους: «Πού είναι η πόρτα;» Είναι τυφλός.

Θα πρέπει να ασκήσει έλεγχο στον εαυτό του, επειδή η θέση της πόρτας αλλάζει κάθε στιγμή. Η ζωή δεν είναι ένα νεκρό, στατικό πράγμα· δεν είναι κάτι τέτοιο. Είναι κάτι δυναμικό.

Οπότε ο ίδιος κανόνας που ήταν καλός εχθές δεν θα είναι καλός για σήμερα και δεν μπορεί να εξυπηρετήσει τις ανάγκες του αύριο. Κάποιος, όμως, που ζει στη βάση του ελέγχου έχει μια συγκεκριμένη ιδεολογία και ακολουθεί τον χάρτη. Οι δρόμοι αλλάζουν κάθε ημέρα, η ζωή εξακολουθεί να κινείται σε νέες διαστάσεις, αλλά αυτός συνεχίζει να ακολουθεί την παλιά, σκουριασμένη, ιδεολογία. Εστιάζει στην ιδέα, έπειτα την ακολουθεί και βρίσκεται πάντοτε στη λάθος κατάσταση.

Αυτός είναι ο λόγος για τον οποίο αισθάνεστε ότι έχετε χάσει πολλές από τις χαρές της ζωής. Θα πρέπει να χάσετε, επειδή η μόνη χαρά την οποία μπορεί να δώσει η ζωή δεν είναι παρά εκείνη που προκύπτει ως ανταπόκριση στην κατανόηση. Τότε αρχίζετε να αισθάνεστε πολλές χαρές, τότε όμως δεν έχετε ιδέες, κανόνες και ιδανικά, δεν είστε πλέον εκεί για να ακολουθείτε συγκεκριμένους κανόνες. Είστε εδώ για να ζήσετε και να ανακαλύψετε τον δικό σας κώδικα ζωής.

Όταν συνειδητοποιήσετε τον δικό σας κώδικα ζωής θα αντιληφθείτε ότι δεν πρόκειται για κάτι στατικό. Είναι το ίδιο δυναμικός όπως και η ζωή.

Εάν προσπαθείτε να ελέγξετε τη ζωή σας, αυτό οφείλεται στην παρέμβαση του εγώ, είναι το εγώ το οποίο σας χειρίζεται με πολλούς τρόπους. Μέσω του εγώ η κοινωνία σας χειρίζεται, και μέσω της κοινωνίας, οι νεκροί, όλοι εκείνοι που έχουν πεθάνει μέχρι σήμερα, σας χειρίζονται. Κάθε ζωντανό πλάσμα, σε περίπτωση που ακολουθεί μια νεκρή ιδεολογία, είναι σαν να ακολουθεί νεκρούς ανθρώπους.

Ο Ζαρατούστρας είναι όμορφος, ο Βούδας είναι όμορφος, ο Λάο Τσε είναι όμορφος, ο Ιησούς είναι όμορφος −αλλά το κήρυγμα τους δεν βρίσκει πλέον καμμία εφαρμογή. Έζησαν τις ζωές τους και άνθισαν με όμορφο τρόπο. Διδαχθείτε μέσω αυτών αλλά μην είστε ανόητος οπαδός τους. Να είστε συμπαθών, αλλά όχι μαθητής τους.

Ένας μαθητής, μαθαίνει τις λέξεις, τις νεκρές λέξεις, ένας συμπαθών μαθαίνει απλά τα μυστικά της αντίληψης και όταν έχει πλέον διαμορφώσει τη δική του αντίληψη, ακολουθεί τον δικό του δρόμο. Αποδίδει τον δέοντα σεβασμό στον Λάο Τσε και λέει: «Τώρα είμαι έτοιμος, είμαι ευγνώμων και θα ακολουθήσω τον δικό μου δρόμο». Θα είναι πάντοτε ευγνώμων απέναντι στον Λάο Τσε, και εδώ είναι το παράδοξο: οι άνθρωποι που αφιερώθηκαν ακολουθώντας τον Ιησού, τον Βούδα, ή τον Μωάμεθ δεν μπορούν ποτέ να τους συγχωρήσουν. Εάν χάσεις τις χαρές της ζωής εξαιτίας των ανθρώπων αυτών τότε πώς θα μπορέσεις να τους συγχωρήσεις; Πώς μπορείς να αισθάνεσαι βαθιά ευγνωμοσύνη; Στην πραγματικότητα είσαι πολύ οργισμένος. Εάν τους συναντήσεις θα τους σκοτώσεις, θα τους δολοφονήσεις, επειδή αυτοί οι άνθρωποι σε εξανάγκασαν να ακολουθήσεις μια ελεγχόμενη ζωή. Αυτοί είναι οι άνθρωποι που δεν σου επέτρεψαν να ζήσεις όπως θα ήθελες να ζήσεις. Αυτοί είναι οι άνθρωποι, ο Μωυσής και ο Μωάμεθ που σου έδωσαν τις εντολές σύμφωνα με τις οποίες θα έπρεπε να ζεις. Δεν μπορείς να τους συγχωρήσεις. Η ευγνωμοσύνη σου είναι ψεύτικη. Είσαι τόσο δυστυχισμένος, πώς μπορείς να είσαι ευγνώμων; Για ποιόν λόγο; Μπορείς να είσαι ευτυχισμένος για τη δυστυχία σου; Όχι. Μπορείς να είσαι ευγνώμων μόνο όταν είσαι ευτυχισμένος.

Η ευγνωμοσύνη ακολουθεί σαν σκιά όταν δέχεστε την εσωτερική ευλογία, ένα αίσθημα διαρκούς ευεργεσίας.

Να είστε ένα πειθαρχημένο άτομο, αλλά ποτέ να μην δεσμεύεστε από τον έλεγχο. Απορρίψτε όλους τους νόμους και τους κανόνες, και ζήστε τη ζωή με επαγρύπνηση· αυτό είναι όλο. Η βαθιά αντίληψη θα πρέπει να είναι ο μόνος νόμος. Εάν καταλάβεις, θα αγαπήσεις· κι αν αγαπήσεις, δεν θα κάνεις κακό σε κανέναν. Εάν καταλάβεις, θα είσαι χαρούμενος, εάν είσαι χαρούμενος, θα μοιράζεσαι πράγματα. Εάν καταλάβεις, θα νιώσεις τόσο μακάριος που μέσα από όλο σου το είναι θα αναδύεται σαν ποτάμι μια ευχαριστία που θα απευθύνεται σε όλη την Πλάση.

Προσπάθησε να καταλάβεις τη ζωή, μην πιέζεσαι και μην δεσμεύεσαι ποτέ από το παρελθόν. Επειδή, αν το παρελθόν είναι εκεί και εσύ ασκείς έλεγχο στον εαυτό σου, δεν μπορείς να καταλάβεις τη ζωή. Και η ζωή είναι τόσο φευγαλέα, δεν περιμένει.

Γιατί, όμως, οι άνθρωποι προσπαθούν να θεσπίσουν κανόνες; Γιατί πέφτουν πάντοτε μέσα στην παγίδα; Πέφτουν μέσα στην παγίδα επειδή μια ζωή με αντίληψη είναι μια επικίνδυνη ζωή. Θα πρέπει να βασιστείς στον εαυτό σου. Η ζωή του ελέγχου είναι άνετη και ασφαλής, εφόσον δεν χρειάζεται να βασιστείς στον εαυτό σου: Ο Μωυσής θα το κάνει αυτό, η Βίβλος θα το κάνει αυτό, το Κοράνι θα το κάνει αυτό, η Μπαγκαβάτ Γκίτα θα το κάνει αυτό, δεν χρειάζεται να ασχολείσαι με τα προβλήματα, μπορείς να ξεφύγεις από αυτά. Μπορείς να βρεις καταφύγιο σε παλαιά ρητά, σε διδασκαλίες και σε σκέψεις. Γαντζώνεσαι από αυτές. Με αυτόν τον τρόπο μπορείς να ζήσεις μια εύκολη ζωή, μια ζωή βολική· μια βολική ζωή, όμως, δεν είναι μια ευτυχισμένη ζωή. Τότε χάνεις τη χαρά, επειδή η χαρά είναι εφικτή μόνο όταν ζεις επικίνδυνα. Δεν υπάρχει άλλος τρόπος για να ζήσει κάποιος.

Ζήσε επικίνδυνα. Και όταν λέω, "Ζήσε επικίνδυνα", εννοώ ζήσε σύμφωνα με τις επιταγές του εαυτού σου, όποιο και αν είναι το κόστος. Ό,τι και αν διακινδυνεύεις, ζήσε σύμφωνα με τις επιταγές της συνείδησής σου, σύμφωνα με όσα προστάζει η καρδιά και τα συναισθήματά σου. Εάν όλη η ασφάλεια χαθεί, όλη η άνεση και η βολικότητα χαθεί, τότε θα είσαι χαρούμενος. Μπορεί να είσαι ζητιάνος, μπορεί να μην είσαι βασιλιάς, μπορεί να κυκλοφορείς στους δρόμους ντυμένος με κουρέλια, κανείς αυτοκράτορας, όμως, δεν μπορεί να σε συναγωνιστεί. Ακόμη και οι αυτοκράτορες θα σε ζηλεύουν επειδή θα διαθέτεις έναν πλούτο, όχι υλικών πραγμάτων, αλλά ένα πλούτο συναίσθησης. Θα σε περιβάλλει ένα φως και θα είσαι κυριευμένος από μια αίσθηση μακαριότητας. Ακόμη και οι άλλοι μπορούν να αντιληφθούν αυτήν την αίσθηση. Είναι τόσο ορατή, τόσο υπαρκτή, που οι άλλοι θα επηρεαστούν από αυτήν, θα γίνει μαγνήτης. Μπορεί εξωτερικά να είσαι σαν ζητιάνος, μέσα σου όμως θα έχεις γίνει βασιλιάς.

Αν ζήσεις μια ζωή άνετη και ασφαλή και βολική, θα αποφύγεις τον κίνδυνο, θα αποφύγεις πολλές δυσκολίες και ταλαιπωρίες. Αποφεύγοντας, όμως, όλες αυτές τις δυσκολίες και τις ταλαιπωρίες, θα αποφύγεις και κάθε ευλογία που μπορεί να συναντήσεις στη ζωή. Όταν αποφεύγεις τον πόνο, αποφεύγεις και την ευτυχία, να το θυμάσαι αυτό. Όταν προσπαθείς να ξεφύγεις από ένα πρόβλημα, ξεφεύγεις ταυτόχρονα και από τη λύση του. Όταν αποφεύγεις να αντιμετωπίσεις μια κατάσταση σακατεύεις την ίδια σου τη ζωή. Ποτέ μη ζεις μια ελεγχόμενη ζωή· αυτή είναι η ζωή εκείνου που αποφεύγει την πραγματικότητα. Αλλά να είσαι πειθαρχημένος. Πειθαρχημένος, όχι σύμφωνα με μένα, όχι σύμφωνα με τον οποιοδήποτε, αλλά σύμφωνα με τον δικό σου φωτισμό. "Να είσαι ένα φως μέσα σου". Αυτά ήταν τα τελευταία λόγια του Βούδα πριν πεθάνει, το τελευταίο πράγμα το οποίο ξεστόμισε. Αυτό είναι πειθαρχία.

ΑΝΤΙΔΡΑΣΗ ΚΑΙ ΑΠΑΝΤΗΣΗ: ΤΟ ΤΑΛΕΝΤΟ ΝΑ ΑΝΤΑΠΟΚΡΙΝΕΣΑΙ ΣΤΙΣ ΔΥΣΚΟΛΙΕΣ

Η λέξη "ευθύνη" έχει χρησιμοποιηθεί με λάθος τρόπο. Δίνει μια αίσθηση βάρους. Πρέπει να κάνεις κάτι, ως καθήκον· αν δεν το κάνεις θα νιώθεις ένοχος. Θα ήθελα να σας υπενθυμίσω ότι η λέξη "ευθύνη" δεν ενέχει καμμία από αυτές τις νοηματικές συνδηλώσεις. Συνδυάστε αντιστρόφως τις λέξεις: ανταπόκριση-ικανότητα, και αμέσως προκύπτει ένα εντελώς διαφορετικό νόημα το οποίο κινείται σε εντελώς διαφορετική κατεύθυνση. Η *ικανότητα ανταπόκρισης* δεν είναι ένα βάρος. Δεν είναι ένα καθήκον. Δεν είναι κάτι το οποίο είσαι υποχρεωμένος να το κάνεις παρά τη θέλησή σου.

Η ικανότητα για ανταπόκριση σημαίνει απλά αυθόρμητη ανταπόκριση. Ό,τι και αν προκύψει, ανταποκρίνεσαι με χαρά, με όλο σου το είναι και με ένταση. Και αυτή η ανταπόκριση δεν θα αλλάξει μόνο την κατάσταση, θα αλλάξει και εσένα.

Υπάρχουν δύο όροι τους οποίους θα πρέπει να θυμόμαστε: ο ένας είναι "αντίδραση" και ο άλλος "ικανότητα-ανταπόκρισης". Οι περισσότεροι άνθρωποι αντιδρούν, δεν ανταποκρίνονται. Η αντίδραση πηγάζει από τη μνήμη, από το απόθεμα των γνώσεων και των εμπειριών του παρελθόντος. Είναι πάντοτε ανεπαρκής στα πλαίσια μιας νέας κατάστασης. Και η ύπαρξη παραμένει συνεχώς νέα. Οπότε αν ενεργείς στη βάση του παρελθόντος, αυτό είναι αντίδραση. Αλλά η αντίδραση αυτή δεν πρόκειται να μεταβάλει την κατάσταση, δεν πρόκειται να αλλάξει εσένα, και θα έχεις αποτύχει ολοσχερώς. Η ανταπόκριση έχει να κάνει με την παρούσα στιγμή. Δεν έχει να κάνει με τη μνήμη, είναι κάτι που έχει να κάνει με τον βαθμό επαγρύπνησης και αντίληψής σας. Αντικρίζετε την κατάσταση με σαφήνεια, είστε ξεκάθαρος, σιωπηλός, γαλήνιος. Από αυτή τη γαλήνη προκύπτει αυθόρμητα η ενέργεια σας. Δεν είναι αντίδραση, είναι δράση. Δεν το έχετε κάνει ποτέ πριν, αλλά η ομορφιά του έγκειται στο γεγονός ότι ταιριάζει με την περίσταση, και σας προξενεί χαρά το γεγονός πως είστε ικανοί να αντιδράτε αυθόρμητα.

Υπάρχουν πολύ λίγες χαρές στη ζωή, που γίνονται μεγαλύτερες όταν συνδυάζονται με τον αυθορμητισμό. Το να είσαι αυθόρμητος σημαίνει να ζεις τη στιγμή, σημαίνει να ενεργείς στη βάση της αντίληψης σου, και όχι σύμφωνα με τις συνθήκες του παρελθόντος. Αυτές οι ημέρες έχουν περάσει· αυτές οι συνθήκες, οι αντιλήψεις, είναι εντελώς άκυρες και άτοπες πλέον.

Δεν χρειάζεται να μάθεις πώς να ανταποκρίνεσαι, δεν χρειάζεται να το διδαχτείς. Είναι κάτι που πηγάζει μέσα από τη σιωπή, τη γαλήνη, είναι κάτι που ακολουθεί τη δική του λογική. Πολλές από τις ενέργειες σου δεν έχουν τα χαρακτηριστικά της δράσης, επειδή πηγάζουν από τον χώρο της μνήμης· είναι αντι-δράσεις. Η αυθεντική δράση πηγάζει από τη συνείδηση σου.

Είμαι σε θέση να ανταποκριθώ (response-able) δεν είμαι υπεύθυνος να το κάνω. Θα ενεργήσω με κίνητρο την αγάπη μου, και όχι κινούμενος από αίσθηση χρέους ή καθήκοντος. Και θα ενεργήσω στιγμιαία, χωρίς να παραπέμπω τον εαυτό μου στο μνημονικό μου σύστημα, επειδή η μνήμη αναφέρεται πάντοτε στο παρελθόν και η ύπαρξη είναι πάντοτε κάτι νέο· δεν συναντιούνται ποτέ αυτά τα δύο. Οπότε, το πρώτο πράγμα το οποίο θέλω να καταλάβετε είναι το εξής: μην προσλαμβάνετε τη λέξη "ευθύνη" ως κάτι ενιαίο. Προτιμήστε τον συνδυασμό, ανταπόκριση-ικανότητα. Αλλάζει όλη η εικόνα.

Ένας επαναστάτης αποκηρύσσει το παρελθόν του. Δεν πρόκειται να επαναλάβει το παρελθόν. Φέρνει στον κόσμο κάτι καινούργιο. Εκείνοι οι οποίοι απέδρασαν από τον κόσμο και από την κοινωνία είναι φυγάδες. Στην πραγματικότητα αποποιήθηκαν των ευθυνών τους, χωρίς να συνειδητοποιούν ότι τη στιγμή που αποποιείσαι τις ευθύνες σου, αποποιείσαι και την ελευθερία σου. Αυτά είναι τα περίπλοκα της ζωής: η ελευθερία και οι ευθύνες φεύγουν πάντοτε μαζί ή παραμένουν μαζί.

Όσο περισσότερο αγαπάς την ελευθερία, τόσο πιο έτοιμος θα είσαι να αναλάβεις ευθύνες. Έξω, όμως, από τον κόσμο, έξω από την κοινωνία, δεν υπάρχει καμμία πιθανότητα να αναλάβεις οποιαδήποτε ευθύνη. Και θα πρέπει να θυμάσαι πως ό,τι μαθαίνουμε, το μαθαίνουμε αναλαμβάνοντας ευθύνες.

Μπορείς να ενεργήσεις με δυο τρόπους: ο ένας είναι η αντίδραση, ο άλλος η ανταπόκριση. Η αντίδραση είναι κάτι που πηγάζει στη βάση των συνθηκών του παρελθόντος. Είναι κάτι το μηχανικό. Η ανταπόκριση είναι κάτι το οποίο πηγάζει από την παρουσία, τη συναίσθηση, τη συνειδητοποίηση. Δεν είναι κάτι μηχανικό. Και η ικανότητα να ανταποκρίνεται κάποιος είναι μια από τις βασικότερες αρχές της ανάπτυξης. Δεν ακολουθείς κάποια διαταγή, κάποια εντολή, ακολουθείς απλά την αντίληψή σου. Λειτουργείς σαν ένας καθρέφτης αντανακλώντας την κατάσταση και ανταποκρινόμενος σε αυτήν· όχι μνημονικά, στη βάση παλαιών εμπειριών ή ανάλογων καταστάσεων, όχι επαναλαμβάνοντας παλαιές πράξεις, αλλά ενεργώντας αυτή τη στιγμή με νέο τρόπο. Ούτε η κατάσταση είναι παλαιά ούτε ο τρόπος με τον οποίο ανταποκρίνεσαι. Καί τα δυο είναι νέα. Αυτή η ικανότητα είναι ένα από τα χαρακτηριστικά του αντάρτη. Αποκηρύσσοντας τον κόσμο, φεύγοντας στα δάση και στα βουνά, φεύγεις απλά από μια διαδικασία μάθησης. Σε μια σπηλιά στα Ιμαλάια δεν θα έχεις καμμία ευθύνη, αλλά να θυμάσαι, χωρίς ευθύνη δεν μπορείς να εξελιχθείς, η ενσυναίσθησή σου θα παραμείνει στάσιμη. Προκειμένου να εξελιχθείς θα πρέπει να αντιμετωπίσεις και να αποδεχτείς τις προκλήσεις των ευθυνών.

Οι φυγάδες είναι δειλοί, δεν είναι αντάρτες, παρόλο που αυτό πίστευε ο κόσμος μέχρι σήμερα, ότι δηλαδή είναι πνεύματα ανταρσίας. Δεν είναι, όμως· είναι απλά δειλοί. Δεν μπορούσαν να συμβιβαστούν με τις συνθήκες της ζωής. Γνώριζαν τις αδυναμίες τους, τα ελαττώματά τους και σκέφθηκαν ότι θα ήταν καλύτερο να το σκάσουν γιατί στην περίπτωση αυτή δεν είσαι υποχρεωμένος να αντιμετωπίσεις την αδυναμία και το ελάττωμά σου, και δεν θα χρειαστεί να αντιμετωπίσεις καμμία πρόκληση. Χωρίς προκλήσεις, όμως, πώς θα αναπτυχθεί η προσωπικότητά σου;

Αυτό που ονομάζετε "ικανότητα ανταπόκρισηs" είναι παρόμοιο με τη ρήση του Ιησού, σύμφωνα με την οποία αν κάποιος σε χτυπήσει θα πρέπει να γυρίσειs και το άλλο μάγουλο;

Δεν θα πω ότι "ικανότητα ανταπόκρισης" σημαίνει να γυρίσεις και το άλλο μάγουλο αν κάποιος σε χτυπήσει, όχι. Το μόνο που μπορώ να πω είναι ένα πράγμα: αφήστε τη στιγμή να κρίνει. Μερικές φορές ίσως θα πρέπει να στρέψεις και το άλλο μάγουλο. Μερικές φορές ίσως θα πρέπει να χτυπήσεις το άλλο πρόσωπο πιο σκληρά απ' ό,τι έκανε αυτό μ' εσένα. Μερικές φορές θα πρέπει να τον χτυπήσεις και στα δυο μάγουλα, καμμία υπόδειξη δεν μπορεί όμως να σας δοθεί υπό τύπον συνταγής. Θα εξαρτηθεί από εσάς, από το άλλο πρόσωπο και από την κατάσταση.

Ενέργησε, όμως, με συναίσθηση πως ό,τι και αν κάνεις είναι το σωστό. Δεν βάζω ετικέτες στις πράξεις χαρακτηρίζοντας τες ως καλές ή κακές. Για εμένα η ποιότητα της συναίσθησής σου είναι καθοριστική. Εάν μπορείς να ανταποκριθείς με συναίσθηση, τότε όποια και αν είναι η ανταπόκρισή του τη χαρακτηρίζω ορθή. Εάν χάσεις τη συναίσθησή σου και αντιδράσεις, τότε ό,τι και αν κάνεις, μπορεί να γυρίσεις ακόμη και το άλλο μάγουλο, εν τούτοις είναι λάθος. Βλέπετε ότι χρησιμοποίησα δυο διαφορετικές λέξεις; Με τη συναίσθηση χρησιμοποίησα τη λέξη "ανταπόκριση" με την "μη-συναίσθηση" χρησιμοποίησα τη λέξη "αντίδραση". Η ανταπόκριση πηγάζει από τον εαυτό σας. Η αντίδραση προκαλείται από το άλλο πρόσωπο. Σας έχει χτυπήσει. Είναι ο κύριος της κατάστασης, και είστε απλά μια μαριονέτα. Αντιδράτε. Η πράξη του είναι καθοριστική και επειδή έχει κάνει κάτι τώρα, κάνετε και εσείς κάτι ως αντίδραση. Αυτή είναι μια ασυναίσθητη πράξη. Αυτός είναι ο λόγος για τον οποίο η συμπεριφορά ενός ασυναίσθητου ατόμου μπορεί να ελεγχθεί πολύ εύκολα. Αν χαμογελάσετε, θα χαμογελάσει. Αν θυμώσετε, θα θυμώσει.

Είναι εξαιτίας αυτού του γεγονότος που άνθρωποι όπως ο Ντέιλ Κάρνεγκι μπόρεσαν να γράψουν βιβλία όπως το *Πώς να Κερδίσετε Φίλους και να Επηρεάσετε Ανθρώπους.* Το μόνο που χρειάζεται να ξέρετε είναι απλές αντιδράσεις.

Ο ίδιος ο Κάρνεγκι περιγράφει μια κατάσταση. Δούλευε σαν ασφαλιστικός πράκτορας και υπήρχε μια πλούσια γυναίκα, η πλουσιότερη στην πόλη, μια χήρα η οποία ήταν ενάντια στην ιδέα των ασφαλειών και των ασφαλιστών, τόσο πολύ, μάλιστα, που κανείς δεν μπορούσε να κανονίσει καν ένα ραντεβού για να τη δει, αφού μόλις έφθαναν στην πόρτα της, τους έδιωχναν κακήν-κακώς. Οι εντολές της προς τον θυρωρό ήταν: "Πέταξέ τους χωρίς δεύτερη κουβέντα έξω!" Ούτε καν γινόταν λόγος να μπουν μέσα και να τη δουν.

Όταν ο Ντέιλ Κάρνεγκι μπήκε στην εταιρεία, όλοι οι άλλοι πράκτορες του είπαν: «Γράφεις, λες, αυτό το βιβλίο σχετικά με το πώς μπορείς να κερδίσεις φίλους και να επηρεάσεις τους ανθρώπους. Λοιπόν αν μπορέσεις να πουλήσεις μια ασφάλεια σε αυτή τη γηραιά κυρία, θα θεωρήσουμε πως έχεις όντως κάτι να πεις, διαφορετικά όλα όσα μας λες ότι γράφεις είναι παραμύθια». Και, πράγματι, ο Κάρνεγκι κατόρθωσε να ασφαλίσει τη γυναίκα. Πώς το έκανε αυτό; Ακολουθώντας μια πολύ απλή μέθοδο.

Νωρίς το άλλο πρωί πήγε έξω από το σπίτι της γυναίκας. Εκείνη βρισκόταν στον κήπο. Στάθηκε έξω από τον φράκτη και είπε: «Δεν έχω δει ποτέ ξανά τόσο όμορφα λουλούδια!» Η ηλικιωμένη γυναίκα τότε τον ρώτησε: «Σας αρέσουν τα τριαντάφυλλα;» Εκείνος είπε: «Πώς το ξέρετε; Τρελαίνομαι για τα τριαντάφυλλα! Το μόνο λουλούδι το οποίο με ελκύει πραγματικά είναι το τριαντάφυλλο».

«Αλήθεια; Γιατί κάθεστε απέξω; Ελάτε μέσα και θα σας δείξω τα τριαντάφυλλά μου. Είμαι και εγώ τρελή με τα τριαντάφυλλα και πουθενά αλλού δεν θα συναντήσετε τόσο μεγάλα τριαντάφυλλα, όσο αυτά που μεγαλώνω εγώ στον κήπο μου», είπε χαμογελώντας η κυρία.

Έκαναν μια βόλτα στον μεγάλο κήπο, ο οποίος ήταν γεμάτος όμορφες τριανταφυλλιές, και αυτός είχε μόνο επαινετικά λόγια να πει. Η γυναίκα εντυπωσιάστηκε τόσο πολύ που είπε: «Φαίνεστε έξυπνος άνθρωπος... Θέλω να σας κάνω μια ερώτηση. Ποιά είναι η γνώμη σας για τις ασφάλειες ζωής;» Του έκανε την ερώτηση αυτή, προφανώς επειδή βασανιζόταν από τους ασφαλιστικούς πράκτορες που προσπαθούσαν με κάθε τρόπο να την επισκεφθούν και εκείνη τους πετούσε έξω.

Εκείνος απάντησε: «Α, δεν είμαι σίγουρος... θα πρέπει να το μελετήσω και θα επανέλθω. Θα το ερευνήσω και θα σας πω. Δεν συνηθίζω να συμβουλεύω ποτέ κανέναν αν δεν είμαι απολύτως βέβαιος».

Η γυναίκα είπε: «Έχετε δίκιο. Είστε ο πρώτος άνθρωπος ο οποίος δεν επιδεικνύει προθυμία να με συμβουλεύσει. Αυτό είναι το χαρακτηριστικό σημάδι του ανόητου, ξέρετε: είναι πάντοτε πολύ πρόθυμος να συμβουλεύσει τους άλλους».

Εκείνος είπε: «Ναι, θα πρέπει να εξετάσω σε βάθος το όλο ζήτημα. Ίσως μου πάρει μερικές ημέρες».

Όσες ημέρες λοιπόν, υποτίθεται ότι ερευνούσε το θέμα του, συνήθιζε να σταματά κάθε πρωί έξω από τον φράκτη της κυρίας με τις τριανταφυλλιές.

Η γυναίκα όταν τον έβλεπε, του έλεγε: «Α, μη στέκεστε εκεί έξω! Είπα σε όλους τους υπηρέτες μου ότι οι πόρτες μου είναι ανοικτές για εσάς οποιαδήποτε στιγμή της ημέρας! Όποτε θέλετε να επισκεφθείτε τον κήπο μου, μπορείτε να μπείτε ελεύθερα! Εάν θέλετε να μπείτε μέσα, μπορείτε. Σαν στο σπίτι σας, μην ντρέπεστε!»

Μέσα σε λίγες ημέρες την είχε καταφέρει να υπογράψει όλα τα έντυπα και τους φακέλους, τα πάντα. Της είπε: «Μελέτησα πολύ προσεκτικά το όλο ζήτημα. Στην πραγματικότητα χρειάστηκε να αναλάβω χρέη πράκτορα μιας ασφαλιστικής εταιρείας προκειμένου να μάθω όλες τις λεπτομέρειες, την ιστορία από μέσα, επειδή απέξω δεν μπορεί κανείς να ξέρει πολλά. Τώρα είμαι απόλυτα σίγουρος ότι αυτό το πρόγραμμα ταιριάζει για εσάς».

Λοιπόν, αυτός είναι ο τρόπος με τον οποίο λειτουργεί όλη η ανθρωπότητα, μέσω της αντίδρασης. Κάνεις απλά κάτι για το οποίο ξέρεις πώς πρόκειται να αντιδράσει το άλλο ανθρώπινο πλάσμα. Και είναι πολύ σπάνιο ένας ασφαλιστικός πράκτορας να γνωρίσει ένα συνειδητοποιημένο άτομο, μια πολύ σπάνια πιθανότητα. Κατ' αρχήν, το συνειδητοποιημένο άτομο δεν θα έχει κάτι το οποίο θα χρήζει ασφάλισης. Μόνο στην περίπτωση του συνειδητοποιημένου ατόμου θα αποτύγχανε ο Ντέιλ Κάρνεγκι, επειδή το πρόσωπο αυτό δεν θα αντιδρούσε, αλλά θα ανταποκρινόταν. Και η ανταπόκριση είναι κάτι το οποίο δεν μπορείς να προβλέψεις.

Ο συνειδητοποιημένος άνθρωπος είναι απρόβλεπτος, ακριβώς επειδή δεν αντιδρά ποτέ. Δεν μπορείς να προβλέψεις από πριν τι θα κάνει. Και σε κάθε λεπτό που περνά είναι ένα καινούργιο πρόσωπο. Μπορεί να ενήργησε με συγκεκριμένο τρόπο σε μια συγκεκριμένη στιγμή. Το επόμενο λεπτό μπορεί να μην ενεργούσε με τον ίδιο τρόπο, επειδή το επόμενο λεπτό τα πάντα μπορεί να είχαν αλλάξει. Κάθε λεπτό η ζωή αλλάζει· αλλάζει συνεχώς και αδιαλείπτως, είναι ένα ποτάμι που κυλά, τίποτε δεν είναι στατικό πέρα από το ασυνείδητο και τις αντιδράσεις του. Τάδε έφη Ηράκλειτος.

Οι ασυναίσθητοι άνθρωποι είναι προβλέψιμοι. Μπορείς να τους χειριστείς πολύ εύκολα. Μπορείς να τους αναγκάσεις να κάνουν πράγματα, να κάνουν πράγματα, ακόμη και πράγματα τα οποία δεν ήθελαν ποτέ να πουν ή να κάνουν εξαιτίας του ότι αντιδρούν.

Ένα συνειδητοποιημένο άτομο, όμως, κάποιος ο οποίος είναι αυθεντικά θρησκευόμενος, δηλαδή ένθεος, μόνο ανταποκρίνεται. Δεν είναι του χεριού σου, δεν μπορείς να τον ρίξεις κάτω, δεν μπορείς να τον αναγκάσεις να κάνει οτιδήποτε. Δεν μπορείς να τον αναγκάσεις να εκστομίσει ούτε μια πρόταση παρά τη θέληση του. Θα κάνει μόνο εκείνο το οποίο κρίνει την παρούσα στιγμή, μέσω της συναίσθησής του, ό,τι είναι το κατάλληλο.

Όπως το αντιλαμβάνομαι, ένα ασυναίσθητο άτομο αντιδρά, ενώ ένα συνετό άτομο είναι σε θέση απλά να παρατηρεί τα αισθήματα του καθώς αναδύονται αντί να ενεργεί μηχανικά. Τί γίνεται, όμως, με τον αυθορμητισμό; Είναι ο αυθορμητισμός συμβατός με την παρατήρηση;

Όταν έχεις μάθει πώς να παρατηρείς, όταν έχεις μάθει πώς είναι να μένεις απόλυτα σιωπηρός, ακίνητος, ανενόχλητος, όταν ξέρεις πώς είναι να κάθεσαι, σιωπηλός, χωρίς να κάνεις τίποτε, τότε είναι αλήθεια, όπως αναφέρει ένα ρητό του Ζεν, ότι «έρχεται η άνοιξη και το χορτάρι μεγαλώνει μόνο του». Αλλά να θυμάσαι: το χορτάρι μεγαλώνει!

Η ενέργεια δεν εξαφανίζεται, το χορτάρι μεγαλώνει από μόνο του. Το να γίνεσαι παρατηρητικός δεν σημαίνει ότι γίνεσαι ανενεργός. Η ενέργεια εκδηλώνεται μέσα από εσένα, παρόλο που δεν υπάρχει πλέον κάποιος που να ενεργεί. Ο ενεργών εξαφανίζεται αλλά η πράξη εξακολουθεί να υπάρχει. Και όπου δεν υπάρχει δράστης, η πράξη είναι αυθόρμητη, δεν μπορεί να είναι διαφορετικά. Είναι ο ενεργών που δεν επιτρέπει την εκδήλωση του αυθορμητισμού. Ο ενεργών ταυτίζεται με το εγώ, το εγώ ταυτίζεται με το παρελθόν. Όταν ενεργείς, ενεργείς πάντοτε στη βάση του παρελθόντος, ενεργείς στη βάση των εμπειριών που έχεις συσσωρεύσει, ενεργείς στη βάση των συμπερασμάτων στα οποία κατέληξες στο παρελθόν. Πώς μπορεί να είσαι αυθόρμητος; Το παρελθόν κυριαρχεί και εξαιτίας του παρελθόντος δεν μπορείς να διακρίνεις καν το παρόν. Τα μάτια σου καλύπτονται τόσο πολύ από το παρελθόν, ο καπνός του παρελθόντος είναι τόσο πυκνός που είναι αδύνατον να διακρίνεις καθαρά. Δεν μπορείς να δεις! Είσαι σχεδόν ολοκληρωτικά τυφλός· τυφλός εξαιτίας του καπνού, τυφλός εξαιτίας των συμπερασμάτων του παρελθόντος, εξαιτίας της γνώσης σου. Ο γνωστικός άνθρωπος είναι ο πιο τυφλός άνθρωπος του κόσμου. Επειδή λειτουργεί στη βάση της γνώσης του, δεν είναι σε θέση να διακρίνει τι ακριβώς συμβαίνει. Εξακολουθεί απλά να λειτουργεί μηχανικά. Έχει διδαχθεί κάτι, και αυτό το κάτι έχει εξελιχθεί σε προκατασκευασμένο μηχανισμό μέσα του. Έχει μάθει να ενεργεί μέσω αυτού.

Η ζωή, όμως, δεν έχει καμμία υποχρέωση να ταιριάζει με τα συμπεράσματά σας. Αυτός είναι ο λόγος για τον οποίο η ζωή φαντάζει ιδιαίτερα περίπλοκη για το γνωστικό άτομο. Έχει όλες τις απαντήσεις έτοιμες στο μυαλό του, τα πάντα είναι μέσα στο μυαλό του. Η ζωή, όμως, ποτέ δεν προβάλλει το ίδιο ερώτημα, δεύτερη φορά· ως εκ τούτου το γνωστικό άτομο πάντοτε φαντάζει ανεπαρκές.

Σίγουρα κάποιος θα πρέπει να μάθει πώς να μένει σιωπηλός. Αυτό δεν σημαίνει ότι κάποιος θα εξακολουθήσει να είναι σιωπηλός για πάντα. Δεν σημαίνει ότι θα πρέπει να είσαι ανενεργός· αντιθέτως, μέσα από τη σιωπή προκύπτει μια πραγματική απάντηση, μια πραγματική ενέργεια. Εάν δεν είσαι σιωπηλός, αν δεν ξέρεις πώς να μείνεις σιωπηλός και να διαλογιστείς, ό,τι και αν κάνεις θα είναι αντίδραση, όχι δράση. Αντιδράς.

Κάποιος σε προσβάλλει, πατά ένα κουμπί και εσύ αντιδράς. Οργίζεσαι, ορμάς επάνω στον άνθρωπο, και το ονομάζεις αυτό ενέργεια! Δεν είναι ενέργεια, είναι αντίδραση. Το άλλο πρόσωπο είναι ο χειριστής και εσείς το υποχείριο. Το άλλο πρόσωπο πάτησε ένα κουμπί και εσείς λειτουργήσατε σαν μηχάνημα. Ακριβώς όπως πατάς ένα κουμπί και ανάβει το φως, αυτό ακριβώς κάνουν και οι άνθρωποι σε εσάς. Κάποιος σας πλησιάζει και σας επαινεί και διογκώνει το εγώ σας, και αισθάνεστε πολύ μεγάλος, και έπειτα ξαφνικά κάποιος έρχεται και σας ξεφουσκώνει το εγώ, και μένετε ξεφούσκωτος στο έδαφος. Δεν είστε ο κύριος του εαυτού σας. Ο καθένας μπορεί να σας προσβάλει και να σας κάνει να αισθανθείτε λυπημένος, οργισμένος, ενοχλημένος, βίαιος, τρελαμένος. Και ο καθένας μπορεί να σας επαινέσει και να σας κάνει να ανέβετε στα ύψη, να αισθανθείτε ότι είστε ο καλύτερος, ότι ούτε ο Αλέξανδρος ο Μέγας δεν μπορεί να συγκριθεί με εσάς. Ενεργείτε σύμφωνα με τους χειρισμούς των άλλων. Αυτό δεν είναι πραγματική ενέργεια.

Ο Βούδας περνούσε από ένα χωριό και οι άνθρωποι του μιλούσαν προσβλητικά. Χρησιμοποίησαν όλες τις υβριστικές λέξεις που ήξεραν. Ο Βούδας στάθηκε εκεί, τους άκουσε ήρεμα, πολύ προσεκτικά, και έπειτα είπε: «Σας ευχαριστώ που ήλθατε σε εμένα, αλλά βιάζομαι. Πρέπει να φθάσω στο επόμενο χωριό, οι άνθρωποι εκεί θα με περιμένουν. Δεν μπορώ να αφιερώσω περισσότερο χρόνο για εσάς σήμερα, αύριο, όμως, που θα επιστρέψω, θα έχω περισσότερο χρόνο. Μπορείτε να μαζευτείτε και πάλι, και αύριο, αν έχει μείνει κάτι που θέλατε να μου πείτε και δεν προλάβατε, μπορείτε να το πείτε. Σήμερα, όμως, να με συγχωρείτε».

Οι άνθρωποι εκείνοι δεν μπορούσαν να πιστέψουν στα αυτιά τους: αυτός ο άνθρωπος είχε μείνει εντελώς ανεπηρέαστος, ανενόχλητος. Ένας από αυτούς τον ρώτησε: «Μα δεν άκουσες τί σου λέγαμε; Σε προσβάλαμε με τον χειρότερο τρόπο και δεν απάντησες καν!»

Ο Βούδας είπε: «Αν θέλατε μια απάντηση, τότε αργήσατε. Θα έπρεπε να είχατε έλθει πριν από δέκα χρόνια και τότε θα σας είχα απαντήσει. Τα τελευταία δέκα χρόνια, όμως, έχω πάψει να είμαι υποχείριο των άλλων. Δεν είμαι πλέον σκλάβος, αλλά κύριος του εαυτού μου. Ενεργώ σύμφωνα με τα όσα ορίζει ο εαυτός μου και κανείς άλλος. Ενεργώ στη βάση των εσωτερικών μου αναγκών. Δεν μπορείς να με αναγκάσεις να κάνω τίποτε. Όλα είναι καλά: Θέλατε να με προσβάλετε, με προσβάλλατε! Νιώστε ικανοποιημένοι! Κάνατε τη δουλειά σας απόλυτα καλά. Σε ό,τι αφορά, όμως, εμένα, δεν λαμβάνω υπ' όψιν τις συμβουλές σας, και εφόσον δεν τις λαμβάνω υπ' όψιν, δεν έχουν κανένα νόημα».

Όταν κάποιος σε προσβάλλει, θα πρέπει να γίνεις αποδέκτης, θα πρέπει να αποδεχθείς όσα λέει· μόνο τότε μπορείς να δράσεις. Αν, όμως, δεν το αποδεχτείς, αν μείνει απλά αποστασιοποιημένος, αν κρατάς μια μεγάλη απόσταση, αν παραμείνεις ψύχραιμος, τί μπορεί να κάνει;

Ο Βούδας είπε: «Κάποιος μπορεί να πετάξει έναν φλεγόμενο δαυλό μέσα στο ποτάμι. Θα μείνει αναμμένος μέχρι να φθάσει στο ποτάμι. Τη στιγμή, όμως, που θα πέσει μέσα στο νερό, όλη η φλόγα θα έχει χαθεί, ο ποταμός θα την παγώσει. Έχω γίνει ένας ποταμός. Μου εκτοξεύετε προσβολές. Μοιάζουν με φλόγα όταν τις εκτοξεύετε. Τη στιγμή, όμως, που φθάνουν σε εμένα, και αγγίζουν την ψυχρότητα μου, η φλόγα έχει χαθεί. Δεν μπορούν πλέον να με πλήξουν. Μου πετάτε αγκάθια τα οποία πέφτουν μέσα στη σιωπή και γίνονται λουλούδια. Ενεργώ στη βάση της δικής μου εγγενούς φύσης».

Αυτό λέγεται αυθορμητισμός. Το πρόσωπο που διακρίνεται από κατανόηση και ενσυναίσθηση ενεργεί. Εκείνος που είναι αναίσθητος, ασυνείδητος, όμοιος με μηχανή ή ρομπότ, αντιδρά.

Λέτε: «Ο ασυνείδητος άνθρωπος αντιδρά ενώ ο σοφός άνθρωπος, παρατηρεί». Δεν είναι ότι απλά παρατηρείς. Η παρατήρηση δεν είναι παρά μια όψη της ύπαρξης σου. Ο σοφός άνθρωπος δεν ενεργεί χωρίς να παρατηρήσει, μην παρεξηγήσετε, όμως, όσα λέω. Η κρίση σας οξύνεται μόνο όταν ενεργείτε. Και όταν ενεργείτε στη βάση της αντίληψης και της παρατηρητικότητάς σας, αναδύεται η οξύτητα της κρίσης σας. Αρχίζετε να λάμπετε, να εκπέμπετε μια λάμψη, γίνεστε φωτεινός. Αυτό, όμως, συντελείται μέσω δυο πραγμάτων: μέσω της παρατήρησης και της ενέργειας που προκύπτει από την παρατήρηση. Εάν η παρατήρηση οδηγεί στην αδράνεια, τότε διαπράττετε αυτοκτονία. Η παρατήρηση θα πρέπει να σας οδηγεί στη δράση, σε ένα νέο είδος δράσης. Μια νέα ποιότητα περιβάλλει την πράξη.

Παρατηρείτε, είστε εντελώς ήσυχος και σιωπηλός, αντιλαμβάνεστε πώς έχει η κατάσταση και στη βάση αυτής της αντίληψης ενεργείτε. Ο συνειδητοποιημένος άνθρωπος ανταποκρίνεται, είναι "υπεύθυνος" –κυριολεκτικά! Ανταποκρίνεται δεν αντιδρά. Η ενέργειά του είναι προϊόν της συναίσθησης, και όχι αποτέλεσμα των χειρισμών σας· αυτή είναι η διαφορά.

Ως εκ τούτου, δεν τίθεται ζήτημα ασυμβατότητας ανάμεσα στην παρατήρηση και στον αυθορμητισμό. Η παρατήρηση είναι η αφετηρία του αυθορμητισμού, ο αυθορμητισμός είναι η ολοκλήρωση της παρατήρησης.

Ο άνθρωπος που διαθέτει αντίληψη ενεργεί με τρόπο θεαματικό, ενεργεί ολοκληρωτικά, αλλά ενεργεί εκείνη τη στιγμή, στη βάση της ενσυναίσθησης. Το παρατηρητικό μυαλό, η σκέψη που διαλογίζεται, λειτουργεί σαν καθρέφτης. Δεν συλλαμβάνει κάποια εντύπωση, παραμένει εντελώς κενό, πάντοτε κενό. Οπότε ό,τι εμφανιστεί μπροστά στον καθρέφτη, αντανακλάται. Εάν σταθείτε μπροστά στον καθρέφτη, αυτός αντανακλά το είδωλο σας. Εάν φύγετε, μην πείτε ότι ο καθρέφτης σας πρόδωσε. Ο καθρέφτης είναι απλά ένας καθρέφτης. Όταν φύγετε από μπροστά του, δεν αντανακλά πλέον το είδωλο σας, δεν έχει καμμία υποχρέωση να το κάνει πια. Τώρα κάποιος άλλος τον αντικρίζει και εκείνος αντανακλά το είδωλο του. Εάν δεν είναι κανείς εκεί, δεν αντανακλά το είδωλο κανενός. Είναι πάντοτε προσηλωμένος στη ζωή.

Μάθετε να μένετε σιωπηλός· γίνετε καθρέφτης. Η σιωπή δημιουργεί έναν καθρέφτη μέσα από τη συναίσθηση σας και αντιδράτε στιγμιαία. Αντανακλάτε τη ζωή. Δεν κουβαλάτε ένα άλμπουμ γεμάτο με παλιές φωτογραφίες μέσα στο κεφάλι σας. Τότε το βλέμμα σας είναι καθαρό και αθώο, σας χαρακτηρίζει η σαφήνεια, έχετε όραμα και δεν είστε ποτέ αναληθείς απέναντι στη ζωή.

Αυτός είναι ο αυθεντικός τρόπος ζωής.

ΝΟΗΜΑ ΚΑΙ ΣΗΜΑΣΙΑ

Από το Γνωστό στο Άγνωστο και στο Αδιάγνωστο

Οι άνθρωποι αναρωτιούνται, γιατί φαίνεται πως η ζωή δεν έχει κανένα νόημα. Το νόημα εν τούτοις δεν υφίσταται εκ των προτέρων. Δεν υπάρχει κάποιο νόημα στη ζωή, ο καθένας από εμάς θα πρέπει να το δημιουργήσει ο ίδιος. Μόνο αν το δημιουργήσεις θα το ανακαλύψεις. Θα πρέπει πρώτα να επινοηθεί. Δεν βρίσκεται εκεί σαν βράχος, αλλά πρέπει να δημιουργηθεί σαν τραγούδι. Δεν είναι ένα αντικείμενο, είναι μια σημασία η οποία αναδύεται μέσα από τη συναίσθησή σου. Η αλήθεια δεν μπορεί να σας δοθεί, αλλά μπορείτε ωστόσο να μυρίσετε το άρωμα της. Και έπειτα μπορείτε να αρχίσετε να την αναζητάτε μέσα στον πυρήνα της ύπαρξής σας. Θα πρέπει να αναπτυχθεί. Είναι μια εξέλιξη. Θα πρέπει να αφιερώσετε όλη τη ζωή σας σε αυτό.

Και η σύγχρονη σκέψη αισθάνεται πιο κενή από ποτέ, επειδή οι περασμένοι αιώνες κύλησαν σε ένα είδος χαύνωσης, νάρκης. Η θρησκευτική αυστηρότητα ήταν κυρίαρχη, οι θεσμοί της θρησκείας ήταν κραταιοί και εδραιωμένοι. Το ακροπύργιο της θρησκείας ήταν πολύ ισχυρό, δικτατορικό. Οι άνθρωποι επί αιώνες ζούσαν μέσα στο περιβάλλον της αναγκαστικής πίστης. Τώρα, κατά τη διάρκεια αυτού του αιώνα, όλο και περισσότεροι άνθρωποι τόλμησαν να αμφισβητήσουν τις σταθερές θρησκευτικές πεποιθήσεις. Αυτές οι πεποιθήσεις παρείχαν στους ανθρώπους το αίσθημα ότι η ζωή είχε κάποιο νόημα, τώρα οι πεποιθήσεις αυτές έχουν εκλείψει. Αυτό είναι καλό. Μέχρι στιγμής είναι καλό που οι δογματικές πεποιθήσεις έχουν εκλείψει. Αυτή είναι η πρώτη εποχή του αγνωστικισμού. Για πρώτη φορά όλο και περισσότεροι άνθρωποι έχουν ωριμάσει, έχουν ωριμάσει με την έννοια ότι δεν βασίζονται πλέον σε δόγματα, σε θρησκευτικές προλήψεις. Αποβάλλουν όλο και περισσότερο αυτές τις καθηλωτικές προλήψεις. Εκείνο που προέκυψε, όμως, ήταν ένα κενό. Οι θρησκευτικές πίστεις εξαφανίστηκαν και μαζί με αυτές εξέλιπε και το ψευδές νόημα το οποίο προσέδιδαν. Μια κενότητα κατέλαβε τη θέση τους. Το αρνητικό μέρος ολοκληρώθηκε, κατεδαφίσαμε το παλαιό οικοδόμημα, τώρα μένει να ολοκληρωθεί και το θετικό. Θα πρέπει να αναγείρουμε ένα νέο οικοδόμημα. Ο παλαιός Ναός δεν υπάρχει πια. Υπάρχει, όμως, ένα καινούργιο οικοδόμημα; Η δογματική πίστη έχει καταστραφεί, αλλά πού είναι η εμπιστοσύνη; Η δογματική πίστη έχει εξαλειφθεί, αυτό είναι καλό, αλλά δεν αρκεί. Είναι μεν απολύτως αναγκαίο, αλλά δεν είναι αρκετό. Σε αυτήν την εποχή η δογματική πίστη εξαφανίστηκε, αλλά τίποτε δεν πρόβαλε στη θέση της. Τώρα θα πρέπει να αναπτυχθεί η εμπιστοσύνη μας.

Θα πρέπει να έχετε ακουστά για κάποιον Γερμανό στοχαστή, τον Λούντβιχ Φόιερμπαχ. Φαίνεται πως αυτός υπήρξε ο προάγγελος της σύγχρονης σκέψεως. Ο Φόιερμπαχ ερμήνευσε τη μη ύπαρξη του Θεού στη βάση των όρων της απόλυτης επιθυμίας της ανθρώπινης καρδιάς. Είπε πως ο Θεός δεν υπάρχει, ο Θεός δεν υπάρχει ως μια αντικειμενική πραγματικότητα. Δεν συνιστά παρά μόνο την εκπλήρωση μιας επιθυμίας. Ο άνθρωπος επιθυμεί να γίνει παντοδύναμος, παντογνώστης, πανταχού παρών. Ο άνθρωπος θέλει να γίνει Θεός· αυτή είναι η επιθυμία του, να αγγίξει το Απόλυτο. Είναι μια επιθυμία να γίνει αθάνατος, να αποκτήσει την απόλυτη δύναμη.

Αυτή η δήλωση του Φόιερμπαχ ήταν ένα από τα πρώτα σφυροκοπήματα που δέχτηκε η πίστη στον Θεό. Είπε ότι ο Θεός δεν είναι κάτι το αντικειμενικό, δεν υπάρχει Θεός. Ο Θεός δεν είναι παρά μια προβολή του ανθρώπινου μυαλού. Ο Θεός δεν διαθέτει κάποια οντολογία, δεν είναι παρά ένα ψυχολογικό όνειρο. Σκεπτόμαστε τον Θεό επειδή οι ίδιοι νιώθουμε ανίσχυροι. Χρειαζόμαστε κάτι που θα μας κάνει να αισθανθούμε πληρότητα. Έχουμε ανάγκη από μια ιδέα που θα μας δώσει μια αίσθηση ότι δεν είμαστε ξένοι εδώ, ότι σε αυτόν τον κόσμο υπάρχει κάποιος που μας προσέχει. Ο Θεός δεν είναι τίποτε άλλο παρά ένας επινοημένος πατέρας. Θέλουμε να στηριχτούμε σε κάτι. Είναι απλά μια επιθυμία, δεν έχει καμμία δόση αλήθειας.

Έπειτα ήλθε ο Καρλ Μαρξ. Ο Μαρξ είδε τον Θεό ως μια ιδεολογική απόπειρα να υψωθεί κάποιος πάνω από το επίπεδο της δεδομένης πραγματικότητας. Ο Μαρξ είπε ότι επειδή οι άνθρωποι είναι φτωχοί, υποφέρουν, δυστυχούν, χρειάζονται ένα όνειρο, ένα όνειρο το οποίο να μπορεί να τους δώσει ελπίδα. Οι άνθρωποι ζουν μέσα σε τέτοια απελπισία, μέσα σε τέτοια δυστυχία, που αν δεν είναι σε θέση να ονειρευτούν ότι κάπου στο μέλλον όλα θα είναι τέλεια, δεν θα είναι σε θέση να αντέξουν την ανυπόφορη πραγματικότητα. Οπότε ο Θεός είναι το όπιο, η θρησκεία είναι το όπιο των μαζών. Είναι ένα ναρκωτικό. Βοηθά τους ανθρώπους, τους παρηγορεί. Είναι ένα είδος ηρεμιστικού. Νιώθετε τέτοιον πόνο που χρειάζεστε ένα παυσίπονο. Το σήμερα, ναι, το σήμερα είναι θλιβερό, αλλά αύριο όλα θα είναι μια χαρά.

Ο Μαρξ εξηγεί τον λόγο για τον οποίο οι Μακαρισμοί του Ιησού απέκτησαν τόση σημασία: «Μακάριοι οι πτωχοί». Γιατί; Γιατί είναι "μακάριοι" οι πτωχοί; Επειδή «θα κληρονομήσουν τη βασιλεία του Θεού». Τώρα ο φτωχός μπορεί να ελπίζει. Εδώ είναι φτωχός, εκεί πάνω, όμως, θα κληρονομήσει τη βασιλεία του Θεού. Όχι μόνο αυτό, αλλά ο Ιησούς λέει επίσης: «Εκείνοι που είναι πρώτοι εδώ, εκεί θα γίνουν τελευταίοι· και εκείνοι που είναι τελευταίοι εδώ, εκεί θα κατέχουν τα πρωτεία». Τώρα ο φτωχός αισθάνεται πράγματι ευτυχής. Ξεχνά τη φτώχια του. Θα είναι πρώτος στη βασιλεία του Θεού. Ο Μαρξ πιστεύει ότι αυτού του είδους οι δηλώσεις δεν είναι παρά ναρκωτικά. Η άποψή του φαντάζει λογική. Όταν οι άνθρωποι είναι δυστυχισμένοι, μόνο ένας τρόπος υπάρχει για να αντέξουν τη δυστυχία τους: για να περάσει ο καιρός, μπορούν να φανταστούν ένα καλύτερο μέλλον. Είσαι στο νοσοκομείο, μπορείς να φανταστείς ότι αύριο θα βγεις από το νοσοκομείο, θα πας στο σπίτι σου και όλα θα είναι εντάξει. Δεν είναι παρά μόνο θέμα ωρών. Μπορείς να το αντέξεις. Αυτός ο κόσμος δεν είναι παρά μόνο θέμα λίγων ετών, μην ανησυχείτε γι' αυτόν. Σύντομα ο παράδεισος θα σας περιμένει. Όσο πιο φτωχοί είστε, τόσο πιο ανώτερη θέση θα έχετε στον παράδεισο! Και όλα όσα σας λείπουν εδώ, θα τα έχετε εκεί σε αφθονία. Δεν έχετε μια όμορφη γυναίκα; Μην ανησυχείτε. Στον παράδεισο ο καθένας θα έχει όσες γυναίκες θέλει, και μάλιστα τις πιο όμορφες γυναίκες που μπορεί να φανταστεί! Και όλες παρθένες! Εδώ δεν σας επιτρέπεται να πίνετε αλκοόλ; Στον παράδεισο υπάρχουν ποτάμια με κρασί και αλκοόλ κάθε είδους. Μπορείς να πιεις όσο θέλεις, μπορείς να βουλιάξεις μέσα σε αυτό.

Αυτά τα όνειρα δεν είναι παρά παρηγοριά για εκείνους που καταδυναστεύονται και είναι δυστυχισμένοι. Οπότε εκείνο που λέει ο Μαρξ είναι πως η θρησκεία δεν είναι παρά μόνο ένα κόλπο για να εκμεταλλευθείς τους ανθρώπους· ένα κόλπο για να τους κρατάς υπό την εξουσία σου, ένα τέχνασμα για να μην εξεγερθούν. Σφυροκόπησε πολύ σκληρά τις παλαιές πεποιθήσεις.

Και έπειτα ήρθε η τρίτη σφυριά με τον Φρήντριχ Νίτσε. Είπε: «Ο Θεός δεν είναι τίποτε άλλο παρά η εξασθένηση της θέλησης για ζωή». Όταν ένας άνθρωπος αρχίζει να γερνά, ή μια κοινωνία αρχίζει να γερνά, να σαπίζει, να εξασθενεί και να πεθαίνει, αρχίζει να σκέφτεται τον Θεό. Γιατί; Επειδή ο θάνατος πλησιάζει, και ο άλλος πρέπει κάπως να αποδεχτεί το γεγονός του επερχόμενου θανάτου. Η ζωή φεύγει μέσα από τα χέρια του και δεν μπορεί να κάνει τίποτε γι' αυτό. Τουλάχιστον, όμως, κάποιος πρέπει να αποδεχτεί το γεγονός του θανάτου. Και ο Νίτσε λέει ότι ο θάνατος γίνεται αποδεκτός μόνο από εκείνους που έχουν εξασθενήσει. Συνήθιζε να λέει ότι η ίδια η ιδέα του Θεού πηγάζει από το θηλυκό μυαλό. Συνήθιζε να λέει ότι ο Βούδας και ο Χριστός είναι και οι δυο θηλυπρεπείς, δεν είναι πράγματι αρσενικοί. Είναι πολύ μαλθακοί. Είναι άνθρωποι οι οποίοι έχουν αποδεχτεί την ήττα και δεν μάχονται πλέον για την επιβίωση. Όταν ένας άνθρωπος σταματά να μάχεται για την επιβίωση του, γίνεται θρησκευόμενος. Όταν η θέληση για εξουσία παύει να υφίσταται, κάποιος αρχίζει να ζαρώνει και να πεθαίνει, και αρχίζει να σκέφτεται τον Θεό. Ο Θεός είναι ενάντια στη ζωή, η ζωή είναι η θέληση για δύναμη. Η ζωή είναι συνεχής αγώνας, η ζωή είναι σύγκρουση και κάποιος πρέπει να κερδίσει. Όταν οι άνθρωποι εξασθενούν και δεν μπορούν να κερδίσουν, αυτά τα ηττημένα μυαλά αρχίζουν να γίνονται θρησκευόμενα. Η θρησκεία είναι ηττοπάθεια.

Ο Φόιερμπαχ, ο Μαρξ, ο Νίτσε, αυτοί οι τρεις από κοινού, δημιούργησαν την ατμόσφαιρα στο πλαίσιο της οποίας μπορούσε να διακηρυχθεί ότι «ο Θεός είναι νεκρός και ο άνθρωπος ελεύθερος».

Αυτή είναι η κατάσταση μέσα στην οποία γεννηθήκατε. Εάν είστε άνθρωπος της εποχής, αυτή είναι η κατάσταση. Είστε περισσότερο εναρμονισμένοι με τον Φόιερμπαχ, τον Μαρξ και τον Νίτσε απ' ό,τι με τους θεμελιωτές και τους προφήτες των θρησκειών. Αυτοί είναι πολύ μακριά. Δεν ανήκουμε σε αυτούς, και αυτοί επ' ουδενί ανήκουν σ' εμάς. Η απόσταση που μας χωρίζει είναι πολύ μεγάλη. Οι αληθινοί μας προφήτες είναι ο Φόιερμπαχ, ο Μαρξ, ο Νίτσε, ο Φρόιντ, ο Δαρβίνος, και αυτοί οι άνθρωποι κατέστρεψαν όλη τη δομή, όλο το οικοδόμημα, όλο το πρότυπο της εξουσιαστικής πίστης.

Θα ήθελα να σας πω μετά παρρησίας, ότι αυτοί οι διανοητές προσέφεραν μεγάλη υπηρεσία στην Ανθρωπότητα. Μην παρανοήσετε, όμως, τα όσα λέω. Καθάρισαν την ανθρώπινη συνείδηση από την πίστη, αλλά αυτή είναι μόνο η μισή δουλειά. Τώρα χρειάζεται κάτι άλλο. Είναι σαν να ετοιμάζεστε να φυτέψετε έναν κήπο και προετοιμάζετε το έδαφος, ξεριζώνετε όλα τα ζιζάνια και πετάτε μακριά όλες τις πέτρες. Τώρα το έδαφος είναι έτοιμο, αλλά εσείς απλά περιμένετε και δεν φέρνετε τις ρίζες της τριανταφυλλιάς, δεν σπέρνετε νέο σπόρο. Αυτοί οι άνθρωποι προσέφεραν μεγάλη υπηρεσία στην ανθρωπότητα. Ξερίζωσαν όλα τα ζιζάνια. Ξεριζώνοντας, όμως, τα ζιζάνια ο κήπος δεν θεωρείται έτοιμος. Το ξερίζωμα των ζιζανίων αποτελεί μέρος της προετοιμασίας του κήπου, αλλά δεν είναι ο ίδιος ο κήπος. Τώρα θα πρέπει να φέρετε τα τριαντάφυλλα. Αυτά τα τριαντάφυλλα είναι που λείπουν, αυτό το νόημα είναι που λείπει.

Οι άνθρωποι έχουν κολλήσει. Πιστεύουν ότι αυτό το καθαρό τμήμα του εδάφους όπου δεν αναπτύσσεται καμμία πίστη, όπου δεν προκύπτει κανένα ενδιαφέρον για το άγνωστο και το επέκεινα, είναι ο Κήπος. Και όταν αρχίζουν να κοιτάζουν γύρω, βλέπουν ότι δεν υπάρχει τίποτε. Είναι μια Έρημος. Αυτοί οι άνθρωποι καθάρισαν το έδαφος· το μόνο που έχει μείνει τώρα όμως είναι η Έρημος. Οπότε ο άνθρωπος έχει γίνει αγχώδης. Η ανησυχία αυτή καταπιέστηκε επί αιώνες ώστε οι άνθρωποι να συμβιβαστούν με την ομάδα, με τη θρησκεία, με τη σέκτα, με την κοινωνία. Επί χιλιάδες χρόνια η ανησυχία αυτή παρέμεινε εγκλωβισμένη και ο άνθρωπος λειτουργούσε σαν σκλάβος. Τώρα η κλειδαριά έχει σπάσει, ο άνθρωπος δεν είναι πλέον σκλάβος, και όλη η καταπίεση χιλιάδων ετών έχει πλέον χαλαρώσει. Ο άνθρωπος έχει τρελαθεί.

Αυτό που έκαναν εκείνοι οι άνθρωποι μπορεί να εξελιχθεί σε μια μεγάλη απελευθέρωση ή να εξελιχθεί σε μια απώλεια. Εξαρτάται. Εάν αντιμετωπίσεις σωστά την κατάσταση και αρχίσεις να καλλιεργείς τριαντάφυλλα στην καρδιά σου, σύντομα θα νιώσεις ευγνωμοσύνη για τον Φόιερμπαχ, τον Μαρξ, τον Νίτσε, τον Φρόιντ, και όλους αυτούς τους ανθρώπους οι οποίοι κατέστρεψαν τη δογματική θρησκευτική πίστη, οι οποίοι κατέστρεψαν την παλαιά δυναστική θρησκεία. Προετοίμασαν την οδό για ένα νέο είδος θρησκευτικότητας, πιο ώριμης, πιο ενήλικης, πιο αναπτυγμένης. Είμαι υπέρ τους, αλλά δεν σταματώ σε αυτούς. Εάν σταματήσεις, η απουσία νοήματος θα είναι το πεπρωμένο σου. Ναι, είναι καλό που δεν υπάρχει Θεός, αλλά θα πρέπει να αρχίσεις να ψάχνεις τι βρίσκεται μέσα στο βάθος της ύπαρξης σου!

Δημιούργησαν μια κατάσταση στο πλαίσιο της οποίας μπορείς να πεις: «Δεν γνωρίζω», αυτό είναι ο αγνωστικισμός. Είσαι έτοιμος να εισέλθεις στο άγνωστο. Η γνώση δεν σε δεσμεύει, κανείς δεν πεδικλώνει το βήμα σου. Για πρώτη φορά είσαι ελεύθερος. Τί κάνεις, όμως, εκεί; Στεκόσουν εκεί επειδή ήσουν αλυσοδεμένος σαν τον Προμηθέα Δεσμώτη, και τώρα εξακολουθείς να στέκεσαι εκεί, παρόλο που οι αλυσίδες σου έχουν πάψει να υπάρχουν. Σήκω! Προχώρα μπροστά! Εξερεύνησε! Όλη η ύπαρξη είναι δική σου! Εξερεύνησέ την χωρίς να δεσμεύεσαι από καμμία αντίληψη, από καμμία προκατάληψη, από καμμία δεδομένη φιλοσοφία.

Η παλαιά δογματική γνώση καταστράφηκε, και αυτό είναι καλό. Αυτοί οι άνθρωποι, ο Φόιερμπαχ, ο Μαρξ, ο Νίτσε και άλλοι, έκαναν μια καλή δουλειά καθαρίζοντας τις ανοησίες αιώνων, αλλά να θυμάσαι: ακόμη και αυτοί δεν ωφελήθηκαν από αυτό. Ο Νίτσε πέθανε σε ένα τρελοκομείο, και αν μείνετε προσκολλημένοι στο πνεύμα του Νίτσε τότε δεν μπορείτε να περιμένετε τίποτε άλλο από την τρέλα. Προσέφερε μεγάλες υπηρεσίες, ήταν ένας μάρτυρας αλλά εγκλωβίστηκε στο ίδιο το πνεύμα του αρνητισμού του. Κατέστρεψε την πίστη, δεν συνέχισε όμως την αναζήτηση. Χωρίς την πίστη τί απομένει; Όταν δεν υπάρχει πίστη, τί απομένει; Υπάρχει κάτι. Δεν μπορείς να πεις ότι δεν υπάρχει τίποτε, υπάρχει κάτι. Τί είναι αυτό; Ποτέ δεν εισήλθε στο πλαίσιο ενός διαλογισμού. Η σκέψη, η λογική σκέψη, μπορεί να κάνει ένα πράγμα: μπορεί να καταστρέψει πίστη. Αλλά δεν μπορεί να σε οδηγήσει στην πίστη.

Θα πρέπει να δημιουργήσουμε το Νόημα τώρα. Το Νόημα δεν δίνεται από την κοινωνία, δεν δίνεται πλέον από κανέναν άλλο. Ο Μάρτιν Χάιντεγκερ λέει ότι μόλις κάποιος αντιληφθεί την απουσία του νοήματος της ζωής και της ύπαρξης, εκεί εμφανίζεται το άγχος και η ανησυχία. Λέει: «Αυτό συμβαίνει μέσω της αποδέσμευσης εκείνου το οποίο η υποταγή στις συμβάσεις αιώνων είχε εγκλωβίσει. Από τη στιγμή που έχει συντελεστεί αυτή η απελευθέρωση, κάποιος είναι σε θέση να ενεργήσει, όχι, όμως, στη βάση προτύπων τα οποία προσφέρονται από οποιονδήποτε ή από οτιδήποτε. Κάποιος θα πρέπει να στηριχθεί στον εαυτό του». Ο Χάιντεγκερ έχει δίκιο. Θα πρέπει να στηριχθείς στον εαυτό σου. Τώρα δεν μπορείς να στηριχθείς σε κανέναν. Καμμία γραφή δεν μπορεί να βοηθήσει, οι προφήτες έχουν χαθεί, οι αγγελιαφόροι δεν είναι πλέον εκεί. Θα πρέπει να στηριχθείς στον εαυτό σου. Θα πρέπει να γίνεις ανεξάρτητος. Ο Χάιντεγκερ χαρακτηρίζει τη στάση αυτή ως "αποφασιστικότητα". Θα πρέπει να σε χαρακτηρίζει η αποφασιστικότητα. Είσαι μόνος και καμμία βοήθεια δεν έρχεται από πουθενά. Τώρα τί θα κάνεις; Και δεν ξέρεις τίποτε. Δεν υπάρχει καμμία πίστη που να μπορεί να λειτουργήσει σαν οδηγός. Δεν υπάρχει κανένας χάρτης και το αχαρτογράφητο βρίσκεται γύρω μας. Η όλη Πλάση έχει γίνει ξανά ένα μυστήριο.

Είναι μεγάλη χαρά για εκείνους που έχουν το κουράγιο, γιατί τώρα η εξερεύνηση είναι δυνατή.

Αυτό είναι που ο Μάρτιν Χάιντεγκερ χαρακτηρίζει αποφασιστικότητα, επειδή μέσω αυτής το άτομο γίνεται αποφασιστικό, γίνεται ανεξάρτητο. Κανείς Θεός, καμμία σύμβαση, κανένας νόμος, καμμία εντολή, κανένας τύπος, καμμία αρχή· ο καθένας θα πρέπει να είναι ο εαυτός του και θα πρέπει να αποφασίσει πού θα πάει, τί θα κάνει και ποιός θα είναι. Αυτό είναι το νόημα του διάσημου υπαρξιστικού αποφθέγματος σύμφωνα με το οποίο η ύπαρξη προηγείται της ουσίας. Αυτό σημαίνει ότι δεν υπάρχει καμμία δομική ανθρώπινη φύση. Ο άνθρωπος δημιουργεί αυτό που είναι, δημιουργεί τον εαυτό του. Το νόημα θα πρέπει να δημιουργηθεί. Θα πρέπει να τραγουδήσετε το νόημα σας, θα πρέπει να χορέψετε το νόημα σας, θα πρέπει να ζωγραφίσετε το νόημα σας, θα πρέπει να το ζήσετε. Ζώντας το θα έρθει στην επιφάνεια, θα αρχίσει να διαπερνά την ύπαρξη σας. Μέσα από τα τραγούδι θα σας αγγίξει. Δεν είναι σαν ένας βράχος που βρίσκεται εκεί και περιμένει να τον βρείτε. Είναι κάτι το οποίο θα πρέπει να ανθίσει μέσα σας.

ΕΝΕΡΓΕΙΑ ΚΑΙ ΚΑΤΑΝΟΗΣΗ: ΤΟ ΤΑΞΙΔΙ ΑΠΟ ΤΟΝ ΠΟΘΟ ΣΤΗΝ ΑΓΑΠΗ

Η ενέργεια είναι κατανόηση, δεν είναι δυο πράγματα. Τί είδους ενέργεια είναι η κατανόηση; Όταν η ενέργεια δεν είναι κατειλημμένη εξελίσσεται σε κατανόηση. Όταν η ενέργεια είναι κατειλημμένη, εξακολουθεί να ορίζεται ως άγνοια, ως αναισθησία. Για παράδειγμα η σεξουαλική σας ενέργεια καταλαμβάνεται από μια γυναίκα ή από έναν άνδρα. Θα παραμείνει στο επίπεδο της άγνοιας, επειδή η ενέργειά σας εστιάζει στο υποκείμενο, κατευθύνεται προς τα έξω, εκτρέπεται. Εάν η ενέργεια απελευθερωθεί από το αντικείμενο, πού θα κατευθυνθεί; Θα αρχίσει να κατευθύνεται προς το εσωτερικό του αντικειμένου, μέσα στην εσώτερη πηγή. Και η ενέργεια η οποία επιστρέφει στην πηγή, εξελίσσεται σε κατανόηση, εξελίσσεται σε συναίσθηση.

Και δεν λέω να είστε ενάντια στο σεξ, όχι. Αφήστε, όμως, το σεξ να γίνει ένα περισσότερο υποκειμενικό φαινόμενο απ' ό,τι ένα αντικειμενικό φαινόμενο. Και αυτή είναι η διαφορά ανάμεσα στο σεξ και στην αγάπη. Η αγάπη είναι υποκειμενική, το σεξ είναι αντικειμενικό.

Δείχνετε ενδιαφέρον για μια γυναίκα ή για έναν άνδρα ως αντικείμενο, και αργά ή γρήγορα το ενδιαφέρον σας για το πρόσωπο αυτό έχει εκλείψει, επειδή από τη στιγμή που θα εξερευνήσετε το αντικείμενο, δεν μένει πια τίποτε άλλο. Τότε είστε πια έτοιμοι να εστιάσετε το ενδιαφέρον σας σε κάποιο άλλο πρόσωπο. Ναι, η γυναίκα φαντάζει όμορφη. Για πόσο καιρό, όμως, θα φαντάζει έτσι; Ένα αντικείμενο δεν παύει να είναι ένα αντικείμενο. Δεν είναι ακόμη ένα πρόσωπο για εσάς, είναι απλά ένα όμορφο αντικείμενο. Είναι κάτι το προσβλητικό. Υποβιβάζετε μια ψυχή στο επίπεδο του αντικειμένου, μια υποκειμενικότητα σε αντικείμενο. Προσπαθείτε να την εκμεταλλευθείτε. Την μετατρέπετε σε μέσο για την επίτευξη του σκοπού σας. Η ενέργειά σας θα παραμείνει αμελητέα. Και θα συνεχίσετε να μετακινείστε από τη μια γυναίκα στην άλλη, και η ενέργειά σας θα διαγράφει συνεχώς κύκλους. Δεν θα επιστρέψει ποτέ στο σπίτι.

Αγάπη σημαίνει ότι δεν ενδιαφέρεστε για τον άνδρα ή για τη γυναίκα ως αντικείμενο. Στην πραγματικότητα, δεν είστε εκεί για να εκμεταλλευθείτε τον άλλο, δεν είστε εκεί για να αποκομίσετε κάτι από τον άλλο. Αντιθέτως είστε τόσο γεμάτος από ενέργεια, που θα θέλατε να μεταβιβάσετε κάποιο μέρος αυτής στο άλλο πρόσωπο. Η αγάπη δίνει. Το σεξ θέλει μόνο να πάρει.

Και όταν η αγάπη δίνει, παραμένει υποκειμενική, παραμένει ριζωμένη σε ένα πρόσωπο. Οι εραστές βοηθούν ο ένας τον άλλο να είναι όλο και πιο πολύ ο εαυτός τους. Οι εραστές βοηθούν ο ένας τον άλλον να γίνουν αυθεντικά μοναδικοί. Οι εραστές βοηθούν ο ένας τον άλλο να είναι εστιασμένοι. Η αγάπη είναι σεβασμός, λατρεία, ευλάβεια. Δεν είναι εκμετάλλευση. Η αγάπη είναι κατανόηση. Επειδή η ενέργεια δεν είναι κατειλημμένη από το αντικείμενο, παραμένει ελεύθερη, αδέσμευτη από οτιδήποτε. Και αυτό φέρνει τον μετασχηματισμό. Συσσωρεύεται μέσα σου.

Και να θυμάστε: ό,τι ακριβώς συμβαίνει στον κόσμο της φυσικής, συμβαίνει και στον τομέα της μεταφυσικής. Έπειτα από τη συσσώρευση μιας συγκεκριμένης ποσότητας ενέργειας, εκδηλώνεται μια ποιοτική μεταβολή. Η ποιοτική μεταβολή δεν είναι τίποτε άλλο από το αποτέλεσμα της ποσοτικής μεταβολής.

Για παράδειγμα, εάν ζεστάνετε νερό σε σημείο βρασμού, αυτό εξατμίζεται. Μέχρι να φθάσει στο σημείο βρασμού, δεν εξατμίζεται, αλλά παραμένει νερό ζεστό, αλλά νερό. Πάνω από τη θερμοκρασία, όμως, στην οποία βράζει, εξατμίζεται, και δεν είναι πλέον νερό. Έχει αλλάξει η σύστασή του. Ο μετασχηματισμός έχει ήδη λάβει χώρα.

Ακριβώς έτσι, όταν η ενέργειά σας συσσωρεύεται, μη συνεχίζετε να τη σπαταλάτε σε αντικείμενα. Και οι άνθρωποι όντως τη σπαταλούν σε αντικείμενα. Κάποιος ενδιαφέρεται για τα χρήματα και αναλώνει όλη την ενέργειά του προκειμένου για την απόκτησή τους. Φυσικά κατορθώνει να συγκεντρώσει αρκετά χρήματα· στην πορεία, όμως, πεθαίνει, χαραμίζεται, γίνεται κενός, γίνεται ένας ζητιάνος. Τα χρήματα εξακολουθούν να συσσωρεύονται, και αυτός γίνεται όλο και περισσότερο ζητιάνος. Κάποιος αναλώνει την ενέργειά του στην πολιτική. Γίνεται πρωθυπουργός. Βαθιά μέσα του, όμως, είναι ένας ζητιάνος. Μπορεί να είναι ο πιο σημαντικός ζητιάνος στη χώρα, δεν παύει, όμως, να είναι ένας ζητιάνος.

Εάν εστιάσετε το ενδιαφέρον και αναλώσετε την ενέργειά σας σε αντικείμενα, θα ζήσετε μια ζωή αναισθησίας και μη-αντίληψης. Μην αναλώνετε την ενέργειά σας σε αντικείμενα.. Αφήστε την ενέργεια να επανακάμψει στο εσωτερικό σας. Αφήστε την να συσσωρευθεί. Αφήστε τη ζωή σας να γίνει μια μεγάλη δεξαμενή. Αφήστε την ενέργεια σας να βρίσκεται εκεί χωρίς να αναλώνεται σε κάτι. Και κάποια στιγμή, το άλμα, η αλλαγή, ο μετασχηματισμός κάνει την εμφάνισή του. Όλα γίνονται φωτεινά, αποκτάτε συναίσθηση και αντίληψη.

Είναι ενέργεια που μετασχηματίζεται σε αντίληψη. Οπότε όταν η ενέργειά σας είναι μειωμένη, αρχίζετε να χάνετε την αντίληψη. Όταν είστε κουρασμένος, είστε λιγότερο εύστροφος. Το έχετε παρατηρήσει. Το πρωί η αντίληψή σας είναι πιο σβέλτη απ' ό,τι το βράδυ. Το πρωί είστε περισσότερο συμπονετικός, δείχνετε περισσότερη κατανόηση και αγάπη απ' ό,τι το βράδυ.

Το έχετε προσέξει; Οι ζητιάνοι έρχονται το πρωί για να ζητιανέψουν. Έχουν αντίληψη της ψυχολογίας. Το βράδυ ποιός πρόκειται να τους δώσει χρήματα; Εκείνη την ώρα οι άνθρωποι είναι τόσο θυμωμένοι, τόσο απογοητευμένοι από τη ζωή! Το πρωί έχουν ξεκουραστεί όλη την προηγούμενη νύχτα, έχουν απολαύσει έναν βαθύ ύπνο, η ενέργεια τους είναι φρέσκια, έχουν συσσωρεύσει οκτώ ώρες ενέργειας. Δείχνουν περισσότερη συμπόνια, περισσότερη κατανόηση, συμπάθεια και αγάπη. Είναι πιο πιθανό να τους πείσεις να σου δώσουν κάτι. Έχουν κάτι, οπότε είναι σε θέση και να δώσουν. Ως το βράδυ δεν τους έχει μείνει κάτι για να δώσουν. Έχουν χάσει ό,τι είχαν το πρωί, είναι ψόφιοι απ' την κούραση, αποκαρδιωμένοι.

Τα παιδιά δείχνουν περισσότερη κατανόηση –το έχετε παρατηρήσει ή όχι;– απ' ό,τι οι ηλικιωμένοι. Οι ηλικιωμένοι γίνονται σκληροί, πονηροί, δίβουλοι. Καθ' όλη τη διάρκεια της ζωής τους ασχολούνταν με τα αντικείμενα. Οι περισσότεροι ηλικιωμένοι γίνονται Μακιαβελικοί. Τα μικρά παιδιά είναι αθώα και είναι πιο κοντά στη διδασκαλία του Βούδα. Γιατί; Ξεχειλίζουν από ενέργεια.

Τα μικρά παιδιά μαθαίνουν πολύ γρήγορα. Γιατί; Η ενέργεια τους είναι εκεί μαζί και η ευφυΐα τους. Όσο πιο πολύ μεγαλώνεις, τόσο πιο δύσκολο γίνεται να μάθεις κάτι. Λένε ότι είναι δύσκολο να διδάξεις καινούργια κόλπα σε ένα γέρικο σκυλί. Γιατί; Δεν θα έπρεπε να ισχύει κάτι τέτοιο, αφού το σκυλί ξέρει ήδη πολλά κόλπα, άρα μπορεί να μάθει μερικά ακόμη. Θα έπρεπε να είναι πιο εύκολο γι' αυτό, επειδή έμαθε τόσα πολλά που θα μπορούσε εύκολα να μάθει λίγα κόλπα ακόμη. Δεν ισχύει, όμως, κάτι τέτοιο. Τα παιδιά μαθαίνουν γρήγορα. Αν ένα παιδί γεννηθεί σε μια πόλη όπου μιλάνε πέντε γλώσσες θα αρχίσει να μαθαίνει καί τις πέντε. Θα είναι εξίσου καλός καί στις πέντε. Γίνονται όλες μητρική του γλώσσα. Ένα παιδί έχει απεριόριστη ικανότητα να μαθαίνει, και ο λόγος είναι μόνο ένας: η ενέργειά του ξεχειλίζει ακόμη. Σύντομα θα σκορπιστεί στη ζωή.

Ο άνθρωπος της διανόησης γίνεται άνθρωπος της αντίληψης επειδή η ενέργειά του είναι συσσωρευμένη. Δεν τη σπαταλά. Δεν τον ενδιαφέρουν τα ασήμαντα πράγματα. Δεν σπαταλά καθόλου δυνάμεις σε ό,τι αφορά τα μικροπράγματα. Οπότε όταν ο καιρός τον καλέσει να διαθέσει ενέργεια, εκείνος έχει.

Η ενέργεια είναι αντίληψη. Αντιληφθείτε το αυτό και χρησιμοποιήστε την ενέργειά σας συνειδητά. Χρησιμοποιήστε την ενέργειά σας με τέτοιον τρόπο που να μην τη σπαταλάτε.

Θα θέλατε να πείτε κάτι αναφορικά με τη χρήση της σεξουαλικής μας ενέργειας για την ωρίμανση, καθώς φαίνεται πως αποτελεί μια από τις κύριες ψυχώσεις στη Δύση;

Το σεξ είναι η ενέργεια. Δεν θα πω σεξουαλική ενέργεια, επειδή δεν υπάρχει κάποια άλλη ενέργεια. Το σεξ είναι η μόνη ενέργεια που έχετε. Η ενέργεια μπορεί να μετασχηματιστεί, μπορεί να μεταβληθεί σε ανώτερη μορφή ενέργειας. Όσο πιο ανώτερη γίνεται, τόσο λιγότερη σεξουαλικότητα απομένει σε αυτήν. Και υπάρχει ένα σημείο κορύφωσης όπου εξελίσσεται απλά σε αγάπη και σε συμπόνια. Την απόλυτη άνθιση μπορούμε να την ονομάσουμε «θεϊκή ενέργεια», αλλά η βάση, η έδρα, παραμένει το σεξ. Οπότε το σεξ είναι το πρώτο, το κατώτερο στρώμα ενέργειας, και η ευσέβεια είναι το ανώτερο στρώμα. Η ίδια, όμως, ενέργεια είναι που μετατοπίζεται.

Το πρώτο πράγμα που θα πρέπει να γίνει αντιληπτό είναι ότι δεν θα πρέπει να διαιρείς την ενέργειά σου. Από τη στιγμή που τη διαιρείς, παράγεται ένας δυϊσμός. Από τη στιγμή που τη διαιρείς προβάλλει μια σύγκρουση και μια αντιπαράθεση. Από τη στιγμή που διαιρείς την ενέργειά σου, τότε είσαι διαιρεμένος. Τότε θα είσαι ή υπέρ ή ενάντια στο σεξ.

Δεν είμαι ούτε υπέρ, ούτε κατά, επειδή δεν κάνω κάποια διάκριση. Εκείνο που λέω είναι ότι το σεξ είναι η ενέργεια, το όνομα της ενέργειας. Ονομάστε την ενέργεια αυτή χ. Το σεξ είναι το όνομα αυτής της ενέργειας χ, της άγνωστης ενέργειας, όταν τη χρησιμοποιείτε απλά ως μια βιολογική αναπαραγωγική δύναμη. Γίνεται θεϊκή μόλις αποδεσμευτεί από τα βιολογικά δεσμά, από τη στιγμή που γίνεται μη σωματική. Τότε κάνουμε λόγο για την αγάπη για την οποία μίλησε ο Ιησούς, ή για τη συμπόνια για την οποία έκανε λόγο ο Βούδας.

Οι άνθρωποι είναι τόσο παθιασμένοι στις ημέρες μας εξαιτίας του Χριστιανισμού! Δυο χιλιάδες χρόνια χριστιανικής καταπίεσης της σεξουαλικής ενέργειας έκαναν τη Δυτική σκέψη να παθιαστεί με αυτήν!

Αρχικά, επί δυο χιλιάδες χρόνια, η εμμονή είχε να κάνει με το πώς θα μπορούσε να εξαλείψει αυτήν την ενέργεια. Δεν μπορείς να εξαλείψεις, όμως, τη σεξουαλική σου ενέργεια. Καμμία ενέργεια δεν μπορεί να εξαλειφθεί, το μόνο που μπορεί είναι να μετασχηματιστεί. Δεν υπάρχει κάποιος τρόπος για να καταστρέψεις την ενέργεια. Τίποτε δεν μπορεί να καταστραφεί στον κόσμο αυτόν, παρά μόνο να μετασχηματιστεί, να αλλάξει, να μετατοπιστεί σε ένα νέο σύμπαν και σε μια νέα διάσταση. Η καταστροφή είναι κάτι το αδύνατο. Δεν μπορείς να δημιουργήσεις μια νέα ενέργεια, και δεν μπορείς να καταστρέψεις μια παλαιά ενέργεια. Τόσο η δημιουργία όσο και η καταστροφή είναι πέραν των δυνατοτήτων σου. Πλέον οι επιστήμονες έχουν καταλήξει: ούτε ένα άτομο καν δεν μπορεί να καταστραφεί.

Επί δυο χιλιάδες χρόνια ο Χριστιανισμός προσπαθούσε να εξαλείψει τη σεξουαλική ενέργεια. Η κεντρική ιδέα γύρω από αυτήν την απόπειρα ήταν ότι η θρησκεία συνίσταται στο να ζεις χωρίς καθόλου σεξ. Αυτό προκάλεσε μια παράνοια. Όσο πιο πολύ το αντιμάχεσαι, όσο πιο πολύ το καταπιέζεις, τόσο πιο πολύ η σεξουαλικότητά σου έρχεται στην επιφάνεια. Και τότε το σεξ κινείται, εισχωρεί βαθύτερα στο ασυνείδητο. Δηλητηριάζει όλο σου το είναι.

Οπότε, αν διαβάσεις τους βίους των Χριστιανών αγίων, θα δεις ότι ήταν παθιασμένοι με το σεξ. Δεν μπορούν να προσευχηθούν, δεν μπορούν να διαλογιστούν. Ό,τι και να κάνουν, έρχεται στο μυαλό τους ο πειρασμός, το σεξ. Και πιστεύουν ότι ο διάβολος τους στήνει παγίδες με το σεξ. Κανείς δεν στήνει παγίδες. Εάν καταπιέζεις την ενέργεια αυτή, τότε εσύ είσαι ο διάβολος του εαυτού σου!

Έπειτα από δυο χιλιάδες χρόνια συνεχούς σεξουαλικής καταπίεσης, η Δύση αγανάκτησε με αυτό το πράγμα. Είχε παραγίνει το κακό και ο τροχός γύρισε. Τότε, αντί για την καταπίεση, η τρυφηλότητα εξελίχθηκε σε νέα εμμονή! Η σκέψη μετατοπίστηκε από τον έναν πόλο στον άλλο. Η αρρώστια, όμως, παρέμεινε η ίδια. Κάποτε ήταν η καταπίεση· τώρα είναι η σεξουαλική απόλαυση που έχει ξεπεράσει τα όρια. Και οι δυο συμπεριφορές είναι εξίσου άρρωστες.

Το σεξ θα πρέπει να μετασχηματιστεί· ούτε να καταπιεστεί, ούτε να εκτραπεί προς την ακολασία. Και ο μόνος πιθανός τρόπος να μετασχηματιστεί το σεξ είναι να παραμείνεις σεξουαλικός με βαθιά διανοητική συναίσθηση. Μετατοπιστείτε προς το σεξ, αλλά με μια συνειδητή, συνετή διάσταση. Μην επιτρέψετε να εξελιχθεί σε ασυναίσθητη δύναμη. Μην άγεσθε και φέρεσθε από αυτό. Κινηθείτε με αίσθημα κατανόησης και αγάπης. Κάντε, όμως, τη σεξουαλική εμπειρία μια διανοητική εμπειρία. Διαλογιστείτε μέσω αυτής. Αυτό είναι που έκανε η Ανατολή μέσω του Τάντρα.

Και από τη στιγμή που είστε στοχαστικός σε ό,τι αφορά τη σεξουαλική εμπειρία, η ίδια η ποιότητά της αρχίζει να μεταβάλλεται. Η ίδια ενέργεια που κινείται προς το επίπεδο της σεξουαλικής εμπειρίας, αρχίζει να κινείται προς την κατεύθυνση της συναίσθησης.

Μπορείτε να αποκτήσετε τέτοια εγρήγορση στο αποκορύφωμα ενός σεξουαλικού οργασμού, όση δεν είχατε ποτέ, επειδή καμμία άλλη εμπειρία δεν είναι τόσο βαθιά, καμμία άλλη εμπειρία δεν σας απορροφά τόσο πολύ, καμμία άλλη εμπειρία δεν είναι τόσο πλήρης. Κατά τη διάρκεια ενός σεξουαλικού οργασμού, είστε εντελώς απορροφημένος, με όλο σας το είναι. Όλο σας το είναι δονείται, όλο σας το είναι συμμετέχει. Σώμα και μυαλό, καί τα δυο, συμμετέχουν σε αυτό. Και η σκέψη παγώνει εντελώς. Ακόμη και για ένα δευτερόλεπτο, όταν ο οργασμός φθάνει στην κορύφωση του, η σκέψη σταματά εντελώς, επειδή είστε τόσο πλήρεις που δεν μπορείτε να σκεφθείτε.

Σε έναν σεξουαλικό οργασμό υπάρχετε εσείς. Η ύπαρξή σας είναι εκεί, χωρίς να μεσολαβεί κάποια σκέψη. Αυτή τη στιγμή αν μπορέσετε να τη βιώσετε με συναίσθηση και εγρήγορση, τότε το σεξ μπορεί να γίνει ο δρόμος προς το θείο. Και αν αυτή τη στιγμή παραμείνετε σε εγρήγορση, αυτή η εγρήγορση μπορεί να μεταφερθεί και σε άλλες φάσεις, και σε άλλες εμπειρίες. Μπορεί να γίνει ένα κομμάτι από εσάς. Τότε η εγρήγορση αυτή θα σας χαρακτηρίζει όταν τρώτε, όταν περπατάτε, όταν κάνετε κάποια δουλειά. Μέσω του σεξ αυτή η εγρήγορση άγγιξε τον βαθύτερο πυρήνα. Διείσδυσε μέσα σας. Τώρα μπορείτε να τη μεταφέρετε μαζί σας. Και αν γίνετε στοχαστικός, θα αντιληφθείτε κάτι νέο. Το νέο είναι πως δεν είναι το σεξ εκείνο που σας χαρίζει ευδαιμονία, δεν είναι το σεξ εκείνο που σας προσφέρει την έκσταση. Είναι μάλλον, η αμέριμνη κατάσταση στην οποία βρίσκεται το μυαλό και η ολοκληρωτική μετοχή στην πράξη, τα στοιχεία εκείνα που σας χαρίζουν αυτό το αίσθημα ευδαιμονίας.

Από τη στιγμή που θα το αντιληφθείτε αυτό, τότε το σεξ θα σας χρειάζεται όλο και λιγότερο, επειδή αυτή η αμέριμνη κατάσταση μπορεί να επέλθει και χωρίς αυτό, αυτό είναι το νόημα του διαλογισμού. Και αυτή η πληρότητα της ύπαρξης μπορεί να επέλθει χωρίς τη μεσολάβηση του σεξ. Από τη στιγμή που θα αντιληφθείτε ότι το ίδιο φαινόμενο μπορεί να εκδηλωθεί χωρίς το σεξ, το σεξ θα γίνεται όλο και λιγότερο αναγκαίο. Θα έλθει κάποια στιγμή που το σεξ δεν θα χρειάζεται καθόλου.

Να θυμάστε, το σεξ εξαρτάται πάντοτε από τον άλλο. Οπότε στο σεξ εξακολουθεί να διατηρείται ένας δεσμός. Από τη στιγμή που θα κατορθώσεις να προκαλέσεις αυτό το πλήρες οργασμικό φαινόμενο χωρίς να εξαρτάσαι από κάποιον άλλον, όταν έχει γίνει εγγενής πηγή, τότε είσαι ανεξάρτητος, είσαι ελεύθερος.

Αυτό εννοούσαν οι μυστικιστές όταν έλεγαν πως μόνο ένας άγαμος μπορεί να είναι ελεύθερος, αφού επειδή δεν εξαρτάται από κάποιον άλλο, η έκστασή του ανήκει αποκλειστικά σε αυτόν.

Το σεξ εξαφανίζεται μέσα από τον διαλογισμό, το γεγονός, όμως, αυτό δεν καταστρέφει την ενέργεια. Η ενέργεια δεν καταστρέφεται ποτέ, μόνο η μορφή της ενέργειας είναι που μεταβάλλεται. Τώρα δεν είναι πλέον σεξουαλική, και όταν η μορφή της ενέργειας δεν είναι πλέον σεξουαλική, τότε αρχίζετε να είστε πλήρης αγάπης. Πραγματικά, ένας άνθρωπος που είναι σεξουαλικός δεν μπορεί να αγαπήσει. Η αγάπη του δεν είναι παρά ένα σόου, η αγάπη του δεν είναι παρά ένα μέσον για σεξ. Ένας άνθρωπος ο οποίος είναι σεξουαλικός χρησιμοποιεί την αγάπη ως μια τεχνική προσανατολισμένη στο σεξ. Η αγάπη γίνεται ένα μέσον. Ένα σεξουαλικό άτομο δεν μπορεί να αγαπήσει πραγματικά, το μόνο που μπορεί είναι να εκμεταλλευτεί τον άλλο, και η αγάπη γίνεται απλά ένας τρόπος για να προσεγγίσεις τον άλλον.

Ένας άνθρωπος που έχει γίνει μη-σεξουαλικός και η ενέργεια κινείται στο εσωτερικό του, έχει γίνει αυτοεκστατικός. Η έκστασή του είναι δική του. Ένας τέτοιος άνθρωπος θα είναι για πρώτη φορά αγαπητικός. Η αγάπη του θα είναι ένα συνεχές δώρο, μια συνεχής μοιρασιά, μια συνεχής παροχή. Για να το πετύχεις, όμως, αυτό δεν χρειάζεται να είσαι ενάντιος στο σεξ. Για να το πετύχεις αυτό θα πρέπει να αποδεχτείς το σεξ ως μέρος της ζωής, της φυσικής ζωής. Ζήσε το, μόνο ζήσε το με περισσότερη ενσυναίσθηση.

Όλη αυτή η κουβέντα αναφορικά με τον μετασχηματισμό της ενέργειας του σεξ είναι ιδιαίτερα σημαντική, αλλά όταν κοιτάζω βαθιά μέσα μου, εκείνο που διαπιστώνω είναι ότι βαριέμαι τη γυναίκα μου, και φοβάμαι τις γυναίκες, και ότι βασικά θα πρέπει πρώτα να χειριστώ αυτό το ζήτημα. Τί είναι εκείνο που βρίσκεται στη ρίζα αυτού του φόβου;

Όλοι οι άνδρες φοβούνται τις γυναίκες, και όλες οι γυναίκες φοβούνται τους άνδρες. Έχουν κάθε λόγο να μην εμπιστεύονται ο ένας τον άλλον, από τη στιγμή που μαθαίνουν από μικρή ηλικία να είναι εχθροί μεταξύ τους. Δεν γεννιούνται για να είναι εχθροί, αλλά κατορθώνουν να ζουν μέσα στην εχθρότητα. Και έπειτα από είκοσι χρόνια εκπαίδευσης αυτού του είδους που τους έχει μάθει να φοβούνται ο ένας τον άλλον, υποτίθεται ότι κάποια ημέρα θα πρέπει να παντρευτούν και να αρχίσουν να εμπιστεύονται ο ένας τον άλλο. Είκοσι χρόνια μαθητείας στον φόβο του άλλου, από το σύνολο των εβδομήντα-ογδόντα ετών της ζωής, και μάλιστα είκοσι χρόνια της πιο ευαίσθητης περιόδου της ζωής σου!

Οι ψυχολόγοι λένε ότι μαθαίνουμε το πενήντα τοις εκατό όσων είναι να μάθουμε καθ' όλη τη διάρκεια της ζωής μας, ως την ηλικία των επτά ετών. Τα υπόλοιπα χρόνια μαθαίνουμε το υπόλοιπο πενήντα τοις εκατό. Το πενήντα τοις εκατό το μαθαίνουμε ως την ηλικία των επτά ετών. Μέχρι να φθάσεις τα είκοσι έχεις μάθει σχεδόν το ογδόντα τοις εκατό. Έχεις γίνει στέρεος, σκληρός. Έχεις διδαχθεί τη δυσπιστία. Στα αγόρια έχουν πει: «Να αποφεύγετε τα κορίτσια, είναι επικίνδυνα, μπορούν να σας παρασύρουν, να σας τυλίξουν». Στα κορίτσια έχουν πει: «Να αποφεύγετε τα αγόρια, το μυαλό τους το έχουν πώς να σας βάλουν χέρι». Και έπειτα από αυτό το φροντιστήριο των είκοσι ετών ή καλύτερα την πλύση εγκεφάλου, –σκεφθείτε απλά, είκοσι χρόνια συνεχούς κατήχησης από τους γονείς, από το σχολείο, από το κολέγιο, από το πανεπιστήμιο, από την εκκλησία, από τον ιερέα– πώς μπορείς μια ημέρα ξαφνικά να αποβάλεις όλα αυτά τα είκοσι χρόνια πλύσης εγκεφάλου;

Το ερώτημα αναδύεται ξανά και ξανά: πάρα πολλοί άνδρες μου λένε ότι φοβούνται τις γυναίκες, και οι γυναίκες από τη δική τους μεριά μου λένε ότι φοβούνται τους άνδρες. Δεν γεννιέσαι φοβισμένος. Δεν ήσουν φοβισμένος στο ξεκίνημα της ζωής σου. Ένα παιδί γεννιέται απλά χωρίς την αίσθηση του φόβου. Στη συνέχεια εμείς του διδάσκουμε τον φόβο και επηρεάζουμε τον τρόπο με τον οποίο σκέπτεται.

Αυτή η αντίληψη θα πρέπει να εκλείψει, εφόσον κατέστησε τους ανθρώπους σχεδόν νευρωτικούς. Μετά οι άνθρωποι τσακώνονται. Οι άνδρες και οι γυναίκες τσακώνονται συνεχώς, και απορούν γιατί συνεχίζουν να μαλώνουν, και γιατί όλες οι σχέσεις στο τέλος χαλάνε και τους βγαίνουν ξινές. Γιατί συμβαίνει αυτό; Έχετε υποστεί δηλητηρίαση και θα πρέπει να αποβάλλετε συνειδητά αυτόν τον τρόπο σκέψεως. Διαφορετικά θα παραμείνετε φοβισμένος.

Δεν υπάρχει κάτι το οποίο θα πρέπει να φοβάστε σε έναν άνδρα ή σε μια γυναίκα. Είναι ακριβώς όπως και εσείς, έχουν καί ο ένας καί ο άλλος εξίσου ανάγκη για αγάπη, όπως και εσείς, λαχταρώντας το ίδιο όπως και εσείς να κρατήσουν τα χέρια σας. Θέλουν να συμμετέχουν στη ζωή σας και θέλουν με τη σειρά τους και οι άλλοι να έχουν ρόλο στη ζωή τους, επειδή όσο πιο πολλοί άνθρωποι συμμετέχουν στις ζωές των άλλων, τόσο περισσότερη χαρά αναδύεται. Οι άνθρωποι δείχνουν πολύ δυστυχισμένοι. Έχουν γίνει πολύ μοναχικοί. Ακόμη και μέσα στο πλήθος οι άνθρωποι είναι μόνοι, επειδή ο καθένας φοβάται τον άλλο. Ακόμη κι αν κάθονται ο ένας κοντά στον άλλο, είναι τόσο συγκρατημένοι μεταξύ τους, σε τέτοιο βαθμό, που όλο το είναι τους σκληραίνει. Μια σκληρή κρούστα αρχίζει να τους περιβάλλει, μια πανοπλία ορθώνεται γύρω από την ύπαρξή τους, οπότε ακόμη και αν συναντηθούν δεν μπορεί να γίνει λόγος για πραγματική επικοινωνία. Οι άνθρωποι κρατούν ο ένας το χέρι του άλλου, αλλά τα χέρια αυτά είναι παγωμένα, δεν ανθίζει η αγάπη. Αγκαλιάζουν ο ένας τον άλλο, ναι, τα οστά έρχονται σε επαφή μεταξύ τους, αλλά η καρδιά μένει ακόμη μακριά.

Οι άνθρωποι είναι υποχρεωμένοι να αγαπήσουν, η αγάπη είναι μια μεγάλη ανάγκη, ακριβώς όπως και η τροφή. Η τροφή είναι μια κατώτερη ανάγκη, η αγάπη είναι μια ανώτερη ανάγκη, μια ανώτερης τάξης αξία.

Οι ψυχολόγοι πραγματοποίησαν έρευνες σε παιδιά τα οποία μεγάλωναν σε ορφανοτροφεία χωρίς καθόλου στοργή και αγάπη. Πολλά παιδιά μπορεί να πεθάνουν αν μεγαλώσουν χωρίς αγάπη. Μέσα σε διάστημα δυο ετών πεθαίνουν. Τους παρέχεται καλό φαγητό, φροντίδα, φαρμακευτική περίθαλψη, αλλά μόνο μηχανικά. Η νοσοκόμα έρχεται, τα κάνει μπάνιο, τα ταΐζει, τους παρέχεται κάθε φροντίδα, αλλά καθόλου ανθρώπινη αγάπη. Η νοσοκόμα δεν θα τα κρατήσει μέσα στην αγκαλιά της, δεν θα προσφέρει στο παιδί τη ζεστασιά του σώματος της, δεν τους παρέχεται αυτή η ζεστασιά. Μέσα σε διάστημα δυο ετών πολλά από αυτά τα παιδιά πεθαίνουν χωρίς κάποιον προφανή λόγο. Σωματικά ήταν απολύτως υγιή, το σώμα τους δεν είχε κανένα πρόβλημα, δεν είχαν κάποια αρρώστια ή κάτι τέτοιο, αλλά ξαφνικά, χωρίς κάποιον προφανή λόγο, άρχισαν να πεθαίνουν. Και τα υπόλοιπα παιδιά είναι περισσότερο προβληματικά σε σχέση με εκείνα τα οποία πεθαίνουν. Εκείνα που πεθαίνουν είναι κατά μια έννοια περισσότερο ευφυή. Εκείνα που επιζούν γίνονται νευρωτικά, σχιζοφρενή, ψυχωτικά, επειδή δεν τους έχει προσφερθεί αγάπη. Η αγάπη σε κάνει να νιώθεις ολοκληρωμένος άνθρωπος. Είναι σαν την κόλλα. Είναι αυτό που κρατά τα κομμάτια σου ενωμένα. Χωρίς αυτήν την κόλλα, αρχίζουν να κομματιάζονται. Δεν υπάρχει κάτι που να μπορεί να κρατήσει ενωμένα τα κομμάτια σου, κανένα όραμα για τη ζωή, καμμία εμπειρία αγάπης, τίποτε που θα μπορούσε να κρατήσει τα κομμάτια σου ενωμένα. Οι ζωές των παιδιών αυτών φαντάζουν ασήμαντες, πολλά από αυτά γίνονται νευρωτικά και άλλα γίνονται εγκληματίες.

Η αγάπη είναι εκείνη που καθιστά έναν άνθρωπο δημιουργικό· εάν λείπει η αγάπη τότε κάποιος μπορεί να γίνει καταστροφικός. Εάν η μητέρα του Αδόλφου Χίτλερ του είχε δείξει περισσότερη αγάπη, ο κόσμος μας μπορεί να ήταν εντελώς διαφορετικός.

Εάν δεν υπάρχει αγάπη, ο άνθρωπος ξεχνά τη γλώσσα της δημιουργικότητας και γίνεται καταστροφικός. Έτσι γεννιούνται οι εγκληματίες και οι πολιτικοί. Ανήκουν στην ίδια κατηγορία –δεν υπάρχει καμμία διαφορά μεταξύ τους, καμμία ποιοτική διαφορά. Τα πρόσωπά τους διαφέρουν, οι μάσκες τους είναι διαφορετικές, βαθιά μέσα τους,όμως, είναι όλοι εγκληματίες. Στην πραγματικότητα διαβάζετε την ιστορία των ανθρώπινων εγκλημάτων και τίποτε περισσότερο. Δεν έχετε ακόμη διδαχθεί την πραγματική ιστορία της ανθρωπότητας, επειδή οι πρωταγωνιστές της αληθινής αυτής ιστορίας είναι οι Βούδες, οι Χριστοί, οι Λάο Τσε. Υπάρχει μια εντελώς διαφορετική ανθρώπινη ιστορία, η οποία δεν διδάχθηκε στα σχολεία. Η ιστορία μνημονεύει μόνο τα εγκλήματα, η ιστορία δεν παραθέτει παρά μόνο την καταστροφή. Εάν σκοτώσεις κάποιον στον δρόμο, θα σε γράψουν στις εφημερίδες, και αν δώσεις ένα τριαντάφυλλο σε κάποιον, το όνομα σου δεν θα ακουστεί ποτέ ξανά. Κανείς δεν θα μάθει τι έκανες.

Εάν η αγάπη είναι απούσα κατά την παιδική ηλικία, ο άνθρωπος θα γίνει ή πολιτικός ή εγκληματίας, ή θα τρελαθεί, ή θα βρει κάποιο καταστρεπτικό μονοπάτι να ακολουθήσει, επειδή δεν θα ξέρει πώς να δημιουργήσει. Η ζωή του δεν θα έχει κανένα νόημα, δεν θα βρίσκει σ' αυτήν καμμία σημασία. Θα νιώθει καταδικασμένος, γιατί αν δεν σε αγαπήσουν, δεν μπορείς να εκτιμήσεις την αξία σου. Τη στιγμή που κάποιος σου εκφράζει την αγάπη του, την ίδια στιγμή αποκτάς αξία. Αρχίζεις να αισθάνεσαι απαραίτητος, αισθάνεσαι ότι κάτι θα έλειπε από τον κόσμο αν δεν υπήρχες. Όταν μια γυναίκα σε αγαπά, ξέρεις πως αν χαθείς, κάποιος θα στενοχωρηθεί. Όταν ένας άνδρας σε αγαπά, ξέρεις ότι κάνεις ευτυχισμένη τη ζωή κάποιου, και ακριβώς επειδή κάνεις ευτυχισμένη τη ζωή κάποιου, μια μεγάλη χαρά αναβλύζει από μέσα σου.

Η χαρά προβάλλει μόνο όταν προσφέρουμε χαρά στους άλλους, δεν υπάρχει άλλος τρόπος. Όσο περισσότερους ανθρώπους μπορέσεις να κάνεις ευτυχισμένους, τόσο πιο ευτυχισμένος θα αισθάνεσαι και εσύ. Αυτό είναι το πραγματικό νόημα της προσφοράς. Αυτό είναι το πραγματικό νόημα του να είσαι "θρησκευόμενος": το να βοηθάς τους ανθρώπους να νιώθουν χαρούμενοι, το να βοηθάς τους ανθρώπους να νιώσουν ζεστασιά, το να βοηθάς τους ανθρώπους να νιώσουν την αγάπη. Δημιούργησε μια μικρή ομορφιά στον κόσμο, δημιούργησε μια μικρή χαρά, δημιούργησε μια μικρή γωνιά όπου οι άνθρωποι θα μπορούν να γιορτάσουν και να τραγουδήσουν, και να χορέψουν, και να νιώσουν ο εαυτός τους, και θα είσαι και εσύ χαρούμενος. Η αμοιβή σου θα είναι πολύ μεγάλη. Εκείνος, όμως, που δεν αγαπήθηκε ποτέ, δεν το γνωρίζει αυτό.

Οπότε, τα παιδιά τα οποία μεγαλώνουν χωρίς αγάπη, αποδεικνύεται ότι εξελίσσονται σε πολύ επικίνδυνους ανθρώπους.

Η αγάπη είναι μια πολύ βασική ανάγκη, είναι ακριβώς η τροφή της ψυχής. Το σώμα έχει ανάγκη από τροφή, και η ψυχή ακριβώς το ίδιο. Το σώμα ζει με την υλική τροφή, και η ψυχή με την πνευματική τροφή. Η αγάπη είναι η πνευματική τροφή, η πνευματική θρέψη.

Στο όραμά μου για έναν καλύτερο κόσμο τα παιδιά θα μαθαίνουν να αγαπούν το ένα το άλλο. Τα αγόρια και τα κορίτσια δεν θα κρατιούνται σε απόσταση. Δεν θα πρέπει να υπάρχει καμμία διάκριση, καμμία αποστροφή του ενός για το άλλο. Γιατί, όμως, δημιουργήθηκε αυτή η αποστροφή; Επειδή υπήρχε μεγάλος φόβος απέναντι στο σεξ. Το σεξ δεν γίνεται αποδεκτό, αυτό είναι το πρόβλημα, επειδή το σεξ δεν γίνεται αποδεκτό, τα παιδιά θα πρέπει να μείνουν χωριστά το ένα από το άλλο. Η ανθρωπότητα θα συνεχίσει να υποφέρει, εκτός αν αποδεχτεί το σεξ ως ένα φυσικό φαινόμενο. Το όλο πρόβλημα ανάμεσα στον άνδρα και στη γυναίκα προκύπτει επειδή το σεξ είναι καταδικασμένο. Αυτή η καταδίκη θα πρέπει να εκλείψει, και τώρα πλέον αυτό είναι εφικτό. Στο παρελθόν, μπορώ να κατανοήσω ότι υπήρχαν λόγοι γι' αυτό. Για παράδειγμα αν ένα κορίτσι έμενε έγκυος, τότε προέκυπταν προβλήματα. Ποιός ήταν αυτός που την κατέστησε έγκυο; Θα την παντρευόταν, για να κλείσουν τα στόματα, ή θα διαπομπευόταν; Οι γονείς φοβούνταν πολύ, η κοινωνία ήταν πολύ αυστηρή με τα θέματα της ηθικής κι οι άνθρωποι ζούσαν μέσα στον φόβο. Τα αγόρια και τα κορίτσια έπρεπε να μένουν χωριστά, κι έτσι μεγάλα τείχη υψώνονταν ανάμεσά τους. Θυμηθείτε τα σχολεία θηλέων και αρρένων, προ μερικών δεκαετιών! Και έπειτα, κάποια ημέρα, έπειτα από κάμποσα χρόνια, ξαφνικά σου ανοίγουν την πόρτα και σου λένε: «Δεν είναι ο εχθρός σου, είναι η σύζυγος σου! Αγάπησε την! Δεν είναι ο εχθρός σου, είναι ο άνδρας σου! Αγάπησε τον!» Τί γίνεται όμως με όλα εκείνα τα προηγούμενα χρόνια που σου έκαναν πλύση εγκεφάλου, ότι τα αγόρια ήθελαν μόνο να εκμεταλλευτούν σεξουαλικά τα κορίτσια, και τα κορίτσια θέλουν να τυλίξουν τ' αγόρια προκειμένου να τις παντρευτούν; Αλήθεια, ωραίο παραμυθάκι ήταν αυτό! Με βάση αυτό διαμορφώθηκε επί δεκαετίες δεκαετιών ολόκληρη η κοινωνία! Μπορείς, λοιπόν, να αποβάλλεις τόσο εύκολα αυτά τα προηγούμενα χρόνια του άγριου κατηχητικού; Όχι, δεν μπορείς να τα αποβάλλεις. Μένουν επάνω σου, κρέμονται επάνω σου για όλη τη ζωή σου με τη μορφή αναστολών, φοβιών και στη χειρότερη περίπτωση και "αναπηριών".

Σήμερα, όμως, δεν υπάρχει λόγος για κάτι τέτοιο. Ο κόσμος άλλαξε, αλλάξανε οι καιροί! Κατά τη γνώμη μου η μεγαλύτερη επανάσταση στον κόσμο ήταν εκείνη που έφερε το "χάπι". Ο Λένιν και ο Μάο τσε Τουνγκ δεν συγκρίνονται επ' ουδενί με το χάπι! Μάλιστα, το αντισυλληπτικό χάπι είναι ο μεγαλύτερος επαναστάτης! Αυτό δημιούργησε και μπορεί ακόμη να δημιουργήσει στις χώρες του Τρίτου Κόσμου και στις Μουσουλμανικές χώρες, έναν εντελώς διαφορετικό κόσμο, επειδή ο φόβος μπορεί να εκλείψει. Τώρα δεν υπάρχει πλέον λόγος να φοβόμαστε. Ο φόβος της ανεπιθύμητης εγκυμοσύνης ήταν ο λόγος πίσω από την καταδίκη του σεξ. Τώρα δεν υπάρχει λόγος να το καταδικάζουμε, μπορούμε να το αποδεχτούμε.

Κατά το παρελθόν, καταλαβαίνω, ο φόβος ήταν εκεί. Μπορώ να συγχωρήσω αυτούς τους παλαιούς ανθρώπους, επειδή δεν είχαν καμμία βοήθεια. Τώρα, όμως, δεν συγχωρείσαι αν διδάσκεις τα παιδιά σου να είναι χωριστά και να ανταγωνίζονται το ένα το άλλο. Δεν υπάρχει λόγος. Τώρα τα αγόρια και τα κορίτσια μπορούν να ζουν μαζί και να γνωρίζονται μεταξύ τους, και κάθε φόβος αναφορικά με το σεξ να εξαλειφθεί.

Το αστείο της υπόθεσης είναι ότι εξαιτίας αυτού του φόβου, εξ αιτίας της καταδίκης και της δαιμονοποίησης του σεξ από τις δογματικές θρησκευτικές κοινωνίες, το σεξ απέκτησε τόση σημασία! Διαφορετικά δεν θα ήταν τόσο σημαντικό. Δηλαδή, αν θεωρείτο κάτι απόλυτα φυσικό, όπως και είναι άλλωστε, δεν θα ήταν πλέον τόσο σημαντικό.

Προσπαθήστε να κατανοήσετε έναν απλό ψυχολογικό νόμο: εάν αρνηθείτε κάτι πολύ, αυτό γίνεται ξαφνικά πολύ σημαντικό. Η ίδια η άρνηση το καθιστά σημαντικό. Παθιάζεστε με αυτό. Έτσι λοιπόν, αν τα αγόρια και τα κορίτσια κρατιούνται σε απόσταση επί δεκαοκτώ ή είκοσι χρόνια, παθιάζονται το ένα με το άλλο. Σκέπτονται μόνο το άλλο φύλο, δεν μπορούν να σκεφθούν κάτι άλλο. Η σκέψη γίνεται προκατειλημμένη. Όλα αυτά τα χρόνια των διδασκαλιών που είχαν ως στόχο την καταδίκη σεξ (και μαζί μ' αυτό και την ενοχοποίηση των γυναικών ως των πειρασμών που σκανδαλίζουν και παρασύρουν τους άνδρες) καθιστούν τη σκέψη προκατειλημμένη και τότε κάθε είδους διαστροφή έρχεται στην επιφάνεια. Οι άνθρωποι αρχίζουν να ζουν με φαντασιώσεις, η πορνογραφία κάνει την εμφάνιση της, και όλο αυτό συνεχίζεται εξαιτίας αυτής της ανοησίας που διαπράξαμε με το να καταδικάσουμε τον σαρκικό έρωτα, το σεξ.

Τώρα θέλετε να σταματήσει η πορνογραφία; Δυστυχώς δεν μπορεί να σταματήσει. Κάποιοι ακόμη δημιουργούν τις συνθήκες για την εμφάνισή της. Εάν τα αγόρια και τα κορίτσια μπορούσαν να είναι μαζί, ποιός θα ασχολείτο με το να κοιτάξει μια γυμνή φωτογραφία;

Επισκεφθείτε μια πρωτόγονη φυλή ανθρώπων κάπου στην Αφρική ή στον Αμαζόνιο, οι οποίοι ζούνε γυμνοί και δείξτε τους το περιοδικό Playboy. Θα γελάσουν! Έζησα μαζί με τέτοιους ανθρώπους, κουβέντιασα μαζί τους και όλοι γελούν. Δεν μπορούν να το πιστέψουν: «Τί είναι αυτές οι ανοησίες;» μου είπαν. Αυτοί ζουν γυμνοί, οπότε ξέρουν πώς είναι μια γυμνή γυναίκα και πώς είναι ένας γυμνός άνδρας.

Η πορνογραφία δημιουργείται κατά κύριο λόγο από τους παπάδες και τους οπαδούς των θρησκειών. Οι ιερείς είναι το θεμέλιό της, και έπειτα κάθε είδους διαστροφή κάνει την εμφάνιση της, επειδή όταν δεν μπορείς πραγματικά να συναντήσεις τον άλλο πόλο, η έλξη για τον οποίο είναι κάτι το εντελώς φυσιολογικό, αρχίζεις να φαντασιώνεσαι. Τότε προκύπτει ένα μεγαλύτερο πρόβλημα: ζεις χρόνια ολόκληρα με φαντασίες και όνειρα, και έπειτα γνωρίζεις μια πραγματική γυναίκα η οποία υπολείπεται τόσο πολύ των προσδοκιών σου, κάτι που οφείλεται σε όλες αυτές τις φαντασίες που είχες πλάσει στο μυαλό σου!

Τότε ήσουν ελεύθερος μόνο να φαντασιωθείς, τώρα όμως καμμία αληθινή γυναίκα δεν πρόκειται να σε ικανοποιήσει. Εξαιτίας των φαντασιώσεων και των ονείρων σου, έπλασες τέτοια εικόνα για τη γυναίκα, στην οποία καμμία αληθινή γυναίκα δεν μπορεί να ανταποκριθεί. Έπλασες μια τέτοια εικόνα για τον άνδρα, στα πρότυπα της οποίας κανείς αληθινός άνδρας δεν μπορεί να ανταποκριθεί. Εξ ου και η απογοήτευση. Εξ ου και η πικρία η οποία αναδύεται μέσα από τη σχέση των ζευγαριών. Ο άνδρας νιώθει ότι εξαπατήθηκε: «Αυτή δεν είναι η γυναίκα που περίμενα».

Σκεφτόταν, ονειρευόταν και ήταν ελεύθερος να πλάσει όποια εικόνα ήθελε μέσα στο όνειρο του, και αυτή η γυναίκα φαντάζει πολύ φτωχή σε σύγκριση με εκείνη της φαντασίας του.

Στον κόσμο της φαντασίας σου οι γυναίκες δεν ιδρώνουν, δεν φυσούν τη μύτη τους –ή μήπως όχι; Και, το κυριότερο, δεν καβγαδίζουν μαζί σου, δεν γκρινιάζουν ποτέ και είναι πάντα γλυκομίλητες και όμορφες σαν άγγελοι. Είναι σαν τα όμορφα λουλούδια, πάντα περιποιημένες, και, εννοείται, ότι πρέπει να παραμένουν πάντα νέες! Δεν γερνάνε ποτέ και δεν γίνονται κακότροπες. Επειδή είναι πλάσματα της φαντασίας σου, αν θέλεις να γελάσουν, γελάνε. Τα σώματα τους δεν είναι φτιαγμένα από την ύλη του κόσμου αυτού.

Όταν, όμως, γνωρίζεις μια πραγματική γυναίκα, τότε αυτή ιδρώνει, η αναπνοή της μυρίζει και μερικές φορές είναι φυσικό να κατσουφιάζει. Και γκρινιάζει, και τσακώνεται και πετάει μαξιλάρια και σπάει πράγματα και θα σου απαγορεύσει χίλια δυο πράγματα. Αρχίζει να χαλιναγωγεί την ελευθερία σου. Οι γυναίκες της φαντασίας σου ποτέ δεν χαλιναγώγησαν την ελευθερία σου. Τώρα αυτή η γυναίκα φαντάζει σαν παγίδα. Και δεν είναι τόσο όμορφη όσο φανταζόσουνα, δεν είναι μια Κλεοπάτρα. Είναι μια συνηθισμένη γυναίκα, ακριβώς όπως και εσύ είσαι ένας συνηθισμένος άνδρας. Ούτε αυτή ανταποκρίνεται στις προσδοκίες σου, ούτε εσύ ανταποκρίνεσαι στις προσδοκίες της. Κανείς δεν είναι υποχρεωμένος να ικανοποιήσει τις φαντασιώσεις σου! Οι άνθρωποι είναι πραγματικοί άνθρωποι. Και ακριβώς επειδή αυτά τα χρόνια της λιμοκτονίας δημιούργησαν μια φαντασίωση, αυτό δημιουργεί προβλήματα για τη μελλοντική σου ζωή. Θα πρέπει να αποβάλεις τις φαντασιώσεις σου. Θα πρέπει να μάθεις να ζεις με την πραγματικότητα. Θα πρέπει να μάθεις να διακρίνεις το ασυνήθιστο μέσα στο συνηθισμένο, και αυτό είναι μεγάλη τέχνη. Μια γυναίκα δεν είναι μόνο το δέρμα της, δεν είναι μόνο το πρόσωπο της, δεν είναι μόνο οι αναλογίες του σώματος της. Μια γυναίκα είναι μια ψυχή! Θα πρέπει να είσαι φιλικός μαζί της, θα πρέπει να διεισδύσεις στη ζωή της, στον εσωτερικό της κόσμο. Θα πρέπει να συναντήσεις την ενέργειά της. Οι άνθρωποι δεν γνωρίζουν πώς να συνευρίσκονται, δεν το διδάχθηκαν ποτέ. Η τέχνη της αγάπης είναι κάτι που δεν το διδαχθήκατε, και ο καθένας νομίζει ότι ξέρει τι είναι η αγάπη. Δεν το γνωρίζετε, όμως. Έχετε μόνο τη δυνατότητα να αγαπήσετε, αλλά δεν κατέχετε την τέχνη για να κάνετε κάτι τέτοιο.

Γεννιέστε με έμφυτη την ικανότητα να μάθετε μια γλώσσα, αλλά θα πρέπει να διδαχθείτε τη γλώσσα καθαυτή. Κατά τον ίδιο τρόπο γεννιέστε με την ικανότητα να αγαπήσετε, αλλά δεν φέρετε έμφυτη στο εσωτερικό σας την τέχνη της αγάπης. Αυτήν την τέχνη της αγάπης πρέπει να τη διδαχθείτε, πρέπει να την εισπνεύσετε.

Εκείνο που συμβαίνει, όμως, είναι ακριβώς το αντίθετο: έχετε διδαχθεί την τέχνη του φόβου, όχι της αγάπης. Έχετε διδαχθεί πώς να μισείτε τους ανθρώπους. Οι Χριστιανοί έχουν διδαχθεί να μισούν τους Μωαμεθανούς, οι Μωαμεθανοί έχουν διδαχθεί να μισούν τους Εβραίους, οι Ινδοί έχουν διδαχθεί να μισούν τους Πακιστανούς. Το μίσος έχει διδαχθεί στους ανθρώπους με πολλούς τρόπους. Ο άνδρας έχει διδαχθεί να φοβάται τη γυναίκα και η γυναίκα έχει διδαχθεί να φοβάται τον άνδρα, και ξαφνικά κάποια ημέρα αποφασίζεις να παντρευτείς, και παντρεύεσαι τον εχθρό σου! Τότε είναι που ξεκινά όλη η αναταραχή, τότε η ζωή γίνεται απλά ένας εφιάλτης.

Εάν βαριέστε τη σύζυγο σας, αυτό οφείλεται στο γεγονός ότι δεν μπορείτε να διεισδύσετε στην ψυχή της. Μπορεί να είστε σε θέση να διεισδύσετε στο σώμα της, αλλά αυτό σύντομα θα γίνει πολύ βαρετό, επειδή δεν θα είναι παρά μια επανάληψη. Το σώμα είναι ένα πολύ επιφανειακό πράγμα. Μπορείς να κάνεις έρωτα με το σώμα, μια, δυο, τρεις φορές και έπειτα εξοικειώνεσαι απόλυτα με το σώμα και τα μέλη του. Έπειτα δεν υπάρχει κάτι νέο. Τότε αρχίζεις να δείχνεις ενδιαφέρον για άλλες γυναίκες: πιστεύεις ότι θα πρέπει να έχουν κάτι διαφορετικό από τη σύζυγο σου, τουλάχιστον κάτω από τα ρούχα μπορείς να φανταστείς ότι θα πρέπει να έχουν κάτι διαφορετικό. Μπορείς ακόμη να τις φαντασιωθείς. Τα ρούχα επινοήθηκαν για να ενισχύσουν τη σεξουαλική σου επιθυμία. Μια γυμνή γυναίκα δεν αφήνει κανένα περιθώριο στη φαντασία σου. Αυτός είναι ο λόγος για τον οποίο οι γυμνές γυναίκες δεν είναι τόσο ελκυστικές, το ίδιο και οι γυμνοί άνδρες. Όταν, όμως, ένας άνδρας ή μια γυναίκα είναι κρυμμένοι πίσω από κάποια ρούχα, τότε αφήνουν ένα περιθώριο στη φαντασία σου. Μπορείς να φαντασιωθείς τι βρίσκεται κάτω από τα ρούχα τους, μπορείς να ακολουθήσεις τη φαντασία σου ξανά.

Τώρα, όμως, δεν μπορείς πλέον να φαντασιωθείς τη γυναίκα σου, αυτό είναι το πρόβλημα. Μπορείς να φαντασιωθείς τη γυναίκα του γείτονα που δείχνει ελκυστική.

Οι άνθρωποι βαριούνται με τους άνδρες και τις γυναίκες τους, και ο λόγος είναι ότι δεν έχουν κατορθώσει να επικοινωνήσουν πραγματικά με την ψυχή του άλλου. Έχουν κατορθώσει να επικοινωνήσουν με το σώμα, έχασαν, όμως, την ευκαιρία της επαφής που εκδηλώνεται μεταξύ των καρδιών, μεταξύ των κέντρων, μεταξύ των ψυχών. Από τη στιγμή που γνωρίζεις πώς να επικοινωνήσεις ψυχικά με τον άλλο, από τη στιγμή που έχετε γίνει σύντροφοι στο πνεύμα, τότε δεν υπάρχει καθόλου βαρεμάρα. Πάντα υπάρχει κάτι για να ανακαλύψεις στον άλλον, επειδή κάθε ανθρώπινο όν είναι μια απεραντοσύνη και η εξερεύνηση δεν έχει τέλος.

Αυτός είναι ο λόγος για τον οποίο λέω ότι η Τάντρα θα πρέπει να αποτελέσει βασικό μέρος της εκπαίδευσης όλων των ανθρώπων. Κάθε σχολείο, κάθε κολέγιο, κάθε πανεπιστήμιο θα πρέπει να διδάσκει την Τάντρα. Η Τάντρα είναι η επιστήμη της επικοινωνίας των ψυχών, η επιστήμη που διδάσκει τον τρόπο με τον οποίο μπορεί κάποιος να διεισδύσει στον βαθύτερο πυρήνα του άλλου. Μόνο σε έναν κόσμο που κατέχει την τέχνη της Τάντρα θα μπορέσει να εκλείψει αυτή η ανία, διαφορετικά δεν μπορεί να εκλείψει. Μπορείς να την ανεχθείς, μπορείς να την υποφέρεις, μπορείς να γίνεις μάρτυρας. Αυτός είναι ο τρόπος με τον οποίο αναδεικνύονταν στο παρελθόν μάρτυρες οι άνθρωποι. Έλεγαν: «Τί να κάνω; Αυτή είναι η μοίρα μου. Μπορεί στην άλλη ζωή να διαλέξουμε κάποιον άλλον άνδρα ή κάποια άλλη γυναίκα, αλλά σε αυτή τη ζωή η ευκαιρία έχει χαθεί και δεν μπορεί να γίνει τίποτε. Υπάρχουν παιδιά και χίλια άλλα τόσα προβλήματα, το κύρος του ατόμου, η κοινωνία, η υπόληψη...» Οπότε υπέφεραν και παρέμειναν μάρτυρες.

Τώρα οι άνθρωποι δεν είναι πλέον διατεθειμένοι να υποφέρουν, οπότε έφθασαν στο άλλο άκρο. Τώρα απολαμβάνουν το σεξ σε όλες του τις εκφάνσεις και αλλάζουν διαρκώς συντρόφους, και πάλι, όμως, η στάση τους αυτή δεν φαίνεται να τους χαρίζει την απόλυτη ικανοποίηση. Κανείς δεν είναι ικανοποιημένος, επειδή η βασική ιδέα είναι πως αν δεν κατορθώσεις να αποκωδικοποιήσεις το βαθύτερο μυστήριο του άνδρα ή της γυναίκας σου, αργά ή γρήγορα θα βαρεθείς και θα πλήξεις. Στην περίπτωση αυτή είτε γίνεσαι μάρτυρας —ζεις με αυτό, το υπομένεις και περιμένεις τον θάνατο να σε λυτρώσει— ή αρχίζεις να αναζητάς άλλους συντρόφους. Ό,τι, όμως, και αν έκανες με αυτόν τον άνδρα ή με αυτή τη γυναίκα, θα το κάνεις και με τον επόμενο, την επόμενη, και θα βαρεθείς και με τον επόμενη, την επόμενη, και όλη σου η ζωή θα αναλωθεί στο να αλλάζεις συντρόφους. Ούτε αυτό πρόκειται να σε ικανοποιήσει.

Εκτός κι αν μάθεις τη μυστική τέχνη της Τάντρα. Η Τάντρα είναι ένα από τα πιο σημαντικά μυστικά που ανακαλύφθηκαν ποτέ. Είναι, όμως, πολύ εξευγενισμένη, ακριβώς επειδή είναι η ανώτερη μορφή τέχνης. Το να ζωγραφίζεις είναι εύκολο, το να γράφεις ποίηση είναι εύκολο, αλλά το να δημιουργείς μια ενότητα με την ενέργεια του άλλου, μια χορευτική ενότητα, είναι η πιο δύσκολη τέχνη που μπορεί να μάθει κανείς.

Η Τάντρα μπορεί να διδάξει τους ανθρώπους πώς να αγαπούν, πώς να αγαπούν τόσο βαθιά που η ίδια η αγάπη να γίνεται η θρησκεία σου· η γυναίκα σου μια ημέρα χάνεται και στη θέση της ανακαλύπτεις τον Θεό. Μια ημέρα μέσα στην κοινωνία των ψυχών, μέσα στη βαθιά οργασμική εμπειρία, σε αυτήν την έκσταση για ένα λεπτό εξαφανίζεστε και οι δυο, και εκείνο που μένει είναι ο Θεός και τίποτε άλλο. Στο πέρασμα του χρόνου διδαχθήκατε να είστε ενάντιοι στο σεξ και αυτό σας κατέστησε ιδιαίτερα σεξουαλικούς. Αυτό το παράδοξο τώρα θα πρέπει να γίνει κατανοητό. Εάν θέλετε να καταλάβετε, αυτό το παράδοξο θα πρέπει να γίνει βαθιά κατανοητό και σαφές: η θρησκευτικοκοινωνική καταδίκη του σεξ ήταν που σας έκανε υπερσεξουαλικό και νευρικό εραστή.

Άκουσα κάποτε για μια επίσκεψη την οποία πραγματοποίησε ο Τζέι Πι Μόργκαν στο σπίτι του Ντουάιτ Μόροου. Ο μεγάλος αυτός Αμερικανός επιχειρηματίας ήταν διάσημος μεταξύ άλλων, για την τεράστια κοκκινωπή μύτη του που ήταν απίστευτα απαίσια.

«Να θυμάσαι Άννα», έλεγε συνεχώς ο κύριος Μόροου στην κόρη του, «δεν θα πρέπει να αναφέρεις το παραμικρό σχετικά με την κόκκινη μύτη του κυρίου Μόργκαν. Δεν θα πρέπει καν να την κοιτάς πολύ».

Η Άννα το υποσχέθηκε, αλλά όταν έφθασε ο Τζέι Πι Μόργκαν, η μητέρα της δημιούργησε το πρόβλημα κι όχι εκείνη. Η μητέρα της, λοιπόν, κοιτούσε επίμονα την παράξενη μύτη του κυρίου Τζέι Πι Μόργκαν. Η Άννα ήταν χρυσό παιδί, τη σκούντηξε μιαδυο φορές, της έκανε και νόημα, αλλά η κυρία Μόροου δεν έπαψε να κοιτάζει τη μύτη του κυρίου Μόργκαν. Κάποια στιγμή, και με ένα ευγενικό χαμόγελο, ετοιμάστηκε να του σερβίρει τσάι λέγοντάς του: «Κύριε Μόργκαν, θα θέλατε έναν ή δυο κύβους στη μύτη σας;»

Αυτό ακριβώς συνέβη και σε όλη την ανθρωπότητα: το καταπιεσμένο σεξ εξελίχθηκε σε ασυναίσθητη εμμονή.

Οι άνθρωποι πιστεύουν ότι διδάσκω τη σεξουαλικότητα. Εγώ, όμως, διδάσκω την υπέρβαση. Το ενδιαφέρον για το σεξ είναι ένα παθολογικό ενδιαφέρον, το οποίο προέκυψε από την καταπίεση. Από τη στιγμή που θα εκλείψει η καταπίεση, θα χαθεί και το ενδιαφέρον. Τότε θα υπάρχει ένα φυσιολογικό αίσθημα, το οποίο δεν θα είναι παθολογικό, ούτε ιδεοληπτικό. Ό,τι είναι φυσικό είναι καλό, αυτό το ενδιαφέρον για το σεξ είναι αφύσικο. Και το πρόβλημα είναι ότι αυτό το αφύσικο ενδιαφέρον δημιουργήθηκε από τον παπά, από τον πολιτικό, από τους αποκαλούμενους ηθικιστές. Αυτοί είναι οι ένοχοι. Εξακολουθούν να αναπαράγουν το πρόβλημα αυτό και πιστεύουν ότι βοηθούν την ανθρωπότητα να ξεπεράσει το ενδιαφέρον της για το σεξ. Δεν κάνουν, όμως, αυτό! Εκείνο που κάνουν είναι να πετούν την ανθρωπότητα μέσα σε αυτόν τον κυκεώνα της παράνοιας.

Εάν αντιληφθείτε το ζήτημα στη σωστή του διάσταση τότε θα εκπλαγείτε από την εμπειρία την οποία θα βιώσετε. Σύντομα θα διαπιστώσετε ότι το σεξ έχει γίνει μία φυσική εκδήλωση. Και εν τέλει, καθώς ο διαλογισμός σας βαθαίνει, καθώς αρχίζετε να επικοινωνείτε όλο και πιο πολύ με την ψυχή του άλλου, η σωματική επαφή θα περιορίζεται όλο και πιο πολύ. Έρχεται κάποια στιγμή που δεν υπάρχει καμμία ανάγκη για σεξουαλικότητα, τα πράγματα έχουν πάρει εντελώς νέα τροπή. Η ενέργεια έχει αρχίσει να μετατοπίζεται προς τα επάνω. Είναι η ίδια ενέργεια. Στο χαμηλότερο σκαλοπάτι έχει τη μορφή του σεξ, στο υψηλότερο σκαλοπάτι έχει μετεξελιχθεί σε *σαμάντι*, είναι ανώτατη μορφή συναίσθησης.

ΚΑΜΗΛΑ, ΛΙΟΝΤΑΡΙ ΚΑΙ ΠΑΙΔΙ: Η ΔΙΑΔΡΟΜΗ ΠΡΟΣ ΤΗΝ ΕΜΦΑΝΙΣΗ ΤΟΥ ΑΝΘΡΩΠΟΥ

Ο άνθρωπος δεν γεννιέται τέλειος. Γεννιέται ατελής, γεννιέται σαν μια διαδικασία. Γεννιέται οδοιπόρος και προσκυνητής. Αυτή είναι η αγωνία του και η έκστασή του μαζί, αγωνία επειδή δεν μπορεί να ξεκουραστεί, πρέπει να προχωρήσει μπροστά, πρέπει πάντοτε να προχωρά μπροστά. Θα πρέπει να αναζητά και να ψάχνει και να ερευνά. Θα πρέπει να γίνει, επειδή η ύπαρξή του προάγεται μόνο όταν γίνεται κάτι. Η ουσία έγκειται στο να γίνεται. Μπορεί να νιώθει ότι υπάρχει, μόνο αν εξελίσσεται.

Η εξέλιξη είναι εγγενής στη φύση του ανθρώπου, η εξέλιξη είναι ο πυρήνας της ύπαρξής του. Και εκείνοι που εκλαμβάνουν τους εαυτούς τους ως δεδομένους παραμένουν ατελείς. Εκείνοι που πιστεύουν ότι έχουν γεννηθεί τέλειοι παραμένουν ανεξέλικτοι. Στην περίπτωση αυτή ο σπόρος παραμένει σπόρος. Δεν γίνεται ποτέ δένδρο, και δεν γνωρίζει ποτέ τις χαρές της άνοιξης, του ήλιου και της βροχής, και την έκσταση της ανθοφορίας.

Αυτή η έκρηξη είναι η ολοκλήρωση, αυτή η έκρηξη είναι όλη η ουσία της ύπαρξης: το να εκρήγνυσαι σε εκατομμύρια λουλούδια. Όταν το ενδεχόμενο γίνεται πραγματικότητα, μόνο τότε ο άνθρωπος νιώθει πλήρης. Το ανθρώπινο ον γεννιέται ως μια δυνατότητα, αυτό είναι κάτι το μοναδικό στα πλαίσια του Σύμπαντος. Όλα τα άλλα ζώα γεννιούνται ολοκληρωμένα, γεννιούνται όπως πρόκειται να πεθάνουν. Μεταξύ της γέννησης και του θανάτου τους δεν μεσολαβεί κάποια εξέλιξη. Κινούνται στο ίδιο πλαίσιο, και δεν υφίστανται κανέναν μετασχηματισμό. Καμμία ριζική αλλαγή δεν εκδηλώνεται ποτέ στη ζωή τους. Κινούνται κατά τρόπο οριζόντιο, η κάθετη εξέλιξη δεν διεισδύει ποτέ στη ζωή τους.

Εάν το ανθρώπινο πλάσμα κινηθεί επίσης σε οριζόντιο επίπεδο, θα χάσει την ουσία της ύπαρξης του, δεν θα γίνει μια ψυχή. Όταν η κατακόρυφη διάσταση διαπερνά την ύπαρξή σου, τότε γίνεσαι μια ψυχή. Το ότι έχεις μια ψυχή, σημαίνει ότι το κατακόρυφο εισχώρησε στο οριζόντιο. Ή, για παράδειγμα, μπορείς να σκεφθείς την κάμπια, το κουκούλι και την πεταλούδα.

Ο άνθρωπος γεννιέται ως προνύμφη. Δυστυχώς πολλοί πεθαίνουν και ως προνύμφες· πολλοί λίγοι κατορθώνουν να γίνουν κάμπιες. Μια προνύμφη είναι στατική, δεν γνωρίζει καμμία κίνηση. Παραμένει κολλημένη σε έναν χώρο, σε ένα μέρος, σε ένα στάδιο. Πολύ λίγοι άνθρωποι αναπτύσσονται και φθάνουν στο στάδιο της κάμπιας. Η κάμπια αρχίζει να κινείται, οπότε εισάγεται η έννοια του δυναμισμού. Η προνύμφη είναι στατική, η κάμπια κινείται. Με την κίνηση η ζωή αναδεύεται ξανά. Και πάλι, όμως, πολλοί παραμένουν κάμπιες: εξακολουθούν να κινούνται οριζόντια, στο ίδιο πλαίσιο, σε μια διάσταση. Σπάνια ένας άνθρωπος όπως ο Βούδας, ή ο Ρουμί, ή ο Ιησούς, ή ο Καμπίρ, κάνει το τελικό άλμα και μεταμορφώνεται σε πεταλούδα. Στη φάση αυτή εισάγεται η κατακόρυφη διάσταση.

Η προνύμφη είναι στατική, η κάμπια κινείται, γνωρίζει την έννοια της κίνησης, η πεταλούδα πετά, γνωρίζει τα ύψη, αρχίζει να κινείται προς τα επάνω. Η πεταλούδα βγάζει φτερά, αυτά τα φτερά αποτελούν τον στόχο. Αν δεν βγάλεις φτερά και δεν γίνεις ένα ιπτάμενο φαινόμενο, δεν θα αποκτήσεις ποτέ μια ψυχή.

Η αλήθεια είναι κάτι το οποίο συνειδητοποιείται μέσα από αυτές τις τρεις καταστάσεις: *αφομοίωση, ανεξαρτησία* και *δημιουργικότητα*. Να θυμάσαι αυτές τις τρεις λέξεις. Είναι πολύ γόνιμες. Αφομοίωση: αυτή είναι η λειτουργία της προνύμφης. Απλά αφομοιώνει την τροφή και ετοιμάζεται να γίνει κάμπια. Είναι ένα είδος ρεζερβουάρ, αποθέματος. Όταν η ενέργεια θα είναι έτοιμη, τότε θα γίνει κάμπια. Προτού πραγματοποιήσεις την κίνηση, θα χρειαστείς μεγάλη ενέργεια για να κινηθείς. Η κάμπια είναι αφομοίωση, είναι πλήρης, η δουλειά έχει ολοκληρωθεί.

Έπειτα αρχίζει η δεύτερη φάση: ανεξαρτησία. Η προνύμφη πέφτει. Τώρα πλέον δεν υπάρχει λόγος να μείνει σε ένα μέρος. Έχει έλθει η ώρα της εξερεύνησης, έχει έλθει η ώρα της περιπέτειας. Η αληθινή ζωή ξεκινά με την κίνηση, την ανεξαρτησία. Η προνύμφη παραμένει εξαρτημένη, φυλακισμένη, αλυσοδεμένη. Η κάμπια έχει σπάσει τις αλυσίδες και αρχίζει να κινείται. Ο πάγος έχει λιώσει, δεν είναι πλέον παγωμένος. Η κατάσταση στην οποία βρίσκεται η προνύμφη είναι μια παγωμένη κατάσταση, ενώ η κάμπια κινείται, υπάρχει μια ροή στην κίνηση της.

Έπειτα έρχεται το τρίτο στάδιο: εκείνο της δημιουργικότητας. Η ανεξαρτησία από μόνη της δεν σημαίνει πολλά. Με το

να είσαι ανεξάρτητος δεν σημαίνει ότι είσαι και ολοκληρωμένος.
Είναι καλό να είσαι έξω από τη φυλακή, για ποιόν λόγο, όμως; Ανεξαρτησία για ποιόν λόγο; Ελευθερία για ποιόν σκοπό; Να θυμάστε ότι η ελευθερία έχει δυο όψεις: πρώτα *ελευθερία από* και έπειτα *ελευθερία γιά.* Πολλοί άνθρωποι κατακτούν μόνο το πρώτο είδος της ελευθερίας, την ελευθερία από. Δηλαδή, ελεύθερος από τους γονείς, ελεύθερος από την Εκκλησία, ελεύθερος από την οργάνωση, ελεύθερος από αυτό κι από εκείνο... Ελεύθερος από κάθε είδος φυλακής. Για ποιόν λόγο όμως; Η *ελευθερία από* είναι μια αρνητική μορφή ελευθερίας. Εάν γνωρίζεις μόνο την *ελευθερία από*, τότε δεν έχεις γνωρίσει την πραγματική ελευθερία, έχεις γνωρίσει μόνο την αρνητική πλευρά. Θα πρέπει να γνωρίσεις και τη θετική πλευρά· ελευθερία να δημιουργήσεις, ελευθερία να είσαι, ελευθερία να εκφράζεσαι, να τραγουδάς το τραγούδι σου, να χορεύεις τον χορό σου. Αυτή είναι η τρίτη κατάσταση: η δημιουργικότητα.

Τότε η κάμπια γίνεται ένα φτερωτό ον, ένας δοκιμαστής μελιού, ψάχνει, ανακαλύπτει, εξερευνά, δημιουργεί. Εξ ου και η ομορφιά της πεταλούδας. Μόνο οι δημιουργικοί άνθρωποι είναι όμορφοι, επειδή μόνο οι δημιουργικοί άνθρωποι γνωρίζουν το μεγαλείο της ζωής, έχουν μάτια για να δουν και αυτιά για να ακούσουν και καρδιά για να αισθανθούν. Είναι απόλυτα ζωντανοί, ζουν τη ζωή στο maximum. Ζουν με υπερένταση. Ζουν τη ζωή σε όλη της την ένταση και σε όλη της την πληρότητα.

Ή μπορούμε να χρησιμοποιήσουμε τη μεταφορά του Φρήντριχ Νίτσε. Αυτός αναφέρει ότι η ζωή του ανθρώπου μπορεί να διακριθεί σε τρεις διαδοχικές μεταμορφώσεις του πνεύματος. Την πρώτη την αποκαλεί "καμήλα", τη δεύτερη "λιοντάρι" και την τρίτη την ονομάζει "παιδί". Ιδιαίτερα μεστές μεταφορές η καμήλα, το λιοντάρι και το παιδί.

Κάθε ανθρώπινο πλάσμα θα πρέπει να αφομοιώσει την κληρονομιά της κοινωνίας: την κουλτούρα, τη θρησκεία, τους συνανθρώπους του. Θα πρέπει να αφομοιώσει καθετί που του προσφέρει το παρελθόν. Θα πρέπει να αφομοιώσει το παρελθόν, αυτό είναι που ο Νίτσε χαρακτηρίζει ως στάδιο της καμήλας. Η καμήλα έχει τη δύναμη να αποθηκεύσει στο σώμα της τεράστιες ποσότητες τροφής και νερού για το επίπονο ταξίδι της κατά μήκος της ερήμου.

Η κατάσταση του ανθρώπου είναι ανάλογη: θα πρέπει να διασχίσεις μια έρημο, θα πρέπει να αφομοιώσεις όλο το παρελθόν. Και να θυμάσαι ότι το να το απομνημονεύσεις απλά δεν πρόκειται να βοηθήσει σε κάτι, χρειάζεται αφομοίωση. Και να θυμάσαι επίσης ότι ο άνθρωπος ο οποίος απομνημονεύει το παρελθόν το κάνει επειδή δεν μπορεί να το αφομοιώσει. Εάν αφομοιώσεις το παρελθόν αποδεσμεύεσαι από αυτό. Μπορείς να το χρησιμοποιήσεις, αλλά δεν μπορεί να σε χρησιμοποιήσει. Το κατέχεις, αλλά δεν σε κατέχει.

Όταν έχεις πλέον αφομοιώσει την τροφή, δεν χρειάζεται να τη θυμάσαι. Δεν είναι κάτι που υφίσταται χωριστά από εσένα: έχει γίνει αίμα σου, είναι μέρος από τα οστά σου, από το μεδούλι σου, έχει γίνει ένα με σένα. Το παρελθόν θα πρέπει να χωνευτεί, να αφομοιωθεί. Τίποτε δεν είναι λάθος όσον αφορά το παρελθόν. Είναι το παρελθόν σας. Δεν χρειάζεται να ξεκινήσετε από την αλφαβήτα, επειδή αν κάθε άτομο έπρεπε να ξεκινήσει από την αλφαβήτα, δεν θα είχαμε φθάσει σε αυτό το στάδιο εξέλιξης. Αυτός είναι ο λόγος για τον οποίο τα ζώα δεν εξελίχθηκαν. Ο σκύλος είναι βασικά ο ίδιος, όπως ήταν πριν από εκατομμύρια χρόνια. Μόνο το ανθρώπινο ον είναι ένα εξελισσόμενο ζώο. Από πού πηγάζει αυτή η εξέλιξη; Πηγάζει από το γεγονός ότι ο άνθρωπος είναι το μόνο ζώο το οποίο μπορεί να αφομοιώσει το παρελθόν. Από τη στιγμή που το παρελθόν αφομοιωθεί, είστε ελεύθεροι από αυτό. Μπορείτε να κινηθείτε ελεύθερα και να αξιοποιήσετε το παρελθόν.

Μπορείς να σταθείς στους ώμους των πατέρων και των προγόνων σου, και των πατέρων αυτών και των προγόνων τους. Κάθε γενεά εξακολουθεί να στηρίζεται στους ώμους των προηγούμενων γενεών, εξ ου και το ύψος των ανθρώπινων επιτευγμάτων. Οι σκύλοι δεν μπορούν να το πετύχουν αυτό, οι λύκοι δεν μπορούν να το πετύχουν αυτό, εξαρτώνται από τον εαυτό τους. Το επίπεδό τους είναι το επίπεδό τους. Στο επίπεδό σου, αφομοιώνεται ο Βούδας, αφομοιώνεται ο Χριστός, ο Παταντζάλι, ο Μωυσής, ο Λάο Τσε. Όσο ανώτερο είναι το επίπεδο της αφομοίωσης, τόσο πιο ψηλά βρίσκεσαι. Μπορείς να δεις από την κορυφή ενός βουνού, η οπτική σου είναι απεριόριστη. Αφομοιώστε περισσότερα. Δεν υπάρχει λόγος να περιοριστείτε στους δικούς σας ανθρώπους. Αφομοιώστε όλο το παρελθόν όλων των ανθρώπων της γης, να είστε πολίτης του πλανήτη Γη. Δεν υπάρχει ανάγκη να περιορίζεσαι από τον Χριστιανό και τον Ινδουιστή και τον Μωαμεθανό. Αφομοίωσέ τους όλους! Το Κοράνι είναι δικό σου, η Βίβλος είναι δική σου, το ίδιο και το Ταλμούδ, το ίδιο και οι Βέδες, και το Τάο Τε Τσίνγκ, όλα είναι δικά σου. Αφομοιώστε τα όλα, και όσα περισσότερα αφομοιώνετε, τόσο πιο ψηλά θα είναι η κορυφή στην οποία στέκεστε και θα κοιτάζετε μακριά. Τα μακρινά μέρη και οι μακρινές οπτικές θα είναι δικά σας.

Ο Νίτσε χαρακτηρίζει το στάδιο αυτό, στάδιο της καμήλας. Αλλά μη μείνετε κολλημένοι εκεί. Κάποιος θα πρέπει να κινείται. Η καμήλα είναι η προνύμφη, η καμήλα είναι που αποταμιεύει. Εάν μείνεις κολλημένος σε αυτό το επίπεδο και παραμείνεις πάντοτε μια καμήλα, τότε δεν θα γνωρίσεις ποτέ τις ομορφιές και τις ευλογίες της ζωής. Τότε δεν θα μάθεις ποτέ το θεϊκό. Θα παραμείνεις εγκλωβισμένος στο παρελθόν.

Η καμήλα μπορεί να αφομοιώσει το παρελθόν αλλά δεν μπορεί να το χρησιμοποιήσει. Έρχεται ο καιρός που η καμήλα πρέπει να γίνει λιοντάρι. Ο Νίτσε λέει: «Το λιοντάρι προχωρά και ξεσκίζει το μεγάλο τέρας το οποίο είναι γνωστό με την ονομασία *δεν πρέπει*». Το λιοντάρι μέσα σας βρυχάται ενάντια σε κάθε είδους εξουσία.

Το λιοντάρι είναι μια αντίδραση, μια εξέγερση ενάντια στην καμήλα. Τώρα αρχίζεις να ανακαλύπτεις τον δικό σου εσωτερικό φωτισμό ως την απόλυτη πηγή όλων των αυθεντικών αξιών. Αντιλαμβάνεσαι το πρωταρχικό χρέος σου απέναντι στη δική σου εσωτερική δημιουργικότητα, στις εσωτερικές κρυμμένες δυνατότητές σου.

Μερικοί παραμένουν κολλημένοι στη φάση του λιονταριού: εξακολουθούν να βρυχώνται συνέχεια και εξαντλούνται βρυχώμενοι. Είναι καλό να γίνεις λιοντάρι, αλλά θα πρέπει κάποιος να κάνει ένα ακόμη βήμα, και αυτό το βήμα είναι να γίνει παιδί. Λοιπόν, ο καθένας από εσάς υπήρξε παιδί. Εκείνοι που ξέρουν, όμως, λένε ότι η πρώτη παιδική ηλικία είναι μια ψευδής παιδική ηλικία. Είναι σαν τα πρώτα δόντια: μοιάζουν με δόντια, αλλά είναι εντελώς άχρηστα και πρέπει να πέσουν. Έπειτα βγαίνουν τα αληθινά δόντια. Η πρώτη παιδική ηλικία είναι μια ψευδής παιδική ηλικία, η δεύτερη παιδική ηλικία είναι η αληθινή παιδική ηλικία. Αυτή η δεύτερη παιδική ηλικία ονομάζεται στάδιο του παιδιού, ή στάδιο του σοφού, και σημαίνει το ίδιο. Αν δεν γίνεις εντελώς αθώος, αν δεν απελευθερωθείς από τα δεσμά του παρελθόντος, δεν θα γίνεις ποτέ τόσο ελεύθερος που να μην είσαι καν ενάντια στο παρελθόν... Να το θυμάσαι, ο άνθρωπος που είναι ενάντια στο παρελθόν, δεν είναι απόλυτα ελεύθερος. Φέρει ακόμη μέσα του κάποια απωθημένα, παράπονα και τραύματα του παρελθόντος. Η καμήλα εξακολουθεί να τον στοιχειώνει, η σκιά της καμήλας συνεχίζει να τον ακολουθεί. Το λιοντάρι είναι ακόμη εκεί, φοβάται όμως κάπως την καμήλα, φοβάται ότι μπορεί να επιστρέψει. Όταν ο φόβος της καμήλας εκλείψει εντελώς, ο βρυχηθμός του λιονταριού σταματά. Έπειτα προβάλλει το τραγούδι του παιδιού.

Η φάση της καμήλας είναι η φάση της αφομοίωσης. Η καμήλα δεν γνωρίζει πώς είναι να λες όχι. Υπακοή, πίστη, αυτά είναι τα χαρακτηριστικά της φάσης εκείνης που ονομάζεται φάση της καμήλας. Ο Αδάμ ήταν σε αυτή τη φάση προτού φάει τον καρπό από το Δένδρο της Γνώσης, και κάθε ανθρώπινο πλάσμα περνά από τη φάση αυτή.

Αυτή είναι μια φάση που προηγείται της σκέψεως και του εαυτού. Δεν υπάρχει ακόμη σκέψη. Η σκέψη αναπτύσσεται, αλλά δεν είναι ένα πλήρες φαινόμενο. Είναι κάτι σκοτεινό, ασαφές και νεφελώδες. Ο εαυτός είναι καθ' οδόν, αλλά εξακολουθεί να είναι καθ' οδόν. Δεν υπάρχει κάποιος ξεκάθαρος ορισμός του. Το παιδί δεν αντιλαμβάνεται ακόμη τον εαυτό του ως διακριτή προσωπικότητα. Ο Αδάμ προτού γευτεί τον καρπό μετείχε στο θείο. Ήταν μέσα στη μήτρα, ήταν υπάκουος, ήταν κάποιος που έλεγε πάντα ναι, αλλά δεν ήταν ανεξάρτητος. Η ανεξαρτησία εισέρχεται μόνο μέσα από την πόρτα του όχι, μέσα από την πόρτα του ναι εισέρχεται μόνο η εξάρτηση. Οπότε στο στάδιο αυτό της καμήλας υπάρχει εξάρτηση. Ο άλλος είναι πιο σημαντικός από τη δική σου ύπαρξη: ο Θεός είναι πιο σημαντικός, ο πατέρας είναι πιο σημαντικός, η μητέρα είναι πιο σημαντική, η κοινωνία είναι πιο σημαντική. Ο ιερέας είναι πιο σημαντικός, ο πολιτικός είναι πιο σημαντικός. Κάθε άλλος εκτός από εσένα είναι πιο σημαντικός. Ο άλλος είναι σημαντικός, εσύ ακόμη δεν είσαι εκεί. Πρόκειται για μια ασυναίσθητη κατάσταση. Η πλειοψηφία των ανθρώπων μένει εγκλωβισμένη εκεί. Παραμένουν καμήλες. Το ενενήντα εννέα τοις εκατό σχεδόν των ανθρώπων παραμένουν καμήλες.

Αυτή είναι μια πολύ λυπηρή κατάσταση, το ότι δηλαδή το ενενήντα εννέα τοις εκατό των ανθρώπων παραμένουν καμήλες, προνύμφες. Αυτός είναι ο λόγος για τον οποίο επικρατεί τόση πολλή δυστυχία και καθόλου χαρά. Μπορείς να συνεχίσεις να ψάχνεις για τη χαρά, αλλά δεν θα τη βρεις, επειδή η χαρά δεν είναι κάτι που σου δίνεται απέξω. Αν δεν γίνεις ένα παιδί, αν δεν επιτευχθεί το τρίτο στάδιο, αν δεν γίνεις μια πεταλούδα, δεν θα είσαι σε θέση να γνωρίσεις τη χαρά. Η χαρά δεν είναι κάτι που σου δίνεται απέξω, είναι ένα όραμα το οποίο αναπτύσσεται μέσα σου. Είναι πιθανό μόνο κατά το τρίτο στάδιο.

Το πρώτο στάδιο είναι εκείνο της δυστυχίας, και το τρίτο στάδιο είναι εκείνο της ευδαιμονίας, και μεταξύ των δυο μεσολαβεί η φάση του λιονταριού που χαρακτηρίζεται εναλλάξ από τη δυστυχία και την ευτυχία. Μερικές φορές είναι επώδυνη και άλλες φορές είναι ευχάριστη.

Στη φάση της καμήλας δεν είστε παρά παπαγάλοι. Είστε απλά μνήμες και τίποτε άλλο. Όλο το είναι σας αποτελείται από πεποιθήσεις που σας κληροδότησαν άλλοι. Στη φάση αυτή θα συναντήσετε τους Χριστιανούς και τους Μωαμεθανούς και τους Ινδουιστές και τους οπαδούς του Ζεν και τους Βουδιστές. Μπείτε μέσα στις εκκλησίες και στους ναούς και στα τεμένη και θα συναντήσετε μεγάλες συναθροίσεις από καμήλες. Δεν θα βρείτε ούτε ένα ανθρώπινο πλάσμα. Συνεχίζουν να επαναλαμβάνουν σαν τους παπαγάλους. Δεν έχουν ακόμη βγει από την αναισθησία, από τη νάρκη τους. Και να θυμάστε, δεν λέω ότι το στάδιο αυτό δεν είναι απαραίτητο. Είναι, αλλά μόλις ολοκληρωθεί, θα πρέπει κάποιος να βγει από αυτό. Δεν βρίσκεται κάποιος εδώ για να είναι καμήλα για πάντα.

Και μην θυμώνετε με τους γονείς ή τους δασκάλους, ή τους ιερείς ή την κοινωνία, επειδή είναι υποχρεωμένοι να σας καλλιεργήσουν ένα συγκεκριμένο είδος υπακοής. Μόνο μέσω της υπακοής αυτής θα είστε σε θέση να αφομοιώσετε. Ο πατέρας θα πρέπει να διδάξει. Η μητέρα θα πρέπει να διδάξει, και το παιδί θα πρέπει απλά να απορροφήσει τα διδάγματα. Εάν η αμφιβολία κάνει την εμφάνισή της πρόωρα, η διαδικασία της αφομοίωσης θα διακοπεί.

Σκεφθείτε απλά την εικόνα ενός παιδιού στον κόλπο της μητέρας του, το οποίο αρχίζει να αμφιβάλλει. Σίγουρα θα πεθάνει! Αρχίζει να αμφιβάλλει αν θα πρέπει να λάβει τροφή από αυτή τη γυναίκα ή όχι, αν αυτή η τροφή είναι πράγματι θρεπτική: «Ποιός ξέρει, μπορεί να είναι δηλητηριασμένη;» Δεν ξέρει αν είναι σωστό να κοιμάται επί είκοσι τέσσερεις ώρες ή όχι, επειδή αυτό είναι υπερβολικό, το να κοιμάσαι δηλαδή επί εννέα μήνες, είκοσι τέσσερεις ώρες την ημέρα. Εάν το παιδί αμφιβάλλει έστω και λίγο, θα πεθάνει μέσα σε αυτήν την αμφιβολία του.

Ωστόσο έρχεται μια ημέρα που η αμφιβολία θα πρέπει να διδαχθεί. Κάθε πράγμα ωριμάζει στη δική του εποχή. Στην πρώτη φάση ο καθένας θα πρέπει να είναι μια καμήλα, κάποιος που λέει *ναι* συνέχεια και πιστεύει ό,τι κι αν του δίνεται· πρέπει να είναι κάποιος που αφομοιώνει και χωνεύει τη γνώση. Αλλά αυτή δεν είναι παρά μόνο η απαρχή του ταξιδιού, δεν είναι το τέλος του. Η δεύτερη φάση είναι δύσκολη. Το πρώτο στάδιο σού το παρέχει η κοινωνία. Αυτός είναι ο λόγος που υπάρχουν εκατομμύρια καμήλες και πολύ λίγα λιοντάρια. Η κοινωνία σε εγκαταλείπει στη φάση που έχεις πλέον γίνει μια τέλεια καμήλα. Πέρα από αυτό το στάδιο η κοινωνία δεν μπορεί να κάνει τίποτε περισσότερο για σένα. Και στο σημείο αυτό ακριβώς τελειώνει η αποστολή της κοινωνίας, και του σχολείου, και του κολλεγίου και του πανεπιστημίου. Σε αφήνει τέλεια καμήλα, και... με πιστοποιητικό!

Να θυμάσαι ότι λιοντάρι θα πρέπει να γίνεις μόνος σου. Εάν δεν αποφασίσεις να γίνεις λιοντάρι, δεν θα γίνεις ποτέ λιοντάρι. Αυτό είναι ένα ρίσκο το οποίο θα πρέπει να πάρει ο καθένας χωριστά. Είναι τζόγος. Κάτι τέτοιο είναι επίσης πολύ επικίνδυνο επειδή με το να γίνεις λιοντάρι θα ενοχλήσεις όλες τις καμήλες που βρίσκονται γύρω σου. Οι καμήλες είναι φιλήσυχα ζώα, είναι πάντοτε έτοιμες να συμβιβαστούν. Δεν θέλουν ενοχλήσεις, δεν θέλουν κάτι νέο να συμβεί στον κόσμο τους, επειδή καθετί νέο είναι ενοχλητικό. Είναι ενάντια στους επαναστάτες και στους αντάρτες, και όχι για σοβαρά πράγματα. Προσέξτε, όταν μιλάμε για επαναστάτες δεν εννοούμε τον Σωκράτη και τον Χριστό, οι οποίοι είναι προάγγελοι μεγάλων επαναστάσεων. Οι καμήλες φοβούνται για πράγματα τόσο μικρά που θα εκπλήσσεστε συνεχώς.

Τα λιοντάρια δεν είναι ευπρόσδεκτα. Η κοινωνία θέτει στα λιοντάρια κάθε είδους εμπόδιο. Οι καμήλες φοβούνται αυτούς τους ανθρώπους. Διαταράσσουν τη βολικότητά τους, ταράζουν τον ύπνο τους, προκαλούν ανησυχία. Γεννούν στις καμήλες την επιθυμία να γίνουν λιοντάρια, αυτό είναι το πραγματικό πρόβλημα.

Η πρώτη φάση, η φάση της καμήλας, είναι κάτι που σου δίνεται από την κοινωνία. Η δεύτερη κατάσταση είναι κάτι που πρέπει να αποκτηθεί από τον καθένα χωριστά. Αποκτώντας την γίνεσαι ξεχωριστός, γίνεσαι μοναδικός. Δεν είσαι πλέον κομφορμιστής, δεν αποτελείς πλέον μέρος μιας παράδοσης. Έχεις αποβάλει το κουκούλι: έχεις γίνει μια κάμπια, αρχίζεις να κινείσαι.

Η φάση του λιονταριού εμφανίζει τα εξής χαρακτηριστικά: ανεξαρτησία, άρνηση, ανυπακοή, εξέγερση ενάντια στον άλλον, εξέγερση ενάντια στις αρχές, ενάντια στο δόγμα, ενάντια στις ιερές γραφές, ενάντια στην Εκκλησία, ενάντια στην πολιτική ισχύ, ενάντια στο κράτος. Το λιοντάρι είναι ενάντια σε όλα! Επιθυμεί να συντρίψει τα πάντα και να δημιουργήσει τον κόσμο ξανά από την αρχή, σύμφωνα με την επιθυμία της καρδιάς του. Μέσα στο μυαλό του έχει μεγάλα όνειρα και ουτοπίες. Στα μάτια των καμηλών φαντάζει τρελό, επειδή οι καμήλες ζουν στο παρελθόν και το λιοντάρι αρχίζει να ζει στο μέλλον. Ένα μεγάλο κενό προκύπτει. Το λιοντάρι προαναγγέλλει το μέλλον, και το μέλλον δεν μπορεί να έρθει παρά μόνο αν καταστραφεί το παρελθόν. Το νέο μπορεί να υπάρξει μόνο αν το παλιό πάψει να υφίσταται και δημιουργήσει χώρο για το νέο. Το παλιό θα πρέπει να πεθάνει για να δημιουργηθεί το νέο. Οπότε υπάρχει μια συνεχής διαμάχη ανάμεσα στο λιοντάρι και στην καμήλα, και στη διαμάχη αυτή οι καμήλες αποτελούν την πλειοψηφία. Το λιοντάρι εμφανίζεται μια στο τόσο· το λιοντάρι δεν είναι παρά μια εξαίρεση και η εξαίρεση είναι εκείνη που επιβεβαιώνει τον κανόνα.

Η δυσπιστία είναι το χαρακτηριστικό του, η αμφιβολία είναι το χαρακτηριστικό του. Ο Αδάμ τρώει τον καρπό από το Δένδρο της Γνώσης. Γεννιέται *η σκέψη*, ο εαυτός γίνεται ένα προσδιορισμένο φαινόμενο. Η καμήλα είναι μη εγωιστική, το λιοντάρι είναι πολύ εγωιστικό. Η καμήλα δεν γνωρίζει τίποτε αναφορικά με το εγώ, το λιοντάρι το μόνο που γνωρίζει είναι το εγώ. Αυτός είναι ο λόγος για τον οποίο θα διαπιστώσετε πάντοτε ότι οι επαναστάτες και τα ανήσυχα πνεύματα, ποιητές, ζωγράφοι, μουσικοί, είναι όλοι πολύ εγωιστές. Είναι άνθρωποι μποέμ. Ζουν τη ζωή τους και την απολαμβάνουν. Δεν νοιάζονται καθόλου για τους άλλους. Ας πάνε στο διάολο οι άλλοι! Δεν αποτελούν πλέον μέρος καμμίας δομής, είναι ελεύθεροι από δεσμεύσεις. Η διαδικασία της κίνησης, ο βρυχηθμός του λιονταριού, τείνει να είναι εγωιστικός. Χρειάζονται ένα ισχυρό εγώ προκειμένου να μετέχουν σε όλο αυτό.

Κάθε άνθρωπος θα πρέπει να διδαχθεί το εγώ προτού να είναι σε θέση να το αποβάλει. Κάθε άνθρωπος θα πρέπει να φθάσει στο επίπεδο ενός αποκρυσταλλωμένου *εγώ*, μόνο τότε είναι δυνατή η απόρριψη οποιασδήποτε βοήθειας, διαφορετικά δεν γίνεται κάτι τέτοιο. Η πρώτη φάση, εκείνη της καμήλας, είναι ασυναίσθητη. Η δεύτερη φάση εκείνη του λιονταριού είναι υποσυνείδητη, λίγο ανώτερη φάση από το ασυνείδητο. Κάποιες όψεις του συνειδητού έχουν αρχίσει ήδη να γίνονται αντιληπτές. Ο ήλιος ανατέλλει και μερικές ακτίνες μπαίνουν μέσα στο σκοτεινό δωμάτιο όπου κοιμάστε. Το ασυνείδητο δεν είναι πλέον εντελώς ασυνείδητο. Κάτι αναμοχλεύεται μέσα στο ασυνείδητο, έχει εξελιχθεί σε υποσυνείδητο. Αλλά να θυμάστε, η αλλαγή από την καμήλα στο λιοντάρι δεν είναι τόσο μεγάλη όσο εκείνη που εκδηλώνεται στη φάση της μετάβασης από το λιοντάρι στο παιδί.

Η αλλαγή είναι ένα είδος αναστροφής. Η καμήλα αρχίζει να σηκώνει το κεφάλι της και γίνεται λιοντάρι. Η καμήλα λέει *ναι*, το λιοντάρι λέει *όχι*. Η καμήλα υπακούει, το λιοντάρι απειθεί. Η καμήλα είναι θετική, το λιοντάρι είναι αρνητικό. Αυτή η στάση μπορεί να γίνει κατανοητή. Η καμήλα είχε μάθει να λέει *ναι* τόσο πολύ, που είχε αρνηθεί το *όχι*. Η άρνηση αυτή συσσωρεύεται μέσα της και έρχεται κάποια στιγμή που το *όχι* θέλει να εκδικηθεί το *ναι*. Το μέρος εκείνο που έχει βιώσει την άρνηση θέλει να εκδικηθεί. Έπειτα γυρίζει ο τροχός, η καμήλα έρχεται ανάποδα και γίνεται λιοντάρι.

Η διαφορά ανάμεσα στην καμήλα και στο λιοντάρι είναι μεγάλη, συνυπάρχουν, όμως, από κοινού στο ίδιο πλαίσιο. Η προνύμφη είναι στατική σε ένα σημείο, η κάμπια αρχίζει να κινείται, στο ίδιο έδαφος όμως. Η κίνηση γεννιέται, αλλά το πλαίσιο είναι το ίδιο. Το πρώτο δίνεται από την κοινωνία: το να είσαι μια καμήλα είναι κάτι που σου προσφέρεται ως δώρο από την κοινωνία. Το να είσαι λιοντάρι είναι ένα δώρο που κάνεις ο ίδιος στον εαυτό σου. Αν δεν αγαπήσεις τον εαυτό σου, δεν θα μπορέσεις να το κάνεις. Αν δεν θες να γίνεις μοναδικός με δική σου ευθύνη, αν δεν πάρεις το ρίσκο να πας ενάντια στο ρεύμα, δεν θα μπορέσεις να γίνεις λιοντάρι.

Αν, όμως, κατανοήσεις τον μηχανισμό, θα αντιληφθείς ότι μέσα στο εσωτερικό της καμήλας γεννιέται το λιοντάρι! Ξανά και ξανά, λέγοντας το ναι και αρνούμενος το όχι, το όχι εξακολουθεί να συσσωρεύεται. Και έρχεται μια ημέρα που κάποιος έχει πλέον βαρεθεί να λέει *ναι*, απλά για αλλαγή· κάποιος θέλει να πει *όχι*. Κάποιος βαριέται πλέον τη θετικότητα, η αίσθησή της γίνεται μονότονη, κι έτσι για αλλαγή κάποιος θέλει να δοκιμάσει το *όχι*. Κάπως έτσι η καμήλα για πρώτη φορά αρχίζει να ονειρεύεται ότι μπορεί να γίνει λιοντάρι. Και από τη στιγμή που έχεις δοκιμάσει το *όχι*, δηλαδή την αμφιβολία, τη δυσπιστία, δεν μπορείς ποτέ ξανά να είσαι καμήλα, επειδή η αίσθηση ότι είσαι λιοντάρι σου προσδίδει αέρα ελευθερίας και ανεξαρτησίας.

Η πλειοψηφία μένει εγκλωβισμένη στη φάση της καμήλας, και η μειοψηφία μένει εγκλωβισμένη στη φάση του λιονταριού. Με τον όρο πλειοψηφία εννοούμε τις μάζες, και με τον όρο μειοψηφία εννοούμε τη διανόηση. Ο καλλιτέχνης, ο ποιητής, ο ζωγράφος, ο μουσικός, ο διανοητής, ο φιλόσοφος, ο επαναστάτης, μένουν κολλημένοι στη δεύτερη φάση. Είναι σε πολύ καλύτερη φάση σε σύγκριση με τις καμήλες, αλλά το ταξίδι δεν έχει ακόμη ολοκληρωθεί. Δεν έχουν επιστρέψει ακόμη στο σπίτι. Το τρίτο στάδιο είναι εκείνο του παιδιού.

Ακούστε προσεκτικά: το πρώτο στάδιο σάς δίνεται από την κοινωνία, το δεύτερο είναι κάτι που προσφέρει ο άνθρωπος στον εαυτό του. Η υλοποίηση της τρίτης φάσης είναι εφικτή μόνο στην περίπτωση όπου η κάμπια προλάβει να δει φευγαλέα την πεταλούδα, διαφορετικά δεν γίνεται τίποτε. Πώς είναι δυνατόν ποτέ η κάμπια να σκεφθεί ότι θα μπορέσει να πετάξει από μόνη της, ότι θα μπορέσει να εξελιχθεί σε ένα φτερωτό πράγμα; Δεν είναι δυνατόν! Είναι αδύνατον να το σκεφθεί κάποιος. Θα ήταν παράλογο, αδιανόητο. Η κάμπια ξέρει πώς να κινηθεί, αλλά η ιδέα και μόνο ότι θα μπορούσε να πετάξει, φαντάζει παράλογη.

Άκουσα για πεταλούδες οι οποίες προσπάθησαν να πείσουν τις κάμπιες ότι μπορούν να πετάξουν, και αυτές πρόβαλαν αντιρρήσεις. Οι κάμπιες λένε: «Όχι, αυτό μπορεί να είναι δυνατό για εσάς, αλλά δεν είναι δυνατό για εμάς. Είστε πεταλούδες ενώ εμείς είμαστε απλά κάμπιες! Το μόνο που ξέρουμε είναι να σερνόμαστε». Και κάποιος ο οποίος σέρνεται, το μόνο που μπορεί να κάνει είναι να σέρνεται. Πώς είναι δυνατό να φανταστεί ότι μπορεί να πετάξει; Το πέταγμα είναι μια διαφορετική διάσταση, μια συνολικά διαφορετική διάσταση: η κατακόρυφη διάσταση.

Η πορεία από την καμήλα στο λιοντάρι, συνιστά εξέλιξη. Η πορεία από το λιοντάρι στο παιδί συνιστά επανάσταση. Το πρώτο στάδιο εκείνο της καμήλας είναι εκείνο της εξάρτησης, ενώ το δεύτερο στάδιο είναι εκείνο της ανεξαρτησίας. Αλλά στη φάση της αθωότητας κάποιος συνειδητοποιεί ότι δεν υφίσταται ούτε εξάρτηση, ούτε ανεξαρτησία. Η ύπαρξη έγκειται στην αλληλεξάρτηση, όλοι εξαρτώνται ο ένας από τον άλλο. Είναι όλοι ένα.

Η αίσθηση του όλου γεννιέται: όχι εγώ, όχι εσύ. Καμμία δέσμευση στο *ναι* ή στο *όχι*. Καμμία εμμονή είτε με το να λες συνέχεια *ναι*, είτε με το να λες συνέχεια *όχι*. Περισσότερη ρευστότητα, περισσότερος αυθορμητισμός, ούτε υπακοή ή ανυπακοή, αλλά αυθορμητισμός. Η ευθύνη γεννιέται. Κάποιος ανταποκρίνεται στην ύπαρξη, δεν αντιδρά ούτε στη βάση του παρελθόντος, ούτε στη βάση του μέλλοντος.

Η καμήλα ζει στο παρελθόν, το λιοντάρι ζει στο μέλλον. Το παιδί ζει στο παρόν, στο εδώ και τώρα.

Η καμήλα είναι σε μια προ-νοητική κατάσταση, το λιοντάρι είναι σε μια νοητική φάση, το παιδί βιώνει μια μετα-νοητική ή μη-νοητική φάση.

Η καμήλα είναι σε μια φάση προ-εαυτού, το λιοντάρι είναι στη φάση του εαυτού, το παιδί είναι στη βάση του μετα-εαυτού ή μη-εαυτού.

Το παιδί απλά υπάρχει: ανέκφραστο, απροσδιόριστο, ένα μυστήριο, ένα θαύμα. Η καμήλα διαθέτει μνήμη, το λιοντάρι διαθέτει γνώση, και το παιδί διαθέτει σοφία. Η καμήλα είναι είτε Χριστιανός, είτε Ινδουιστής, είτε Μωαμεθανός, οπαδός του θείου. Το λιοντάρι είναι άθεος, και το παιδί είναι θεϊκό ή ένθεο, δεν είναι ούτε οπαδός του θεού ούτε άθεος, ούτε Ινδουιστής ούτε Μωαμεθανός ούτε Χριστιανός ούτε κομμουνιστής· βιώνει απλά μια αφ' εαυτού θρησκευτικότητα, τη βαθύτερη ουσία της αγάπης και της αθωότητας.

ΚΑΤΑΚΟΡΥΦΑ ΚΑΙ ΟΡΙΖΟΝΤΙΑ: ΤΟ ΤΑΞΙΔΙ ΜΕΣΑ ΣΤΑ ΒΑΘΗ ΤΟΥ ΤΩΡΑ

Η σκέψη προέρχεται από το παρελθόν, η συναίσθηση δεν προέρχεται ποτέ από το παρελθόν· η συναίσθηση πηγάζει από την παρούσα στιγμή. Η σκέψη είναι χρόνος και η συναίσθηση ταυτίζεται με την αιωνιότητα.

Η σκέψη μετατοπίζεται από το ένα λεπτό στο άλλο σε ένα οριζόντιο πλαίσιο. Είναι σαν ένα τρένο: πολλά βαγόνια ενωμένα από κοινού, το παρόν και το παρελθόν, πολλά τμήματα ενωμένα από κοινού σε ένα οριζόντιο πλαίσιο. Η συναίσθηση είναι κάτι που κινείται κατακόρυφα, δεν προέρχεται από το παρελθόν, δεν κατευθύνεται προς το μέλλον. Αυτή τη στιγμή βυθίζεται κατακόρυφα στο βάθος ή αναδύεται κατακόρυφα στα ύψη.

Αυτό είναι το νόημα που συμβολίζει ο Χριστός επάνω στον σταυρό, και οι Χριστιανοί έχασαν εντελώς το νόημα αυτό. Ο σταυρός δεν είναι τίποτε άλλο από μια αναπαράσταση, ένα σύμβολο δύο γραμμών οι οποίες τέμνονται: η κάθετη και η οριζόντια. Τα χέρια του Χριστού εκτείνονται σε οριζόντιο επίπεδο. Η όλη ύπαρξη του, εκτός από τα χέρια του, εκτείνεται κατακόρυφα. Ποιό είναι το νόημα; Το νόημα είναι το εξής: η ενέργεια έχει να κάνει με τη στιγμή αυτή, η ουσία είναι πέραν του χρόνου αυτού.

Τα χέρια συμβολίζουν τη δράση. Ο Ιησούς σταυρώνεται με τα χέρια του να εκτείνονται οριζόντια, μέσα στο χρόνο. Η ενέργεια εκτείνεται μέσα στον χρόνο. Η σκέψη είναι μια ενέργεια: είναι μια ενέργεια του μυαλού. Και αυτό επίσης εκτείνεται μέσα στον χρόνο. Θα ήταν καλό να γνωρίζουμε ότι τα χέρια μας είναι το εξώτατο τμήμα του εγκεφάλου μας. Είναι κάτι το ενιαίο, το μυαλό και τα χέρια, το κεφάλι είναι συνδεδεμένο με τα χέρια. Ο εγκέφαλός σας έχει δύο ημισφαίρια: το δεξιό ημισφαίριο συνδέεται με το αριστερό χέρι, και το αριστερό ημισφαίριο συνδέεται με το δεξί χέρι. Τα χέρια σας είναι οι προεκτάσεις του μυαλού μέσα στον κόσμο, οι προεκτάσεις της σκέψεως μέσα στην ύλη, επειδή και η σκέψη είναι μια εξευγενισμένη μορφή ύλης.

Όλες οι ενέργειες, σωματικές ή διανοητικές, εκτείνονται μέσα στον χρόνο. Η ύπαρξή σας είναι κατακόρυφη. Κινείται σε βάθος, κινείται σε ύψος και όχι προς τα πλάγια.

Όταν κρίνετε ένα ζήτημα, για παράδειγμα, ταυτίζεστε όλο και πιο πολύ με την οριζόντια διάσταση, διαφορετικά πώς θα μπορέσετε να κρίνετε; Για την κρίση είναι απαραίτητη η εμπειρία του παρελθόντος. Μπορείτε να κρίνετε κάτι χωρίς να ανασύρετε τη μνήμη του παρελθόντος; Πώς θα μπορέσετε να κρίνετε; Από πού θα αντλήσετε τα κριτήριά σας;

Λέτε ότι ένα συγκεκριμένο πρόσωπο είναι όμορφο. Πώς το κρίνετε αυτό; Ξέρετε τί είναι η ομορφιά; Πώς κρίνετε, λοιπόν, ότι αυτό το πρόσωπο είναι όμορφο; Έχετε γνωρίσει αρκετά πρόσωπα, έχετε ακούσει πολλούς ανθρώπους να μιλούν για όμορφα πρόσωπα. Έχετε διαβάσει γι' αυτά σε βιβλία, τα έχετε δει σε ταινίες, έχετε συσσωρεύσει μια εμπειρία από το παρελθόν σχετικά με το τι είναι ομορφιά. Είναι μια ασαφής αντίληψη, δεν μπορείτε να την προσδιορίσετε. Εάν κάποιος επιμείνει, θα νιώσετε σύγχυση και αμηχανία. Είναι μια πολύ ασαφής αντίληψη, σαν ένα σύννεφο. Έπειτα λέτε: «Αυτό το πρόσωπο είναι όμορφο». Πώς το ξέρετε; Ανασύρετε τις εμπειρίες του παρελθόντος, συγκρίνοντας αυτό το πρόσωπο με την ασαφή αντίληψη περί ομορφιάς που έχετε συγκροτήσει μέσω της εμπειρίας.

Εάν δεν ανασύρετε το παρελθόν, τότε θα αναδειχθεί μια εντελώς διαφορετική αίσθηση της ομορφιάς. Δεν θα βασίζεται στη δική σας κρίση, δεν θα πηγάζει από τη σκέψη σας. Δεν θα είναι κάτι επιβεβλημένο, δεν θα είναι μια ερμηνεία. Θα είναι απλά μια επικοινωνία με το πρόσωπο αυτό εδώ και τώρα, μια βαθιά μετοχή σε αυτό το μυστήριο, με αυτό το πρόσωπο, εδώ και τώρα. Τη στιγμή αυτή το πρόσωπο αυτό δεν είναι ούτε όμορφο, ούτε άσχημο, κάθε είδους κρίση έχει εκλείψει. Ένα άγνωστο μυστήριο είναι εδώ, ανώνυμο και χωρίς κρίση, και μόνο αυτή τη στιγμή που απουσιάζει η κρίση μπορεί η αγάπη να ανθίσει. Η αγάπη δεν είναι κάτι το οποίο μπορεί να επιτευχθεί διαμέσου του μυαλού. Με το μυαλό το σεξ είναι εφικτό, με το μυαλό η πράξη είναι εφικτή και η σεξουαλικότητα είναι μια πράξη. Η αγάπη δεν είναι μια ενέργεια, δεν είναι μια κατάσταση, έχει κατακόρυφη διάσταση. Όταν κοιτάζεις ένα πρόσωπο και μετέχεις χωρίς να διατυπώνεις κάποια κρίση, αν είναι όμορφο ή άσχημο, καλό ή κακό, αμαρτωλό ή άγιο, όταν δεν κρίνεις, αλλά απλά κοιτάς μέσα στα μάτια χωρίς να κρίνεις, ξαφνικά λαμβάνει χώρα μια συνάντηση, μια ανάμιξη ενεργειών. Αυτή η ανάμιξη είναι κάτι όμορφο. Αυτή η ομορφιά είναι εντελώς διαφορετική από όλων των ειδών τις ομορφιές που έχεις γνωρίσει. Έχεις γνωρίσει την ομορφιά του σχήματος, αυτή είναι η ομορφιά του ασχημάτιστου. Έχεις γνωρίσει την ομορφιά του σώματος, αυτή είναι η ομορφιά της ψυχής. Έχεις γνωρίσει την ομορφιά της περιφέρειας, αυτή είναι η ομορφιά του κέντρου. Είναι κάτι το αιώνιο.

Εάν αυτό συμβαίνει με ένα πρόσωπο, το ίδιο είναι όλο και περισσότερο πιθανό να συμβεί σε λίγο και με τα πράγματα. Κοιτάζετε ένα λουλούδι χωρίς να το κρίνετε, και ξαφνικά η καρδιά του λουλουδιού ανοίγει για εσάς, είναι μια πρόσκληση. Όταν δεν κρίνετε, εκεί είναι που σας απευθύνεται ένα κάλεσμα. Όταν κρίνετε το λουλούδι, αυτό κλείνει επειδή στην κρίση σας αυτή έγκειται η εχθρότητα. Φορέας της κρίσης είναι ο επικριτής, όχι ο εραστής. Στην κρίση υπάρχει η λογική, όχι η αγάπη. Στην κρίση υπάρχει επιφανειακότητα και όχι βάθος. Το λουλούδι απλά κλείνει. Και όταν λέω ότι απλά κλείνει, δεν πρόκειται για κάποιου είδους μεταφορά, συμβαίνει ακριβώς όπως το λέω. Πλησιάζετε ένα δένδρο, αγγίζετε το δένδρο. Εάν το αγγίξετε με κριτική διάθεση, το δένδρο δεν βρίσκεται εκεί. Εάν το αγγίξετε χωρίς κάποια προκατάληψη, απλά το αισθανθείτε χωρίς να σκέπτεστε, το αγκαλιάσετε και καθίσετε δίπλα του, ξαφνικά ένα συνηθισμένο δένδρο έχει γίνει ένα δένδρο της Γνώσης. Απέραντη καλοσύνη πηγάζει από το δένδρο προς το μέρος σας. Η καλοσύνη αυτή θα σας αγκαλιάσει. Το δένδρο θα μοιραστεί μαζί σας πολλά από τα μυστικά του.

Αυτός είναι ο τρόπος με τον οποίο μπορούμε να διεισδύσουμε ακόμη και στον πυρήνα των βράχων. Όταν ένας φωτισμένος αγγίζει έναν βράχο, δεν είναι πλέον βράχος. Είναι κάτι ζωντανό, έχει μέσα του μια καρδιά η οποία πάλλεται. Όταν κρίνετε, ακόμη και αν αγγίξετε ένα πρόσωπο, είναι ένας βράχος, είναι ήδη κάτι νεκρό. Το άγγιγμά σας εξασθενεί τα πάντα επειδή το άγγιγμά σας φέρει τη βαρύτητα της κρίσης σας· είναι το άγγιγμα ενός εχθρού και όχι ενός φίλου.

Εάν αυτό συμβαίνει με τα συνηθισμένα πράγματα, πόσο μάλλον θα ισχύει όταν έρχεστε αντιμέτωποι με ανώτερα στάδια ύπαρξης και συναίσθησης.

Το μυαλό είναι πάντοτε προσανατολισμένο είτε προς το παρελθόν είτε προς το μέλλον. Δεν μπορεί να είναι προσανατολισμένο στο παρόν, είναι εντελώς αδύνατο για το μυαλό να είναι προσανατολισμένο στο παρόν. Όταν βρίσκεστε στο παρόν, το μυαλό δεν βρίσκεται πλέον εκεί, επειδή μυαλό σημαίνει σκέψη. Πώς είναι δυνατόν να σκέπτεστε στο παρόν; Μπορείτε να σκεφθείτε αναφορικά με το παρελθόν, έχει ήδη αποτελέσει μέρος της μνήμης σας, το μυαλό δεν μπορεί να λειτουργήσει χωρίς αυτό. Μπορείτε να σκεφθείτε για το μέλλον, δεν έχει έλθει ακόμη, το μυαλό μπορεί να ονειρευτεί γι' αυτό. Το μυαλό δεν μπορεί να κάνει δυο πράγματα ταυτόχρονα: μπορεί είτε να κινηθεί προς το παρελθόν, όπου υπάρχει αρκετός χώρος για να κινηθεί, μπορείτε να κινείσθε συνεχώς στον απέραντο χώρο του παρελθόντος. Εναλλάξ, το μυαλό μπορεί να κινηθεί προς το μέλλον, και πάλι σε έναν απέραντο χώρο που δεν τελειώνει ποτέ. Μπορείτε να φαντάζεστε και να ονειρεύεστε συνεχώς. Πώς είναι δυνατόν, όμως, το μυαλό να λειτουργήσει στο παρόν; Το παρόν δεν δίνει κανένα περιθώριο στο μυαλό για να κινηθεί. Το παρόν δεν είναι παρά μια διαχωριστική γραμμή, αυτό είναι όλο. Δεν έχει κανέναν χώρο. Διαχωρίζει το παρελθόν και το μέλλον, είναι απλά μια διαχωριστική γραμμή. Μπορείτε να είστε στο παρόν, αλλά δεν μπορείτε να σκεφθείτε· για τη σκέψη απαιτείται χώρος. Οι σκέψεις χρειάζονται χώρο, δεν είναι όπως τα αντικείμενα. Να το θυμάστε, οι σκέψεις είναι εξευγενισμένες, έχουν υλική διάσταση, οι σκέψεις δεν είναι πνευματικές, επειδή η έννοια του πνευματικού εισέρχεται μόνο όταν δεν υπάρχουν σκέψεις. Οι σκέψεις είναι υλικά πράγματα, και καθετί το υλικό χρειάζεται χώρο. Δεν μπορείτε να σκέπτεστε στο παρόν. Τη στιγμή που αρχίζετε να σκέπτεστε έχετε ήδη περάσει στο παρελθόν.

Βλέπετε τον ήλιο να ανατέλλει. Τον βλέπετε και λέτε: «Τί όμορφη ανατολή!» Έχει, όμως, ήδη περάσει στο παρελθόν. Όταν ο ήλιος ανατέλλει δεν υπάρχει καν περιθώριο για να πει κάποιος: «Πόσο όμορφο!» επειδή όταν εκφέρεις αυτές τις δυο λέξεις: «Πόσο όμορφο!» η εμπειρία έχει γίνει ήδη παρελθόν, το μυαλό το έχει ήδη αποτυπώσει στη μνήμη. Ακριβώς όμως όταν ανατέλλει ο ήλιος, ακριβώς όταν βρίσκεται στην ανατολή, πώς μπορείτε να σκεφθείτε; Τί μπορείτε να σκεφθείτε; Μπορεί να είστε προσηλωμένοι στον ήλιο που ανατέλλει, αλλά δεν μπορείτε να σκεφθείτε. Για εσάς υπάρχει αρκετός χώρος, αλλά όχι για σκέψεις.

Βλέπετε ένα όμορφο λουλούδι στον κήπο και λέτε: «Ένα όμορφο τριαντάφυλλο». Τώρα, όμως, δεν είστε πια μαζί με το τριαντάφυλλο αυτή τη στιγμή, αποτελεί ήδη μια ανάμνηση. Όταν το λουλούδι είναι εκεί και εσείς είστε εκεί, παρόντες και οι δυο, πώς είναι δυνατόν να σκεφθείτε; Δεν υπάρχει περιθώριο για κάτι τέτοιο. Το περιθώριο είναι τόσο μικρό! Στην πραγματικότητα δεν υπάρχει καθόλου χώρος, σε βαθμό που εσείς και το λουλούδι δεν μπορείτε να συνυπάρξετε ως κάτι το ξεχωριστό, επειδή δεν υπάρχει αρκετός χώρος καί για τους δύο, μόνο ο ένας είναι δυνατόν να υφίσταται.

Αυτός είναι ο λόγος για τον οποίο στο βάθος εσείς έχετε γίνει ένα με το λουλούδι, και το λουλούδι έχει ταυτιστεί με εσάς. Είστε επίσης μια σκέψη· το λουλούδι είναι επίσης μια σκέψη στο μυαλό. Όταν δεν υπάρχει καθόλου σκέψη, ποιός είναι το λουλούδι και ποιός εκείνος ο οποίος παρατηρεί; Ο παρατηρητής μπαίνει στη θέση του παρατηρούμενου. Ξαφνικά τα όρια χάνονται. Ξαφνικά έχετε διεισδύσει, έχετε διεισδύσει μέσα στο λουλούδι και το λουλούδι έχει διεισδύσει μέσα σε εσάς. Ξαφνικά δεν είστε δύο, αλλά υπάρχει μόνο ένας. Εάν αρχίσετε να σκέπτεστε τότε θα έχετε γίνει δύο ξανά. Εάν δεν σκέπτεστε τότε σε τί συνίσταται ο δυϊσμός; Όταν υπάρχετε από κοινού με το λουλούδι, χωρίς να σκέπτεστε, είναι ένας διάλογος, όχι ένας θεατρικός διάλογος αλλά μια συζήτηση. Όταν υπάρχετε από κοινού με τον εραστή, λαμβάνει χώρα μια κουβέντα, όχι ένας διάλογος, επειδή οι δυο δεν είναι εκεί. Καθισμένος δίπλα στο αγαπημένο σας πρόσωπο, κρατώντας το χέρι του, απλά υπάρχετε. Δεν σκέπτεστε τις ημέρες που έχουν περάσει, έχουν πλέον φύγει. Δεν σκέπτεστε το μέλλον που έρχεται, που πλησιάζει, είστε εδώ, τώρα. Και είναι τόσο όμορφο να είστε τώρα εδώ, τόσο έντονο, καμμία σκέψη δεν μπορεί να διαπεράσει την ένταση αυτή. Και στενή είναι η θύρα, στενή είναι η θύρα του παρόντος. Ούτε καν δύο δεν μπορούν να περάσουν μαζί από αυτήν, μόνο ένας. Στο παρόν δεν μπορείς να σκέπτεσαι, δεν μπορείς να ονειρεύεσαι επειδή το να ονειρεύεσαι δεν είναι τίποτε άλλο παρά να σκέπτεσαι με εικόνες. Και τα δυο είναι αντικείμενα, και τα δυο έχουν υλική διάσταση.

Όταν ζείτε στο παρόν χωρίς να σκέπτεστε, είστε για πρώτη φορά πνευματικός. Μια καινούργια διάσταση ανοίγεται, και αυτή η διάσταση είναι η ενσυναίσθηση. Επειδή δεν γνωρίζατε αυτή τη διάσταση, ο Ηράκλειτος θα πει ότι κοιμόσαστε, ότι δεν ήσαστε σε εγρήγορση. Εγρήγορση θα πει να βιώνεις τη στιγμή τόσο έντονα που να μην υπάρχει καμμία κίνηση προς το παρελθόν, καμμία κίνηση προς το μέλλον. Κάθε είδους κίνηση σταματά.

Αυτό δεν σημαίνει ότι γίνεσαι στατικός. Μια νέα κίνηση ξεκινά, μια κίνηση σε βάθος. Υπάρχουν δυο τύποι κίνησης. Και αυτό είναι το νόημα του σταυρού του Ιησού: δείχνει προς δύο κατευθύνσεις, είναι ένα σταυροδρόμι. Η μια κίνηση είναι γραμμική: κινείσαι κατά μήκος μιας γραμμής, από το ένα πράγμα στο άλλο, από τη μια σκέψη στην άλλη, από το ένα όνειρο στο άλλο όνειρο, από το Α μετακινείσαι στο Β, από το Β μετακινείσαι στο Γ, από το Γ μετακινείσαι στο Δ. Αυτός είναι ο τρόπος με τον οποίο κινείσαι· σε μια γραμμή, οριζόντια. Αυτή είναι η κίνηση του χρόνου, αυτή είναι η κίνηση κάποιου που κοιμάται. Μπορείς να κινείσαι σαν τη σαΐτα, μπρος και πίσω, αλλά η γραμμή είναι εκεί. Μπορείς να μετακινηθείς από το Β στο Α, ή μπορεί να πας από το Α στο Β, η γραμμή παραμένει πάντοτε εκεί. Υπάρχει και μια άλλη κίνηση η οποία αναφέρεται σε μια εντελώς διαφορετική διάσταση. Αυτή η κίνηση δεν είναι οριζόντια είναι κατακόρυφη. Δεν πηγαίνεις από το Α στο Β, από το Β στο Γ, πηγαίνεις από το Α βαθύτερα, από το Α1 στο Α2, το Α3, το Α4 εις βάθος και εις ύψος.

Όταν σταματά η σκέψη, ξεκινά η νέα κίνηση. Τώρα πέφτεις μέσα στο βάθος, σε ένα φαινόμενο που μοιάζει με άβυσσο. Οι άνθρωποι οι οποίοι διαλογίζονται έντονα, φθάνουν σε αυτό το σημείο αργά ή γρήγορα. Έπειτα νιώθουν φόβο επειδή αισθάνονται σαν να έχει ανοίξει μια άβυσσος απύθμενη. Αισθάνεσαι ζαλισμένος, φοβάσαι. Θα ήθελες να μείνεις προσκολλημένος στην παλαιά κίνηση επειδή είναι γνωστή, αυτή η αίσθηση είναι όμοια με εκείνη του θανάτου. Αυτό είναι το νόημα του σταυρού του Χριστού: είναι ένας θάνατος. Η μετατόπιση από το οριζόντιο στο κατακόρυφο επίπεδο ταυτίζεται με τον θάνατο, αυτός είναι ο πραγματικός θάνατος. Είναι, όμως, θάνατος μόνο από μια πλευρά. Από την άλλη είναι μια ανάσταση. Πεθαίνεις προκειμένου να ξαναγεννηθείς, πεθαίνεις σε ό,τι αφορά τη μια διάσταση για να γεννηθείς στο επίπεδο μιας άλλης διάστασης. Σε οριζόντιο επίπεδο είσαι ο Ιησούς· σε κατακόρυφο γίνεσαι ο Χριστός.

Εάν μετακινηθείς από τη μια σκέψη στην άλλη, παραμένεις στον κόσμο του χρόνου. Εάν μετακινηθείς μέσα στη στιγμή, όχι μέσα στη σκέψη, κινείσαι μέσα στην αιωνιότητα. Δεν είσαι στατικός, τίποτε σε αυτόν τον κόσμο δεν είναι στατικό, τίποτε δεν μπορεί να είναι στατικό, αλλά αυτή είναι μια νέα κίνηση, μια κίνηση χωρίς κίνητρο.

Να θυμάσai τα λόγια αυτά: Στην οριζόντια γραμμή μετακινείσαι επειδή έχεις κάποιο κίνητρο. Πρέπει να πετύχεις κάτι, χρήματα, εξουσία, κύρος, ή να προσεγγίσεις τον Θεό, αλλά σε κάθε περίπτωση πρέπει να πετύχεις κάτι, ένα κίνητρο βρίσκεται εκεί. Μια κίνηση η οποία διαθέτει κάποιο κίνητρο σημαίνει ότι κοιμόμαστε. Μια κίνηση χωρίς κίνητρο σημαίνει ότι είμαστε σε εγρήγορση. Κινείσαι επειδή το να κινείσαι είναι κάτι που σου δίνει χαρά, κινείσαι επειδή η κίνηση είναι ζωή, κινείσαι επειδή η κίνηση είναι ενέργεια, και η ενέργεια είναι κίνηση. Κινείσαι επειδή η ενέργεια είναι ευχαρίστηση και όχι για κάποιον άλλον λόγο. Δεν υπάρχει κάποιος σκοπός που το κάνετε αυτό, δεν επιδιώκετε να επιτύχετε κάτι. Στην πραγματικότητα δεν πηγαίνετε πουθενά, δεν μετακινείστε καν, απολαμβάνετε απλά την ενέργεια. Δεν υπάρχει κάποιος στόχος πέρα από την κίνηση αυτή, η κίνηση έχει τη δική της εγγενή αξία και όχι κάποια εξωγενή αξία. Ένας Βούδας ζει, ένας Ηράκλειτος ζει, κι εγώ είμαι επίσης εδώ, ζω και αναπνέω, αλλά μετέχω σε ένα διαφορετικό είδος κίνησης, χωρίς κίνητρο.

Κάποιος με ρωτούσε πριν από μερικές ημέρες: «Γιατί βοηθάς τους ανθρώπους με τον διαλογισμό;»

Του είπα: «Αυτή είναι η ευχαρίστησή μου. Δεν υπάρχει γιατί, απλά το απολαμβάνω». Ακριβώς όπως ένας άνθρωπος χαίρεται να φυτεύει σπόρους στον κήπο του, περιμένοντας να ανθίσουν τα λουλούδια, έτσι και όταν εσύ ανθίζεις εγώ το απολαμβάνω. Και μετέχω σε αυτό. Δεν υπάρχει κάποιος σκοπός σε όλο αυτό. Αν αποτύχεις δεν πρόκειται να νιώσω απογοήτευση. Εάν δεν κατορθώσεις να ανθίσεις, δεν υπάρχει κάποιο πρόβλημα, επειδή δεν μπορείς να αναγκάσεις κάποιον να ανθίσει. Δεν μπορείς να

TO ΒΙΒΛΙΟ ΤΗΣ ΚΑΤΑΝΟΗΣΗΣ

ανοίξεις ένα μπουμπούκι με τη βία· δηλαδή, μπορείς, αλλά θα το έχεις σκοτώσει. Μπορεί να μοιάζει με άνθιση, δεν είναι όμως μια άνθιση.

Όλος ο κόσμος κινείται, όλο το σύμπαν κινείται με κατεύθυνση την αιωνιότητα, η σκέψη κινείται μέσα στον χρόνο. Η ύπαρξη κινείται σε ύψος και σε βάθος, και το μυαλό κινείται μπρος και πίσω. Η σκέψη κινείται σε οριζόντια διάσταση: αυτό είναι ο ύπνος. Εάν είσαι σε θέση να κινηθείς κατακόρυφα αυτή είναι η εγρήγορση. Να είσαι παρών στη στιγμή. Να μεταφέρεις όλη την ύπαρξη σου μέσα στη στιγμή. Μην επιτρέπεις στο παρελθόν να εμπλακεί και μην αφήσεις το μέλλον να εισχωρήσει. Το παρελθόν δεν υπάρχει πια, είναι νεκρό. Και όπως λέει ο Ιησούς: «Αφήστε τους νεκρούς να θάψουν τους δικούς τους νεκρούς». Το παρελθόν δεν υπάρχει πια! Γιατί ανησυχείτε γι' αυτό; Γιατί αναμασάτε συνέχεια το παρελθόν; Είστε τρελοί; Είναι κάτι το οποίο δεν υπάρχει πια, υπάρχει απλά μέσα στο μυαλό σας, είναι απλά μια ανάμνηση. Το μέλλον δεν έχει έλθει ακόμη. Τί κάνετε αναλογιζόμενοι το μέλλον; Πώς μπορείτε να σκέπτεστε κάτι το οποίο δεν έχει έλθει ακόμη; Τί είδους προγραμματισμό μπορείτε να κάνετε γι' αυτό; Ό,τι και αν σχεδιάζετε αναφορικά με αυτό δεν πρόκειται να συμβεί, και τότε θα απογοητευθείτε, επειδή το Σύμπαν έχει το δικό του σχέδιο. Γιατί προσπαθείτε να διαμορφώσετε το δικό σας σχέδιο κόντρα σε αυτό.

Η πλάση έχει τα δικά της σχέδια, είναι πιο σοφή από εσάς, το όλον οφείλει να είναι πιο σοφό απ' ό,τι το μέρος. Γιατί προσποιείστε ότι αποτελείτε το όλον; Το όλον έχει το δικό του πεπρωμένο, τη δική του αποστολή. Γιατί ασχολείστε με αυτό; Και ό,τι και αν κάνετε θα είναι ένα αμάρτημα, επειδή θα χάνετε τη στιγμή· αυτή τη στιγμή. Και αν σας γίνει μια συνήθεια, όπως όντως γίνεται; Αν αρχίσετε να χάνετε, αποκτά χαρακτήρα συνήθειας· τότε, όταν θα έρθει ξανά το μέλλον, θα το χάνετε ξανά, επειδή δεν θα είναι μέλλον όταν θα έλθει, θα είναι παρόν. Εχθές σκεπτόσαστε για το σήμερα επειδή ήταν αύριο. Τώρα είναι σήμερα και σκέπτεστε για το αύριο· και όταν το αύριο έλθει, θα είναι πάλι σήμερα, επειδή καθετί που υφίσταται εδώ και τώρα δεν μπορεί να υφίσταται με κάποιον άλλον τρόπο. Και αν έχετε έναν σταθερό τρόπο βάσει του οποίου λειτουργείτε, τέτοιον που το μυαλό σας είναι προσανατολισμένο συνεχώς στο αύριο, τότε πότε θα ζήσετε; Το αύριο δεν έρχεται ποτέ. Τότε θα συνεχίσετε να το χάνετε, και αυτό είναι αμαρτία. Αυτή είναι το νόημα της εβραϊκής ρίζας της λέξης "αμαρτία". Τη στιγμή που έρχεται το μέλλον, εισέρχεται και η έννοια του χρόνου. Έχετε αμαρτήσει ενάντια στην πλάση, έχετε χάσει. Και αυτό σας έχει γίνει συνήθεια: όπως ένα ρομπότ, εξακολουθείτε να χάνετε.

Μάθετε έναν νέο τρόπο κίνησης, ώστε να μπορείτε να κινείσθε στην αιωνιότητα, όχι στον χρόνο. Ο χρόνος είναι ο κόσμος και το θείο ταυτίζεται με την αιωνιότητα, ο οριζόντιος άξονας είναι η σκέψη, και ο κατακόρυφος είναι η συναίσθηση. Τέμνονται σε ένα συγκεκριμένο σημείο· αυτό είναι το σημείο της σταύρωσης του Ιησού. Και τα δύο τέμνονται —το οριζόντιο και το κατακόρυφο— σε ένα σημείο, και αυτό το σημείο είναι το εδώ και το τώρα.

Με αφετηρία το εδώ και το τώρα μπορείτε να ακολουθήσετε δύο διαδρομές: μια μέσα στον κόσμο, στο μέλλον. Η άλλη διαδρομή αναφέρεται στη συναίσθηση, στο βάθος. Να γίνεστε όλο και περισσότερο συνειδητοποιημένος, όλο και περισσότερο άγρυπνος και ευαίσθητος στα κελεύσματα του παρόντος.

Πώς είναι δυνατόν κάτι τέτοιο; Επειδή βρίσκεστε σε τόσο βαθύ ύπνο που μπορείτε να μετατρέψετε αυτήν την ευαισθησία απέναντι στο παρόν, σε όνειρο. Μπορείτε να τη μεταβάλλετε σε ένα σκεπτόμενο αντικείμενο, σε μια διαδικασία σκέψεως. Μπορείτε να την καταστήσετε τόσο έντονη που ακριβώς εξαιτίας αυτής της έντασης δεν μπορείτε να ζείτε στο παρόν. Εάν σκέπτεστε πάρα πολύ, αναφορικά με το πώς είναι στο παρόν, αυτός ο τρόπος σκέψεως δεν βοηθά. Εάν μερικές φορές κινείστε προς το παρελθόν θα αισθανθείτε ένοχος, και όντως θα αισθανθείτε. Είναι μια πολύ παλιά συνήθεια. Μερικές φορές θα αρχίσετε να σκέπτεστε για το μέλλον· αμέσως θα νιώσετε ένοχος ότι διαπράξατε ξανά ένα αμάρτημα.

Μην νιώθετε ενοχές. Αντιληφθείτε τη βαρύτητα του αμαρτήματος, αλλά μην αισθάνεστε ένοχος· αυτό είναι κάτι ιδιαίτερα λεπτό. Εάν αισθανθείτε ενοχές τότε έχετε χάσει όλη την ουσία. Τώρα με έναν νέο τρόπο το παλαιό πρότυπο κάνει ξανά την εμφάνιση του: τώρα αρχίζετε να αισθάνεστε ενοχές επειδή έχετε χάσει το παρόν. Τώρα σκέπτεστε το παρελθόν, επειδή αυτό το παρόν δεν είναι πλέον παρόν, είναι ένα παρελθόν, και νιώθετε ενοχές γι' αυτό. Εξακολουθείτε να χάνετε!

Οπότε να θυμάστε ένα πράγμα: κάθε φορά που παρατηρείτε ότι έχετε μεταφερθεί στο παρελθόν ή στο μέλλον, μην το κάνετε θέμα! Ελάτε απλά στο παρόν, χωρίς να δημιουργείτε κάποιο πρόβλημα. Είναι όλα εντάξει! Επαναφέρετε απλά τη συναίσθηση σας. Θα χάσετε εκατομμύρια στιγμών, δεν πρόκειται να συμβεί ακριβώς τώρα, αμέσως. Είναι δυνατόν να συμβεί, αλλά δεν θα συμβεί εξαιτίας της προσπάθειάς σας. Πρόκειται για έναν τύπο συμπεριφοράς καθιερωμένο από καιρό, τον οποίο δεν μπορείτε να αλλάξετε αμέσως τώρα. Δεν χρειάζεται να ανησυχείτε όμως· η Πλάση δεν βιάζεται, η Αιωνιότητα μπορεί να περιμένει αιώνια. Μην δημιουργείτε κάποιο πρόβλημα αναφορικά με αυτό.

Κάθε φορά που νιώθετε ότι έχετε χάσει, ελάτε πίσω, αυτό είναι όλο. Μην αισθάνεστε ένοχος, αυτό είναι ένα κόλπο του μυαλού, το οποίο σας παίζει ξανά παιχνίδια. Μην μετανοείτε λέγοντας: «Το ξέχασα πάλι!» Απλά, όταν το σκέπτεστε, επιστρέψτε σε αυτό το οποίο κάνατε –αν παίρνατε το λουτρό σας, επιστρέψτε, αν τρώγατε το φαγητό σας, επιστρέψτε, αν είχατε πάει περίπατο, επιστρέψτε. Την στιγμή που αισθάνεστε ότι δεν είστε εδώ και τώρα, απλά επιστρέψτε, με τρόπο αθώο. Μην καλλιεργείτε ενοχές. Αν αισθανθείτε ένοχος, γιατί τότε χάνετε όλη την ουσία.

Υπάρχει "αμαρτία", αλλά δεν υπάρχει ενοχή· αλλά αυτό είναι δύσκολο για εσάς, εάν αισθανθείτε ότι κάτι δεν πάει καλά, αρχίζετε αμέσως να αισθάνεστε ενοχές. Το μυαλό σας σας παίζει παιχνίδια. Εάν αρχίζετε να αισθάνεστε ενοχές το παιχνίδι έχει αρχίσει ξανά. Παίζεται σε νέο πλαίσιο, αλλά το παιχνίδι είναι παλιό. Οι άνθρωποι που έρχονται σε εμένα λένε: «Συνεχίζουμε να ξεχνάμε».

Είναι τόσο λυπημένοι όταν το λένε αυτό: «Εξακολουθούμε να ξεχνάμε. Προσπαθούμε, αλλά θυμόμαστε μόνο για μερικά δευτερόλεπτα. Παραμένουμε άγρυπνοι, με αίσθημα μνήμης, και πάλι όμως αυτό χάνεται, τί θα πρέπει να κάνουμε;» Τίποτε δεν πρέπει να γίνει. Δεν έχει να κάνει με το τι πρέπει να γίνει. Τί μπορείτε να κάνετε; Το μόνο πράγμα που μπορείτε να κάνετε είναι να μην καλλιεργείτε ενοχές. Απλά επιστρέψτε πίσω.

Όσο περισσότερο επιστρέφετε πίσω —απλά, ενθυμούμενοι, όχι με ιδιαίτερα σοβαρό τρόπο, χωρίς κάποια ιδιαίτερη προσπάθεια, αλλά απλά με αθωότητα, χωρίς να δημιουργείτε από αυτό κάποιο πρόβλημα, επειδή η αιωνιότητα δεν έχει κάποιο πρόβλημα. Όλα τα προβλήματα υφίστανται σε οριζόντιο πλαίσιο, και αυτό το πρόβλημα με τη σειρά του υφίσταται σε οριζόντιο πλαίσιο. Το κατακόρυφο πλαίσιο δεν έχει να κάνει με κάποια προβλήματα, είναι σκέτη απόλαυση, χωρίς κάποιο άγχος, χωρίς κάποιο φόβο, χωρίς κάποια ανησυχία, χωρίς ενοχή, χωρίς τίποτε. Να είστε απλός και να επιστρέψετε.

Θα χάσετε πολλές φορές, κι αυτό μπορεί να θεωρηθεί ως κάτι δεδομένο. Μην ανησυχείτε, όμως, γι' αυτό, έτσι έχουν τα πράγματα. Θα χάσετε πολλές φορές, αλλά δεν είναι αυτό που έχει σημασία. Μη δίνετε πολλή σημασία στο γεγονός ότι έχετε χάσει πολλές φορές· να δίνετε σημασία στο γεγονός ότι έχετε ανακτήσει έδαφος πολλές φορές. Να το θυμάστε αυτό. Η έμφαση δεν θα πρέπει να αποδίδεται στο γεγονός ότι χάσατε πολλές φορές, αλλά στο γεγονός ότι επαναφέρατε την ανάμνηση πολλές φορές. Να αισθάνεστε χαρούμενοι γι' αυτό. Το γεγονός ότι χάνεις κάποιες φορές είναι φυσικό, αφού έτσι πρέπει. Είσαι άνθρωπος, έχεις ζήσει στο οριζόντιο πλαίσιο για πολλές ζωές, οπότε είναι φυσιολογικό. Η ομορφιά έγκειται στο γεγονός ότι πολλές φορές επέστρεψες. Έχεις επιτύχει το αδύνατο! Να αισθάνεσαι χαρούμενος γι' αυτό!

Μέσα σε είκοσι τέσσερεις ώρες, θα χάσεις είκοσι τέσσερεις χιλιάδες φορές, αλλά είκοσι τέσσερεις χιλιάδες φορές θα ξανακερδίσεις! Ένας νέος τρόπος έχει αρχίσει να λειτουργεί.

Επιστρέφεις στο σπίτι πάρα πολλές φορές. Τώρα μια νέα διάσταση κάνει την εμφάνιση της. Όλο και περισσότερο θα είσαι σε θέση να διατηρήσεις την επαγρύπνησή σου, όλο και λιγότερο θα παλινδρομείς. Το διάστημα που μεσολαβεί ανάμεσα στο εμπρός και στο πίσω θα γίνεται όλο και μικρότερο. Όλο και λιγότερο θα ξεχνάς, όλο και περισσότερο θα θυμάσαι. Εισέρχεσαι στην κατακόρυφη διάσταση. Ξαφνικά, μια ημέρα, η οριζόντια διάσταση εξαφανίζεται. Λαμβάνει χώρα η συναίσθηση της έντασης και το οριζόντιο εξαφανίζεται.

Αυτό είναι το νόημα πίσω από την Σανκάρα, την Βεντάντα και τους Ινδουιστές που ονομάζουν αυτόν τον κόσμο *φανταστικό*, επειδή όταν η συναίσθηση γίνει τέλεια, αυτός ο κόσμος, αυτός ο κόσμος που δημιούργησες μέσα από το μυαλό σου, απλά εξαφανίζεται. Είναι ακριβώς αυτό που ο Πλάτων μας λέει μέσα από τον μύθο του Σπηλαίου. Όταν κατορθώσεις να βγεις απ' το Σπήλαιο, μόνο τότε βλέπεις το πραγματικό Φως. Ένας άλλος κόσμος σού αποκαλύπτεται. Ο πραγματικός.

ΕΠΙΛΟΓΟΣ

Η λέξη "κατανοώ" είναι όμορφη. Όταν βρίσκεσαι σε κατάσταση διαλογισμού τα πάντα στέκονται "κάτω" από εσένα, είσαι πολύ μακριά από αυτό. Αυτό είναι το νόημα της κατανόησης. Τα πάντα βρίσκονται σε απόσταση κάτω από εσένα, οπότε είσαι σε θέση να δεις... έχεις την όραση ενός πουλιού. Μπορείς να διακρίνεις τα πάντα από το ύψος στο οποίο βρίσκεσαι. Η διάνοιά σου δεν μπορεί να τα διακρίνει, καθώς βρίσκεται στο ίδιο πλαίσιο. Η κατανόηση έρχεται μόνο όταν το πρόβλημα βρίσκεται στο ένα επίπεδο και εσύ βρίσκεσαι σε ανώτερο επίπεδο. Αν λειτουργείς στο ίδιο επίπεδο με το πρόβλημα, δεν είναι δυνατόν να εννοήσεις. Το μόνο που θα κάνεις είναι να παρερμηνεύσεις. Και αυτό είναι ένα από τα μεγαλύτερα προβλήματα τα οποία εντοπίζει κάθε ένας ο οποίος αναζητά την αλήθεια.

Ο Ιησούς λέει ξανά και ξανά στους μαθητές του: «Όποιος έχει αυτιά ας ακούσει και όποιος έχει μάτια ας δει». Δεν μιλούσε σε τυφλούς ή σε κουφούς ανθρώπους, μιλούσε σε ανθρώπους όπως εσείς. Γιατί, όμως, εξακολουθεί να επιμένει; Για τον απλό λόγο ότι το ότι ακούς δεν σημαίνει πως αντιλαμβάνεσαι, και το ότι βλέπεις δεν σημαίνει πως βλέπεις πραγματικά. Βλέπεις ένα πράγμα και καταλαβαίνεις κάτι άλλο. Το μυαλό σου το διαστρεβλώνει αμέσως. Το μυαλό σου είναι άνω-κάτω, περιπλέκει τα πάντα. Βρίσκεται σε σύγχυση, και εσείς βλέπετε τα πράγματα μέσα από αυτήν την οπτική της σύγχυσης, οπότε όλος ο κόσμος φαίνεται να είναι μπερδεμένος.

Ο γερο-Νάγκεντ αγαπούσε τον γάτο του τον Τόμυ τόσο πολύ που προσπάθησε να του μάθει να μιλάει.

«Εάν μπορέσω να κάνω τον Τόμυ να συζητά μαζί μου», σκεφτόταν, «δεν θα χρειάζεται να ασχολούμαι καθόλου με τους συνηθισμένους ανθρώπους».

Αρχικά δοκίμασε μια δίαιτα κονσερβοποιημένου σολωμού, και στη συνέχεια μια άλλη με καναρίνια. Στον Τόμυ άρεσαν και τα δυο, αλλά δεν έμαθε να μιλάει. Έπειτα μια ημέρα ο Νάγκεντ μαγείρεψε με βούτυρο δυο ιδιαίτερα ομιλητικούς παπαγάλους και τους σέρβιρε στον Τόμυ με σπαράγγια και τηγανητές πατάτες. Ο Τόμυ έγλυψε κυριολεκτικά το πιάτο και τότε, ω του θαύματος! στράφηκε προς το μέρος του αφεντικού του και φώναξε: «Πρόσεχε!»

Ο Νάγκεντ δεν κουνήθηκε από τη θέση του. Το ταβάνι κατέρρευσε και έθαψε τον γέρο μέσα σε έναν σωρό από ερείπια. Ο Τόμυ κούνησε το κεφάλι του και είπε: «Σπατάλησε οκτώ χρόνια για να με κάνει να μιλήσω και τώρα ο ανόητος δεν με άκουσε!»

Οι άνθρωποι διανύουν χιλιάδες μίλια για να ακούσουν έναν φωτισμένο δάσκαλο και τότε, «...ο ανόητος δεν με άκουσε!» Το μυαλό δεν μπορεί να ακούσει, είναι κάτι αδύνατο για το μυαλό, δεν βρίσκεται σε κατάσταση αντιληπτικότητας. Το μυαλό είναι επιθετικό, καταλήγει πολύ γρήγορα σε συμπεράσματα, τόσο γρήγορα που χάνει όλο το νόημα. Στην πραγματικότητα έχει ήδη καταλήξει, απλά περιμένει έως ότου το συμπέρασμά του αποδειχθεί σωστό.

Παρακαλώ, μην προσπαθείτε να καταλάβετε, προσπαθήστε αντί γι' αυτό να διαλογιστείτε. Χορέψτε, τραγουδήστε, διαλογιστείτε, αφήστε το μυαλό να καταλήξει κάπου. Αφήστε το ρεύμα του μυαλού, το οποίο είναι γεμάτο από σάπια φύλλα και βρομιά, να κατασταλάξει λίγο. Αφήστε το να γίνει καθαρό, διάφανο, μόνο τότε θα είστε σε θέση να κατανοήσετε αυτά τα οποία σας λέω. Τότε είναι πολύ απλό. Δεν λέω ιδιαίτερα περίπλοκες φιλοσοφίες· αυτά που λέω δεν είναι καν φιλοσοφίες. Απλά υποδεικνύω συγκεκριμένες αλήθειες τις οποίες έχω βιώσει και τις οποίες μπορείτε και εσείς να βιώσετε οποιαδήποτε στιγμή το αποφασίσετε. Θα πρέπει, όμως, να κάνετε αυτό το ταξίδι. Και στο ταξίδι αυτό εμπλέκεται όλη η ύπαρξή σας. Ο διαλογισμός δεν είναι κάτι το οποίο αναφέρεται στο σώμα, ούτε στη σκέψη, ούτε στην ψυχή. Ο διαλογισμός είναι μια κατάσταση κατά την οποία το σώμα, η ψυχή και το μυαλό, όλα λειτουργούν από κοινού με τέτοια αρμονία, με τέτοια πληρότητα, με τέτοια μελωδικότητα ώστε γίνονται ένα. Όλο το είναι σας, σώμα, ψυχή και μυαλό, εμπλέκονται στον διαλογισμό.

Αυτός είναι ο λόγος για τον οποίο η προσπάθειά μου έγκειται στο να ξεκινήσει ο διαλογισμός από το σώμα. Αυτό είναι κάτι καινούργιο. Κατά τους αρχαίους χρόνους οι άνθρωποι προσπαθούσαν να διαλογιστούν με αφετηρία τον εσώτατο πυρήνα της ύπαρξής τους. Αυτή είναι μια δύσκολη διαδικασία. Δεν γνωρίζεις τίποτε αναφορικά με το εσωτερικό του εαυτού σου, πώς είναι δυνατόν, λοιπόν, να ξεκινήσεις το ταξίδι σου από ένα μέρος στο οποίο δεν έχεις βρεθεί ποτέ ξανά στο παρελθόν; Δεν μπορείς να ξεκινήσεις το ταξίδι σου παρά μόνο από το μέρος εκείνο στο οποίο βρίσκεσαι. Βρίσκεσαι μέσα στο σώμα, ως εκ τούτου δίνω έμφαση στον χορό, στο τραγούδι, στην αναπνοή, ώστε να μπορέσεις να ξεκινήσεις από το σώμα. Τότε το σώμα αρχίζει να γίνεται στοχαστικό. Και μην απορείτε που χαρακτηρίζω το σώμα "στοχαστικό". Ναι, το σώμα γίνεται στοχαστικό. Όταν χορεύει έντονα, όταν λειτουργεί τέλεια, αδιαίρετα, ως σύνολο, περικλείει μέσα του κάτι το στοχαστικό, έχει ένα συγκεκριμένο μεγαλείο, μια ομορφιά.

Έπειτα κινηθείτε προς το εσωτερικό, αρχίστε να παρατηρείτε τη σκέψη. Τότε είναι που το μυαλό αρχίζει να κατασταλάξει. Και όταν το μυαλό έχει κατασταλάξει, έχει γίνει ένα με το σώμα, τότε στραφείτε προς το κέντρο, κάντε μια στροφή εκατόν ογδόντα μοιρών, και θα σας κυριεύσει μεγάλη γαλήνη. Θα πάλλεται με κατεύθυνση από την ψυχή προς το σώμα και από το σώμα προς την ψυχή. Μέσα σε αυτόν τον παλμό, θα γίνετε ένα. Οπότε μην ρωτάτε ποιό μέρος του εαυτού σας εμπλέκεται στο ζήτημα της αντίληψης. Όλο σας το είναι εμπλέκεται. Και μόνο όταν εμπλέκεται όλο σας το είναι, προβάλλει η κατανόηση. Το μυαλό σας ξέρει γι' αυτό, το σώμα σας ξέρει γι' αυτό, η ψυχή σας ξέρει γι' αυτό. Τότε είναι που αρχίζετε να λειτουργείτε με ομοφωνία.

Διαφορετικά το σώμα λέει ένα πράγμα, το μυαλό λέει κάτι άλλο, και η ψυχή ακολουθεί τον δρόμο της, και εσείς κινείστε πάντοτε ταυτόχρονα σε διαφορετικές κατευθύνσεις. Το σώμα σας πεινά, το μυαλό σας είναι γεμάτο επιθυμίες και εσείς προσπαθείτε να είστε στοχαστικός!

Αυτός είναι ο λόγος για τον οποίο δεν επικροτώ τη νηστεία, εκτός αν γίνεται καθαρά για λόγους υγείας, ως ένα είδος δίαιτας προκειμένου για την απώλεια βάρους, ή πιθανόν μια στο τόσο απλά για αποτοξίνωση οπότε το στομάχι μένει άδειο μια ολόκληρη ημέρα για να ξεκουραστεί, ώστε το πεπτικό σύστημα να μπορεί να αναπαυτεί διακόπτοντας τη λειτουργία του. Διαφορετικά είναι αναγκασμένο να λειτουργεί συνέχει και συνέχεια και συνέχεια, με αποτέλεσμα να κουράζεται.

Οι επιστήμονες στις ημέρες μας λένε ότι ακόμη και τα μηχανήματα κουράζονται. Χαρακτηρίζουν το είδος αυτό της κόπωσης μεταλλική κόπωση, κατ' αντιστοιχίαν με την πνευματική κόπωση. Ακόμη και το μέταλλο χρειάζεται ανάπαυση, και να θυμάστε ότι το στομάχι σας δεν είναι φτιαγμένο από μέταλλο. Είναι φτιαγμένο από ένα ιδιαίτερα ευαίσθητο υλικό. Δουλεύει καθ' όλη τη διάρκεια της ζωής σας, οπότε είναι καλό κάποιες φορές να το ξεκουράζετε. Ακόμη και ο Θεός χρειάστηκε να αναπαυθεί μια ημέρα, έπειτα από εργασία έξι ημερών, ξεκουράστηκε για μια ημέρα. Ακόμη και ο Θεός κουράζεται.

Οπότε κάποιες φορές από ευγένεια και μόνο απέναντι στο φτωχό στομάχι σας, το οποίο εργάζεται συνεχώς για εσάς, η νηστεία είναι αναγκαία. Δεν λέω, όμως, ότι η νηστεία μπορεί να βοηθήσει στον διαλογισμό. Όταν πεινάτε, το σώμα σάς ζητά να κατευθυνθείτε προς το ψυγείο.

Είμαι ενάντια στο να καταπιέζετε τη σεξουαλικότητα σας, επειδή αν την καταπιέσετε, κάθε φορά που θα προσπαθείτε να ηρεμήσετε το μυαλό σας, θα αρχίσει να φαντασιώνεται σχετικά με το σεξ. Όταν είστε απασχολημένος με άλλα πράγματα, το μυαλό εξακολουθεί να φαντασιώνεται όμοια με ένα υπόγειο ρεύμα, όταν, όμως, δεν κάνετε κάτι, όλες αυτές οι σκέψεις έρχονται στο φως. Το μυαλό αρχίζει να απαιτεί και γεννά όμορφες φαντασίες ότι περιβάλλεστε τάχα από γοητευτικούς άνδρες ή γυναίκες. Είναι δυνατόν στην κατάσταση αυτή να διαλογισθείτε και να συγκεντρωθείτε;

Στην ουσία, οι παλαιές παραδόσεις ύψωσαν φραγμούς κάθε είδους απέναντι στον διαλογισμό και έπειτα είπαν: «Ο διαλογισμός είναι κάτι πολύ δύσκολο». Ο διαλογισμός δεν είναι κάτι δύσκολο, ο διαλογισμός είναι μια απλή διαδικασία, μια φυσική διαδικασία. Αν, όμως, δημιουργείτε άχρηστα εμπόδια, τότε τον κάνετε να φαντάζει με αγώνα δρόμου μετ' εμποδίων. Δημιουργείτε εμπόδια, βάζετε πέτρες μέσα στον δρόμο... κρεμάτε πέτρες γύρω από τον λαιμό σας, ή κρατάτε τον εαυτό σας αλυσοδεμένο, φυλακισμένο, κλειδωμένο από μέσα με το κλειδί πεταμένο απέξω. Τότε είναι φυσικό η όλη διαδικασία να γίνεται όλο και πιο δύσκολη, όλο και πιο αδύνατη.

Η προσπάθειά μου συνίσταται στο να καταστήσω τον διαλογισμό κάτι απόλυτα φυσικό. Δώστε στο σώμα εκείνο το οποίο έχει ανάγκη και δώστε αντίστοιχα και στο πνεύμα εκείνο το οποίο έχει ανάγκη. Και τότε θα εκπλαγείτε από το πόσο φιλικά αντιμετωπίζει το ένα το άλλο. Όταν λέτε στο σώμα: «Τώρα άφησέ με για μια ώρα να κάτσω ήσυχος», το σώμα λέει: «Εντάξει. Έχεις κάνει τόσα πολλά για μένα, μου έχεις φερθεί με τόσο σεβασμό, αυτό είναι το λιγότερο το οποίο μπορώ να κάνω για εσένα». Και όταν λέτε στο μυαλό: «Σε παρακαλώ, μείνε ήσυχο για μερικά λεπτά. Άφησε με να ξεκουραστώ», το μυαλό θα κατανοήσει την ανάγκη σας. Εάν δεν έχετε υπάρξει καταπιεστικός –εάν έχετε τιμήσει το πνεύμα, αν έχετε σεβαστεί το πνεύμα, αν δεν το έχετε καταδικάσει, τότε το πνεύμα θα μείνει επίσης σιωπηλό. Το λέω αυτό από δική μου εμπειρία. Σεβαστείτε το σώμα, σεβαστείτε το πνεύμα, ώστε να σας σεβαστούν και αυτά. Καλλιεργήστε ένα φιλικό κλίμα. Είναι δικά σας, μην τα κάνετε ανταγωνιστικά.

Όλες οι παλαιές παραδόσεις σας διδάσκουν να καλλιεργείτε τον ανταγωνισμό ανάμεσα στο σώμα και στο πνεύμα, καλλιεργούν την αντιπαλότητα, και μέσα από την αντιπαλότητα δεν μπορείτε να περάσετε στο στάδιο του διαλογισμού. Τότε το μυαλό θα σας ενοχλεί όλο και περισσότερο στην προσπάθεια σας να διαλογιστείτε σε σύγκριση με κάθε άλλη φορά. Τότε το σώμα θα γίνει ακούραστο, θα γίνει περισσότερο στοχαστικό από ποτέ. Θα πάρει την εκδίκηση του και δεν θα σας αφήσει να καθίσετε ήσυχος. Θα σας δημιουργήσει πάρα πολλά προβλήματα.

Εάν έχετε προσπαθήσει να καθίσετε ήσυχος για λίγα λεπτά, καταλαβαίνετε τι λέω. Φανταστικά πράγματα θα αρχίσουν να συμβαίνουν. Θα νομίζετε ότι κάποιο μυρμήγκι σκαρφαλώνει στο πόδι σας και όταν θα κοιτάτε δεν θα υπάρχει κανένα μυρμήγκι. Παράξενο! Όταν καθόσαστε με τα μάτια κλειστά, ήσαστε βέβαιος πως ήταν εκεί, πως σκαρφάλωνε, σερνόταν, ερχόταν, αλλά όταν ανοίξατε τα μάτια σας δεν υπήρχε ούτε μυρμήγκι, ούτε τίποτε. Το σώμα σας απλά σας έπαιζε παιχνίδια. Παίζατε παιχνίδια με το σώμα σας, εξαπατούσατε το σώμα σας με διάφορους τρόπους, οπότε το σώμα σας τώρα σας εξαπατά κι αυτό με τη σειρά του. Όταν το σώμα σας θέλει να πάει για ύπνο, εσείς το αναγκάζετε να μείνει καθισμένο στην καρέκλα ενός θεάτρου. Το σώμα λέει, "Εντάξει λοιπόν. Όταν εμφανιστεί η κατάλληλη ευκαιρία θα το φροντίσω!" οπότε όταν κάθεστε και προσπαθείτε να συγκεντρωθείτε, το σώμα σας αρχίζει να σας δημιουργεί προβλήματα. Ξαφνικά αρχίζετε να νιώθετε ότι η πλάτη σας θέλει ξύσιμο... και εκπλήσσεστε επειδή αυτό είναι κάτι που δεν συμβαίνει συνήθως.

Μια γυναίκα μου έφερε δώρο ένα πλαστικό χέρι με μια μπαταρία προσαρμοσμένη σε αυτό, που χρησίμευε για να ξύνεις την πλάτη σου. Την ρώτησα: «Γιατί μου το έφερες αυτό;»

Μου είπε: «Θα πρέπει να κάνετε ασκήσεις διαλογισμού... Κάθε φορά που εγώ προσπαθώ να συγκεντρωθώ το μόνο πρόβλημα που έχω είναι ότι η πλάτη μου αρχίζει να με τρώει. Νιώθω έντονη την ανάγκη να την ξύσω και δεν μπορώ να τη φθάσω. Οπότε αγόρασα ένα τέτοιο μηχανικό χέρι. Είναι πολύ πρακτικό! Απλά ανοίγετε τον διακόπτη και μπορείτε να ξυστείτε με αυτό παντού».

Της είπα: «Δεν κάθομαι ποτέ να διαλογιστώ. Δεν χρειάζεται να καθίσω, επειδή ό,τι και αν κάνω είμαι σε κατάσταση διαλογισμού. Εάν η πλάτη μου θέλει ξύσιμο θα την ξύσω με το μυαλό».

Φροντίστε απλά το σώμα σας, και το σώμα σας θα σας το ανταποδώσει. Φροντίστε το πνεύμα σας και αυτό θα σας στηρίξει. Καλλιεργήστε έναν φιλικό δεσμό ανάμεσα στο σώμα και στο πνεύμα και ο διαλογισμός θα έλθει πολύ εύκολα. Αυτό είναι προτιμότερο από το να προσπαθείτε να καταλάβετε, επειδή το να ερμηνεύσετε πριν τον διαλογισμό δεν είναι δυνατόν. Το μόνο που μπορείτε είναι να παρερμηνεύσετε.

Δεν υπάρχουν πολλά εμπόδια στον δρόμο προς την αντίληψη, παρά μόνο ελάχιστα. Το ένα από αυτά έχει να κάνει με την καταπιεσμένη σκέψη, επειδή κάθε στοιχείο που έχετε καταπιέσει, κάθε φορά που θα καθίσετε ήσυχος για να διαλογιστείτε, αυτή η καταπιεσμένη ιδέα, αυτή η καταπιεσμένη ενέργεια θα είναι η πρώτη που θα κατακλύσει εσάς και το μυαλό σας. Εάν έχει να κάνει με σεξ τότε η αυτοσυγκέντρωση θα λησμονηθεί και θα έχετε μια... πορνογραφική συνεδρία.

Οπότε το πρώτο που θα πρέπει να κάνετε είναι το εξής: να αποβάλλετε κάθε είδους καταπίεση, κάτι που είναι πολύ απλό επειδή δεν είναι κάτι το φυσιολογικό η σεξουαλική καταπίεση, είναι κάτι το οποίο σας έχει υπαγορευθεί. Σας είπαν ψέματα ότι το σεξ είναι αμαρτία. Δεν είναι. Είναι μέσα στη φύση του ανθρώπου και αν η φύση είναι αμαρτία, τότε δεν μπορώ να σκεφθώ τι θα μπορούσε να είναι αρετή!

ΤΟ ΒΙΒΛΙΟ ΤΗΣ ΚΑΤΑΝΟΗΣΗΣ

Στην πραγματικότητα, αμαρτία είναι να πηγαίνεις ενάντια στη Φύση. Θα πρέπει απλά να συνειδητοποιήσεις πως ό,τι και αν είσαι, η Φύση σε έκανε έτσι. Θα πρέπει να αποδεχθείς τον εαυτό σου στην ολότητα του. Αυτή η αποδοχή θα απομακρύνει τα εμπόδια τα οποία προέρχονται από την καταπίεση.

Το δεύτερο πράγμα το οποίο λαμβάνει χαρακτήρα εμποδίου είναι οι ιδέες οι οποίες σου επιβλήθηκαν αναφορικά με τον Θεό. Την στιγμή που χρησιμοποιείς τη λέξη "διαλογισμός" αμέσως ένας Χριστιανός ρωτά: «Επάνω σε τί;» και ένας Ινδουιστής ρωτά: «Αναφορικά με τί;» Πιστεύετε ότι ο διαλογισμός έχει ανάγκη από ένα αντικείμενο επειδή όλες αυτές οι θρησκείες δεν σας δίδαξαν παρά ανοησίες. Αυτοσυγκέντρωση σημαίνει ότι δεν υπάρχουν κάποια αντικείμενα μέσα στο μυαλό σου και είσαι μόνος με τη συνείδησή σου, ένας καθρέφτης που δεν αντανακλά τίποτε. Οπότε αν είσαι Ινδουιστής θα πρέπει να κουβαλάς μέσα στο ασυνείδητο κάποια ιδέα αναφορικά με τον Θεό, τον Κρίσνα, τον Ράμα ή κάποια άλλη ιδέα, και τη στιγμή που κλείνεις τα μάτια σου, "διαλογισμός" σημαίνει ότι συγκεντρώνεσαι σε κάτι. Αμέσως αρχίζεις να συγκεντρώνεις την προσοχή σου στο πρόσωπο του Κρίσνα ή του Χριστού και τότε έχεις χάσει το νόημα. Αυτοί οι Κρίσνα και αυτοί οι Χριστοί δεν είναι παρά εμπόδια.

Οπότε θα πρέπει να θυμάσαι ότι ο διαλογισμός δεν εστιάζει τη σκέψη σου σε κάτι, αλλά αδειάζει το μυαλό σου από τα πάντα, συμπεριλαμβανομένων των θεών σου, και σε φέρνει σε μια κατάσταση όπου μπορείς να πεις ότι και τα δυο σου χέρια είναι γεμάτα από κενότητα. Η άνθιση της ανυπαρξίας είναι η ανώτερη μορφή εμπειρίας στη ζωή.

Το τρίτο πράγμα το οποίο μπορεί να αποτελέσει εμπόδιο είναι να αντιληφθείς τον διαλογισμό ως κάτι το οποίο θα πρέπει να κάνεις για είκοσι λεπτά το πρωί, ή για μισή ώρα το απόγευμα ή τη νύχτα. Απλά για ένα μικρό χρονικό διάστημα και το υπόλοιπο διάστημα μένεις όπως είσαι. Αυτό είναι που κάνουν όλες οι θρησκείες. Μια ώρα στην εκκλησία, μια ώρα προσευχή και μια ώρα διαλογισμού είναι αρκετές.

Με μια ώρα διαλογισμού, όμως, και είκοσι τρεις ώρες απουσίας του δεν μπορείς να εισέλθεις σε μια κατάσταση συγκέντρωσης. Εκείνο που κερδίζεις μέσα σε μια ώρα, το χαραμίζεις μέσα στις υπόλοιπες είκοσι τρεις και ξεκινάς πάλι από την αρχή. Κάθε ημέρα θα το κάνεις και κάθε ημέρα θα μένεις ο ίδιος.

Οπότε για μένα ο διαλογισμός θα πρέπει να είναι κάτι παραπάνω από αναπνοή. Όχι να κάθεστε μια ώρα. Είμαι ενάντια στο να κάθεσαι. Εκείνο που λέω είναι ότι ο διαλογισμός θα πρέπει να είναι κάτι το οποίο θα σας ακολουθεί καθ' όλη τη διάρκεια της ημέρας ακριβώς σαν μια σκιά, σαν μια ηρεμία, μια γαλήνη, μια ξεκούραση. Δουλεύοντας, μετέχετε πλήρως σε αυτό –με τέτοια πληρότητα που δεν μένει καθόλου ενέργεια στο μυαλό ώστε να πετάξει σκέψεις. Και θα εκπλαγείτε από το γεγονός ότι η δουλειά σας, όποια και αν είναι αυτή, είτε σκάβετε το έδαφος είτε μεταφέρετε νερό από το πηγάδι ή οτιδήποτε, έχει λάβει χαρακτήρα διαλογισμού.

Σταδιακά, κάθε πράξη της ζωής σας μπορεί να μετουσιωθεί σε πράξη διαλογισμού. Στην περίπτωση αυτή υπάρχει πιθανότητα να πετύχετε τον φωτισμό. Τότε θα μπορείτε να καθίσετε, επειδή και αυτό είναι μια μορφή ενέργειας, αλλά δεν ταυτίζετε συγκεκριμένα το κάθισμα με τον διαλογισμό, απλά και η πράξη αυτή γίνεται μέρος της ζωής σας. Περπατώντας, διαλογίζεστε, εργαζόμενος διαλογίζεστε, μερικές φορές καθώς είστε σιωπηλός διαλογίζεστε, ενώ βρίσκεστε στον καναπέ σας διαλογίζεστε –ο διαλογισμός γίνεται μόνιμος σύντροφός σας.

Και αυτός ο διαλογισμός ο οποίος μπορεί να γίνει συνεχής σύντροφός σας είναι ένα πολύ απλό πράγμα, το οποίο ονομάζω *μαρτυρία.*

Συνεχίστε απλά να παρατηρείτε ό,τι συμβαίνει. Περπατώντας παρατηρείτε, καθισμένος παρατηρείτε, τρώγοντας βλέπετε τον εαυτό σας να τρώει, και θα εκπλαγείτε από το γεγονός ότι όσο περισσότερο παρατηρείτε τα πράγματα τόσο καλύτερα μπορείτε να τα κάνετε, επειδή δεν είστε αγχωμένος. Τα χαρακτηριστικά τους είναι που αλλάζουν.

Θα παρατηρήσετε επίσης ότι όσο πιο στοχαστικός γίνεστε, κάθε χειρονομία σας γίνεται απαλή, χαριτωμένη, έχει μια χάρη. Και δεν θα το παρατηρήσετε μόνο εσείς, αλλά και οι άλλοι γύρω σας. Ακόμη και εκείνοι που δεν έχουν καμμία σχέση με τον διαλογισμό, οι οποίοι δεν έχουν ακούσει ποτέ τη λέξη αυτή, θα διακρίνουν πως κάτι έχει αλλάξει. Ο τρόπος που περπατάτε, ο τρόπος που μιλάτε, έχει αλλάξει, τώρα υπάρχει μια χάρη και μια συγκεκριμένη σιωπή που σας περιβάλλει, μια γαλήνη. Οι άνθρωποι θα θέλουν να είναι μαζί σας επειδή η παρουσία σας θα τους στηρίζει και θα τους τρέφει.

Θα πρέπει να ξέρετε ότι υπάρχουν άνθρωποι στη ζωή σας τους οποίους αποφεύγετε, επειδή το να είστε μαζί τους ισοδυναμεί με το να σας ρουφάνε και να σας απομυζούν όλη την ενέργεια που διαθέτετε αφήνοντάς σας κενούς. Και αφότου έχουν φύγει, αισθάνεστε αδύναμος, αισθάνεστε να σας έχουν ληστέψει. Ακριβώς το αντίθετο συμβαίνει στην περίπτωση του διαλογιζόμενου ατόμου. Όντας στο πλάι του διαλογιζόμενου αισθάνεσαι να τρέφεσαι από την παρουσία του. Θα ήθελες να συναντάς τον άνθρωπο αυτό αραιά και που, απλά και μόνο για να είσαι μαζί του ή μαζί της. Όχι μόνο θα αρχίσεις να αισθάνεσαι να συντελούνται μέσα σου αλλαγές, αλλά και οι άλλοι θα αρχίσουν να αισθάνονται αυτές τις αλλαγές. Το μόνο που θα πρέπει να θυμάσαι είναι μια απλή λέξη: *μαρτυρία*.

Club αναγνωστών

ΓΙΝΕΤΕ ΜΕΛΗ του club αναγνωστών
των εκδόσεων ΕΝΑΛΙΟΣ.
Συμπληρώστε τα στοιχεία σας,
φωτοτυπήστε τη σελίδα αυτή και στείλτε την
στο φαξ: **210 3829659**
ή με το ταχυδρομείο στη διεύθυνση:
Εκδόσεις ΕΝΑΛΙΟΣ
Σόλωνος 136, Αθήνα, Τ.Κ. 10677
ή στείλτε μας e-mail στη διεύθυνση: **sales@enalios.gr**.

Αμέσως θα σας στείλουμε ΔΩΡΕΑΝ
τον γενικό κατάλογο μας, σελιδοδείκτες,
έντυπα νέων εκδόσεων μας και προσκλήσεις
για εκδηλώσεις και παρουσιάσεις βιβλίων.

Επώνυμο:	Όνομα:
Οδός:	Αριθμός:
Πόλη:	Τ.Κ.:
Τηλέφωνο:	Κιν.:
E-mail:	Ημ/νία γέννησης:

Με ενδιαφέρουν ιδιαίτερα:
☐ Ελληνική Λογοτεχνία ☐ Ξένη Λογοτεχνία ☐ Ιστορικό Μυθιστόρημα
☐ Δοκίμια ☐ Παιδική/Νεανική Λογοτεχνία ☐ Θρίλερ
☐ Ψυχολογία/Παιδαγωγική ☐ Eu Znv ☐ Επιστήμες
☐ Μυστήρια του κόσμου ☐ Αρχαίοι συγγραφείς ☐ Θρησκειολογία
☐ Φιλοσοφία ☐ Ελληνική Λογοτεχνία

Επιβράβευση Αναγνωστών
των Εκδόσεων ΕΝΑΛΙΟΣ

Οι εκδόσεις ΕΝΑΛΙΟΣ
βρίσκονται στην ευχάριστη θέση να ανακοινώσουν
στους αναγνώστες τους ότι με την αγορά βιβλίων
από τα βιβλιοπωλεία αξίας 150 ευρώ
κερδίζουν ένα βιβλίο της επιλογής τους.

Το βιβλίο θα το παραλαμβάνετε από το βιβλιοπωλείο
της περιοχής σας με το οποίο συνεργαζόμαστε.

Ο διαγωνισμός ισχύει από 1/1 έως 31/12
του τρέχοντος έτους.

Η αποστολή του βιβλίου
θα γίνεται με την αποστολή σε εμάς:
α. των πρωτότυπων αποδείξεων,
β. του ονοματεπώνυμου σας, της διεύθυνσης
και του τηλεφώνου σας,
γ. τον τίτλο του βιβλίου που θέλετε να σας στείλουμε.

Κάθε φορά που θα συμπληρώνετε
το ποσό των 150 ευρώ μέχρι την ημερομηνία
που λήγει ο διαγωνισμός (31/12/11)
θα δικαιούσθε ένα βιβλίο των εκδόσεών μας
ΔΩΡΕΑΝ.

Η πρωτότυπη απόδειξη θα επιστρέφεται με το δωρεάν βιβλίο.

Διαβάστε επίσης:

OSHO

ΣΥΝΑΙΣΘΗΜΑΤΙΚΗ ΕΥΔΑΙΜΟΝΙΑ

Ο φόβος, ο θυμός και η ζήλια που γίνεται φθόνος, κρατούν τις ζωές μας στην αρπάγη τους. Συναισθήματα όπως ενοχή, ανασφάλεια και φόβος χρησιμοποιούνται από τους άλλους για να μας χειραγωγούν... Υπάρχει αλήθεια τρόπος ώστε να μετατρέψουμε τον φόβο, τον θυμό και την ζήλια σε δημιουργική ενέργεια; Υπάρχει τρόπος να απελευθερωθούμε από τα βαριά δεσμά των ισχυρών συναισθημάτων που μας αρρωσταίνουν; Υπάρχει τρόπος να απαλλαγούμε από τους προμηθεϊκούς ρόλους που μας επιβάλλει η κοινωνία και η κουλτούρα των καταναγκαστικών συναισθημάτων;

Ο Όσσο με την επαναστατική του συνεισφορά στην επιστήμη της εσωτερικής μεταμόρφωσης, συνεχίζει να εμπνέει εκατομμύρια ανθρώπους σε όλον τον κόσμο, στην αναζήτησή τους για μια νέα προσέγγιση στην ατομική πνευματικότητα, αυτοκατευθυνόμενη και η οποία να ανταποκρίνεται αποτελεσματικά στις προκλήσεις του σύγχρονου τρόπου ζωής.

ΑΠΟ ΤΙΣ ΕΚΔΟΣΕΙΣ ΕΝΑΛΙΟΣ ΚΥΚΛΟΦΟΡΕΙ:

ΤΟΜΙ ΧΕΛΣΤΕΝ

ΤΟ ΚΟΥΡΑΓΙΟ ΝΑ ΥΠΟΧΩΡΕΙΣ
8 αντιφάσεις στην πορεία προς την αυτογνωσία

Ο δρόμος προς την αυτοσυνειδητοποίηση
είναι στρωμένος με αντιφάσεις.
• Για να βρει κανείς την εσωτερική του γαλήνη,
πρέπει να αντιμετωπίσει τους φόβους του.
• Για να μπορούμε να ζούμε καλά με τους άλλους,
οφείλουμε πρώτα να μάθουμε να δεχόμαστε τον
εαυτό μας όπως είναι, χωρίς να του κολλάμε τη
ρετσινιά της «αμαρτίας».
• Για να βρούμε τον αληθινό δρόμο μας, πρέπει να
χάσουμε τον δρόμο στον οποίο τώρα βαδίζουμε.
• Μόνο αν επουλώσουμε τις πληγές του παρελθόντος
μας θα μεγαλώσουμε, θα ωριμάσουμε και θα
γίνουμε αυτό που πάντα θα θέλαμε να είμαστε...
• Όσο λιγότερο επεμβαίνεις στα πράγματα, τόσο
πε-ρισσότερο αυτά λειτουργούν προς όφελός σου.
• Αν αναζητάς την αιωνιότητα, ζήσε το τώρα.

*Ένας οδηγός ζωής για να απαλλαγούμε από τους
φόβους και τις φοβίες που μας δηλητηριάζουν και
μας εμποδίζουν να ζήσουμε την τόσο σύντομη
ζωή μας απολαυστικά και με γνήσια χαρά.*

ΑΠΟ ΤΙΣ ΕΚΔΟΣΕΙΣ ΕΝΑΛΙΟΣ ΚΥΚΛΟΦΟΡΕΙ:

ΡΟΤΖΕΡ ΒΟΝ ΟΕΚ

ΑΝ ΕΛΠΙΖΕΙΣ ΘΑ ΕΠΙΤΥΧΕΙΣ
ΤΟ ΑΝΕΛΠΙΣΤΟ
Η εφαρμογή της φιλοσοφίας του Ηράκλειτου στην καθημερινή ζωή

Σήμερα, πάνω από 2.500 χρόνια μετά, η σοφία του Ηράκλειτου εξακολουθεί να αποτελεί πηγή έμπνευσης για μια καλύτερη ζωή. Οι ιδέες του για τη ζωή, τη Φύση και τον Κόσμο, παραμένουν αναλλοίωτες και επίκαιρες όσο ποτέ.
Ο χαρακτήρας καθορίζει την τύχη του ανθρώπου.
Τα πάντα είναι ρευστά.
Όλα γίνονται με βάση τη λογική.
Για να θεραπεύσει ο γιατρός, καυτηριάζει.
Τα σκυλιά γαβγίζουν σ' αυτό που δεν γνωρίζουν.
Ο ήλιος δεν ανανεώνεται μόνο κάθε ημέρα, αλλά ανανεώνεται αδιάκοπα.
Η αντιξοότητα είναι προς όφελός μας.
Μόνη η πολυμάθεια δεν καλλιεργεί τον νου.
Εάν δεν ελπίζεις, δεν θα βρεις το ανέλπιστο, γιατί είναι ανεξερεύνητο και απροσπέλαστο.

Το βιβλίο του Ρότζερ βον Όεκ είναι ένα απαραίτητο και πολύτιμο εργαλείο στον άνθρωπο που θέλει να βιώσει μια καλύτερη ζωή.